统整理念下的小学主题课程构建研究

郭淑慧　主编

山东大学出版社

图书在版编目(CIP)数据

统整理念下的小学主题课程构建研究/郭淑慧主编. —济南:山东大学出版社,2015.10
ISBN 978-7-5607-5387-4

Ⅰ.①统…　Ⅱ.①郭…　Ⅲ.①课程—教学研究—小学
Ⅳ.①G622.3

中国版本图书馆 CIP 数据核字(2015)第 248319 号

责任编辑:陈海军
封面设计:张　荔

出版发行:山东大学出版社
社　址　山东省济南市山大南路 20 号
邮　编　250100
电　话　市场部(0531)88364466
经　　销:山东省新华书店
印　　刷:济南华林彩印有限公司
规　　格:720 毫米×1000 毫米　1/16
26.5 印张　441 千字
版　　次:2015 年 10 月第 1 版
印　　次:2015 年 10 月第 1 次印刷
定　　价:50.00 元

郭淑慧，济南市历城区实验小学校长，曾荣获全国课改先进个人、山东省优秀教师、济南市首批名师、济南市百佳教师、济南市科研先进个人、济南市“三八”红旗手等称号。全国课堂教学华夏奖获得者，有20余篇论文在国家级、省级刊物发表，先后参与编写《教材全解》等五本书籍。主持的省级规划课题《开放式教学实验与研究》被专家组鉴定为“省内同类课题领先水平”。

《统整理念下的小学主题课程构建研究》编委会

顾　问　张　斌

主　编　郭淑慧

副主编　刘永芹

编　委（排名不分先后）

袁永梅　王　霞　张　凤　倪　曼　沈翠平

曹　丽　冯国珍　张秀华

课题研究组成员（排名不分先后）

袁永梅　张洪静　李雪梅　杨　霞

王　霞　王梦蕾　倪　曼　刘宗艳

夏庆翠　张　凤　万雪芳　李　超

张光霞　张婧林　沈翠平　曹　丽

张　洁　冯国珍　张秀华　田　燕

彭　滨

序 一

2001年，教育部颁发的《基础教育课程改革纲要(试行)》(以下简称《纲要》)指出："改变课程结构过于强调学科本位、科目过多和缺乏整合的现状，整体设置九年一贯的课程门类和课时比例，并设置综合课程，以适应不同地区和学生发展的需求，体现课程结构的均衡性、综合性和选择性。"《纲要》为各地开展课程整合研究提供了政策依据，并提出了明确的期望。随着新一轮基础教育课程改革工作的全面推进，我国的课程整合研究工作也在新的历史时期不断走进公众的视野。特别是2012年，中央电视台在"新闻联播"和"走基层"栏目播出了重庆谢家湾小学的课程整合经验，在全国各地引起了积极而广泛的反响。一时间，课程整合受到空前的关注，早期开展课程整合探索的学校受到越来越多的关注，越来越多的学校开始加入到课程整合的研究行列中来，各大媒体纷纷报道各地课程整合的经验，以至于"课程整合"成为当今的一个热门词汇。然而，面对如火如荼的课程整合形势和各地花样翻新的课程整合经验，我们需要反思：哪些做法或者经验才值得学习？什么是课程整合？究竟该如何开展课程整合？

毋庸讳言，时下林林总总的课程整合做法或者经验虽不乏值得称道之处，但从整体上看，大都缺乏扎实的理论依据，随心所欲、想当然地进行整合的多，而有根有据、系统进行建构的少。在一些课程整合者看来，所谓整合，就是减少交叉重复的内容，或者想当然地设计一个主题名称，把不同学科的内容汇在一起，就称之为整合之后的"主题课程"了。更有甚者，则根据考试的要求，考什么就教什么，把那些与考试不相关的内容删除，完全围绕考试而整合。上述这些做法，都距离真正的课程整合有不小的差距。

无论如何整合课程，它最终还是一种课程编制活动，因此，课程整合要符合"课程"的内在要求。那么，什么是课程呢？被称为"现代课程理论之父"的拉尔夫·泰勒认为，如果我们要从事课程编制活动的话，就必须回答如下四个问题：学校应该达到哪些教育目标？提供哪些教育经验才能实现这些目标？怎样才能有效地组织这些教育经验？我们怎样才能确定这些目标正在得到实现？如果把上述四个问题简单概括为课程目标、课程内容、课程实施、课程评价的话，就可以看出，上述四个要素之间不是直线式的并列关系，而是动态的一致性关系。这就意味着，我们在编制或者开发课程的时候，不能进行单一因素的思考，那些把课程整合仅仅理解为课程内容调整的做法，显然是错误的。

把课程整合置于课程目标——课程内容——课程实施——课程评价动态的关系去把握，整合之中或者之后的课程将具有如下特征：

首先，课程目标源于课程标准。课程目标来源具有多元化的特点，它可以源于教师的经验，也可以源于教材，还可以源于学生的实际需要。但是，不要忘记，对于中小学特别是义务教育阶段的各个学科来说，国家大都制定了相应的课程标准。而课程标准是一个国家对国民基本素养的期望，这是底线的要求。《纲要》指出：课程标准是教材编写、教学、评估和考试命题的依据，是国家管理和评价课程的基础。这实际上规定了学校的教学或者课程开发都必须"基于课程标准"。作为学校，必须把实现国家最基本的期望作为第一要务。课程整合在某些方面可能会超出国家的期望，只要符合学生的需要并对学生的长远发展有利，只要学校有条件去实施，完全可以适度超越国家课程标准去整合、开发综合课程。不过，无论如何整合或者无论如何开发综合课程，都需要确保国家课程标准的落实。如果说课程目标是课程整合的起点的话，那么，寻找目标的一个重要来源往往少不了课程标准。

其次，课程内容等其他要素与课程目标一致。目标是课程整合的核心，也是灵魂。课程整合必须首先确定"去哪里"。这正如旅游，在出发之前，导游总会告诉游客"去哪里"，只有确定了"去哪里"，才能确定游览哪些风光以及怎样去游览等。在日常的旅游生活中，没有导游不告诉游客目的地的。这是常识。可是，在课程教学领域，特别是在时下热热闹闹的课程整合领域，却常见一些不清楚要把学生带到哪里去就带着学生浩浩荡荡出发的场景。那些随便拼凑课程内容或者凭经验、想当然地进行课程整合的做法，不正是违背了上述常识而出现的一些场景吗？强调一致性，不仅仅对于如何确定课程整合的内容有积极的作用，还对如何确定课程实施的方式、如何开展评价具有积极的作用。以课程实施为例，在教与学的互动中，只有目标清晰，才能方向明确，才能更好地获得所期望的结果。这同样可以以旅游打比方：只有清晰地知道去哪里，才能在游览的过程中，既能选择合理的游览方式，如徒步缓缓地游、乘坐索道便利地游等，又能保证游览时不迷路，不走弯路，不浪费不必要的时间。在现实的课程实施中，有时会出现一些无效、低效甚至是反效的教学现象，背后的原因往往跟偏离目标、丢失目标有关系。也许有人会问，如此强调课程其他要素与目标的一致，是不是会影响有意义学习的发生？毕竟，除了预设性强的综合课程之外，还有那些注重生成性的综合课程。事实上，预设和生成放在课程实施的维度看，它只是一种教和学的方式。那些完全放手给学生的课程如超学科的课程整合（课程整合分为多学科、跨学科、超学科三种类型），当学生以研究性学习或综合实践活动的方式展开的时候，也同样强调学生思路或者方案的清晰，由此可以看出，在这种课程的实施中，预设只是更多地从教师那里移向了学生，并没有改变课程实施与目标一致的要求。

最后，评价为课程实施发挥着“导航”的作用。在课程整合的泰勒模式中，评价对于课程实施具有“导航”作用。在传统的观念里，课程、教学、评价是三回事，课程是课程，教学是教学，评价是评价。而在泰勒模式中，课程、教学、评价是一体化的。课程不是教材，教学不是教教材；评价不是发生在教学之后，而是与评价一起发生；评价的作用不在于给学生打分数、排名次，而是在于给正在进行课程实施的师生提示：现在到了哪里了，进而可以判断：现在距离目的地还有多远，以及如何更好更快地到达目的地。因此，在课程整合中，要使整合了的课程能够成就学生，让学生的生命在课程整合中得到持续不断的增值，就必须注重发挥课程评价的作用，根据课程目标开发出表现性评价来，用表现性评价来支撑学生有效且有意义的学习。

由上述分析可以看出，若要专业地进行课程整合，需要教师不仅能够对课程目标、课程内容、课程实施、课程评价四个要素进行一个都不能少的“系统思考”，还要对上述四个要素进行首尾相顾、前后连贯的“一致性设计”，并能采取“评价驱动”的方式，把评价镶嵌在课程的整合之中和实施之中，让评价为课程实施发挥支撑学生开展深度学习的作用。

把课程整合的泰勒模式引进中小学，引导广大一线教师走专业的课程整合之路，并不是一件容易的事情。这种把课程、教学、评价一体化，追求卓越，旨在成就学生的课程开发模式，本身就是一种巨大的挑战。广大一线教师担负着繁重的教学任务，而上述专业课程整合模式的实施，需要他们将大量的时间和精力投入到研究中去，因为只有用研究才能支撑起专业的课程整合活动。济南市历城实验小学本着对学生成长负责的态度，她们基于山东省地方课程与国家课程在学习目标上和学习内容上存在着诸多交叉重复的问题、学生对地方课程学习兴趣低、学习方式不当等问题，把课程整合的理念引进学校，开展数年如一日的探索，其间所经历的苦痛、辛酸，非文字所能表达。所幸的是，这些可爱的、不畏艰辛的教师们，在郭淑慧校长的带领下，坚持走专业的课程整合之路，终于，她们用智慧和艰辛修成了“正果”。在她们的成果即将付梓之际，作为她们艰辛探索的见证者，我由衷地为她们感到高兴，也祝愿她们在这条能够成就孩子们成长的专业课程整合之路上走得更远，攀登得更高。

是为序。

山东省教育科学研究院研究员　張斌

2015 年 9 月

序　二

国家课程是国家教育行政部门规定的统一课程，具有普适性，注重的是面向全国、面向全体学生，因而很难考虑到每所学校及每个学生的个别差异，不能满足其多样化的需要。只有将国家课程校本化才能有效地将国家课程所承载的国家意志落实到不同特点、不同需求的学生身上。因此，国家课程的校本化是实施国家课程的必然选择，当然也是课程改革的重中之重。

目前，学校层面的课程改革大多是课堂教学技术领域的变改，而真正抵达课程本质层面的甚少。我想这多是拘泥于国家课程的权威性，又没能深刻理解课程的意义所造成的。

历城区实验小学自2013年5月，经过充分调研后，在山东省教科院张斌博士的指导下，开启了国家课程校本化之旅。他们以主题课程的形式将国家课程《品德与社会》《科学》《综合实践活动》和地方课程《环境教育》《安全教育》《传统文化》六门课程进行了统整。在坚持国家课程标准的前提下，打破原有的课程体系，合理开发课程资源，进行了教材的校本化处理，避免了课程内容的交叉重复，转变了原有的教学方式和评价方式，尤其注重培养学生良好的思维习惯和自主探究能力，努力让学习有效地发生。

梅花香自苦寒来。三年的课程改革，老师们除了利用大量课余时间研读课标、教材及无数的相关资料外，更多的是研究学情、校情和自身特点，经历了一次次摸索、一次次否定、一次次突破和一次次调整，在痛苦与欢乐中，他们实现了“浴火重生”。在山东省首届特色课程评比中，该主题课程荣获全省一等奖，郭淑慧校长在颁奖大会上做了典型发言。今年4月，大众日报、济南日报、齐鲁晚报、新浪网、大众网等14家媒体记者深入学校课堂，专题挖掘课程改革的历程和成效，给予了高度评价并进行了大篇幅、长时段的专题报道，在社会上引起了强烈反响。山东省教科院李文军院长来校调研后，用“震撼”一词高度评价了他们的改革。山东师范大学教育学院唐汉卫院长说：“历城区实验小学三年的改革，从学校层面上说，走出了一小步，对全国的课程改革建设来说是一大步！”

作为我区的一所小学能取得这样的课改成效，我深感欣慰和自豪。他们脚踏实地，超越自我，勇于挑战，敢为人先，积极探索国家课程校本化的有效路径，努力实现学校及师生的自主发展、内涵发展、特色发展，值得称赞。相信他们的做法和取得的成效会为全国的课程改革注入生机与活力，更会为我们全区深入推进教育整体改革提供不可或缺的动力和经验。

该书汇集了实验小学的课改成果，凝聚了老师们的大量心血。期盼着该书的出版会引领我们全区乃至影响更广区域，出现“春城无处不飞花”的课改局面！

济南市历城区教育局局长、书记

2015年9月

目　录

第一章 构建主题课程的缘起

在课程实施的历史长河中，课程整合还是新兴的事物，但作为课程理念已经成为教育界的共识，并且在实践层面呈现百花齐放的局面。

欧美是课程整合理论的发源地，在课程整合实践的探索中也成果丰硕。如美国实行的《普及科学——美国 2061 计划》，它依据科学发展综合化的趋势和要求，先从横向上划分出新的五大类学科，再将这些“分科”的内容进行再次的水平维度的整合，分为有机排列的“科学的性质”“数学的性质”“技术的性质”“自然环境”“生存环境”“人类机体”“人类社会”“被改造了的世界”“数学世界”“历史观点”“通用概念”和“思维习惯”12 部分，构成了在中小学、幼儿园里应当学习、掌握、形成的知识、技能和处事态度的新内容和新框架。

德国和法国也从本世纪初开始，对初等教育的教学内容进行了整合；日本在新课程体系中专设“综合学习时间”，目的是追求跨学科的、综合性的学习，并确认这种学习对培养儿童的生存能力，让他们更好地适应以国际化、信息化等为标志的社会变化十分必需；韩国改革了小学 1～2 年级的课程，将语言、道德和社会科学知识整合为“现实生活”课，将自然科学的有关知识整合为“探究生活”课，将音乐、体育、美术整合为“快乐生活”课，其目的是使教学与学生生活结合，减轻儿童的学习负担；另外，尼泊尔小学 1 年级完全实行综合课程，综合课的主题是“儿童及其环境”，以促进儿童个性的均衡发展；马来西亚在新的小学课程设置中，将科学作为一门综合科目，在 1～3 年级纳入语言教学中，在高年级列入“人类及其环境”的科目内进行教学……

我国的课程整合起步较晚，但在进入新世纪的前后几年，却表现出了更多积极的信号。主要可以分为如下三类：一是构建综合课程。如小学的《品德与社会(生活)》《综合实践活动》，中学的综合文科与综合理科，这些课程都体现了课程整合的理念。二是开展信息技术与学科课程整合实验。主张把各种技术手段完美地融合到课程中，超越不同知识体系而以关注共同要素的方式来安排学习。三是部分学校课程整合的探索。如2001年杭州市崇文实验学校侧重于"课程改编"的学科内和学科间的课程整合实践：整合学科成"生活"课；学科间相关内容的整合，即把不同学科中互相融会、交叉之处整合在一起进行教学；主题协同教学，即将各门学科中带有普遍性联系的内容抽取出来，设计安排成一体化的主题单元。2003年，上海市梅陇小学"实施校本课程统整"，以指定教材为主要的教学资源，对不同版本教材进行"剪裁"，以达到学科教学内容的结构性整合，实现教学资源的优化。

结合国内外课程整合的现状，我们可以发现：一是进行课程整合，构建综合课程，这是当前世界各国的课程建设，特别是基础教育课程建设的基本潮流，通过课程整合，开展主题式综合课程活动，使学生更加贴近生活、社会，从而提高学生学习兴趣，增长学生各项能力，并降低学生过重的课业负担。二是透过各国课程整合的案例，发现课程整合大体包括三种类型：自然科学的整合课程；社会科学的整合；自然科学和社会科学融合而成的课程。三是我国内地在课程整合的进程上明显落后于世界发达国家。

但课程整合依然得到教育者的广泛了解和重视。我国在2001年发布的《基础教育课程改革纲要》(试行)中指出：要"改变课程结构过于强调学科本位、科目过多和缺乏整合的现状，体现课程结构的均衡性、综合性和选择性"；"小学阶段以综合课程为主"。在2010年发布的《国家中长期教育改革和发展规划纲要》中指出："强调优化知识结构，丰富社会实践，强化能力培养"；"学校要把减负落实到教育教学各个环节，给学生留下了解社会、深入思考、动手实践、健身娱乐的时间。促进学生生动活泼学习、健康快乐成长。率先实现小学生减负"。这些教育文件的发布，也将推动我国义务教育阶段教育课程整合的步伐紧跟甚至赶超世界潮流。

我们在多年的教育教学中发现目前使用的地方课程、国家课程之间，课程目标重合、课程内容交叉重叠现象严重。统计显示，三至六年级的国家课程《科学》《品德与社会》与地方课程《环境教育》《安全教育》《传统文化》交叉重复率达50%。为此我们对3～6年级1500多名学生进行了学校课程开发问卷调查，发现了一个现象，对“你最喜欢的科目”（多选）调查显示，学生对《品德与社会》《科学》《综合实践活动》及地方课程的认可度很低，只有3%左右。

表 1-1　　关于学校课程开发调查问卷统计表(2013 年 6 月)

问题	选择	比值
1. 在现有的课程中，你喜欢上什么课？（可选三项）	A 语文	60%
	B 数学	54%
	C 英语	26%
	D 品德与社会	9%
	E 科学	19%
	F 音乐	33%
	G 美术	28%
	H 体育	38%
	I 地方课程	4%
	J 综合实践活动	3%
	K 信息	23%
2. 你喜欢上这些课的主要原因是	A 喜欢教这门课的老师	5%
	B 对这门课感兴趣	65%
	C 老师的课上得好	27%
	D 其他	2%

究其原因，内容重复、教师兼课导致质量下降、授课方式单一等让学生对课程失去了兴趣。因此，在小学进行课程整合很有必要、很有收益，同样也落实了素质教育决定中的学校教育必须以培养学生的创新精神和实践能力为重点的精神。

众所周知，《品德与社会》课程是在小学中高年级开设的一门以学生生活为基础、以学生良好品德形成为核心、促进学生社会性发展的综合课程。小学《科学》课程是一门具有活动性、探究性、实践性和综合性的课程。《综合实践活动》是基于学生的直接经验、密切联系学生自身生活和社会生活、体现对知识的综合运用的实践性课程。地方课程是地方本位课程，是不同地方对国家课程的补充，具有鲜明的地域色彩。这几门课程都强调了活动性、实践性，但在具体教学过程中并未真正实现学习活动的多样和实践，采取的还是老师讲，学生听的方式，只能在教室内完成各种教学任务。

鉴于以上分析，我们以国家课程(《科学》《品德与社会》《综合实践活动》)为主线，以知识的转化与实践应用能力的培养为重点，融合地方课程(《安全教育》《环境教育》《传统文化》)，加上教师温暖的加工，建立了将学校环境、家庭环境和社会环境，将学习与自主活动各方面融合在一起的综合性课程体系，课内与课外学习的有机结合，自我、自然和社会内容的整合，实践性、研究性等多种学习方式的综合，最终使学生成为一个具有科学素养与人文情怀的生命成长个体。

主题课程的生成要义在"整合"，而整合的主要含义是综合、融合、集成、成为整体、一体化等。"课程整合"也称"课程综合化""课程一体化"等。

关于课程整合，美国学者雅克布斯对其也有六种不同的理解：学科的框架之内实现课程内容的整合；将两门相关的学科的某些主题安排在同一时间教学，而把建立两门平行学科之间的关联的责任交给学生；围绕一个共同的主题将多个相关学科整合在一个正式的单元或学程里；将学校课程中的所有学科有意识地统合在一起而形成常规的大单元或学程；完全从学生生活世界或好奇心出发而开展活动，要使活动有效，教师必须知识广博；现场教育是跨学科设计的一种极端形式，以学生所在的学校的环境及日常的生活为内容展开学习，是一种完全的整合设计。

我校整合后的课程为主题课程，属于综合课程领域，就是将国家课程《科学》《品德与社会》《综合实践活动》和地方课程《环境教育》《安全教育》《传统文化》等相关内容，坚持不降低课程目标，不减少课时量的原则，进行融合、删减、重组、增补，形成新的主题活动，运用研究性学习方式实施教学，具有综合性、自主性、实践性、开放性的特点，初步确定了以《科学》为主线的A主题，以《品德与社会》为主线的B主题。

主题课程是让学生改变长期以来被动接受知识的学习方式，将学生置于一种主动探究并注重解决实际问题的学习状态，学生通过自己的亲身体验探究了解知识的形成和发展过程，真正把教育的重心放在培养学生的创新精神、实践能力和终身学习的能力上。整合减少了课程门类，学生课表上没有了《品德与社会》《科学》《综合实践》《安全教育》《环境教育》《传统文化》，取而代之的是A主题和B主题，每周三课时，提高了课程综合性，减轻了学生和教师的负担。学生在自主探究状态下的学习将获得更高的学习效率和学习质量;教师改进了教学方式,提升了专业水平。

本着信息社会分享之前提,我们愿意将目前的一点收获传递给大家,希望得到各位认可的同时,百家争鸣,使此课程进一步完善。

第二章　主题课程的目标

目标是课程的核心，是课程实施的根本出发点和落脚点。课程目标是学校办学理念、培养目标的体现，是主题活动实施之后学生在知识、能力、情感等方面达到的程度。目标的确立将对主题课程的日常教学工作和管理工作具有导向性，将影响和制约课程内容和日常的教育教学行为。

依据2001年教育部《基础教育课程改革纲要（试行）》和新修订的各整合学科课程标准的要求，结合我校办学理念，我们确定了主题课程的各级目标，该目标具有整体性、连续性和层次性的特点。

第一节　主题课程的总目标

一、主题课程总目标的确立依据

确立主题课程的总目标，使其成为课程的灵魂，我们主要是依据以下几个方面：

一是关注学生的身心特点，为学生发展奠基。课程的基本职能就是促进其身心发展，使其行为方式发生各种改变。所以我们在制定课程目标时关注学生身心发展的各种需求，尊重其个性、体现他们的意志，使学生得到全面发展。

二是关注社会的实际需要，为社会培养人才。学校是社会生活的一部分，学生也是社会群体的一部分，学校教育的一个主要任务就是使学生逐渐社会化，为明天走向社会做准备。课程目标不仅要适应当下的社会需要，还应走在社会发展的前头、预示未来社会的状态和需求，以不断适应发展变化中的社会。

三是关注主题课程的发展要求，助学生提高技能。主题课程实施是基于学生的直接经验，体现对知识的综合运用，注重学生动手能力、生活能力、探究能力和合作能力的培养。

二、主题课程总目标的确立方法

我们先研读国家课程《品德与社会》《科学》《综合实践活动》课程指导纲要的总目标及地方课程的课时目标统整。

小学《科学》课程的总目标是培养学生的科学素质，并应为他们继续学习和终身发展奠定良好的基础。学生通过《科学》课程的学习，能保持和发展对自然的好奇心和探究热情；理解与认知水平相适应的科学概念，并能应用于日常生活；体验科学探究的基本过程和方法；形成尊重事实、乐于探究的科学态度；发展用科学语言与他人交流和沟通的能力；初步了解科学技术与社会的关系，初步形成对科学的认识。

《品德与社会》课程旨在培养学生的良好品德，促进学生的社会性发展，为学生认识社会、参与社会、适应社会，成为具有爱心、责任心、良好行为习惯和个性品质的公民奠定基础。

《综合实践活动》的总目标是密切学生与生活的联系，推进学生对自然、社会和自我之内在联系的整体认识与体验，发展学生的创新能力、实践能力以及良好的个性品质。

地方课程的目标让学生通过学习掌握自然、社会知识，加强对地域知识的认知，培养良好的学习习惯、个性品质和创新精神。

三、主题课程的总目标

课程目标是一个系统，我们以课程总目标——年级目标——主题活动目标——课时活动目标为线逐级制定，形成一个多层级的目标体系。首先结合我校的办学理念，对各科目标进行整合，确立了主题课程总目标：

学校的主题课程以“人的成长”为关注核心，重点突出了对学生“全人”的培养。

引领学生通过主题课程的学习，掌握主题活动学习的基本过程、技能和方法，提高学生对自然、社会和自我的认识，形成初步的创新精神、实践能力、科学和人文素养以及环境意识，培养学生的社会责任感和健全人格。

第二节 主题课程的年级目标

主题课程总目标确定后，我们根据全面性、系统性、层次性和具体性的原则，确定各年级主题课程目标。制定原则：一是年级主题课程目标注意考虑知识与技能、过程与方法、情感态度与价值观这三个有机的整体，使学生在知识、能力、思想等各方面得到全面协调的发展。二是主题课程是一种循序渐进的活动，要考虑不同学段学生的能力特点。三是注意在表述课程目标时，力求明确、具体，符合学生的实际需求，要有可操作性。

下面是主题课程各年级的目标：

三年级主题课程目标

1. 初步学习自然、社会环境中浅显的、与日常生活密切相关的知识，初步掌握观察法、提问题、采访法、设计方案等研究方法。

2. 初步了解社会，知道与周围常见事物有关的浅显的科学和社会知识，能够运用自然、人文与科学知识，指导自己的日常生活，逐渐养成科学、有益的行为习惯和生活习惯，初步树立为社会服务的意识。

3. 初步学习和运用探究的方法，亲身经历探究学习的全过程，从中获得科学和人文知识，体会探究的乐趣，发展创新精神和实践能力，并尝试用于解决身边的实际问题。

4. 初步学会搜集资料的方法，能对材料和实践过程进行简单的分析和交流。

5. 初步体验合作与分工的重要性，掌握基本的合作方法，逐步学会怎样与人合作，加强与人合作交流的能力、表达能力、动手动脑能力。

6. 初步形成对周围世界的好奇心与求知欲，养成大胆细心、注重证据、敢于质疑的科学态度和爱科学、爱家乡、爱祖国的情感。

四年级主题课程目标

1. 学习自然环境和社会生活中的相关知识，初步了解社会活动与人们生活的关系。进一步使用采访、实验、总结交流等研究方法。

2. 了解物质的一些基本性质和基本运动方式，初步掌握自护自救的本领和社会活动的规则。

3. 初步掌握提出问题、制定方案、通过观察、实验、实地考察、制作等方式获得结论、成果展示、反思评价的主题活动过程。

4. 初步掌握信息收集整理的方法，并能在已有知识、经验和已有信息的基础上，进行简单的思维加工，作出自己的解释或结论，初步养成观察、分析综合的能力。

5. 初步具有热爱生命、热爱生活、热爱科学的积极态度，保持与发展乐于探究与发现周围事物奥秘的欲望。

6. 初步具有关注生活、关注社会的规则意识，形成人与自然和谐相处的观念，尊重不同民族的文化差异，养成有责任、自律、乐观、向上的态度。

五年级主题课程目标

1. 了解生活、自然事物和地球及相关的宇宙环境的知识，认识人体和健康秘密。

2. 知道科学技术对生产和生活的重要影响，了解一些相关地理和民族知识，掌握家乡物产、特产等知识，增强自豪感和自信心。

3. 掌握主题活动的学习过程，学会考察法、调查法、统计数据等研究方法，并运用到学习活动中。

4. 能尝试自主运用已经掌握的探究方法和已有知识，解决生活中具有简单联系的具体问题。

5. 学会较清楚的表达自己的感受和见解，能倾听他人的汇报和意见。愿意与他人合作，主动参与交流和讨论，尊重他人劳动成果。

6. 关注身边的社会及科学问题，形成热爱家乡、关爱生命、珍惜资源的好习惯。

六年级主题课程目标

1. 了解生物的生命活动和地球运动及宇宙的相关知识；认识人类与环境的关系，知道地球是人类应珍惜的资源。

2. 了解一些我国和世界的历史常识，知道影响我国和世界发展的重大历史事件和社会主义建设的伟大成就。

3. 完整掌握主题活动的学习过程，学会写研究报告、辩论、评价反思等研究方法，丰富学生的学习活动。

4. 熟练掌握收集、整理和运用信息的能力，学会从不同角度观察、认识、分析社会事物和现象，尝试合理的、有创意的探究和解决问题。

5. 能清楚的表达自己的感受和见解，倾听他人的意见，学会客观的评价他人，与他人平等的交流与合作，积极参与集体生活。

6. 热爱自然，珍爱生命，珍视祖国的历史与文化；初步树立正确的历史观、人生观和责任意识，使科学教育与人文教育有机地结合起来。

第三节　主题活动目标

在主题课程总目标和年级目标引领下，制定了主题活动的目标，我们把整合前内容的目标整理在一起，发现整合前的目标条目多、重复的也多，而整合后的主题目标简洁、具体，更具指导性。

下面的附表是主题活动目标：

表 2-1

三年级主题活动目标

整合前						整合后			
序号	活动主题	课程来源		教学目标	课时	一级主题	二级主题	主题目标	课时安排
1	科学在我们身边	科学	1. 玩具里的科学 3. 科学在我们身边 9. 有趣的不倒翁	1. 能从“这是什么”“为什么会这样”等角度对周围的事物提出问题。能对所提出的问题进行比较和评价。 2. 能应用已有知识和经验对所观察的现象作假设性解释。 3. 想知道、爱提问；喜欢大胆想象；珍爱生命。	6课时	用科学的方法观察	1. 我们身边的科学 2. 怎样科学的观察 3. 给校园中的树木做名片 4. 芙蓉树怎么了	1. 观察身边的植物，能发现和提出问题，对问题进行猜想和假设，并尝试解决问题。 2. 能用眼睛、耳朵、鼻子、舌头等感觉器官，用图片、画图、动手操作等方式，感知身边常见的植物，了解它们的不同特点。 3. 运用查阅资料、实地调查等方式，学习直接观察的一般方法，并运用观察法对校园中的植物进行观察和记录。 4. 初步拥有探究自然、了解周围事物奥秘的好奇心与求知欲，亲近大自然，珍爱并善待周围环境中的各种植物。	10课时
			专题一：拆装玩具	1. 探究不倒翁不倒的秘密，知道上轻下重的物体不容易倒。 2. 利用“解暗箱”的方法探究问题。 3. 通过玩具的拆装，培养学生的好奇心和求知欲，养成动手、动脑、善问、多思的好习惯。					
			专题二：科学探索的故事	1. 学习自主搜集资料，增进对科学史和科学探索过程、科学方法的了解。 2. 进一步训练学生掌握通过查阅资料获取信息的方法。					

续表

整合前						整合后			
序号	活动主题	课程来源		教学目标	课时	一级主题	二级主题	主题目标	课时安排
1	科学在我们身边	三年级环境	第 1 课：大树的功劳	1. 让学生在体验的基础上初步感知树木与人类的基本关系，培养学生探索自然科学的兴趣。 2. 引导学生认识大树的价值。 3. 引导学生关心周围的社会生活环境，关心自然界，培养学生爱护树木的情感。	1课时				
			第 7 课：大树爷爷多少岁	1. 引导学生仔细观察树木锯断后的断面，对断面有初步的认识。 2. 使学生了解树木锯断后断面上的圆圈是树木的年轮，代表树木的年龄，一圈就是一年，年轮越多说明树的年龄越大。 3. 让学生了解年轮除了能够反映树的年龄外，还可以说明每年的降水量和温度变化。 4. 通过上网、查阅资料等手段，拓宽视野，让学生掌握判断大树年龄的其他方法，并思考动物是否也有年轮。	1课时				

续表

整合前						整合后			
序号	活动主题	课程来源		教学目标	课时	一级主题	二级主题	主题目标	课时安排
1	科学在我们身边	三年级环境	第11课：室内花卉本领大	1. 让学生了解室内花卉在美化居室中的作用，掌握常见室内花卉的不同类型。 2. 让学生了解室内花卉的合理摆放，了解花卉的养护方法，了解花卉选择不当可能带来的害处。 3. 通过理解花卉对人类的作用，培养学生热爱自然的情感和珍爱花草树木的态度，自觉养成保护环境的文明行为和习惯，形成追求美好事物的高尚情操。	1课时				
		四年级环境	第7课：谁是敌人谁是朋友	1. 让学生了解动物之间互相制约和互相依存的关系，引起学生观察周围动物之间关系的兴趣。 2. 培养学生爱护各种动物的好习惯，进行初步的生态意识教育。	1课时				
			第11课：植树节里的活动	1. 了解认识身边的树，以及树与人类的关系。 2. 通过学习，激发学生热爱大自然，亲近大自然的情感。 3. 进行环保教育。 4. 引导学生珍惜光阴，明白一年之计在于春。	1课时				

续表

整合前					整合后			
序号	活动主题	课程来源	教学目标	课时	一级主题	二级主题	主题目标	课时安排
2	我们怎么知道	科学 4. 怎样认识物体 5. 给文具分类 6. 哪杯水热 7. 水温的变化 8. 哪杯水多	1. 能通过对身边事物的观察，提出自己能够研究的问题。 2. 知道猜想或推测与经科学探究证实的结论可能是不同的。 3. 能运用自己的感官、简单的工具收集与问题有关的证据，并能对收集到的证据进行初步的分析，提出合理的解释。 4. 意识到使用工具比感官更有效。 5. 能用感官判断物体的特征，如大小、轻重、形状、颜色、冷热等，并加以描述。能根据特征对物体进行简单分类与排序。 6. 知道温度是表示物体的冷热程度，会使用温度计、量筒测量物体的温度和液体的体积。	5课时	用科学的方法探究	1. 科学使用量具探究 2. 比赛——我能让热水快速变凉	1. 通过观察、实验操作、小组交流等方式认识常用计量工具，做好简单记录。学会测量，了解水温的变化规律。 2. 经历观察、记录、描述、组内交流等过程，初步学会运用简单表格、图形等方法记录测量数据，体验科学探究要尊重证据。 3. 学生整理和运用生活中的已有经验，体验影响水温下降的因素。	6课时

续表

整合前						整合后			
序号	活动主题	课程来源		教学目标	课时	一级主题	二级主题	主题目标	课时安排
3	水的科学	科学	10. 认识水	1. 探究水在自然界的分布和水的基本性质,学会综合运用感官观察水的性质,并用语言或图画等方式描述所观察的水的形态特征。 2. 认识水的浮力、压力、水面的秘密、毛细现象等,对学生着重进行实验能力的培养,引导学生意识到实验是一种基本的科学的探究方法,初步掌握科学实验的基本方法和过程。 3. 能对浮沉的转换提出自己的猜想和假设;能用实验验证自己的猜想与假设。 4. 通过对水的探究活动,体验到科学探究成功的快乐、合作学习的乐趣;意识到自然水体的美,并通过各种方式赞美水体美;通过探究意识到节约用水的重要性。 5. 能观察到区域小的水面的弧度,发现水面有些像球面。会做一些破坏水的表面张力的实验。知道改变浮沉方法及其在生活中的应用。	5课时	用科学的方法了解水	1. 认识水 2. 有趣的水	1. 通过观察、实验、动手操作、看视频、图片、图画等方式探究水的基本性质,引导学生观察研究水的科学知识。 2. 大胆提出问题,并能通过观察、猜想、实验等方法收集证据,作出合理的解释,经历科学探究的过程,体验到科学探究的乐趣。 3. 通过对水的探究活动,体验合作学习的乐趣;体会到水是神奇的,影响着我们的生活与环境;意识到自然水体的美,并通过各种方式赞美水体美;通过探究意识到节约用水的重要性。	10课时

续表

<table>
<tr><th colspan="6">整合前</th><th colspan="4">整合后</th></tr>
<tr><th>序号</th><th>活动主题</th><th colspan="2">课程来源</th><th>教学目标</th><th>课时</th><th>一级主题</th><th>二级主题</th><th>主题目标</th><th>课时安排</th></tr>
<tr><td rowspan="7">4</td><td rowspan="7">天气与我们的生活</td><td rowspan="5">科学</td><td>15. 天气与生活</td><td rowspan="5">1.感知天气与我们的生活密切相关，激起学生研究本单元的兴趣。
2.学会认识天气的方法，为后几课的研究做铺垫。
3.自制观测气象的简单仪器，让学生以后能利用方便、简单的工具进行观测。培养学生的动手能力和创新能力。
4.初步学会对所获得的资料进行整理、分析的方法，并从中获得信息
5.培养学生与他人合作与交流的精神；学生在利用自制的风向仪测风向时获得成功体验，享受成功的快乐。</td><td rowspan="5">6课时</td><td rowspan="7">天气与生活</td><td rowspan="7">1.怎样制定科学探究计划
2.多变的天气
3.防雷电伤害知识竞赛</td><td rowspan="7">1.通过对天气主题的交流，掌握制定科学探究计划的一般方法。
2.通过动手制作、实地实验、观测记录，了解简单计量器具的结构原理，会用相关器具搜集有关证据，体会长期的测量和记录天气数据在科学探究中的重要性。
3.经历设计和制作的过程，培养学生的动手操作能力、创新能力、合作意识，以及热爱生活、珍爱生命的积极情感。
4.体会和认识科学知识对生活的重要作用。</td><td rowspan="7">9课时</td></tr>
<tr><td>16. 今天的天气</td></tr>
<tr><td>17. 我的雨量器</td></tr>
<tr><td>18. 我的风向仪</td></tr>
<tr><td>19. 一周的天气</td></tr>
<tr><td rowspan="2">三年级环境</td><td>第5课：滴答滴答下雨了</td><td>1.知道雨水对农作物的作用，对环境的影响。
2.了解人工降雨的原理，收集雨水的模式与作用。</td><td>1课时</td></tr>
<tr><td>第9课：大自然发脾气</td><td>1.知道台风、龙卷风、雷雨等现象的起源和危害，从天气预报图上能认出并绘制台风、大雾、雷阵雨的符号。
2.学会直观分析等学习方法。
3.学会珍爱生命。</td><td>1课时</td></tr>
</table>

续表

整合前						整合后			
序号	活动主题	课程来源		教学目标	课时	一级主题	二级主题	主题目标	课时安排
5	我们周围的空气	科学	20. 空气在哪里	1. 研究空气的性质、空气的成分、空气与生命的关系等方面的内容。 2. 能利用简单器材进行实验操作，对空气的基本性质有初步认识。 3. 认识到人类的生产、生活会造成空气污染，了解空气的污染的原因、危害及防治空气污染、净化空气的方法，进行保护环境的教育，关心自己赖以生存的空气环境，并能提出净化空气、保护空气的建议。 4. 能自主观察、自主设计实验及搜集整理信息的能力，激发起学生的探究欲望，让学生经历一个科学探究活动的过程。	4课时	初步认识空气	1. 怎样认识空气 2. 空气的秘密 3. 我们需要清新的空气	1. 小组分工合作，学习制定小组的探究计划。 2. 在探究过程中，能敢于发表自己意见，形成合作交流及大胆想象的科学态度。 3. 学生经历调查、实验、交流的过程，认识到人类的生产、生活会造成空气的污染，关心自己赖以生存的空气环境，增强自觉保护环境的意识。	10课时
			21. 空气的成分						
			22. 我们需要清新的空气						
		三年级环境	第16课：是谁阻挡了飞机的起飞	1. 让学生读图并思考交流影响飞机起飞的天气条件，培养学生读图的能力。 2. 让学生了解秸秆燃烧的危害和秸秆的广泛用途，让学生在调查了解家乡秸秆是如何处理的过程中，锻炼与人交流和分析问题的能力。 3. 让学生加深对秸秆的认识，并宣传露天焚烧秸秆的危害，及时劝阻和报告露天焚烧秸秆的行为，树立学生保护环境和资源合理利用的意识	2课时				

续表

整合前						整合后			
序号	活动主题	课程来源		教学目标	课时	一级主题	二级主题	主题目标	课时安排
6	游戏里的科学	科学	1. 小车的运动 2. 玩滑梯的启示 3. 跷跷板 4. 弹簧里的学问 5. 有趣的磁铁 6. 指南针	1. 了解探究中证据、逻辑推理及运用想象建立假设和理解的重要性；能做控制变量的简单探究性实验，制作简易科学模型；情感态度价值观方面侧重于养成想知道、爱提问的好习惯，培养乐于与他人合作与交流的情感。 2. 对待科学学习：尊重证据，愿意合作交流。对待科学、技术和社会的关系：乐于用学到的科学知识改善生活，关注日常生活中的科技新产品、新事物，关注与科学有关的社会问题。 3. 主要了解推力和拉力、摩擦力、弹力、磁力等有关力的内容。 4. 让学生知道如何制作陀螺，学会自己进行制作。同时，在玩中自主探究影响陀螺转动时间长短的因素，体会到看起来很简单的事物往往包含着许多科学道理，只有用科学的态度和方法深入观察研究，才会有所发现、有所创造。 5. 在制作过程中，培养学生的动手能力，让学生在玩中培养学生发现问题，自主设计实验解决问题的能力。 6. 体验探究陀螺及与他人合作的乐趣。	6课时	边玩边思考	1. 玩游戏，学科学 2. 游戏巧设计	1. 玩游戏和玩具，体验、发现游戏里的科学。 2. 尊重证据；愿意合作交流；乐于用学到的科学知识改善生活；关注日常生活中的科技新产品、新事物，关注与科学有关的社会问题。 3. 能做控制变量的简单探究性实验，会设计简单的实验报告。	10课时

续表

整合前						整合后			
序号	活动主题	课程来源		教学目标	课时	一级主题	二级主题	主题目标	课时安排
6	游戏里的科学	综合实践	三年级下册主题一：走进游戏世界	1. 通过调查课间游戏，获得亲身研究的体验，感悟游戏的美好。 2. 丰富校园生活，推广安全、健康、有趣的课间游戏，消除课间存在的安全隐患，规范课间行为，安全、快乐、有意义地度过课间十分钟。 3. 统计分析学校课间游戏的现状，激发学生自己设计、创造游戏的热情和意识。培养团结协作，与人交往的能力，培养敢于大胆想象和创造的精神。	4				

续表

<table>
<tr><th colspan="6">整合前</th><th colspan="4">整合后</th></tr>
<tr><th>序号</th><th>活动主题</th><th colspan="2">课程来源</th><th>教学目标</th><th>课时</th><th>一级主题</th><th>二级主题</th><th>主题目标</th><th>课时安排</th></tr>
<tr><td rowspan="4">7</td><td rowspan="4">太阳与时间</td><td rowspan="4">科学</td><td>7. 认识太阳</td><td rowspan="4">1. 观察认识太阳在天空中的位置变化，认识太阳位置变化与影子和温度变化的关系。并能利用太阳辨认方向。观察了解太阳和影子的关系，知道太阳计时的科学道理。
2. 通过测量、记录物体的影长，使学生能利用简单测量工具（尺子、温度计）对物体进行定量观察，学会采集数据，并做简单记录。通过对阳光与影子的观察记录，使学生能利用简单表格、图形、曲线图等方法整理有关资料。
3. 通过观察、实验、制作后的表达与交流，使学生能倾听和尊重其他同学的不同观点和评议，能对研究结果进行评议并与他人交换意见，能选择自己擅长的方式表达研究过程和结果。</td><td rowspan="4">5课时</td><td rowspan="4">太阳</td><td rowspan="4">1. 怎样查阅资料
2. 用太阳计时
3. 我制作的太阳钟</td><td rowspan="4">1. 了解和学习查找资料的一般方法，初步学会利用简单表格、图形等方法整理有关资料。
2. 能用简单测量工具进行定量观察，记录数据；学会设计和制作工具。
3. 初步经历制定探究计划的过程，能设计简单的探究计划。
4. 能倾听他人的发言，清楚的表述自己的观点。</td><td rowspan="4">10课时</td></tr>
<tr><td>8. 太阳和影子</td></tr>
<tr><td>9. 用太阳计时</td></tr>
<tr><td>10. 制作计时工具</td></tr>
</table>

续表

<table>
<tr><th colspan="6">整合前</th><th colspan="4">整合后</th></tr>
<tr><th>序号</th><th>活动主题</th><th colspan="2">课程来源</th><th>教学目标</th><th>课时</th><th>一级主题</th><th>二级主题</th><th>主题目标</th><th>课时安排</th></tr>
<tr><td rowspan="4">8</td><td rowspan="4">电的本领</td><td rowspan="4">科学</td><td>11. 灯泡亮了</td><td rowspan="4">1. 对各种用电器提出不同问题。从不同问题中选择适合探究的问题。会查阅书刊及其他信息源，了解电的来源及相关内容。用简单器材作简单的观察实验，并做实验记录。能作控制变量的简单探究性实验，设计简单的实验报告，绘制简单图表。
2. 能对电提出想知道的问题。愿意合作交流。用证据验证假设。关心关于电的新科技等社会问题。通过制作和创新设计养成善于用学到的知识改善生活的品质。认识到科学是不断发展的。
3. 知道常用电器的工作需要一个完整的回路。知道开关的功能。能用导线、灯泡等连接一个简单电路。认识电是生活中常用的能量来源。了解各类电器电的来源。知道有的材料容易导电，有的材料不容易导电。能用绝缘体和导体完成一个小创新设计。了解安全用电常识。</td><td rowspan="4">5课时</td><td rowspan="4">电与生活</td><td rowspan="4">1. 电的本领
2. 科学使用家用电器</td><td rowspan="4">1. 认识电是生活和工作中常用的能量来源，了解安全用电常识，学会阅读家用电器的说明书，掌握用电常识。
2. 初步经历制定实验计划的过程，能设计简单的实验报告，掌握汇报的方法。
3. 想知道，爱提问，喜欢大胆想象；愿意合作与交流；乐于用学到的有关电的知识改善生活；关心日常生活中的电器新产品、新事物；关注与电有关的社会问题。</td><td rowspan="4">11课时</td></tr>
<tr><td>12. 让更多的灯泡亮起来</td></tr>
<tr><td>13. 谁的本领大</td></tr>
<tr><td>14. 安全用电</td></tr>
</table>

续表

整合前						整合后			
序号	活动主题	课程来源		教学目标	课时	一级主题	二级主题	主题目标	课时安排
8	电的本领	三年级安全	第 8 课：小心火灾	1. 认识火灾的危害，能够意识到预防火灾的发生是每个人的责任，形成对自己和他人生命负责的意识。 2. 学习煤气（柴火）等日常用品的安全使用方法。了解一些防火的常识，增强安全防范和自我保护意识。 3. 初步学会在事故灾害事件中自我保护和求助、求生的简单技能。学会火灾来临时自我保护和逃生的方法，提高自救能力。					

续表

整合前						整合后			
序号	活动主题	课程来源		教学目标	课时	一级主题	二级主题	主题目标	课时安排
9	我们的身体	科学	15. 我们的身体 16. 骨骼 17. 关节 18. 肌肉	1. 从我们的身体切入人体生理的研究，通过观察、实验、比较、收集和整理信息等手段，探究人体生理的奥秘，从而认识人体的基本组成及骨骼、关节、肌肉的作用。 2. 学会从不同的途径搜集资料，了解人体的奥秘，懂得人体器官卫生保健的重要性，逐步意识到要珍惜生命、关爱身体，养成良好的生活习惯。 3. 热爱生命，乐于体育锻炼，尊重证据。	4课时	我们的身体	1. 我们的宝贝 2. 认识我们的身体 3. 锻炼身体	1. 初步认识人体的基本结构，理解身体各部分的协调工作，有利于我们健康的生活。能认识到养成良好生活习惯的重要性；意识到个人对身体健康负有责任，能积极参加锻炼，注重个人保健。 2. 在独立思考的基础上，与他人合作交流，分享研究结果。研究中会有不完善的结果，在反复观察、研究中完善认识的重要性。想象与实际的观察区分开，保证观察活动的真实性。 3. 认识到科学是不断发展的；意识到科学要尊重证据；能够珍爱生命；乐于用学到的知识改善生活，加强体育锻炼。 4. 初步经历制定探究计划的过程，能设计简单的探究计划。	8课时

续表

<table>
<tr><th colspan="6">整合前</th><th colspan="4">整合后</th></tr>
<tr><th>序号</th><th>活动主题</th><th colspan="2">课程来源</th><th>教学目标</th><th>课时</th><th>一级主题</th><th>二级主题</th><th>主题目标</th><th>课时安排</th></tr>
<tr><td rowspan="4">10</td><td rowspan="4">动物王国</td><td rowspan="4">科学</td><td>19. 蚂蚁</td><td rowspan="2">1. 知道生命体具有一些基本的特征都是由物质构成的，都有新陈代谢活动，能适应和影响环境、对外界刺激做出反应、进行生长发育。不同地区有很多种不同种类的动物，它们和植物一起构成了丰富的自然环境。
2. 能选择自己擅长的方式表述探究过程和结果；能对探究过程和结果进行评议。了解为什么要保护珍稀动植物，加强对学生进行保护珍稀动植物的教育。</td><td rowspan="4">7课时</td><td rowspan="4">身边的动物</td><td rowspan="4">1. 怎样观察动物（间接观察）
2. 可爱的动物
3. 饲养小动物</td><td rowspan="4">1. 学习和掌握间接观察法，能用各种感官直接感知自然事物，并用语言或图画描述所观察的事物的形态特征；能用简单测量工具（放大镜、尺子等）对动物体进行定性和定量的观察。
2. 认识常见动物的几种类型，能归纳某一类动物的共同特征；能饲养一种小动物（学校为班级配置）；能设计简单的探究计划。
3. 感受动物的多样性，养成对不同动物的研究兴趣；培养保护自然环境种动物的意识，能爱护自然环境下的小动物。</td><td rowspan="4">13课时</td></tr>
<tr><td>20. 他们都是鸟</td></tr>
<tr><td>21. 猫和兔</td><td>1. 运用文字、图画记录观察到的内容。
2. 运用维恩图处理观察内容，整理描述结果。
3. 在观察过程中提出要研究的问题，用不同的方法解决不同的问题。通过阅读提高对动物基本需要和动物多样性的理解。比较多种动物，总结他们的相同和不同。</td></tr>
<tr><td>22. 多样的动物</td><td>知道动物具有多样性，动物的生存依赖于环境，不同的环境中生长着不同的动物。动物有最基本的生存需要：食物、空间和应激性。动物会经历出生、发育和死亡的过程，会繁殖他们的后代。</td></tr>
</table>

续表

<table>
<tr><th colspan="6">整合前</th><th colspan="4">整合后</th></tr>
<tr><th>序号</th><th>活动主题</th><th colspan="2">课程来源</th><th>教学目标</th><th>课时</th><th>一级主题</th><th>二级主题</th><th>主题目标</th><th>课时安排</th></tr>
<tr><td rowspan="2">10</td><td rowspan="2">动物王国</td><td rowspan="2">环境</td><td>三年级第6课：与动物交朋友</td><td>1. 使学生知道野生动物是人类的好朋友，是宝贵的自然资源；爱护野生动物，就是爱护自己。
2. 了解野生动物有关的知识，懂得怎样爱护它们，加强环境保护意识，增强学生的公德心。</td><td>1课时</td><td rowspan="2"></td><td rowspan="2"></td><td rowspan="2"></td><td rowspan="2"></td></tr>
<tr><td>三年级第12课：鸟是人类的朋友</td><td>1. 通过优美的图片让学生感受鸟儿的可爱与美丽，产生爱护鸟儿的情感。
2. 让学生了解鸟儿的种类，并会描述常见鸟儿的一些特征。
3. 让学生了解鸟儿对人类的重要意义，不仅消灭害虫，还在仿生学领域为人类做出了杰出的贡献。
4. 让学生了解当前有许多迫害鸟儿的现象发生，我们应该广泛宣传爱鸟，保护我们人类的朋友，让大家自觉树立保护环境和鸟儿的良好意识。</td><td>1课时</td></tr>
</table>

续表

整合前						整合后			
序号	活动主题	课程来源		教学目标	课时	一级主题	二级主题	主题目标	课时安排
10	动物王国	环境	三年级第15课：走进昆虫王国	1.通过介绍千姿百态、各种各样的昆虫，让学生认识昆虫，了解昆虫，爱护昆虫。 2.让学生了解昆虫的种类和基本特征。 3.让学生了解校园、居家、农田、野外、水边等地方生活的常见的昆虫种类，培养学生的分析、归纳能力。 4.让学生明白昆虫和动植物及人类的关系十分密切，既可以造福人类，又给人类带来了一些危害。 5.让学生实际动手养蚕或者观察他人养蚕，培养学生的动手写作和读图能力。 6.让学生注意观察昆虫、学会科学合理的对待昆虫，培养学生的观察和合作交流能力，树立保护昆虫的良好意识。	1课时				
			四年级第18课：做文明的宠物小主人	1.让学生了解作为宠物小主人，肩负对社会和宠物的双重责任，要守法规，讲公德，做一个文明的宠物主人。 2.让学生反思身边社区的不文明养犬行为，及时制止周围的不文明行为，为文明养犬出谋划策。	1课时				

续表

<table>
<tr><th colspan="6">整合前</th><th colspan="4">整合后</th></tr>
<tr><th>序号</th><th>活动主题</th><th colspan="2">课程来源</th><th>教学目标</th><th>课时</th><th>一级主题</th><th>二级主题</th><th>主题目标</th><th>课时安排</th></tr>
<tr><td rowspan="2">10</td><td rowspan="2">动物王国</td><td rowspan="2">环境</td><td>五年级第7课：天鹅来过冬</td><td>1. 认识天鹅的外形，了解天鹅主要以什么为食，知道天鹅是庄稼的卫士。
2. 通过学习，了解一些动物过冬的情况，激发学生进一步学习自然科学知识的兴趣。
3. 认识天鹅在大自然食物链中的作用，了解保护他们的意义。</td><td>1课时</td><td rowspan="2"></td><td rowspan="2"></td><td rowspan="2"></td><td rowspan="2"></td></tr>
<tr><td>五年级第14课：当青蛙成为人们的美餐</td><td>1. 认识青蛙的外形，了解青蛙主要以什么为食，知道青蛙是庄稼的卫士。
2. 了解什么是食物链。
3. 认识青蛙在大自然食物链中的作用，了解保护青蛙的意义。</td><td>1课时</td></tr>
</table>

续表

<table>
<tr><th colspan="6">整合前</th><th colspan="4">整合后</th></tr>
<tr><th>序号</th><th>活动主题</th><th colspan="2">课程来源</th><th>教学目标</th><th>课时</th><th>一级主题</th><th>二级主题</th><th>主题目标</th><th>课时安排</th></tr>
<tr><td rowspan="4">11</td><td rowspan="4">幸福家庭伴我成长</td><td rowspan="4">品德与社会</td><td>1. 我的家庭</td><td rowspan="4">1. 了解自己的特点，发挥自己的优势，有自信心。
2. 知道自己的成长离不开家庭环境，体会家庭成员间的亲情，感受父母长辈的养育之恩，能以恰当的方式孝敬父母长辈、表达感恩之心，并能尊重生活和生命。
3. 学习料理自己的生活，尽量少给父母添麻烦，关心家庭生活，愿意分担家务，有一定的家庭责任感。
4. 体会健康文明的生活方式，有利于家庭幸福和个人身体健康，养成良好的生活习惯。
5. 知道家庭生活要讲道德、要有家庭责任感，家庭成员之间要相互沟通，平等对待，会正确处理家庭成员间的矛盾。懂得与邻里要和睦相处。
6. 学习从不同角度观察、认识分析社会事物和现象，尝试合理地、有创意地探究和解决生活中的问题。</td><td>2课时</td><td rowspan="4">我爱我家</td><td rowspan="4">1. 幸福一家人
2. 我家的故事
3. 邻里一家亲
4. 我是家庭小主人</td><td rowspan="4">1. 通过了解自己的家庭生活，探究自己的成长历程，感悟自己的成长离不开家人的关爱。
2. 知道邻里乡亲之间要互相关心、互相帮助，学习待人接物的基本社会规则。
3. 体会家庭幸福的含义，学会正确处理家庭中内部事务；能在家庭生活和社区生活中做些力所能及的事，养成良好的安全卫生习惯。
4. 初步形成自我关注的意识，学习理解、孝敬、感恩父母，遵守基本的礼仪，争当礼仪小使者。</td><td rowspan="4">14课时</td></tr>
<tr><td>2. 幸福的家庭</td><td>3课时</td></tr>
<tr><td>3. 我成长的故事</td><td>2课时</td></tr>
<tr><td>4. 我会做的事情</td><td>3课时</td></tr>
</table>

续表

整合前						整合后			
序号	活动主题	课程来源		教学目标	课时	一级主题	二级主题	主题目标	课时安排
11	幸福家庭伴我成长	安全教育	三年级第3课卫生安全我做主	1. 初步建立讲究卫生的概念，让学生知道生活处处需要讲卫生的道理。 2. 初步树立讲卫生的意识，让学生知道自己平时在生活中哪些卫生习惯应该保持，哪些卫生习惯应该改掉。 3. 初步培养学生的合作意识和能力，让学生体会到成功的喜悦。 4. 初步培养学生分析、反思、交流、表达等多方面的能力。	1课时				

续表

整合前						整合后			
序号	活动主题	课程来源		教学目标	课时	一级主题	二级主题	主题目标	课时安排
11	幸福家庭伴我成长	综合实践	三年级上册主题三：自己的事情自己做	1.知识目标：了解自立的表现和重要性；知道依赖的危害。明白自己的事情自己做。 2.通过整理书桌、书包、房间及合理安排时间，掌握简单的劳动技能，学习合理安排时间的方法，努力成为爱生活、爱劳动、讲卫生、讲效率的小主人。 3.情感和生活指导：培养学生的自立意识，增强学生生活、学习的自立能力。	1课时				
			三年级下册主题二：生活中的礼仪	1.通过对生活礼仪的调查活动，引导学生感受到人际交往的重要性，了解生活礼仪包括的内容，初步形成关注生活礼仪的意识。 2.通过找差距、学礼仪，引导学生发现自身存在的不足并积极改进，学习与人交往的本领，养成良好的生活礼仪习惯。 3.通过争当礼仪小使者活动，引导学生从自我做起，遵守并积极宣传生活礼仪，提高学生关注社会生活问题的意识。 4.培养学生收集处理信息的能力。培养学生发现问题、自主探究的能力。	1课时				
			三年级下册主题五：衣物的洗涤	1.激发学生对美好生活的热爱，热爱生活，热爱劳动，增强责任感，为父母分担义务。 2.培养学生讲究卫生的习惯。讲究卫生是一个人文明的表现，既体现了良好的个人面貌，又包含了对他人的尊重。教育学生既要讲究个人卫生，也要讲究公共卫生。	1课时				

续表

<table>
<tr><th colspan="6">整合前</th><th colspan="4">整合后</th></tr>
<tr><th>序号</th><th>活动主题</th><th colspan="2">课程来源</th><th>教学目标</th><th>课时</th><th>一级主题</th><th>二级主题</th><th>主题目标</th><th>课时安排</th></tr>
<tr><td rowspan="3">12</td><td rowspan="3">可爱的学校</td><td rowspan="3">品德与社会</td><td>1. 熟悉的学校</td><td rowspan="3">情感与态度：
1. 热爱学校生活，尊重老师、工作人员。
2. 增强集体荣誉感，对集体有责任感。
行为与习惯：
1. 形成积极的、乐于探究的求知欲望。
2. 在活动中养成热爱集体、文明礼貌、团结合作的品质。
知识与技能：
1. 了解学校的组织机构，熟悉学校周围的环境。
2. 知道简单的识图、绘图常识，能画出简单的平面图和线路图。
3. 知道爱护公共设施人人有责。
4. 学习有计划地安排活动，进一步培养学生收集信息的能力，通过观察、采访、查阅资料等方式，学会学习。
5. 培养学生简单的绘图能力，学习画平面图和路线。
过程与方法：学习从不同角度观察、认识分析社会事物和现象，尝试合理地、有创意地探究和解决生活中的问题。</td><td>3课时</td><td rowspan="3">实小是我家</td><td rowspan="3">1. 美丽的实小
2. 可爱的实小人
3. 学校周边环境调查
4. 我为实小做贡献</td><td rowspan="3">1. 通过观察、亲身体验和采访等方式了解学校。通过搜集资料，拓展了解学校的不同类型。
2. 能够设计、绘制学校简单的平面图，掌握简单的绘图技巧。
3. 能够为校外探秘活动设计简单方案，画路线图，并根据方案进行实践活动。为学校的校园文化环境建设出谋划策，争当文明小卫士。
4. 感受学校环境的美丽与工作人员的辛苦，热爱学校生活，尊重老师、工作人员，体验集体的力量。形成积极的、乐于探究的求知欲望。意识到自己的文明习惯使校园更美丽。</td><td rowspan="3">17课时</td></tr>
<tr><td>2. 在学校工作的人们</td><td>2课时</td></tr>
<tr><td>3. 学校周围探秘</td><td>5课时</td></tr>
</table>

续表

<table>
<tr><th colspan="6">整合前</th><th colspan="4">整合后</th></tr>
<tr><th>序号</th><th>活动主题</th><th colspan="2">课程来源</th><th>教学目标</th><th>课时</th><th>一级主题</th><th>二级主题</th><th>主题目标</th><th>课时安排</th></tr>
<tr><td rowspan="4">12</td><td rowspan="4">可爱的学校</td><td>安全三年级</td><td>第4课：防止校园中的人为伤害</td><td>1. 通过学习让学生认识到危险的行为是导致意外受伤的原因。
2. 初步培养学生的判断能力和分析能力。</td><td>1课时</td><td rowspan="4"></td><td rowspan="4"></td><td rowspan="4"></td><td rowspan="4"></td></tr>
<tr><td>环境四年级</td><td>第9课：我们的教室</td><td>1. 在参与集体生活和劳动中，体会分工与合作的好处，提高与人交往的技能和技巧。
2. 能在集体中承担责任，学会尝试用不同的方式、方法为班级服务，提高责任意识和实践能力。</td><td>2课时</td></tr>
<tr><td>环境五年级</td><td>第10课：扮靓我们的校园</td><td>1. 让学生感受学校环境的美丽，了解学校设施的作用。
2. 培养学生热爱学校的意识，为学校的校园文化环境建设出谋划策。
3. 使学生认识到讲文明是个人素质的一种表现，讲文明是实现个人与校园和谐统一的一种方式，讲文明使校园更美丽，让“文明之花”盛开在每个同学的心头。
4. 启发学生能自觉培养各种文明的行为习惯，使校园更和谐、更美丽。</td><td>2课时</td></tr>
<tr><td>综合实践</td><td>三年级上册主题六：我为校园做点事</td><td>1. 通过走进校园的活动，初步培养小学生融入社会的意识，增强社会适应能力。
2. 通过设计制作植物名片和校园提示牌，初步培养学生的动手实践能力。
3. 通过为美化校园出谋划策等活动，增强主人翁意识和责任感，逐步形成建设良好生活环境的情感和态度。</td><td>2课时</td></tr>
</table>

续表

<table>
<tr><th colspan="6">整合前</th><th colspan="4">整合后</th></tr>
<tr><th>序号</th><th>活动主题</th><th colspan="2">课程来源</th><th>教学目标</th><th>课时</th><th>一级主题</th><th>二级主题</th><th>主题目标</th><th>课时安排</th></tr>
<tr><td rowspan="4">13</td><td rowspan="4">为我们生活服务的人</td><td rowspan="4">品德与社会</td><td>1. 在邮局工作的人</td><td rowspan="4">情感与态度：
1. 劳动无贵贱高低之分，尊重不同职业的劳动者，树立服务社会的志向。
2. 形成积极的、乐于探究的学习精神。
行为与习惯：尊重不同职业的劳动者，养成良好的生活习惯。
知识与技能：
1. 了解不同行业与人们生活的关系。知道生活离不开社会，离不开大家的劳动。
2. 知道怎么做才是珍惜别人的劳动成果。
3. 了解我们生活有密切联系的人的劳动过程，体会他们的辛苦。
4. 培养学生观察、分析社会事物和现象的能力，尝试合理探究和解决生活中的问题。
5. 培养学生体验学习的能力。
6. 学习搜集、整理、分析和运用社会信息的能力。
过程与方法：
1. 让学生在活动过程中体验小组合作学习、交流分享的乐趣。
2. 培养学生尝试用调查、访问、搜集与整理、分析资料等方法进行探究活动。</td><td>3课时</td><td rowspan="4">将来我也要服务社会</td><td rowspan="4">1. 我去邮局寄封信
2. 我的体验
3. 我能为大家做什么
4. 我是卖报的小行家</td><td rowspan="4">1. 通过采访、观察、查资料等方法了解不同职业人的劳动过程，知道我们的生活离不开他们。
2. 能够独立完成写信寄信的过程，小组合作能设计简单卖报活动方案，体验卖报的过程，能进行简单的分析总结。
3. 意识到劳动无高低贵贱之分，体会劳动的辛苦与不容易，尊重不同职业的劳动者，应为他人提供方便，做力所能及的事情，树立服务社会的志向。</td><td rowspan="4">16课时</td></tr>
<tr><td>2. 我们的生活离不开他们</td><td>3课时</td></tr>
<tr><td>3. 我能为大家做什么</td><td>2课时</td></tr>
<tr><td>4. 一次卖报的体验</td><td>2课时</td></tr>
</table>

续表

<table>
<tr><th colspan="6">整合前</th><th colspan="4">整合后</th></tr>
<tr><th>序号</th><th>活动主题</th><th colspan="2">课程来源</th><th>教学目标</th><th>课时</th><th>一级主题</th><th>二级主题</th><th>主题目标</th><th>课时安排</th></tr>
<tr><td rowspan="2">14</td><td rowspan="2">历法与生肖</td><td rowspan="2">三年级传统文化第12课</td><td>1. 十二生肖</td><td rowspan="2">1. 通过本课学习，使学生掌握十二生肖的名称和排列顺序，知道十二生肖产生的时间以及关于十二生肖的一些传说，了解传统的干支纪年法。
2. 引导学生对十二生肖进行分类，加深学生对十二生肖的动物记忆；引导学生了解中国古代早期的历史朝代，从秦到南北朝，培养历史定位能力；带领学生诵读关于生肖的诗词，加深学生对生肖的认知程度。
3. 通过本课的学习，使学生了解具有中国特色的生肖文化，培养学生对传统文化的认同感；通过介绍生肖的产生，使学生理解文化的产生和民族团结、民族融合的关系；通过介绍生肖产生的时代和生肖的传说，锻炼学生区别传说和史实的能力。</td><td>2课时</td><td rowspan="2">话说十二生肖</td><td rowspan="2">1. 生肖的文化
2. 生肖的故事
3. 生肖动物</td><td rowspan="2">1. 了解十二生肖的来历、成语、谜语、传说故事、本命年等知识。
2. 掌握搜集、整理资料的能力，加强与人合作交流的能力、表达能力、动手动脑能力，提高创造性。
3. 知道生肖具有中国特色，初步形成对中华民俗文化的兴趣，提高民族自豪感；感受与他人合作、交流的乐趣，树立起自信心。</td><td rowspan="2">4课时</td></tr>
<tr><td>2. 十二生肖与我们的生活</td><td>2课时</td></tr>
</table>

续表

<table>
<tr><th colspan="6">整合前</th><th colspan="4">整合后</th></tr>
<tr><th>序号</th><th>活动主题</th><th colspan="2">课程来源</th><th>教学目标</th><th>课时</th><th>一级主题</th><th>二级主题</th><th>主题目标</th><th>课时安排</th></tr>
<tr><td rowspan="3">15</td><td rowspan="3">在集体中成长</td><td rowspan="3">品德与社会</td><td>1. 我们是一个集体</td><td rowspan="3">情感与态度：
1. 热爱集体，在集体生活中要有责任感。
2. 面对困难不退缩。
3. 形成积极向上的生活态度。
4. 正确对待生活中的问题、压力、冲突和挫折。
5. 学会欣赏和尊重别人，对人宽容。
行为与习惯：养成良好的生活和学习习惯。
知识与技能：
1. 知道自己是集体中的一员。
2. 知道生活学习中会有困难。
3. 知道怎样做才能建立同学间真挚的友谊。
4. 培养学生分析问题，处理问题的能力。
5. 培养学生解决困难，自我调节的能力。
过程与方法：培养学生尝试不同的方法，如调查、访问、搜集与整理、分析资料等进行探究活动。</td><td>3课时</td><td rowspan="3">我爱我班</td><td rowspan="3">1. 我们的班集体
2. 我们是好朋友
3. 班级小主人</td><td rowspan="3">1. 知道自己作为集体的一员，能为班集体争光，学会与同学友好相处，并建立真挚的友谊。
2. 经历和体验调查、讨论、辩论等探究活动，掌握集体生活中出现问题、压力、冲突和挫折时的解决方法。
3. 学会欣赏和尊重别人，爱班集体，形成积极向上的生活态度，提高班级凝聚力。</td><td rowspan="3">12课时</td></tr>
<tr><td>2. 快乐的集体生活</td><td>2课时</td></tr>
<tr><td>3. 大家都是好朋友</td><td>3课时</td></tr>
</table>

续表

<table>
<tr><th colspan="6">整合前</th><th colspan="4">整合后</th></tr>
<tr><th>序号</th><th>活动主题</th><th colspan="2">课程来源</th><th>教学目标</th><th>课时</th><th>一级主题</th><th>二级主题</th><th>主题目标</th><th>课时安排</th></tr>
<tr><td rowspan="2">16</td><td rowspan="2">我们生活的地方</td><td rowspan="2">品德与社会</td><td>1. 欢迎到我家乡来</td><td rowspan="2">情感与态度：
1. 爱生活爱家乡。
2. 学习优秀人物的品质，激发学生建设家乡的愿望。
行为与习惯：
1. 能够清楚地表达自己的感受和见解。
2. 培养学生对家乡的荣誉感。
知识与技能：
1. 知道社区、县、市、本省及省会城市的位置，知道家乡是祖国的一部分。
2. 让学生了解读图、识图常识，辨认简单图例、方向、比例尺。
3. 培养学生读图能力。
过程与方法：培养学生尝试不同的方法，如调查、访问、搜集与整理、分析资料等进行探究活动。</td><td>2课时</td><td rowspan="2">走进美丽的家乡</td><td rowspan="2">1. 美丽的家乡
2. 家乡变化大
3. 我做小导游</td><td rowspan="2">1. 了解家乡的位置和简单的地图知识，了解家乡的历史、人物、风土等，知道家乡在衣食住行等方面的变化。
2. 学会大胆表达自己的感受和见解，掌握介绍家乡的方法，能运用调查、访问、搜集整理分析资料等方法进行主题活动。
3. 学会用做导游的形式，懂得与人交流，热爱家乡，保护家乡环境，树立建设家乡的愿望。</td><td rowspan="2">12课时</td></tr>
<tr><td>2. 家乡的故事</td><td>5课时</td></tr>
</table>

续表

整合前						整合后			
序号	活动主题	课程来源		教学目标	课时	一级主题	二级主题	主题目标	课时安排
16	我们生活的地方	环境	三年级第13课：争做文明小游客	1. 通过举例引导学生争当文明小游客，让旅游与文明同行，引导学生看到不文明的行为要勇敢去制止。 2. 启发学生思考争当文明小游客应该符合哪些要求，并与自身相结合，哪些行为不符合文明小游客要求，在今后需要改进；哪些行为已经符合文明小游客要求，今后继续保持。 3. 让学生积极思考应该怎样正确对待动物园里的动物，并在今后的旅游过程中实施。 4. 让学生用画笔、相机、文章或手抄报记录游玩过程中的文明现象，提高学生动手能力，培养学生的合作交流能力，树立保护环境的良好意识。	2课时				
			四年级第9课：保护环境从小事做起	1. 使学生了解身边的环境问题； 2. 通过讨论，让学生知道环保是每个人的责任，要从身边的小事做起，为环境保护出一份力。	1课时				

续表

<table>
<tr><th colspan="6">整合前</th><th colspan="4">整合后</th></tr>
<tr><th>序号</th><th>活动主题</th><th colspan="2">课程来源</th><th>教学目标</th><th>课时</th><th>一级主题</th><th>二级主题</th><th>主题目标</th><th>课时安排</th></tr>
<tr><td rowspan="5">16</td><td rowspan="5">我们生活的地方</td><td rowspan="5">环境</td><td>四年级第17课：家乡的河</td><td>1. 使学生了解家乡的河的过去和现在的情况，教育学生爱护家乡的河，养成良好的环保习惯，增强学生对家乡河流的热爱之情。
2. 培养学生的语言组织能力和口头表达能力及小组合作能力。
3. 唤起学生爱护河流的意识，培养学生热爱家乡以及爱护地球的思想感情</td><td>1课时</td><td rowspan="5"></td><td rowspan="5"></td><td rowspan="5"></td><td rowspan="5"></td></tr>
<tr><td>五年级第3课：听爷爷讲家乡的变化</td><td>1. 了解家乡的过去，认识家乡的今昔变化，发现家乡变化给人们带来的一些不良影响及存在的环境问题，引发学生的思考，提高环保意识。
2. 在合作自主探究的学习过程中，培养学生查找资料、访谈、合作交往的能力。
3. 激发学生热爱家乡、建设家乡的情感，坚信家乡的未来会更加美好。</td><td>1课时</td></tr>
<tr><td>六年级第10课：小区的变迁</td><td>1. 调查小区的居住环境，了解小区的变化
2. 了解完美居住小区的标准</td><td>1课时</td></tr>
<tr><td>六年级第11课：生机勃勃的乡村</td><td>1. 了解感受社会主义的和谐新农村。
2. 知道该如何建设社会主义新农村以及建设目标。</td><td>1课时</td></tr>
<tr><td>六年级第14课：融入生态的自然住宅环境</td><td>1. 了解什么是生态住宅，生态住宅的特点。
2. 对比自己的住宅，分析差距。设计心目中的生态住宅。</td><td>1课时</td></tr>
</table>

续表

<table>
<tr><th colspan="6">整合前</th><th colspan="4">整合后</th></tr>
<tr><th>序号</th><th>活动主题</th><th colspan="2">课程来源</th><th>教学目标</th><th>课时</th><th>一级主题</th><th>二级主题</th><th>主题目标</th><th>课时安排</th></tr>
<tr><td rowspan="3">17</td><td rowspan="3">爱护我们的生活环境</td><td rowspan="3">品德与社会</td><td>1. 垃圾带来的烦恼</td><td rowspan="3">情感与态度：
1. 珍爱生命，热爱生活。
2. 热爱大自然，初步形成保护生态环境的意识。
行为与习惯：养成良好的生活和行为习惯。
知识与技能：
1. 了解家乡生态环境的有关问题，理解人与自然、环境的相互依存关系。
2. 知道解决生活中的环境问题有不同的方法。
3. 培养学生搜集、分析资料的能力，并尝试运用一定的方法解决问题。
过程与方法：学习从不同角度观察、认识分析社会事物和现象，尝试合理的、有创意地探究和解决生活中的环境问题。</td><td>3课时</td><td rowspan="3">我是环保小卫士</td><td rowspan="3">1. 关注生活垃圾
2. 水——生命之源
3. 我做环保小卫士</td><td rowspan="3">1. 了解垃圾的产生、分类、危害和回收处理等生活常识，知道节水用水的方法，初步形成关注并参与社会生活的意识。
2. 通过社会调查、方案设计、实践探究、总结交流等活动，初步掌握综合运用各科知识收集、处理信息的能力，逐步养成分工协作、团结进取的合作意识，逐步形成一种积极的、主动的学习方式。
3. 懂得减少垃圾，节俭生活能源，热爱大自然、理解人与自然和谐发展的意义；自觉地从身边小事开始，将环保意识转化为环保行动，争做一名优秀的环保小卫士。</td><td rowspan="3">10课时</td></tr>
<tr><td>2. 节约用水</td><td>3课时</td></tr>
<tr><td>3. 环境好我快乐</td><td>2课时</td></tr>
</table>

续表

整合前						整合后			
序号	活动主题	课程来源		教学目标	课时	一级主题	二级主题	主题目标	课时安排
17	爱护我们生活的生活环境	环境	三年级第3课：纸张的自述	1. 寻找纸张浪费的途径，规范自己的日常行为。 2. 了解造纸的过程、使用资源状况和产生的污染物，培养环境保护的意识。 3. 了解再生纸的定义和环保性，了解生活中节约用纸的具体措施，体验参与节约用纸、保护环境实践活动。	2课时				
			三年级第14课：玻璃瓶的新生	1. 了解玻璃的用途，思考再生、回收利用的重要性，培养学生的动手能力。 2. 让学生了解各种各样的玻璃，启发学生思考新型玻璃，为人类造福。 3. 树立保护环境和资源的良好意识。	2课时				
			三年级第18课：节约是一种美德	1. 让学生算一算，想一想过程中体验浪费的可怕性，体会我们人均资源是很缺乏的，启发学生要学会节约。 2. 让学生积极行动，观察周边的浪费现象，并做好观察访问记录。 3. 让学生发挥想象力和创造力，变废为宝，开展节约活动，树立保护环境和资源的良好意识。	2课时				
			四年级第9课：保护环境从小事做起	1. 使学生了解身边的环境问题。 2. 通过讨论，让学生知道环保是每个人的责任。要从身边的小事做起，为环境保护出一份力。	1课时				
			五年级第4课：放错了地方的资源	1. 了解生活垃圾的来源。 2. 学会对不同的垃圾进行分类，体会垃圾可以变废为宝，增强废物利用的环保意识。	2课时				

续表

整合前						整合后			
序号	活动主题	课程来源		教学目标	课时	一级主题	二级主题	主题目标	课时安排
17	爱护我们生活的生活环境	综合实践	三年级下册主题六：居民生活环境调查	1. 通过实践活动、案例分析，并结合已有经验，使学生了解一下自己家附近的生活环境存在哪些问题。 2. 让学生在分工合作中，增强合作意识。 3. 激发他们热爱家乡和建设家乡的情感。	4课时				
			四年级上册主题一：关注生活垃圾	1. 通过对生活垃圾的调查活动，让学生了解垃圾的产生、分类、危害和回收的处理等生活常识，初步形成并参与社会生活的意识。 2. 通过社会调查、方案设计、实践探究、总结交流培养学生发现问题和收集信息、处理信息的能力。 3. 通过本课的学习，帮助学生把环保意识转化为环保行动，争做一名优秀的环保小卫士。	6课时				

续表

<table>
<tr><th colspan="6">整合前</th><th colspan="4">整合后</th></tr>
<tr><th>序号</th><th>活动主题</th><th colspan="2">课程来源</th><th>教学目标</th><th>课时</th><th>一级主题</th><th>二级主题</th><th>主题目标</th><th>课时安排</th></tr>
<tr><td rowspan="3">18</td><td rowspan="3">娱乐体育</td><td rowspan="3">三年级传统文化</td><td>第16课：武术</td><td>1. 使学生掌握中国武术的整体特点和重要的四个门派；明确中国武术“重德不重艺”的特征。
2. 引导学生熟悉我国几个重要的门派，介绍太极拳的特点，培养学生比较思维的能力。
3. 使学生感受中国武术的博大精深，提升学生对中国传统武术认知感。培养学生对中国武术的自豪感。</td><td>2课时</td><td rowspan="3">走进娱乐体育</td><td rowspan="3">1. 武术是我们的国粹
2. 蹴鞠的故事
3. 中国棋类知多少</td><td rowspan="3">1. 了解中国古代最常见且流行的四种体育娱乐方式——武术、蹴鞠、围棋和象棋的发展历史和故事，并简单学习其中的部分招式。
2. 学会观察、访问、查阅文献、上网搜索等搜集资料的方法，提高探索问题和处理信息的意识和能力。并学会交流，学会评价，学会总结和提高自我学习的能力。
3. 从娱乐体育发展的历史中感受到中华文化的博大精深，知道古人寓教于乐的道理，激发对祖国传统文化的热爱，体验小组合作学习、与人交流分享的乐趣，并能强身健体。</td><td rowspan="3">9课时</td></tr>
<tr><td>第17课：蹴鞠</td><td>1. 掌握足球的起源地、产生时间、流行时间传说故事。了解马球运动的特点。
2. 培养学生类比的思维能力。
3. 体会古代人的智慧，培养学生的民族自豪感。</td><td>2课时</td></tr>
<tr><td>第18课：围棋和象棋</td><td>1. 了解围棋和象棋在古代的重要性，了解象棋通俗实战的特点和下棋的几种代称。
2. 指导学生学习最基本的象棋走法。
3. 培养学生对传统文化中的优良面的认识，感受古代体育文化的多样性。</td><td>2课时</td></tr>
</table>

四年级主题活动目标

<table>
<tr><th colspan="6">整合前</th><th colspan="4">整合后</th></tr>
<tr><th>序号</th><th>活动主题</th><th colspan="2">课程来源</th><th>教学目标</th><th>课时</th><th>一级主题</th><th>二级主题</th><th>主题目标</th><th>课时安排</th></tr>
<tr><td rowspan="4">1</td><td rowspan="4">我们吃什么</td><td rowspan="4">科学</td><td>1. 我们的食物</td><td rowspan="4">1. 了解我们食物主要来自动物、植物、微生物等不同方面。
2. 了解人类需要哪些营养；知道人们需要的营养物质大致包含在哪些食物中；
3. 懂得营养合理全面的重要性，知道如何做到合理饮食，养成良好的饮食卫生习惯。会从合理、全面饮食方面考虑设计食谱。
4. 知道不良饮食给环境带来的影响，养成勤俭节约环保的好习惯。
5. 能选择适合自己探究的问题。
6. 知道科学探究涉及提出问题，解决问题，将自己的结果与已有的科学结论作比较。
7. 会查阅书刊及其他信息源了解饮食知识。
8. 能选择语言、文字、图表等方式表述研究过程和结果。
9. 认真听取其他同学的观点，懂得交流与讨论可以引发新的想法。
10. 想知道、爱提问。
11. 意识到人与自然要和谐相处。
12. 善于用学到的知识改善生活。
13. 从科学饮食中意识到要珍爱生命。
14. 懂得科学技术既有利又有害。</td><td>1课时</td><td rowspan="4">吃的学问</td><td rowspan="4">1. 食物物与营养
2. 绿色饮食伴我行
3. 我是厨房小达人</td><td rowspan="4">1. 了解我们食物主要来自动物、植物、微生物等不同方面。了解人类需要哪些营养；大致包含在哪些食物中；知道如何做到合理饮食；养成良好的饮食卫生习惯。
2. 会查阅书刊及其他信息源了解饮食知识。会从合理、全面饮食方面考虑设计食谱。
3. 通过跟家人学习做菜等活动，体会到合理饮食、绿色饮食、保护环境、珍惜健康的重要。</td><td rowspan="4">9课时</td></tr>
<tr><td>2. 我们的营养</td><td>1课时</td></tr>
<tr><td>3. 饮食与健康</td><td>1课时</td></tr>
<tr><td>4. 食物里的有害物质（研究与实践）</td><td>3课时</td></tr>
</table>

续表

整合前						整合后			
序号	活动主题	课程来源		教学目标	课时	一级主题	二级主题	主题目标	课时安排
1	我们吃什么	四年级环境	4. 饮食与环保	1. 通过主题活动，使学生懂得爱护环境从身边小事做起，形成一定的环保意识，养成良好的行为习惯。 2. 引导学生积极投入到学校的“绿箱子在行动”的活动中去，以自己的实际行动，争当“绿色之星”。 3. 培养学生珍惜粮食．节约粮食的优良传统。	1课时				
		五年级安全	第3课：食品与健康	1. 引导学生了解饮食与健康的关系，掌握一定的饮食卫生常识。 2. 引导学生检查自己的饮食习惯，了解不良饮食习惯对身体的伤害，掌握纠正不良饮食习惯的方法，养成良好的饮食卫生习惯，科学合理地安排好自己的一日三餐。 3. 在调查、搜集资料的过程中，培养学生的分析能力，使他们树立关注饮食健康、关爱自我、珍爱生命的意识。	1课时				
		综合实践	主题三：学做家常菜	1. 通过查找菜谱，向父母请教、观察成品菜，自己探索家常凉拌菜的做法，学会做一些凉拌菜。 2. 掌握切菜的基本刀法。 3. 培养学生自主探究、合作创新的精神。 4. 通过制作凉拌菜体验劳动的快乐和成功的喜悦知道做菜也是一门艺术。	1课时				

续表

整合前						整合后			
序号	活动主题	课程来源		教学目标	课时	一级主题	二级主题	主题目标	课时安排
2	水里有什么	科学	1. 水变咸了	1. 知道水有溶解一些物质的特性。 2. 认识不同方法可以加快物质溶解速度的现象。 3. 知道汽水等饮料的简单制作过程。 4. 知道净化水的一般方法，了解自来水的形成过程。 5. 能够自己设计实验，探究水能溶解其他物质的特征，并用自己擅长的方式表达和交流探究的过程和结果。 6. 能够利用水能溶解物质的性质，设计、配制饮料。 7. 能够选择一定的方式搜集、整理与水有关的资料。 8. 能够从不同的角度对获得的数据进行分析。 9. 能正确选用合适的仪器进行观察、实验活动。 10. 关注与水有关的科技新技术，认识科学是不断发展的。 11. 意识到节约用水的重要性。	1课时	水里的秘密	1. 水的变化 2. 学做美味饮料 3. 我们需要洁净的水	1. 通过实验探究和做一杯饮料的活动，知道水能溶解一些物质；认识如何加快物质溶解；通过搜集资料知道净化水的一般方法及自来水的形成过程。了解地球上水资源的状况。 2. 能够自己设计实验，探究水能溶解其他物质的特征；能利用水能溶解物质的性质，设计、配制饮料（并设计一款响亮的名字，设计一句精彩的广告语）；能够搜集、整理与水有关的资料。 3. 通过到自来水厂调查或搜集资料，体验到净化水的不易，意识到节约用水的重要性，懂得爱护水资源，提高节水意识。	12课时
			2. 怎样加快溶解		1课时				
			3. 做一杯饮料		2课时				
			4. 水里有什么		1课时				

续表

<table>
<tr><th colspan="6">整合前</th><th colspan="4">整合后</th></tr>
<tr><th>序号</th><th>活动主题</th><th colspan="2">课程来源</th><th>教学目标</th><th>课时</th><th>一级主题</th><th>二级主题</th><th>主题目标</th><th>课时安排</th></tr>
<tr><td rowspan="5">3</td><td rowspan="5">植物的生活</td><td rowspan="5">科学</td><td>1. 植物的身体</td><td rowspan="5">1. 能指认植物的六大器官。
2. 知道植物根的作用。
3. 知道叶有蒸腾作用。了解蒸腾作用的意义。了解叶的光合作用的概念及意义。
4. 知道植物的茎的作用。
5. 能用各种感官直接感知自然事物，并用语言或图画描述所观察的事物的形态特征。
6. 会查阅书刊及其他信息源。
7. 能用简单的工具（放大镜、尺子等）对植物体进行定性和定量的观察，并能用图文表达。
8. 能设计对比实验研究植物根的作用。
9. 能选择自己擅长的方式表述探究过程和结果。
10. 注意保护所观察的植物，意识到人和自然要和谐相处，懂得要珍爱生命。
11. 在探究中意识到科学要尊重证据。</td><td>1课时</td><td rowspan="5">走进植物世界</td><td rowspan="5">1. 植物的身体
2. 奇妙的根、茎
3. 了不起的叶</td><td rowspan="5">1. 通过观察认识植物的六大器官，通过实验和查阅资料知道根、茎、叶的作用，了解光合作用、蒸腾作用的概念及意义。
2. 能用简单的工具对植物体进行定性和定量的观察，并能用图文表达；能设计实验研究植物根和茎的作用。
3. 注意保护所观察的植物，懂得要珍爱生命。在探究中明白科学要尊重证据。</td><td rowspan="5">9课时</td></tr>
<tr><td>2. 植物的根</td><td>1课时</td></tr>
<tr><td>3. 植物的叶</td><td>1课时</td></tr>
<tr><td>4. 植物的叶</td><td>1课时</td></tr>
<tr><td>5. 植物的茎</td><td>1课时</td></tr>
</table>

续表

<table>
<tr><th colspan="6">整合前</th><th colspan="4">整合后</th></tr>
<tr><th>序号</th><th>活动主题</th><th colspan="2">课程来源</th><th>教学目标</th><th>课时</th><th>一级主题</th><th>二级主题</th><th>主题目标</th><th>课时安排</th></tr>
<tr><td rowspan="5">4</td><td rowspan="5">空气和水的力</td><td rowspan="5">科学</td><td>1. 热气球上升的秘密</td><td rowspan="5">1. 认识空气受热后体积膨胀，比同体积的冷空气轻，会上升的性质。
2. 了解空气被压缩后有弹性和反冲力的性质及应用
3. 了解反冲现象在生活中的应用。
4. 认识大气压力的存在及应用。
5. 认识水流有力量；水位高，水流的力量大；流量大，水流的力量大。
6. 能提出问题，并能提出进行探究活动的大致思路；能用简单的器材进行实验并做记录；会查阅书刊及其他信息源。
7. 能利用简单的器材进行实验操作；能对研究过程进行评议，并与他人交换意见。
8. 能综合运用所学知识，制作带有创造性的小火箭科技作品，并能对自己制作的作品提出改进意见。
9. 积极查阅资料，关心新科技、新发明对生活的重大影响；意识到要用学到的科学知识改善生活。</td><td>1课时</td><td rowspan="5">谁的力量大</td><td rowspan="5">1. 空气的力量
2. 水流的力量
3. 创意小火箭</td><td rowspan="5">1. 通过一系列小实验，认识热空气会上升；了解压缩的空气有弹性、有反冲力的性质及应用；认识大气压力的存在及应用；认识水流有力量等。
2. 能利用简单的器材进行热气球模拟实验、水流有力量的对比实验等。能制作有创意的小火箭，并能对自己或他人的作品提出改进意见。
3. 在探究中体验惊奇和快乐，关心新科技、新发明对生活的重大影响；意识到要用学到的科学知识改善生活。</td><td rowspan="5">8课时</td></tr>
<tr><td>2. 充气玩具里的科学</td><td>1课时</td></tr>
<tr><td>3. 小火箭</td><td>1课时</td></tr>
<tr><td>4. 瓶吞鸡蛋的秘密</td><td>1课时</td></tr>
<tr><td>5. 水流有力量</td><td>2课时</td></tr>
</table>

续表

整合前					整合后			
序号	活动主题	课程来源	教学目标	课时	一级主题	二级主题	主题目标	课时安排
5	热的传递	科学 1. 杯子变热了	1. 知道热能从一个物体传到另一个物体，热总是从高温部分传向低温部分。 2. 知道热在液体和气体中主要是以对流的方式传递的，了解热对流的应用。 3. 了解保温和散热材料的性质和用途，知道某些材料保温、散热的原因。 4. 知道不同颜色的物体吸收太阳光的能力不同。 5. 认识几种常见的太阳能热水器。了解影响太阳热水器吸热的几个重要因素。了解太阳能热水器的发展和使用情况。 6. 能够做固体热传递的实验；认识固体热传导是热传递的一种方式。 7. 会做热传导和热对流的实验；能用图形表示自己的研究结果。 8. 能对观察到的现象进行大胆的猜想，会用实验的方法来验证棉被、棉衣是否生热，并用科学的观点加以解释。 9. 能用简单测量工具（温度计）对阳光下不同颜色的物体温度变化进行定量观察，采集数据，并作简单记录。 10. 愿意合作交流，体验到通过合作与交流能更好地完成认知；能利用掌握的科学知识解决生活中的小问题。 11. 通过对比实验，意识到使用工具比感官更重要。 12. 乐于用学到的知识改善生活。	1课时	神秘的热传递	1. 物体变热了 2. 它们会生热吗 3. 谁热得快 4. 充分利用太阳的热	1. 通过实验，知道热传导、热对流、热辐射的传递方式及应用；了解保温和散热材料的性质与用途；知道不同颜色的物体吸收太阳光的能力不同。通过搜集资料了解太阳能热水器的结构、发展、使用情况；知道太阳和人类的关系等。 2. 会做热传导和热对流的实验；会用实验的方法来验证棉被、棉衣是否生热；能用温度计对阳光下不同颜色的物体温度变化进行定量观察，采集数据，并作简单记录。 3. 通过用温度计的对比实验，体验到借助工具比感官更准确。通过太阳能热水器的学习，意识到用学到的知识改善生活的重要。	10课时
		2. 水变热了		1课时				
		3. 它们会生热吗		1课时				
		4. 谁热得快		1课时				
		5. 太阳能热水器		1课时				
		6. 太阳能热水器的发展与使用		3课时				

续表

<table>
<tr><th colspan="6">整合前</th><th colspan="4">整合后</th></tr>
<tr><th>序号</th><th>活动主题</th><th colspan="2">课程来源</th><th>教学目标</th><th>课时</th><th>一级主题</th><th>二级主题</th><th>主题目标</th><th>课时安排</th></tr>
<tr><td>5</td><td>热的传递</td><td>四年级环境</td><td>第 1 课：太阳是万物之源</td><td>1. 使学生了解太阳的作用。
2. 使学生知道太阳和人类的关系。
3. 使学生了解保护环境的重要性。</td><td>1课时</td><td></td><td></td><td></td><td></td></tr>
<tr><td rowspan="2">6</td><td rowspan="2">热胀冷缩</td><td rowspan="2">科学</td><td>1. 温度计的秘密</td><td rowspan="2">1. 了解通过加热或冷却可使物体的形状或大小发生变化，列举常见的热胀冷缩现象。
2. 知道为什么使用工具比感官更重要。
3. 体验科学探究中证据、逻辑推理及运用想象建立假设和理解的重要性。
4. 能从“这是什么”“为什么会这样”等角度对周围事物提出问题。
5. 能应用已有知识和经验对所观察的现象作假设性解释。能提出探究活动的大致思路。
6. 能做控制变量的简单探究性实验，会设计简单的实验报告、绘制简单图表。能反思自己的探究过程，将探究的结果与假设相比较。
7. 尊重证据，愿意合作交流。乐于用学到的科学知识改善生活，关注日常生活中的科技新产品、新事物，关注与科学有关的社会问题。</td><td>1课时</td><td rowspan="2">神奇的热与冷</td><td rowspan="2">1. 液体、气体里的秘密
2. 固体里的秘密</td><td rowspan="2">1. 了解通过加热或冷却可使物体的形状或大小发生变化，列举常见的热胀冷缩现象。知道为什么使用工具比感官更重要。
2. 能针对生活中气体或固体热胀冷缩的现象提出想知道的问题；能用简单的器材做探究液体热胀冷缩的观察实验，并作实验记录。
3. 尊重证据，愿意合作与交流；乐于用学到的科学知识改善生活。</td><td rowspan="2">4课时</td></tr>
<tr><td>2. 自行车胎为什么爆裂</td><td>2课时</td></tr>
</table>

续表

整合前						整合后			
序号	活动主题	课程来源		教学目标	课时	一级主题	二级主题	主题目标	课时安排
7	岩石的科学	科学	1. 认识岩石	1. 能用不同的分类标准对岩石进行分类，认识到保护资源的重要性；知道为什么使用工具比感官更有效，知道不同的问题要用不同的探究方法。	1课时	岩石的学问	1. 岩石里的秘密 2. 生活中的百变岩石	1. 在观察制作中进一步了解岩石的特征和种类；能用相关的分类标准给岩石分类。 2. 能用简单的工具对岩石进行比较细致的观察、研究，能用语言或图画描述所观察的事物的形态特征；能用简单器材进行风化作用的模拟实验；学会搜集和整理信息，能够查阅岩石方面的有关资料。 3. 体验科学探究中证据、逻辑推理的重要性，意识到科学探究要尊重证据。愿意合作与交流。意识到人与自然要和谐相处。	8课时
			2. 做个岩石的百宝箱	2. 能选择适合自己探究的问题，能用简单的工具(放大镜等)对物体进行较细致的观察，并能用图和文字表达；能用简单的器材作简单的观察实验，并作试验记录。	1课时				
			3. 岩石的用途	3. 会搜集整理信息：会查阅书刊及其他信息源，初步学会利用简单表格、图形等方法整理有关资料。 4. 能尝试用不同的方式分析和解读数据，对现象作合理的解释。	1课时				
			4. 岩石的风化	5. 选择擅长的方式表述探究过程和结果。 6. 想知道，爱提问，意识到科学探究要尊重证据，愿意合作与交流。 7. 意识到人与自然要和谐相处。	1课时				

续表

<table>
<tr><th colspan="6">整合前</th><th colspan="4">整合后</th></tr>
<tr><th>序号</th><th>活动主题</th><th colspan="2">课程来源</th><th>教学目标</th><th>课时</th><th>一级主题</th><th>二级主题</th><th>主题目标</th><th>课时安排</th></tr>
<tr><td rowspan="4">8</td><td rowspan="4">土壤里有什么</td><td rowspan="4">科学</td><td>1. 土壤里有什么</td><td rowspan="4">1. 知道土壤的构成，设计实验研究水、阳光、空气、温度、肥料等对植物生长的影响，知道环境对生物生长、生活习性等方面有影响。
2. 了解废旧电池对环境和人类造成的巨大危害，激发学生的环境意识，参与到废旧电池的回收利用的长期活动中，培养学生的社会责任感。
3. 了解我国特别是山东省耕地的基本情况，激发学生主动参与保护土地的热情，树立热爱土地、保护土地资源的思想意识。
4. 了解科学探究的结果是可以重复验证的，知道科学探究可以为进一步研究提供新经验、新现象、新方法、新技术。
5. 能从这是什么、为什么会这样等角度对周围事物提出问题。能设计不同土壤对植物生长影响的实验，意识到人类生存与陆地物质的密切关系及保护陆地物质的重要性。
6. 能应用已有的知识和经验对所观察的现象作假设性解释。
7. 能反思自己探究的过程，将探究的结果与假设相比较。能用简单器材作简单的观察实验，并作实验记录。
8. 想知道，爱提问，喜欢大胆想象，愿意合作与交流。
9. 意识到人与自然要和谐相处，珍爱生命。</td><td>1课时</td><td rowspan="4">走进土壤世界</td><td rowspan="4">1. 土壤里的秘密
2. 植物喜欢的土壤
3. 土壤的保护</td><td rowspan="4">1. 知道土壤的构成，知道水、阳光、空气、温度、肥料等对植物生长的影响。
2. 能用简单器材做简单的观察实验，并做实验记录；会查阅书刊及其他信息源；能选择自己擅长的方式表达研究过程和结果。能应用已有的知识和经验对各种土壤对植物生长的影响作假设性解释；能提出进行探究活动的大致思路，并作书面计划。
3. 了解废旧电池对环境和人类造成的巨大危害，了解我国特别是山东省耕地的基本情况。意识到环保的重要，参与到废旧电池的回收利用的长期活动中，具有社会责任感。意识到人与自然要和谐相处，珍爱生命。</td><td rowspan="4">9课时</td></tr>
<tr><td>2. 土壤的种类</td><td>1课时</td></tr>
<tr><td>3. 土壤与植物</td><td>2课时</td></tr>
<tr><td>4. 保护土壤</td><td>2课时</td></tr>
</table>

续表

整合前						整合后			
序号	活动主题	课程来源		教学目标	课时	一级主题	二级主题	主题目标	课时安排
8	土壤里有什么	四年级环境	第 15 课：废旧电池的危害大	1. 通过学习，让学生对家庭、学校、社区的电池使用和处理等问题有明确的认识和了解。 2。让学生了解废旧电池对环境和人类造成的巨大危害，使学生在自主探究的过程中逐步形成发现问题和解决问题的能力。	1课时				
			第 16 课：大地母亲的呻吟	1. 通过对古语“民以食为天，食以土为源”谈看法，使学生知道是人们赖以生存的一种宝贵资源，它在人类的生产、生活中起着重要的作用。 2. 让学生通过查阅资料，了解我国特别是山东省耕地的基本情况。 3. 培养学生与他人合作、交流的能力。	1课时				
		六年级安全	第 6 课：化学农药的废与宝	1. 明白化学农药的功与过，辩证看待问题。 2. 明白过量使用农药的危害。 3. 知道什么是生物防治。 4. 对使用农药的情况进行分析归纳，并写出调查报告。	1课时				

续表

<table>
<tr><th colspan="6">整合前</th><th colspan="4">整合后</th></tr>
<tr><th>序号</th><th>活动主题</th><th colspan="2">课程来源</th><th>教学目标</th><th>课时</th><th>一级主题</th><th>二级主题</th><th>主题目标</th><th>课时安排</th></tr>
<tr><td rowspan="6">9</td><td rowspan="6">光与我们的生活</td><td rowspan="6">科学</td><td>1. 认识光</td><td rowspan="6">1. 了解光的直线传播现象，了解平面镜或放大镜可以改变光的传播路线。知道光是有颜色的。
2. 了解日光的色散现象。了解光污染的来源、危害和防止方法；会做简易护眼眼镜。
3. 体验科学探究中证据、逻辑推理即运用想象建立假设和理解的重要性，知道为什么使用工具比感官更有效。
4. 能应用已有知识和经验对所观察的现象作假设性解释。
5. 能做控制变量的简单探究性实验，会设计简单的实验报告、绘制简单图表。会查阅书刊及其他信息源。能反思自己的探究过程，将探究的结果与假设相比较。
6. 尊重证据，愿意合作交流。认识到科学是不断发展的。
7. 乐于用学到的知识改善生活；关注与科学有关的社会问题；意识到科学技术会跟人类带来好处，也可能产生负面影响。</td><td>1课时</td><td rowspan="6">光的秘密</td><td rowspan="6">1. 会变魔术的光
2. 生活中的光</td><td rowspan="6">1. 了解光的直线传播现象，了解平面镜或放大镜可以改变光的传播路线。知道光是有颜色的；了解日光的色散现象；了解光污染的来源、危害和防止方法。
2. 能对光的传播方式作出假设性解释；能够用图画、语言对不同种类镜子的成像现象做出合理解释；能设计实验探究多个平面镜会聚太阳光后，会使温度升高的现象。能运用光的折射知识对生活中一些现象作出解释。能用简单的器材做简单的模拟实验。
3. 乐于用学到的知识改善生活；关注与科学有关的社会问题；意识到科学技术会跟人类带来好处，也可能产生负面影响。</td><td rowspan="6">12课时</td></tr>
<tr><td>2. 玩镜子</td><td>1课时</td></tr>
<tr><td>3. 筷子折了</td><td>1课时</td></tr>
<tr><td>4. 彩虹的秘密</td><td>1课时</td></tr>
<tr><td>5. 飞旋的陀螺</td><td>2课时</td></tr>
<tr><td>6. 光与我们的生活</td><td>2课时</td></tr>
</table>

续表

序号	活动主题	整合前				整合后			
		课程来源		教学目标	课时	一级主题	二级主题	主题目标	课时安排
9	光与我们的生活	四年级安全	第6课：光的危害	1. 了解光污染的原因、危害及一些防治措施。 2. 引导学生从小事做起，增强环保意识。	1课时				
		六年级环境	第13课：色彩斑斓的自然界	1. 了解自然界五颜六色的原因。 2. 了解保护色的知识。 3. 了解色彩与心理活动的变化。	1课时				

续表

<table>
<tr><th colspan="5">整合前</th><th colspan="4">整合后</th></tr>
<tr><th>序号</th><th>活动主题</th><th colspan="2">课程来源</th><th>教学目标</th><th>课时</th><th>一级主题</th><th>二级主题</th><th>主题目标</th><th>课时安排</th></tr>
<tr><td rowspan="5">10</td><td rowspan="5">我们的家园—地球</td><td rowspan="5">科学</td><td>1. 航海家的发现</td><td rowspan="5">1. 能定性描述一个物体的位置(前后、左右、远近等),理解一个物体的位置需要相对以其他物体的位置来确定。
2. 知道地球的形状、大小,知道地球时由小部分陆地和大部分水域构成的,了解人类对地球形状认识的历史,了解地球仪、地区的主要表示和功能,了解地球表面是在不断变化的,认识到各种自然力量对地表改变的影响。
3. 知道石油是种宝贵资源,了解石油在当今世界经济中的重要作用。
4. 了解石油的广泛用途,知道我们的生活和生产都离不开石油。认识科学探究,懂得交流与讨论可以引发新的想法。
5. 能对所提出的问题进行比较和评价。能区分什么是假设,什么是事实。能提出探究活动的大致思路,能对自己或小组提出的探究问题作出书面计划。
6. 能用简单的工具(测力计等)对物体进行定性和定量的观察,并能用图文表达;能综合运用所学知识,制作带有创造性的科技作品。会查阅书刊及其他信息源。
7. 能选择自己的擅长的方式表述探究过程和结果,能对探究过程和结果进行评议。
8. 喜欢大胆想象,愿意合作交流。
注意保护所观察的植物,意识到人和自然要和谐相处,懂得要珍爱生命。</td><td>1课时</td><td rowspan="5">走进地球</td><td rowspan="5">1. 我们生活的地球
2. 隐藏在地球里的秘密
3. 地球,人类共同的家园</td><td rowspan="5">1. 了解地球的形状及人们对地球形状的认识过程;了解地球地形、地貌状况,会选择自己擅长的方式(如语言、图画)定性描述物体的位置。解地球表面是在不断变化的,认识到各种自然力量对地表改变的影响。知道石油是种宝贵资源,了解石油在当今世界经济中的重要作用。
2. 能通过对周围自然事物的观察,提出感兴趣的问题;能提出探究活动的大致思路,能用测力计对物体进行测量观察、采集数据,并进行简单记录。
3. 注意保护所观察的植物,意识到人和自然要和谐相处,懂得要珍爱生命。意识到节约利用石油资源的重要性。</td><td rowspan="5">12课时</td></tr>
<tr><td>2. 地球上有什么</td><td>2课时</td></tr>
<tr><td>3. 我在哪里</td><td>2课时</td></tr>
<tr><td>4. 苹果为什么落地</td><td>1课时</td></tr>
<tr><td>5. 测量重力</td><td>1课时</td></tr>
</table>

续表

整合前						整合后			
序号	活动主题	课程来源		教学目标	课时	一级主题	二级主题	主题目标	课时安排
11	生活中的消费	品德与社会	1. 生活需要消费	1. 初步了解生产、消费活动与人们生活的关系。初步理解个体与群体的互动关系。了解一些社会组织机构和社会规则。 2. 能与他人平等的交流与合作，学习民主地参与探究活动。学习从不同的角度观察、认识、分析社会事务和现象，尝试合作地、有创意的探究和解决生活中的问题。 3. 学习对生活中遇到的道德问题作出正确的判断和选择，养成搜集、整理和运用社会信息的能力，能够运用简单的学习工具探索和说明问题。 4. 养成热爱劳动、勤俭节约的态度。 5. 养成文明礼貌、诚实守信、团结协作、有责任心的品质。 6. 初步形成民主、法制观念。	2课时	消费与生活	1. 我去超市购物 2. 做聪明的消费者 3. 走进农贸市场 4. 快乐理财 5. 方便带给我们什么	1. 学习选购商品的初步知识，了解商品的价格和最基本的消费知识，认识和了解生活中一次性用品使用和处理情况。 2. 初步学习实地调查的方法；在实践过程中，学会带着问题研究的方法，形成在走访调查的过程中发现问题和解决问题的能力；初步养成运用多种方法搜集和处理信息的能力。能独立购买简单物品，文明购物。 3. 树立合理的消费意识，具有初步的消费者的保护意识，具有关注生活、关注社会的责任意识，形成环境保护的观念，提倡低碳生活。	16课时
			2. 不同的购物场所		2课时				
			3. 做聪明的消费者		3课时				
		环境	四年级第8课：生活中一次性用品	通过学习，让学生对一次性用品的使用和处理等问题有明确的认识和了解，在活动中培养学生调查、访问和收集处理信息能力。	1课时				
			四年级第6课：过度包装浪费大	1. 使学生了解什么是“过度包装”。 2. 使学生知道过度包装对人类和社会带来危害。 3. 使学生增强节约意识，改变不合理的消费观念。	1课时				

续表

整合前						整合后			
序号	活动主题	课程来源		教学目标	课时	一级主题	二级主题	主题目标	课时安排
11	生活中的消费	综合实践	五年级上册主题六：走进农贸市场	1. 通过参与农贸市场的营销活动，体验劳动的辛苦与乐趣，了解购物的学问，形成初步的消费意识，做明智的消费者。 2. 在为农贸市场献计献策的活动中，提高学生解决实际问题的能力，增强学生的社会责任感。	3课时				
			五年级下册主题二：快乐理财	1. 学会合理利用自己的零用钱，把钱花在有价值的地方。 2. 通过搜集资料及调查、采访，培养学生的实践能力，发展对知识的综合运用和创新能力，形成从生活中主动地发现问题、解决问题的态度和能力，养成自主、合作、进取等良好的个性品质。 3. 通过活动，让学生认识到手中零花钱来之不易，养成勤俭节约的良好习惯，形成正确的消费观和理财观。	3课时				

续表

整合前					整合后			
序号	活动主题	课程来源	教学目标	课时	一级主题	二级主题	主题目标	课时安排
12	生活中的习俗	品德与社会： 1. 多彩的民族节日 2. 家有喜事 3. 异国习俗	1. 知道我国的一些传统节日，了解几个主要传统节日的习俗和来历。 2. 知道我们生活中的一些喜庆活动及民间风俗。 3. 知道世界各地的不同文化背景下人们的生活方式、民俗习惯。 4. 能清楚地表达自己对节日及喜庆活动的感受和见解。 5. 学会从不同的角度观察、认识、分析社会事物与现象。 6. 培养学生搜集、整理、分析和运用信息的能力。 7. 热爱生活，感受生活的快乐。 8. 热爱祖国，珍视祖国的文化传统和节日习俗。 9. 尊重不同国家和人民的文化差异，初步具有开放的国际意识。	3课时 2课时 3课时	走进多彩的民俗	1. 中外节日我知道 2. 欢欢喜喜过春节 3.（选修）包饺子 4.（选修）制作月饼 5.（选修）编中国结	1. 了解不同民族和世界各地不同文化背景下人们的生活习惯和风土人情，理解和尊重不同民族的文化，体会其对人民生活的影响。 2. 小组合作通过体验性、实践性的活动一起感受节日气氛；增强动手实践能力。 3. 感受节日快乐，尊重文化的多样性，初步具有开放的国际意识。	15课时

续表

整合前						整合后			
序号	活动主题	课程来源		教学目标	课时	一级主题	二级主题	主题目标	课时安排
12	生活中的习俗	三年级环境	第9课：过个环保的春节	1. 学生了解春节的习俗及各类庆祝活动。 2. 让学生分析和认识储备年货中的环保问题。 3. 让学生分析和认识除夕晚餐中的环保问题。 4. 让学生分析和认识节日喜庆方式中的环保问题。 5. 学生认识到新的时代需要新的春节，应倡导创造一些新的习俗来庆祝这一重要的传统节日，努力过一个文明、健康、环保的春节，延续春节带给我们的美好感受。	2课时				
		综合实践	四年级上册主题五：面点制作	1. 通过面点小调查，初步了解制作面点所用的面粉 种类及做法，认识到制作面点的方法有很多，和面是最基础的工序。 2. 通过做馒头、包饺子、学烙饼，掌握做日常主 食的基本技能，不断增强学生的动手实践能力，培养创新意识。 3. 在各项活动中，培养学生讲究卫生和合理饮食的习惯，进一步提高自我服务和为他人服务的意识和能力。	2课时				

续表

整合前						整合后			
序号	活动主题	课程来源		教学目标	课时	一级主题	二级主题	主题目标	课时安排
12	生活中的习俗	综合实践	五年级上册主题一：月圆中秋情	1. 能通过查阅资料搜集关于中秋节的来历、习俗。 2. 掌握月饼的制作方法。 3. 通过这次活动，使学生初步理解中国传统节日中所蕴含的传统精神，了解中国的传统文化。 4. 培养学生搜集、整理、比较、分析和运用资料的能力，以及语言概括和表达能力及独立组织活动的组织能力。	3课时				
			六年级上册主题三：学编中国结	1. 初步了解中国结的相关知识，体会不同造型的中国结的特征和寓意。 2. 掌握几种基本的编制方法，提高学生的动手、动脑的能力。 3. 通过欣赏中国结，培养学生的欣赏、鉴别、审美等综合素质，激发学生对祖国传统文化的热爱之情。	1课时				

续表

整合前						整合后			
序号	活动主题	课程来源		教学目标	课时	一级主题	二级主题	主题目标	课时安排
13	安全的生活	品德与社会	1. 交通安全每一天	1. 通过资料调查等方式，掌握面对灾难时的自我保护和求助及逃生的简单技能。 2. 提高灾害防范意识，学会冷静应对灾难。 3. 掌握基本的自救自护的本领。 4. 知道科学技术对人类生存与发展的重要影响。	2课时	与安全同行	1. 上学路上保安全 2. 急救常识知多少 3. 突发事件巧应对	1. 了解本地区交通情况，知道有关的交通常识，自觉遵守交通法规，维护交通安全；了解在灾害面前自护与互助的方法。 2. 继续养成通过多种方式搜集整理信息、提炼归纳主要观点的能力，通过实践性的模拟体验活动掌握相关技能。 3. 感受交通在人们生活中的重要性；初步养成珍爱生命，热爱生活的态度。	15课时
			2. 从119谈起	5. 能清楚表达自己的感受和见解，初步理解个体与群体的互动关系能够与他人平等的交流与合作，学习民主的参与集体生活。 6. 学会从不同的角度观察、认识、分析社会事物和现象，有创意的探究和解决生活中的问题。	2课时				
			3. 面对突发事件	7. 初步懂得法律对于社会公共生活的重要意义，学习对生活中遇到的道德问题做出正确的判断和选择。 8. 培养学生搜集、整理、分析和运用信息，能够运用简单的学习工具探索和说明问题。 9. 培养团结合作、有责任心的品质。	3课时				

续表

整合前						整合后			
序号	活动主题	课程来源		教学目标	课时	一级主题	二级主题	主题目标	课时安排
13	安全的生活	安全	三年级第1课:上学路上保安全	1. 能明白上学时应该注意哪些方面,确立自立、自卫的安全保护意识。 2. 初步认识最基本的交通标志和交通设施,了解与自己生活有关的交通安全常识。 3. 探讨该如何安全过马路,让学生正确过马路培养自立、自卫的安全保护意识。遵守交通规则。 4. 行人要走人行道,没有人行道的地方靠边走,穿行马路要走人行横道、过街天桥和地下通道,不在马路上追跑打闹,在铁路道口注意来往车辆,不抢行。 5. 培养学生的合作意识、观察、动脑、动手及生活实践能力。	1课时				
			三年级第2课:安全标志要记牢	1. 能明白上学时应该注意哪些方面,确立自立、自卫的安全保护意识。 2. 初步认识最基本的交通标志和交通设施,了解与自己生活有关的交通安全常识。 3. 培养自立、自卫的安全保护意识。遵守交通规则。行人要走人行道,没有人行道的地方靠边走,穿行马路要走人行横道、过街天桥和地下通道,不在马路上追跑打闹,在铁路道口注意来往车辆,不抢行。 4. 培养学生的合作意识、观察、动脑、动手及生活实践能力。	1课时				

续表

整合前						整合后			
序号	活动主题	课程来源		教学目标	课时	一级主题	二级主题	主题目标	课时安排
13	安全的生活	安全	三年级第5课：避免校外游戏中的意外事故	1. 提高学生校外游戏的安全意识。 2. 在校外参加游戏活动时，正确使用游戏器械，能够采取必要的保护措施，不做危险的举动。 3. 了解有些游戏活动存在安全隐患，并能掌握避免和危险的方法。	1课时				
			三年级第6课：安安全全去游玩	1. 了解各种公共场所的安全规则，并养成遵守各项规则的习惯。 2. 初步具备使用电梯、索道、游乐设施等特种设备的安全意识。 3. 强化安全意识，让学生认识到遵守安全规则的重要性，了解并遵守各种公共场所活动的安全要求。	1课时				
			三年级第7课：我们的救助电话	1. 遇到危险或急事时会打急用电话，形成初步的自我保护意识。 2. 记住火警、匪警、急救中心的电话号码	1课时				

续表

<table>
<tr><th colspan="6">整合前</th><th colspan="4">整合后</th></tr>
<tr><th>序号</th><th>活动主题</th><th colspan="2">课程来源</th><th>教学目标</th><th>课时</th><th>一级主题</th><th>二级主题</th><th>主题目标</th><th>课时安排</th></tr>
<tr><td rowspan="3">13</td><td rowspan="3">安全的生活</td><td rowspan="3">安全</td><td>三年级第8课:小心火灾</td><td>知道对火用之不当的话容易发生火灾,掌握发生火灾后自救的方法。</td><td>1课时</td><td rowspan="3"></td><td rowspan="3"></td><td rowspan="3"></td><td rowspan="3"></td></tr>
<tr><td>四年级第1课:交通法规我遵守</td><td>1. 引导学生了解交通安全问题对我们的重要性。
2. 我们要从小树立交通安全意识,掌握必要的交通安全知识,确保交通安全。
3. 培养学生从自己做起,自觉遵守交通规则,做一个优秀的交通小天使。</td><td>1课时</td></tr>
<tr><td>四年级第2课:提防可疑的陌生人</td><td>1. 知道社会上有伤害儿童的坏人。
2. 知道坏人欺骗儿童惯用的一些手段。
3. 知道一些提防坏人、不上当受骗的方法。增强警惕性和自我保护意识。</td><td>1课时</td></tr>
</table>

续表

整合前						整合后			
序号	活动主题	课程来源		教学目标	课时	一级主题	二级主题	主题目标	课时安排
13	安全的生活	安全	四年级第3课：不要私自去游泳	1. 提高安全意识，愿意自觉去学习防溺水安全的有关知识，在学习中增强与同学的合作交流意识。 2. 初步了解防溺水安全的有关内容，知道每一个学生（包括公民）都要提高安全意识。 3. 自己能改变生活中不遵守防溺水安全的不良习惯，提高对生活中违反安全原则的行为的辨别能力。	1课时				
			四年级第4课：预防家庭中的意外伤害	1. 引导学生了解家庭中存在的安全隐患和可能发生的意外伤害。 2. 引导学生掌握避免家庭意外伤害的方法。 3. 培养学生良好的家庭生活习惯，提高对家庭意外伤害的警惕	1课时				
			四年级第5课：安全使用家电与燃气	1. 通过交流、辨析、调查等活动，获得安全使用家电的基础常识。 2. 掌握一些常用家电的正确操作方法。 3. 养成正确使用家电的良好生活习惯。	1课时				

续表

整合前						整合后			
序号	活动主题	课程来源		教学目标	课时	一级主题	二级主题	主题目标	课时安排
13	安全的生活	安全	四年级第7课：到公共场所要注意安全	1. 使学生树立“珍爱生命，安全第一”的意识，具备自救自护的素养和能力。 2. 培养学生的社会安全责任感，使学生逐步形成安全意识，掌握必要的安全知识行为和技能。 3. 了解相关的安全标志，养成在日常生活和公共场所突发安全事件正确应对的习惯，最大限度地预防安全事故地发生和减少安全事件对小学生造成的伤害，保障小学生健康快乐成长。	1课时				
			四年级第8课：雷雨到来的时候	1. 如何预防雷雨天气引发的安全事故；学会自救。 2. 通过讲解雷雨天气可能引发的安全事故，提醒同学们注意安全、珍惜生命。 3. 让同学们深刻的认识到安全第一、生命无价。	1课时				

续表

整合前						整合后			
序号	活动主题	课程来源		教学目标	课时	一级主题	二级主题	主题目标	课时安排
13	安全的生活	安全	四年级第9课：地震来了怎么办	1. 了解地震的形成、地震发生前兆等知识，明确地震等知识，明确地震的危害；提高防震、避震的安全意识。 2. 初步掌握在家庭、学校等公共场所等日常生活中常用的防震方法，做到防患于未然。 3. 初步掌握地震发生时的自我保护和求助及逃生的简单技能。	1课时				
			五年级第2课：远离校园暴力	1. 引导学生认识和了解校园暴力，学会必要的应对措施 2. 引导学生认识语言暴力的危害，规范个人言行 3. 引导学生正确处理同学之间的矛盾和纠纷	1课时				
			五年级第6课：家庭防火	1. 认识各类消防安全标志并了解各类消防安全标志的含义和作用。 2. 知道防火的重要性。 3. 尝试根据学校、家庭环境，学习设计防火措施。	1课时				

续表

整合前						整合后			
序号	活动主题	课程来源		教学目标	课时	一级主题	二级主题	主题目标	课时安排
13	安全的生活	安全	五年级第9课：面对洪水如何避险	1.了解洪水的危险，了解洪水带来的泥石流、山洪等自然灾害。 2.认识洪水来临前的准备及洪水中的自救和洪水后的预防。 3.学会在洪水中保护自己。	1课时				

续表

<table>
<tr><th colspan="6">整合前</th><th colspan="4">整合后</th></tr>
<tr><th>序号</th><th>活动主题</th><th colspan="2">课程来源</th><th>教学目标</th><th>课时</th><th>一级主题</th><th>二级主题</th><th>主题目标</th><th>课时安排</th></tr>
<tr><td rowspan="3">14</td><td rowspan="3">生活中讲规则</td><td rowspan="3">品德与社会</td><td>1. 我们的约定</td><td rowspan="3">1. 在生活中养成文明礼貌、友爱宽容、公正公平、遵守法规、热爱集体、团结合作、有责任心的品质。
2. 初步形成民主、法制观念和规则意识。
3. 懂得诚信和自律是一种美德、学会诚信待人，严格自律。
4. 初步学会控制和调整自己的情绪和行为；养成良好的生活和行为习惯。
5. 能够清楚的表达自己的感受和见解，初步学会倾听他人的意见，能够与他人平等的交流与合作，学习民主的参与集体生活。
6. 学会从不同的角度观察、认识、分析社会事物与现象，尝试合理的解决生活中的问题。学习对生活中遇到的道德问题做出正确的判断和选择。
7. 通过实际模拟、体验等形式，使学生加深对法律知识的理解，培养学生分析问题的能力，通过“表演”中的答与辩，培养学生的逻辑思维能力。
8. 初步了解儿童的基本权利和义务，初步理解个体与群体的互动关系。
9. 了解一些社会规则，初步懂得规则、法律对于社会公共生活的重要意义。
10. 了解《未成年人保护法》《预防未成年人犯罪法》等与青少年相关的法律法规，懂得用法律的武器保护自己。</td><td>3课时</td><td rowspan="3">我和规则交朋友</td><td rowspan="3">1. 规则在哪里
2. 我是守规则的小学生
3. 我做小小普法员</td><td rowspan="3">1. 体验规则与人们生活的密切关系，了解与自身生活相关的规则与有关的法律、法规等，感受集体生活中规则的作用，初步懂得规则、法律对于社会公共生活的重要性。
2. 能够控制自己的行为，遵守活动规则和学校纪律，养成文明有教养的习惯。
3. 初步形成规则意识和法制观念，能够反思自己在生活中是否做到遵守规则、养成自律意识</td><td rowspan="3">14课时</td></tr>
<tr><td>2. 做守规则的小学生</td><td>2课时</td></tr>
<tr><td>3. 我做小小普法员</td><td>3课时</td></tr>
</table>

续表

整合前						整合后			
序号	活动主题	课程来源		教学目标	课时	一级主题	二级主题	主题目标	课时安排
15	健康地生活	品德与社会	1. 走进健康	1. 培养学生珍爱生命,热爱生活的积极态度和良好情感。 2. 养成热爱科学的态度。 3. 在生活中养成有责任心、自觉抵制"诱惑"的良好素质。 4. 能够初步认识自我,控制自己的情绪和行为,养成良好的生活和行为习惯。 5. 能够清楚的表达自己的感受和见解,能够倾听别人的意见。	2课时	健康生活,快乐成长	1. 热爱生命,礼赞健康 2. 守卫健康,远离健康杀手 3. 营养早餐伴我成长	1. 感受生命的美好,了解身体健康与心理健康的重要性,了解危害我们健康的事物和行为,初步掌握维护身体健康的知识。初步掌握早餐的分类,知道科学营养早餐有利于健康。 2. 初步学习使用调查问卷收集信息的能力,继续提高搜集和运用信息的能力。能够初步认识自我,控制自己的情绪和行为,养成良好的生活和行为习惯,养成良好饮食规律。 3. 具有热爱生命、热爱生活、热爱科学的积极态度,初步养成有责任心,自觉抵制危害健康事物的能力素质。	13课时
			2. 远离"诱惑"	6. 学习从不同的角度观察、认识、分析社会现象,有创意的探究和解决生活中的问题。 7. 学习对生活中遇到的道德问题做出正确的判断和选择。 8. 学习搜集、整理、分析和运用社会信息,能够运用简单的学习工具探索和说明问题。 9. 认识到健康对人的意义,了解危害我们健康的事物和行为,初步掌握维护身体健康的知识。	2课时				
			3. 健康生活每	10. 初步了解儿童的基本权利和义务。初步理解个体和群体的互动关系。 11. 初步懂得法律对于社会公共生活的重要意义。 12. 知道科学技术对人类的生存与发展的重要影响。 13. 简单了解当今人类社会面临的一些共同问题。	3课时				

续表

整合前						整合后			
序号	活动主题	课程来源		教学目标	课时	一级主题	二级主题	主题目标	课时安排
15	健康地生活	环境	四年级第4课：穿衣与环保	1. 使学生了解穿的衣服面料和生产过程。 2. 使学生知道服装的制作过程给环境带来的影响。 3. 使学生养成勤俭节约的好习惯。	1课时				
			四年级第13课：为被动吸烟者呼吁	1. 了解吸烟的危害。 2. 使学生了解被动吸烟的危害。 3. 让学生走出校园，从自身做起，积极开展“戒烟”宣传活动。	1课时				
		四年级综合实践	下册主题二：早餐与健康	1. 初步掌握早餐的分类，知道科学营养早餐有利于健康，养成良好的饮食规律。 2. 培养学生调查、收集、整理资料的能力，会进行简单的数据处理，并对结果做出一定的解释。 3. 学会配置一些科学、合理、有营养的早餐菜谱，做一名“小营养师”。	1课时				
		四年级安全	第6课：远离健康“杀手	1. 引导孩子通过寻找日常生活中的安全隐患，了解这些安全隐患对人体健康和人身安全带来的危害，知道正确的健康生活习惯以及消除这些安全隐患的方法。 2. 指导学生了解一些基本的生活安全常识，树立关爱自我、保护自我、珍爱生命的安全意识。 3. 培养学生的观察、分析能力，能找出身边的安全隐患，学会避免这些安全隐患对我们身体造成伤害，养成良好的生活习惯，使我们周围的环境变得更加安全	1课时				

续表

整合前						整合后			
序号	活动主题	课程来源		教学目标	课时	一级主题	二级主题	主题目标	课时安排
16	交通连着你我他	品德与社会	1. 从马车到飞机	1. 培养学生热爱祖国的品质，感受现代交通运输在人们生活中的重要价值，养成热爱科学、崇尚科学的情感态度。 2. 培养学生初步具有开放的国际意识。	2课时	交通让世界更亲近	1. 古今交通大发展 2. 我的旅行我做主 3. 我做交通设计师	1. 了解交通运输的发展状况及交通运输在生活中的重要作用，学看交通图，了解我国的交通运输网，关注交通发展带来的问题。 2. 养成搜集、整理和运用信息的能力，外出旅行具有规划出行、会看旅游图、初步的安全意识和自护自救能力。 3. 感受现代交通运输在人们生活中的重要价值，面对交通问题具有环保意识，合理有创意地去解决问题。	15课时
			2. 天南地北任我游	3. 培养学生搜集、整理和运用信息的能力。 4. 培养学生能与他人平等地交流与合作，学习民主的参与集体活动。	2课时				
			3. 我做交通设计师	5. 学习从不同的角度观察、认识、分析社会事物和现象，培养学生尝试合理地、有创意地探究和解决生活中的问题的能力。 6. 了解交通运输的发展状况及交通运输在人民生活中的重要作用。	3课时				
		四年级环境	第2课：绿色出行	1. 通过简单的调查、统计，了解人们日常出行的方式。 2. 通过谈话、讨论、听故事，了解摩托车、汽车给环境带来的危害，从身边事入手培养学生的环保意识，养成科学的生活态度。	1课时				

续表

整合前						整合后			
序号	活动主题	课程来源		教学目标	课时	一级主题	二级主题	主题目标	课时安排
17		传统文化	四年级：古城建筑	1. 了解城池的由来及传说，了解中国绚丽多彩的古城。感悟其独有的“龟城”特色。 2. 初步了解大雁塔和应县木塔，诵读与其相关的古诗词、历史故事，发现其基本特色。感受塔中所蕴含的文化魅力，能主动去了解生活中见到的塔，进一步了解它们的历史和故事。 3. 初步了解赵州桥和卢沟桥的建筑特色，感受两座桥中所蕴含的设计之美，阅读与两座桥相关的传说、诗词，体味人们对它们的喜爱之情。 4. 初步了解江南的四大名楼，从图中感受其雄伟气势的气势，通过阅读故事和诗词，感悟黄鹤楼和滕王阁特有的文化气息。 5. 感受中国古建筑的独特之处，培养学生对古代建筑美的感受，激发学生热爱中国古建筑的思想感情，感受古代劳动人民的智慧。增强爱国主义思想感情，激发学生的民族自豪感。	4课时	巡礼中华之美	1. 美哉我中华建筑 2. 美哉我仁爱于友邦 3. 美哉我中华古器	1. 了解中华古建筑，进一步了解相关传说、历史故事、古诗词；了解中国古时候与外界保持友好往来的几次重大历史事件；了解中国古代丰富多彩的传统工艺创造的精美绝伦的各式古器。 2. 继续养成搜集、整理和运用信息的能力，提高表达汇报感染能力。 3. 感受古代建筑之美、文化交流中的仁爱精神之美、古器之美，感受古代劳动人民的智慧，对传统文化具有探索的兴趣、热爱的思想感情。	15课时

续表

整合前						整合后			
序号	活动主题	课程来源		教学目标	课时	一级主题	二级主题	主题目标	课时安排
17		传统文化	四年级：对外交流	1.初步了解丝绸之路的由来及丝绸之路的路线，理解丝绸之路的重要性和历史作用。通过对丝绸之路的学习，理解交通推动人类文明不断前进的道理。 2.了解玄奘西行取经的艰苦过程和传奇经历，以及玄奘西行取经的意义。体会玄奘严谨治学、百折不挠的精神。 3.初步理解鉴真及其六次东渡日本的经历和交流的内容。通过对鉴真在中日文化交流中所起作用的了解，提高学生的概括能力。通过鉴真不畏艰险，六次东渡到达日本等史实的学习，使学生从心里崇敬这位用于奋斗、贡献巨大的伟人。 4.初步了解郑和下西洋的盛况及下西洋的意义。通过课前搜集郑和下西洋资料，培养学生检索资料的能力。感悟郑和下西洋的伟大，培养学生勇于创新的意识，树立民族自豪感。	4课时				

续表

整合前						整合后			
序号	活动主题	课程来源		教学目标	课时	一级主题	二级主题	主题目标	课时安排
17		传统文化	四年级：传统工艺	1. 初步了解玉的特点和玉器的有关知识，培养学生通过查找资料对传统文化进行初步探究的能力。了解关于玉的传说，感受玉的珍贵，简要认识玉的文化内涵。感悟玉所代表的精神意蕴，培养学生对玉器的兴趣。 2. 初步了解青铜器的有关知识，感受中华民族传统文化的悠久灿烂。简要了解青铜器的类型及用途，初步认识青铜器对我国传统文化的影响。通过组织开展拓展活动，进一步培养学生通过查阅资料进行探究的能力。 3. 初步了解漆器的有关知识，感受中国古代漆器工匠高超的制作工艺和丰富的创造力。欣赏精美的漆器图片，初步认识漆器在我国古代日常生活中的重要重要。 4. 认识文房四宝——笔、墨、纸、砚，初步感知文房四宝在古代文化生活中的重要作用。感受中国古代工匠高超的制作工艺，培养学生对祖国传统文化的热爱。	4课时				

续表

整合前					整合后			
序号	活动主题	课程来源	教学目标	课时	一级主题	二级主题	主题目标	课时安排
17		传统文化 四年级：陶瓷艺术	1. 初步了解我国彩陶和黑陶的发展历史，领会黑陶“土与火的艺术，力与美的结晶”，感受我国古代劳动人民杰出的创造才能，培养学生的民族自豪感。 2. 初步了解唐三彩的主要特点和制作背景，感受中国古代制陶工匠高超的制作技艺。认识唐三彩中具有代表性的作品，培养学生对祖国传统文化的热爱。结合有关资料拓展学习，培养学生查阅资料的能力。 3. 初步了解中国瓷器的发展概况和相关知识，感受祖国瓷器艺术的源远流长，培养学生的民族自豪感。初步了解我国瓷器的特点，感受中国古代工匠高超瓷器制作技艺。结合插图和有关资料开展瓷器艺术欣赏活动，初步培养学生对瓷器的鉴赏能力。 4. 初步了解紫砂壶的特点，感受我国这一历史悠久的古老陶艺，增强学生对传统工艺品的欣赏兴趣。	4课时				

五年级主题活动目标

<table>
<tr><th colspan="6">整合前</th><th colspan="4">整合后</th></tr>
<tr><th>序号</th><th>活动主题</th><th colspan="2">课程来源</th><th>教学目标</th><th>课时</th><th>一级主题</th><th>二级主题</th><th>主题目标</th><th>课时安排</th></tr>
<tr><td rowspan="6">1</td><td rowspan="6">地球和地表的变化</td><td rowspan="6">科学</td><td>1. 地球内部有什么</td><td rowspan="6">1. 知道地球的内部有什么。了解地球的内部构造分为地壳、地幔、地核。
2. 了解火山喷发现象，知道火山喷发的利与弊；认识地震的危害，掌握防震知识；认识卵石的形成原因。知道主要的能源矿产、金属矿产及其提炼物的名称；认识到保护资源的重要性；了解地球表面是在不断变化的，了解人类活动对地表改变的影响。
3. 能对周围事物提出问题；并能提出进行探究活动的大致思路；能应用已有知识和经验对所观察到的现象做假设性解释。能够通过查阅书刊和其他信息源来解决问题。
4. 能用简单器材做火山喷发、地震、卵石形成的模拟实验；能够运用自己擅长的方式表述研究过程和结果。
5. 想知道、爱提问；愿意合作与交流。意识到人与自然要和谐相处，关爱地球家园。</td><td>1课时</td><td rowspan="6">地球探秘</td><td rowspan="6">1. 地球内部的秘密
2. 丰富的地球资源
3. 地表变化知多少</td><td rowspan="6">1. 通过搜集资料知道地球的内部有什么？了解地球的内部构造；了解地球内部活动引起的火山、地震现象；认识地震的危害、防震知识；知道主要的矿产资源煤、石油等的成因、作用，了解山东省主要矿产资源；了解自然及人类活动对地表改变的影响。
2. 能对地球内部和地表的变化提出问题并进行大胆猜测；会用简单器材做火山喷发、地震、卵石形成的模拟实验；并能运用自己擅长的方式表述研究过程和结果。
3. 意识到人与自然要和谐相处，珍惜资源，关爱地球家园。</td><td rowspan="6">12课时</td></tr>
<tr><td>2. 火山</td><td>1课时</td></tr>
<tr><td>3. 地震</td><td>2课时</td></tr>
<tr><td>4. 做一块卵石</td><td>1课时</td></tr>
<tr><td>5. 各种各样的矿物</td><td>1课时</td></tr>
<tr><td>6. 地表的变化</td><td>1课时</td></tr>
</table>

续表

整合前						整合后			
序号	活动主题	课程来源		教学目标	课时	一级主题	二级主题	主题目标	课时安排
1	地球和地表的变化	环境	四年级第14课：我们的石油还能用多久	1. 知道石油是一种宝贵的资源，了解石油在当今世界经济中的作用。 2. 意识到节约石油资源的重要性。	1课时				
			五年级第1课：山东矿藏知多少 五年级第16课：博山开元溶洞探秘	1. 了解山东省主要矿产资源有哪些. 认识主要矿产资源的用途。了解博山开元溶洞，它的美丽壮观、形成原因。了解山东省其他地方的溶洞。 2. 了解身边过度开发浪费矿产资源的行为与现象，探求节约矿产资源的办法，为合理利用矿产资源出谋划策。了解溶洞旅游资源遭到的破坏现象，思考有什么保护溶洞资源的好办法，形成珍惜旅游资源、保护环境的意识。 3. 让学生在有条件的情况下，去溶洞实地旅游考察，感受溶洞的神奇。	2课时				

续表

<table>
<tr><th colspan="6">整合前</th><th colspan="4">整合后</th></tr>
<tr><th>序号</th><th>活动主题</th><th colspan="2">课程来源</th><th>教学目标</th><th>课时</th><th>一级主题</th><th>二级主题</th><th>主题目标</th><th>课时安排</th></tr>
<tr><td rowspan="7">2</td><td rowspan="7">声音的秘密</td><td rowspan="6">科学</td><td>1. 声音的产生</td><td rowspan="6">1. 知道声音是由物体的振动产生的；知道液体、固体和气体都能传播声音。认识耳朵的内部构造；了解耳朵的卫生保健知识。认识自然界中各种各样的声音，声音的有大小与高低的不同，自然界存在超声波、次声波等人耳听不到的声音。能区分乐音和噪音，了解噪音的危害和防治方法。
2. 能应用已有知识和经验对所观察的现象作假设性解释，提出自己的猜想；并能设计实验加以验证；能运用简单器材作简单的观察、模拟实验，并做好实验记录。
3. 能倾听和尊重其他同学的不同观点和评价，对研究过程和结果用最擅长的方式进行表达，并与他人交换意见。会制定调查方案，研究学校里的噪声问题，并汇总调查结果，制定解决方案或改进建议。
4. 体会合作与交流的乐趣，体验到科学探究应尊重证据；认识到科学技术的两面性。
5. 通过体验在不同环境中人对同一种声音的感受，了解什么是噪声及污染源。
6. 认识噪声的危害，通过实践天地的实践活动，清楚噪声对人体健康的影响，意识到噪声是目前城市四大公害之一。
7. 熟悉减少噪声危害的途径与措施，认识到要从自身做起，减少噪声污染。养成保护环境的良好习惯。</td><td>1课时</td><td rowspan="7">走进奇妙的声音世界</td><td rowspan="7">1. 声音产生了
2. 声音快递员
3. 各种各样的声音
4. 寻找噪声去</td><td rowspan="7">1. 通过合作探究，知道声音是由物体的振动产生的；知道声音有大小与高低的不同；知道液体、固体和气体都能传播声音。通过搜集资料了解自然界存在超声波、次声波等人耳听不到的声音；认识耳朵的内部构造及其各部分在传递声音中的作用。
2. 能对“声音”提出各种问题，并大胆猜想，会应用多种科学的方法来验证，如实验、查资料、调查；能小组合作制定自己的实验、调查方案，并会撰写研究或调查报告。
3. 通过体验、调查，认识到噪声的来源、危害和防治方法；意识到科学技术的两面性，养成良好行为习惯。</td><td rowspan="7">8课时</td></tr>
<tr><td>2. 谁能传播声音</td><td>1课时</td></tr>
<tr><td>3. 怎样听到声音</td><td>1课时</td></tr>
<tr><td>4. 各种各样的声音</td><td>1课时</td></tr>
<tr><td>5. 噪声的危害与防治</td><td>1课时</td></tr>
<tr><td>6. 研究学校里的噪声问题（研究与实践）</td><td>2课时</td></tr>
<tr><td>五年级环境</td><td>第6课：噪声与健康</td><td>知道噪声产生的原因和途径；知道噪声对人类有哪些危害。</td><td>1课时</td></tr>
</table>

续表

<table>
<tr><th colspan="6">整合前</th><th colspan="4">整合后</th></tr>
<tr><th>序号</th><th>活动主题</th><th colspan="2">课程来源</th><th>教学目标</th><th>课时</th><th>一级主题</th><th>二级主题</th><th>主题目标</th><th>课时安排</th></tr>
<tr><td rowspan="2">3</td><td rowspan="2">秋冬星空</td><td rowspan="2">科学</td><td>1. 秋季星空</td><td rowspan="2">1. 知道北斗七星，认识秋季里北斗七星在天空中的位置；了解秋季的其他星座。
2. 知道冬季的代表星座——猎户座；学会采用不同的方式进行观察认识天狼星。
3. 能提出对四季星空进行探究活动的大致思路，并能做出书面观察计划；在制定观察计划的过程中，感知到交流与讨论可以产生新想法，并倾听和尊重其他同学的不同观点和评议；能用图画描述出北斗七星及猎户座的形态特征。能应用已有经验对星座变化规律进行预测；通过长期的观察活动，提高记录、分析资料并对科学现象进行科学解释的能力。
4. 能参与四季星空的中长期科学探究活动；在活动中愿意合作与交流。会观察、乐探索，体验观察星空活动的乐趣。</td><td>2课时</td><td rowspan="2">神秘的秋冬星空</td><td rowspan="2">1. 揭开秋季星空之谜
2. 揭开冬季星空之谜</td><td rowspan="2">1. 通过观察星空认识秋季里的北斗七星在天空中的位置。认识冬季的代表星座——猎户座。
2. 能小组合作制定观察星空的计划，能用图画描述出北斗七星及猎户座的形态特征并能对其变化规律进行预测。
3. 通过长期的观察活动，提高记录、分析资料并对科学现象进行科学解释的能力，同时体验观察星空活动的乐趣。</td><td rowspan="2">4课时</td></tr>
<tr><td>2. 冬季星空</td><td>2课时</td></tr>
</table>

续表

<table>
<tr><th colspan="6">整合前</th><th colspan="4">整合后</th></tr>
<tr><th>序号</th><th>活动主题</th><th colspan="2">课程来源</th><th>教学目标</th><th>课时</th><th>一级主题</th><th>二级主题</th><th>主题目标</th><th>课时安排</th></tr>
<tr><td rowspan="7">4</td><td rowspan="7">生活中的材料</td><td rowspan="7">科学</td><td>1. 木材</td><td rowspan="7">1. 能判断物体是由不同材料如木头、纸、陶瓷、金属、玻璃、塑料等组成的，并按材料对物体进行分类。
2. 认识某些材料的性质(如是否导电、是否溶解、是否传热、沉浮性等)，能根据这些性质对材料进行分类，能将材料的特性与它的用途相联系，能区分常见的天然材料和人造材料。
3. 知道不同的问题要用不同的探究方法；能选择适合自己的探究问题。
4. 能对所提出的问题进行比较和评价。
5. 能提出探究活动的大致思路。
6. 能用简单的器材做简单的观察实验，并作实验记录。
7. 会查阅书刊或其他信息源；能选择自己擅长的方式(语言、文字、图表、模型)表述研究过程和结果。
8. 关心日常生活中的科技新产品、新事物，关注与科学有关的社会问题。</td><td>1课时</td><td rowspan="7">生活中的材料</td><td rowspan="7">1. 走进纸的世界
2. 生活中的其他材料</td><td rowspan="7">1. 通过实验了解纸、木头、陶瓷、金属玻璃和塑料的性能及用途；认识到不同用途的材料具有不同特点；知道天然材料和人造材料。
2. 能通过多种方法、利用简单的器材做探究纸、木材、陶瓷等性能的观察实验，并作实验记录。
3. 通过调查材料与我们的生活，意识到科学技术会给人类和社会发展带来好处，也可能产生负面影响。</td><td rowspan="7">12课时</td></tr>
<tr><td>2. 纸</td><td>1课时</td></tr>
<tr><td>3. 陶瓷</td><td>1课时</td></tr>
<tr><td>4. 金属</td><td>1课时</td></tr>
<tr><td>5. 玻璃与塑料</td><td>1课时</td></tr>
<tr><td>6. 材料的分类</td><td>1课时</td></tr>
<tr><td>7. 材料与我们的生活(研究与实践)</td><td>2课时</td></tr>
</table>

续表

<table>
<tr><th colspan="6">整合前</th><th colspan="4">整合后</th></tr>
<tr><th>序号</th><th>活动主题</th><th colspan="2">课程来源</th><th>教学目标</th><th>课时</th><th>一级主题</th><th>二级主题</th><th>主题目标</th><th>课时安排</th></tr>
<tr><td rowspan="6">5</td><td rowspan="6">水循环</td><td rowspan="5">科学</td><td>1. 蒸发</td><td rowspan="5">1. 了解蒸发现象及蒸发要从周围吸热;知道影响蒸发的因素。
2. 了解水的沸腾现象及水的沸点,凝结现象。知道霜是水蒸气遇到0℃以下的物体结成的冰晶;水有三种状态,在一定条件下是可以相互变化的。(能有条理地复述,会画图说明)
3. 能利用已有经验对所观察作假设性解释;能用简单器材做给水加热的实验并作实验记录;能分析和解读数据,并将探究结果与假设相比较。掌握科学探究的一般方法;掌握如何做对比实验;学会用实验的方法解决问题。
4. 了解对比实验的特点。在探究过程中愿意合作与交流,在动手实验中理解雨的形成原因,会动手操作和查找资料。
5. 感知探索水的三态变化,了解水与人类的关系,知道水的作用与危害,学会珍惜水资源。意识到"自然界的物质是变化的,变化是有规律的"。</td><td>1课时</td><td rowspan="6">善变的水精灵</td><td rowspan="6">1. 有趣的蒸发
2. 水沸腾了
3. 小水滴出现了
4. 小水滴旅行记</td><td rowspan="6">1. 通过实验探究知道影响水蒸发的因素;认识水的沸腾现象,知道水的沸点;认识凝结现象;知道水的三态变化的原因;通过查阅资料了解水在自然界中的循环变化,认识云、雨、雪、雾、霜等的形成过程。
2. 能用简单器材做给水加热的实验并作实验记录,能分析和解读数据;会设计对比实验探究凝结现象,了解对比实验的特点。
3. 通过对水循环的研究,了解水与人类的关系,知道水的作用与危害,学会珍惜水资源。</td><td rowspan="6">10课时</td></tr>
<tr><td>2. 沸腾</td><td>1课时</td></tr>
<tr><td>3. 凝结</td><td>1课时</td></tr>
<tr><td>4. 水的三态变化</td><td>1课时</td></tr>
<tr><td>5. 小水滴的旅行</td><td>1课时</td></tr>
<tr><td>四年级环境</td><td>第10课:随着水滴去旅行</td><td>1. 尝试用自己的方式记录小水滴旅行的原因以及过程。
2. 学生在动手实验中理解雨的形成原因。</td><td>1课时</td></tr>
</table>

续表

<table>
<tr><th colspan="6">整合前</th><th colspan="4">整合后</th></tr>
<tr><th>序号</th><th>活动主题</th><th colspan="2">课程来源</th><th>教学目标</th><th>课时</th><th>一级主题</th><th>二级主题</th><th>主题目标</th><th>课时安排</th></tr>
<tr><td rowspan="4">6</td><td rowspan="4">人体内部的秘密</td><td rowspan="4">科学</td><td>1. 食物到哪里去了</td><td rowspan="4">1. 了解人体的消化器官和食物的消化过程，养成良好的饮食卫生习惯。
2. 知道人的呼吸器官，了解呼吸的意义和呼吸器官的作用，认识常见呼吸系统保健等与呼吸有关的问题。
3. 知道人的血液循环器官，了解血液在人体中的循环途径及其作用。
4. 知道心脏保健基本要求。
5. 知道人的神经系统由三部分组成，以及脑和神经的作用。了解脑的卫生保健方法。
6. 能通过观察、体验和推理等方式对所观察的现象作假设性解释；能用简单的器材做观察实验；能选择自己擅长的方式表述过程和结果。
7. 能应用已有的知识和经验对观察到的现象提出问题并做出猜想；用简单的器材做简单的观察实验；会收集整理资料，比较和分析数据；会用摸脉搏的方法感知心跳。
8. 想知道，爱提问，喜欢大胆想象；愿意合作与交流；能够珍爱生命；乐于用学到的科学知识改善生活。
9. 养成细致观察的学习习惯和尊重事实的科学态度。</td><td>1课时</td><td rowspan="4">人体内部探秘</td><td rowspan="4">1. 我们来探秘人体
2. 人体的四大系统</td><td rowspan="4">1. 通过观察、实验、比较、搜集信息等手段，探究人体生理的奥秘，从而了解人体消化、呼吸、血液循环、神经系统等的组成、作用及保健方面的相关知识
2. 能通过观察、体验和推理等方式对所观察的现象作假设性解释；能用简单的器材做简单的观察实验；会收集整理资料，比较和分析数据；能选择自己擅长的方式表述研究过程和结果。
3. 通过搜集资料、信息交流等活动，意识到身体保健的重要性，能够珍爱生命，乐于用学到的科学知识改善生活。</td><td rowspan="4">7课时</td></tr>
<tr><td>2. 我们的呼吸</td><td>1课时</td></tr>
<tr><td>3. 心脏和血管</td><td>1课时</td></tr>
<tr><td>4. 脑和神经</td><td>1课时</td></tr>
</table>

续表

<table>
<tr><th colspan="6">整合前</th><th colspan="4">整合后</th></tr>
<tr><th>序号</th><th>活动主题</th><th colspan="2">课程来源</th><th>教学目标</th><th>课时</th><th>一级主题</th><th>二级主题</th><th>主题目标</th><th>课时安排</th></tr>
<tr><td rowspan="6">7</td><td rowspan="6">我们怎么看到物体的</td><td rowspan="5">科学</td><td>1. 凸透镜</td><td rowspan="5">1. 知道凸透镜的基本结构、特点，了解凸透镜的作用。
2. 知道照相机的成像原理；认识眼球的基本结构，了解眼是怎样看见物体的。
3. 了解眼睛常见病及发病原因，了解自己和同学的视力情况，懂得保护视力的重要性，懂得近视眼形成的原因，知道常见的保护眼睛的方法。
4. 认识平面镜反光性质的应用；会制作简易潜望镜。
5. 了解显微镜的主要结构；了解新型观察仪器的种类和主要途径。
6. 能对凸透镜、潜望镜等提出问题，并能选择适合自己探究的问题；能通过观察、实验，探究凸透镜的特点和作用；能用简单的器材进行实验并做好记录；能与他人交换意见。
7. 能通过动手操作、分析、推理等方法了解照相机、眼睛的结构；能表达交流自己的体会与见解，会为自己的见解寻找科学依据；能设计制作土照相机。能通过调查、访问、查阅资料等方式获取有关保护眼睛的信息。</td><td>1课时</td><td rowspan="6">镜片里的秘密</td><td rowspan="6">1. 有趣的凸透镜
2. 眼睛——微型照相机
3. 神奇的“眼睛”</td><td rowspan="6">1. 通过合作探究，知道凸透镜的基本结构、特点、作用；认识照相机的成像原理、眼球的基本结构以及眼是怎样看见物体的；懂得近视眼形成的原因，知道常见的保护眼睛的方法；认识平面镜反光性质的应用；会制作简易潜望镜；了解显微镜的主要结构、新型观察仪器的种类和主要途径。学会用数码相机拍照。
2. 能对凸透镜、潜望镜、照相机等提出问题，并能选择适合自己探究的问题；能通过观察、实验，探究它们的特点和作用；能用简单的器材进行实验并做好记录；能通过调查、访问、查阅资料等方式获取有关保护眼睛的信息。
3. 养成乐于探究与发现周围事物奥秘的习惯；乐于用学到的知识改善生活，关心新科技。意识到保护眼睛的重要性。学习欣赏摄影艺术。</td><td rowspan="6">10课时</td></tr>
<tr><td>2. 照相机和眼睛</td><td>1课时</td></tr>
<tr><td>3. 保护眼睛</td><td>1课时</td></tr>
<tr><td>4. 潜望镜的秘密</td><td>1课时</td></tr>
<tr><td>5. 神奇的“眼睛”</td><td>1课时</td></tr>
<tr><td>五下综合实践</td><td>主题一：近视与生活
主题四：小小摄影师</td><td>1. 了解近视的成因及预防措施，感受保护眼睛的重要性，养成用眼卫生的好习惯。
2. 通过活动，营造科学用眼的环境。通过合作小组的集体研究，对自己的成果有喜悦感、成就感，感受与他人协作交流的乐趣。
3. 了解数码相机的构造和数码相机上各个按钮的功能。学会用数码相机拍摄照片，学习欣赏摄影艺术。</td><td>6课时</td></tr>
</table>

续表

<table>
<tr><th colspan="6">整合前</th><th colspan="4">整合后</th></tr>
<tr><th>序号</th><th>活动主题</th><th colspan="2">课程来源</th><th>教学目标</th><th>课时</th><th>一级主题</th><th>二级主题</th><th>主题目标</th><th>课时安排</th></tr>
<tr><td rowspan="9">8</td><td rowspan="9">生物的生长与繁殖</td><td rowspan="8">科学</td><td>1. 种子发芽了</td><td rowspan="8">1. 知道影响种子萌发的主要因素，如阳光、水分、空气、温度等。
2. 通过栽培辣椒（或其他花儿）了解植物生长的过程，学习种植的方法。
3. 知道常见植物花的构造；了解植物的花可以分为完全花和不完全花两类。
4. 知道繁殖是生命的共同特征；知道植物花的作用、果实的共同特征，了解果实的形成过程。
5. 认识植物的繁殖方法，知道常见植物可以用根、茎、叶等繁殖。
6. 了解生物繁殖新技术和我国在这一领域的科研状。
7. 能用简单工具对物体进行细致的观察，并能用图和文字表达；会查阅书刊及其他信息源；能选择自己擅长的方式表达。
8. 能开展种子发芽的对比实验；能设计简单的二维图表记录实验现象和结果。
9. 想知道，爱提问；愿意合作交流；认识到科学是不断发展的；珍爱生命；能从自然中获得美的体验，并用一定的方式赞美自然美。
10. 乐于用学到的知识改善生活；关心日常生活中的科技新产品、新事物，关注与生物繁殖有关的生物技术问题；意识到科学技术的两面性。</td><td>1课时</td><td rowspan="9">植物的一生</td><td rowspan="9">1. 植物的科学
2. 我来种植物</td><td rowspan="9">1. 通过实验认识种子萌发的主要因素，如阳光、水分、空气、温度等，通过观察认识花的构造、作用及果实的形成过程。知道常见植物可以用根、茎、叶等繁殖。了解生物繁殖新技术。
2. 能用简单工具对物体进行细致的观察，并能用图和文字表达；能开展种子发芽的对比实验；能设计简单的二维图表记录实验现象和结果。
3. 珍爱生命；能从自然中获得美的体验；乐于用学到的知识改善生活；关心日常生活中的科技新产品、新事物，意识到科学技术的两面性。</td><td rowspan="9">10课时</td></tr>
<tr><td>2. 种辣椒</td><td>1课时</td></tr>
<tr><td>3. 植物的花</td><td>1课时</td></tr>
<tr><td>4. 果实是怎样形成的</td><td>1课时</td></tr>
<tr><td>5. 植物的“分身术”</td><td>1课时</td></tr>
<tr><td>6. 生物繁殖新技术</td><td>1课时</td></tr>
<tr><td rowspan="2">7. 调查家乡的种植业（研究与实践）</td><td>2课时</td></tr>
<tr><td></td></tr>
<tr><td>综合实践</td><td>四年级下册主题五：植物的扦插和嫁接
五年级上册主题五：植物栽培</td><td>1. 了解植物的扦插和嫁接方法，学习用这些方法培育植物。
2. 了解我国的栽培植物及应用，学习几种植物简单的栽培方法。</td><td>6课时</td></tr>
</table>

续表

<table>
<tr><th colspan="6">整合前</th><th colspan="4">整合后</th></tr>
<tr><th>序号</th><th>活动主题</th><th colspan="2">课程来源</th><th>教学目标</th><th>课时</th><th>一级主题</th><th>二级主题</th><th>主题目标</th><th>课时安排</th></tr>
<tr><td rowspan="2">9</td><td rowspan="2">春夏星空</td><td rowspan="2">科学</td><td>1. 春季星空</td><td rowspan="2">1. 了解春季星空的代表星座北斗星、猎户座的具体位置及其变化规律；了解不同季节、不同时刻星座变化是有规律的。
2. 知道北斗星及其他星座在一年四季中的变化规律；了解夏季星空及其星座。
3. 能参与探究四季星空的中长期科学探究活动；能用图画描述出北斗七星的形态特征；能探究夏季星空，能交流、介绍自己在研究星空中观察到的星座及观察方法；能应用已有经验对星座变化规律进行预测。
4. 培养在长期的观测活动中培养记录、分析资料并对科学现象进行科学解释的能力。
5. 体验与他人合作的乐趣，并善于听取他人的意见；做到尊重科学、尊重证据。
6. 自主选择感兴趣的星座，并参与探究星空的中长期科学探究活动，在活动中愿意合作与交流。</td><td>2课时</td><td rowspan="2">神秘的春夏星空</td><td rowspan="2">1. 走近春季星空
2. 走近夏季星空</td><td rowspan="2">1. 通过观察春季星空认识春季里的代表星座北斗星、猎户座的具体位置及其变化规律；知道北斗星及其他星座在一年四季中的变化规律；了解夏季星空及其星座。
2. 能小组合作制定观察星空的计划，能用图画描述出北斗七星及猎户座的形态特征并能对其变化规律进行预测。
3. 通过长期的观察活动，提高记录、分析资料并对科学现象进行科学解释的能力，同时体验观察星空活动的乐趣。</td><td rowspan="2">4课时</td></tr>
<tr><td>2. 夏季星空</td><td>2课时</td></tr>
</table>

续表

<table>
<tr><th colspan="6">整合前</th><th colspan="4">整合后</th></tr>
<tr><th>序号</th><th>活动主题</th><th colspan="2">课程来源</th><th>教学目标</th><th>课时</th><th>一级主题</th><th>二级主题</th><th>主题目标</th><th>课时安排</th></tr>
<tr><td rowspan="5">10</td><td rowspan="5">生活中的机械</td><td rowspan="5">科学</td><td>1. 斜面</td><td rowspan="5">1. 知道斜面的作用和用途；会做斜面作用的实验。了解斜面原理在生产生活中的应用，感受斜面的作用是有规律的。认识杠杆各部分名称，会使用杠杆做有关杠杆的探究实验；知道利用滑轮可以提高工作效率；了解滑轮在生产生活中的应用。归类，认识杠杆在什么情况下省力，什么情况下费力，什么情况下既不省力也不费力，按照省力、费力的标准会分类。
2. 知道利用齿轮可以传递动力，又可以改变转速和回转方向；利用它可以提高工作效率；了解齿轮在生产中的运用。知道自行车中用到了简单机械，了解自行车的发展史。了解交通工具的发展史；知道目前世界上最先进的交通工具；能设计心目中的理想交通工具。
3. 能用斜面、滑轮、杠杆尺、测力计、钩码等器材做简单的观察实验，并做实验记录。能通过分析数据，获得科学结论，能在观察中发现和提出问题，在交流动手中探究。在交流中探究。解决问题，能搜索了解各种资料信息。
4. 喜欢大胆猜想；关心新科技的发展，认识到科学探究可为进一步研究提供新经验、新现象、新方法、新技术。认识到科学是不断发展的，乐于用学到的科学知识改善生活。体会科学技术与社会、生活的密切联系。</td><td>1课时</td><td rowspan="5">生活中的机械</td><td rowspan="5">1. 小机械大威力
2. 交通工具里的科学</td><td rowspan="5">1. 通过实验探究知道斜面、杠杆、滑轮、齿轮的作用和用途；通过观察了解自行车里的科学，了解交通工具的发展史
2. 会设计斜面、杠杆、滑轮、齿轮的作用的实验，并作好实验记录，能分析和解读数据。能根据自己的设计制作车辆模型。
3. 通过对生活中的机械的研究，意识到科学就在身边，乐于用学到的科学知识改善生活。体会科学技术与社会、生活的密切联系。</td><td rowspan="5">12课时</td></tr>
<tr><td>2. 杠杆</td><td>1课时</td></tr>
<tr><td>3. 滑轮</td><td>1课时</td></tr>
<tr><td>4. 齿轮</td><td>1课时</td></tr>
<tr><td>5. 自行车的科学</td><td>1课时</td></tr>
</table>

续表

<table>
<tr><th colspan="6">整合前</th><th colspan="4">整合后</th></tr>
<tr><th>序号</th><th>活动主题</th><th colspan="2">课程来源</th><th>教学目标</th><th>课时</th><th>一级主题</th><th>二级主题</th><th>主题目标</th><th>课时安排</th></tr>
<tr><td rowspan="3">11</td><td rowspan="3">方便面的来历</td><td rowspan="3">品德与社会</td><td>1. 粒粒皆辛苦</td><td rowspan="3">1. 初步了解农业生产与人们生活的关系。
2. 使学生了解有关工业的基本知识。
3. 知道农业的基本知识及农业与生活的关系。
4. 知道科学技术的发展对工业的重要影响。
5. 从不同的角度观察、认识、分析社会事务和现象。
6. 尝试合理地、有创意地探究和解决问题。
7. 培养热爱劳动、尊重农民、勤俭节约的情感态度。
8. 认识科技在农业发展中有重要价值。
9. 体验工业生产的复杂性，培养热爱集体、团结合作、有责任心的品质。</td><td>5课时</td><td rowspan="3">民以食为天</td><td rowspan="3">1. 小麦历行记
2. 现代化的美食加工厂
3. 粒粒皆辛苦</td><td rowspan="3">1. 了解农业基本知识、工业基本知识，知道农业、工业与人们生活的关系，掌握现代科技对农业、工业发展带来的重要影响。
2. 学会搜集整理相关资料，能够从不同的角度观察、认识工、农业产品给我们的生活带来的便利，分析现代科技对家乡的农业和工业发展带来的影响，尝试合理地、有创意地发展家乡工农业。
3. 初步掌握实地参观、考察的学习方法，通过实地参观、考察、讨论交流，切身感受到我们餐桌上的每一粒粮食、每一口饭菜，都包含着农民辛勤的汗水和不同行业工人付出的劳动，体验工、农业生产的复杂性，从而减少生活中的浪费现象，树立厉行节约和珍惜他人劳动成果的思想意识。</td><td rowspan="3">20课时</td></tr>
<tr><td>2. 走进食品加工厂</td><td>4课时</td></tr>
<tr><td>3. 珍惜劳动成果</td><td>4课时</td></tr>
</table>

续表

<table>
<tr><th colspan="6">整合前</th><th colspan="4">整合后</th></tr>
<tr><th>序号</th><th>活动主题</th><th colspan="2">课程来源</th><th>教学目标</th><th>课时</th><th>一级主题</th><th>二级主题</th><th>主题目标</th><th>课时安排</th></tr>
<tr><td rowspan="4">12</td><td rowspan="4">天涯若比邻</td><td rowspan="3">品德与社会</td><td>1. 便捷的通信</td><td>1. 了解通信的种类和方式，初步懂得通信礼仪和法规。
2. 知道如何利用传媒安全、有效地获取知识。</td><td>3课时</td><td rowspan="4">信息百科全书</td><td rowspan="4">1. 通信
2. 传媒
3. 我是健康小网民</td><td rowspan="4">1. 初步了解古今中外的通信、传媒、网络的发展、用途、种类等基本知识，知道这些发明创造给人们生活带来的便利，拉近了人们之间的距离，极大地促进了人类的进步。
2. 能安全、有益、正确地选择和使用通信、传媒及网络获取知识，服务于生活。正确对待并有自我控制的能力，逐渐养成高雅的兴趣和爱好。
3. 通过调查、搜集和亲身体验活动，懂得尊重并热爱科学、养成尊重、关心他人的良好品德；懂得并遵守有关法律法规。</td><td rowspan="4">20课时</td></tr>
<tr><td>2. 多彩的现代传媒</td><td>3. 培养学生对各种信息的辨别能力。
4. 学习搜集、整理、分析和运用社会信息，能够运用简单的学习工具探索和说明问题。</td><td>3课时</td></tr>
<tr><td>3. 走进网络时代</td><td>5. 培养学生热爱生活、乐观向上、热爱科学的态度。
6. 养成文明礼貌、有责任心的品质。
7. 初步形成法制观念。</td><td>4课时</td></tr>
<tr><td>五年级安全</td><td>第7课：警惕电子游戏陷阱
第8课：健康上网</td><td>1. 引导学生了解电子游戏的利弊。
2. 使学生知道迷恋电子游戏的害处，从而能够正确对待电子游戏和上网，能有节制地玩电子游戏。
3. 培养学生明辨是非和自我控制的能力，逐渐养成高雅的兴趣和爱好。
4. 引导学生了解网络这把双刃剑的利弊。
5. 使学生知道沉迷于网络的危害，从而能够正确对待网络，健康上网。
6. 增强学生在网络中的自我保护意识。</td><td>2课时</td></tr>
</table>

续表

整合前						整合后			
序号	活动主题	课程来源		教学目标	课时	一级主题	二级主题	主题目标	课时安排
13	科技改变生活	品德与社会	1. 身边的科技	1. 了解世界科技发展史。 2. 了解科学技术与人类生活、社会发展的关系。 3. 知道科学发展带来的社会问题。	2课时	科技与生活	1. 科技就在身边 2. 科技是第一生产力 3. 锋利的双刃剑	1. 了解古今中外的科技发展史，知道科技发展对社会发展所发挥的巨大作用，了解现代科技与我们生活的密切关系；搜集发明家发明创造的事例，开展走近发明家活动，铭记发明家的优秀品质。 2. 学会用科学的态度分析科技发展带来的社会问题，明辨科技的价值，从而学会辩证地看待事物，提高解决问题的能力；掌握做社会调查的基本方法，初步学会做调查的计划设计，能根据确立目标，设计与目标相关的调查内容。 3. 感受科技进步给人们生活带来的便利，尊敬科学家，树立热爱科学、崇尚科学、追求科学的方法和态度，逐步养成科学的价值观。	20课时
			2. 科技推动社会发展	4. 培养学生学会用不同的方式解决问题的能力。 5. 培养学生用科学的方法与态度分析复杂问题、明辨是非的能力。 6. 初步学会围绕某一问题展开分析、辩论的方法和能力。	3课时				
			3. 锋利的双刃剑	7. 感受科技进步给人们生活带来的方便，培养学生热爱科学的兴趣。 8. 培养学生崇尚科学、追求科学的方法和态度，尊敬科学家的情感。 9. 培养学生养成科学的价值观。	3课时				

续表

整合前						整合后			
序号	活动主题	课程来源		教学目标	课时	一级主题	二级主题	主题目标	课时安排
13	科技改变生活	综合实际	五年级上册主题二：我是小小发明家	1. 学习发明家发明创造的事例，开展走近发明家活动。 2. 在活动过程中引导学生收集资料和汇报交流资料，铭记发明家的共同的品质，学会归纳总结的基本方法，弘扬科学精神，宣传科学思想。 3. 在活动过程中，充分提炼并效法名家不迷信权威、勇于攀登高峰的精神，并将自己所学的知识应用于生活实践。	3课时				
			五年级下册主题六：融入社会	1. 掌握做社会调查的基本方法，初步学会做调查的计划设计。 2. 能根据确立目标，设计与目标相关的调查内容。	3课时				
		五年级传统文化	第九单元：科学技术		1课时				

续表

整合前						整合后			
序号	活动主题	课程来源		教学目标	课时	一级主题	二级主题	主题目标	课时安排
14	一山一水一圣人	品德与社会	1. 站在泰山顶峰	1. 了解泰山文化的相关资料,通过古代建筑、泰山石刻、帝王封禅、古文化遗址等研究,了解我国的文字、书法、重要的历史事件、历史名人等。	14课时	魅力山东	1. 齐鲁物产 2. 齐鲁文人 3. 齐鲁行 4. 美化家园	1. 了解家乡山东的自然景观、地理景观、人文历史等知识,进而初步了解中华大地的名山秀水、名胜古迹、人文历史等。 2. 知道保护家乡及国家丰富的资源,形成节约用水、爱护文物的好习惯,养成热爱家乡、热爱祖国博大精深文化艺术的情感,体验自己动手设计美化家园的过程及乐趣。 3. 尝试运用调查探究、合作学习、动手操作、收集处理信息等方法,学会与人交流、合作与分享,全方位、多视角地了解自己的家乡。	16课时
			2. 来到黄河岸边	2. 对黄河有总体的感知,了解黄河在我们生产、生活中,在历史中(插入半坡氏族生活)的重要作用。					
			3. 寻迹孔子故里	3. 了解孔子的生平,探究孔子的政治、文化、教育等思想对中国和世界的影响。 4. 培养学生热爱祖国博大精深文化艺术的情感。培养学生强烈的民族自豪感和自信心。 5. 培养学生收集、整理、分析资料的能力。 6. 学习作专题研究的方法,培养学生利用专题探究解决问题的能力。					

续表

序号	活动主题	课程来源		教学目标	课时	一级主题	二级主题	主题目标	课时安排
		整合前				整合后			
14	一山一水一圣人	环境	五年级第2课:广袤大地物产丰富	1. 了解山东省各地主要特产及其特点。 2. 了解有关家乡特产的历史典故,通过互相交流,拓宽知识面,提高学习兴趣。 3. 学会介绍本地的特产,并能为家乡的特产写一份宣传材料,增强学生的主人翁精神和热爱家乡的情感。	1课时				
			五年级第5课:美化我们的家	1. 通过对干净舒适的居室的描绘,培养学生对美的领悟和热爱生活的情感。 2. 体验自己动手设计美化家园的过程及乐趣,培养学生的审美能力和创新能力,提高装饰美化环境的意识。 3. 使学生了解我们居住的室内、外环境受到的严重污染,知道保护环境要从身边做起,愿意做好身边的整洁工作,减少自己家庭行为对环境造成的污染。	1课时				

续表

整合前						整合后			
序号	活动主题	课程来源		教学目标	课时	一级主题	二级主题	主题目标	课时安排
14	一山一水一圣人	环境	五年级第9课：不让趵突泉复涌成为新闻	1. 让学生了解趵突泉喷出地面的原因，以及这种动力是怎样形成的。 2. 让学生认识到趵突泉停喷的原因是地下水过度的开采造成的，并思考过度开采地下水还会带来的问题。 3. 让学生思考趵突泉等泉水停喷带来的危害，激发学生节水保泉的责任感。 4. 养成节约用水的好习惯，提高他们对济南的热爱之情。	1课时				
			五年级第15课：黄河为什么会断流	1. 让学生了解母亲河——黄河，它的源头、流经省份、它的文明以及它当前面临的问题：收到的污染和破坏。 2. 让学生了解黄河断流的原因以及国家针对黄河断流采取的措施。 3. 让学生了解黄河断流给人们造成的危害，并让学生思考有什么预防断流的好想法。 4. 让学生调查了解家乡河流是否有断流现象，并分析原因，提出预防断流的措施，启发学生的创新思维。	1课时				
			六年级第16课：山东的旅游资源	1. 了解山东著名的旅游资源以及新开发的专项旅游。 2. 知道如何保护山东的旅游资源。	1课时				

续表

整合前						整合后			
序号	活动主题	课程来源		教学目标	课时	一级主题	二级主题	主题目标	课时安排
14	一山一水一圣人	传统文化	三年级第八单元：中华河流	1. 通过本单元的学习，使学生了解黄河是华夏文明的发源地，是中华民族的母亲河。 2. 引导学生回顾和学习有关长江的古代诗篇，增加学生相关的知识积累，培养学生的知识迁移能力。 3. 让学生知道我国优厚的自然条件，祖先为我们创造辉煌的传统文化等。	1课时				
			六年级第九单元：齐鲁文人	1. 了解中华文化的精髓，积累一定的经典名篇，全面提升学生的古典文化素养，初步了解古代大诗人的生平行迹。 2. 引导学生通过自主、合作、探究的学习方式，学会学习，开启心智，提升志趣。	1课时				
		综合实践六上	主题六：可爱的家乡	1. 通过调查、采访等形式引导学生了解家乡的传统文化、名胜古迹、家乡特产、风土人情等，让学生在实践活动中感受家乡的发展变化，激发热爱家乡、热爱祖国的情感，培养学生搜集、筛选、归纳和利用资料的能力。 2. 通过制作家乡资料卡、开展小导游等实践活动，培养学生搜集、处理信息的能力，学会与人交流、合作与分享。让学生亲身经历搜集、整理、创编资料等过程。尝试运用调查探究、合作学习、动手操作、收集处理作息等方法。全方位、多视角地了解自己的家乡。 3. 通过从身边小事做起、为家乡建立博客等活动，让学生感受到家乡的风光美、人文美和时代美，激发学生对家乡的热爱之情，树立为振兴家乡而勤奋学习的远大目标。	1课时				

续表

整合前						整合后			
序号	活动主题	课程来源		教学目标	课时	一级主题	二级主题	主题目标	课时安排
15	心中有祖国	品德与社会下册第二单元	1. 好大一个家	1. 知道我国的地理位置、领土面积、海陆疆域、行政区划，知道台湾是我国不可分割的一部分，祖国的领土神圣不可侵犯。 2. 知道我国是一个统一的多民族国家。了解不同民族的生活习惯和风土人情，理解和尊重不同民族的文化，增进民族团结。 3. 了解祖国大陆人民、台湾同胞、海外侨胞为祖国做出的贡献，加深实现祖国和平统一的认识。 4. 知道新中国成立和改革开放以来各行业取得的辉煌成就，加深对中国共产党的热爱，增强振兴祖国的责任感。培养学生具有开放的世界视野，养成正确的世界观。 5. 培养学生收集、整理、分析资料的能力，学会识读、比较复杂地图的能力，分析、解决比较复杂问题的能力。	12课时	祖国在我心中	1. 中华大家庭 2. 炎黄子孙一脉相承 3. 振兴祖国	1. 知道我国的地理位置、领土面积、海陆疆域、行政区域和行政中心，港澳台是我国不可分割的一部分。 2. 了解我国的 56 个民族分布的大体情况和民族区域制度，初步了解不同民族的生活习惯和风土人情。 3. 初步了解古代、近代和现代，尤其是新中国成立以来，为祖国做出突出贡献的人物和事迹，熏陶爱国激情。 4. 进一步学会搜集整理资料，研究解决问题的能力，树立正确的世界观。	14课时
			2. 同是炎黄子孙						
			3. 为了祖国的振兴						
		传统文化	三年级第九单元：政治人物	了解古代一些政治人物的生平和政绩。	1课时				
			五年级第八单元：历史名臣	1. 了解魏征、包拯、文天祥、林则徐、康有为等历史名臣和祖冲之等古代科学家的生平和功绩。 2. 学习他们的刚正和爱国精神及献身科学的精神。	1课时				

续表

<table>
<tr><th colspan="6">整合前</th><th colspan="4">整合后</th></tr>
<tr><th>序号</th><th>活动主题</th><th colspan="2">课程来源</th><th>教学目标</th><th>课时</th><th>一级主题</th><th>二级主题</th><th>主题目标</th><th>课时安排</th></tr>
<tr><td rowspan="4">16</td><td rowspan="4">不同的环境多彩的生活</td><td rowspan="4">品德与社会下册三单元</td><td>1. 林海雪原</td><td rowspan="4">1. 了解北国风光和当地人民的生活文化；了解水乡人民的生活方式和经济的飞速发展，感受社会的进步；了解西部干旱地区生产、生活和文化特点，为西部开发出谋划策；领略雪峰的壮美，了解感受藏族文化，了解汉藏两族人民为促进民族团结所付出的努力。
2. 探究环境与人们衣食住行的关系，反思人类对环境的破坏，提高学生的环保意识。探究佛教和布达拉宫在藏民心目中的地位，探究更多少数民族的生活与文化。
3. 引导学生关爱自然，感受大自然对人类的哺育。
4. 引导学生尊重不同地区人民的文化差异，尊重不同民族的生活习惯。
5. 学习从不同角度观察、分析社会事物和现象，学习搜集、整理、分析和运用社会信息，尝试合理地、有创意地探究和解决生活中的问题。</td><td rowspan="4">14课时</td><td rowspan="4">一方水土养育一方人</td><td rowspan="4">1. 东北行
2. 下江南
3. 走西口
4. 游西南</td><td rowspan="4">1. 借助地图，准确说出东北平原、长江三角洲、黄土高原、青藏高原的地理位置和范围。
2. 初步了解以上四个地区的地形、气候特点，不同的自然环境，丰富的物产以及独特的民风民俗文化。
3. 了解祖国地大物博，风景各异，树立保护环境和资源，合理利用资源的意识，培养爱祖国的民族自豪感。
4. 理解并尊重不同民族的风俗习惯，并保护其独特文化。</td><td rowspan="4">16课时</td></tr>
<tr><td>2. 江南水乡</td></tr>
<tr><td>3. 黄土高坡</td></tr>
<tr><td>4. 雪域高原</td></tr>
</table>

续表

<table>
<tr><th colspan="6">整合前</th><th colspan="4">整合后</th></tr>
<tr><th>序号</th><th>活动主题</th><th colspan="2">课程来源</th><th>教学目标</th><th>课时</th><th>一级主题</th><th>二级主题</th><th>主题目标</th><th>课时安排</th></tr>
<tr><td rowspan="4">17</td><td rowspan="4"></td><td rowspan="4">传统文化</td><td>三年级第六单元：曲艺与杂技</td><td>1. 使学生了解曲艺所包括的形式：相声、口技、山东快书、皮影戏和木偶戏以及杂技。
2. 通过本单元的学习，培养学生的比较思维能力横向思维能力以及归纳总结能力。
3. 通过学习本单元，教学生感受古代艺术的强大生命力，同时培养学生勤奋刻苦的学习态度。</td><td>4课时</td><td rowspan="4">中华五千年文化</td><td rowspan="4">1. 中华文艺
2. 饮食文化
3. 古代都城</td><td rowspan="4">1. 通过搜集、整理资料，简单了解中华文艺、中华饮食，对古代的都城文化底蕴有个整体了解。
2. 通过探究性学习，感知中国丰富多彩、博大精深的文化，培养学生热爱中华民族的伟大情怀。
3. 进一步培养学生的比较思维能力、横向思维能力以及归纳总结能力。</td><td rowspan="4">14课时</td></tr>
<tr><td>五年级第四单元：古代都城</td><td>1. 知道北京、西安、杭州、南京等古代都城的概况和概貌，了解这些古都主要的名胜古迹。
2. 进一步了解这些古城的悠久历史文化底蕴。
3. 培养爱中华民族的伟大情怀。</td><td>4课时</td></tr>
<tr><td>五年级第五单元：饮食文化</td><td>1. 了解中国茶文化、酒文化的历史及其种类。
2. 懂得喝茶、饮酒的礼仪与人体健康的关系及更多关于茶道、酒文化的知识。
3. 了解我国四大菜系的特点，感知中华丰富多彩的菜文化。</td><td>3课时</td></tr>
<tr><td>五年级第七单元：传统戏曲</td><td>1. 了解“国粹”京剧、“近代百戏之祖”的昆曲及山东地方戏的相关知识。
2. 体会中华戏曲文化的博大精深。</td><td>3课时</td></tr>
</table>

六年级主题活动目标

<table>
<tr><th colspan="6">整合前</th><th colspan="4">整合后</th></tr>
<tr><th>序号</th><th>活动主题</th><th colspan="2">课程来源</th><th>教学目标</th><th>课时</th><th>一级主题</th><th>二级主题</th><th>主题目标</th><th>课时安排</th></tr>
<tr><td rowspan="5">1</td><td rowspan="5">微小的生物</td><td rowspan="4">六上科学</td><td>1. 病毒</td><td rowspan="4">1. 认识微生物是一类个体微小、大多是单细胞的生物，包括细菌、病毒等。认识细菌的主要特点和对人正反两方面的作用。
2. 知道传染病的传播途径及预防措施、知道食物和物品发霉的原因。理解防止食物、物品发霉的方法。
3. 能够通过显微镜认真细致观察并描述水滴里的微生物、研究自己牙缝里的微生物、观察物体上的霉。
4. 能够设计控制量的探究性实验，研究物体发霉的条件。
5. 能够通过收集资料，交流研讨等方式了解细菌、病毒、食用菌的有关知识。
6. 意识到要关注与科学和人类有关的社会问题。</td><td rowspan="5">3课时</td><td rowspan="5">微生物与我们的生活</td><td rowspan="5">1. 身边的微生物
2. 食物发霉了
3. 传染病的传播与预防</td><td rowspan="5">1. 观察、实验、采访、调查、搜集资料，了解病毒、细菌、真菌等微生物的特点；理解食物和物品发霉的原因；学会防止食物、物品发霉的方法；知道传染病的危害、传播途径及预防措施。
2. 通过图片、视频资料、显微镜认真细致观察并描述各种微生物；学习设计控制量的探究性实验；研究物体发霉的条件。
3. 体验到探索生物奥秘的快乐与重要意义；了解人类对微生物的研究和利用；意识到科学技术给人类与社会发展带来的好处。</td><td rowspan="5">11课时</td></tr>
<tr><td>2. 细菌</td></tr>
<tr><td>3. 馒头发霉了</td></tr>
<tr><td>4. 食用菌</td></tr>
<tr><td>五年级安全</td><td>第5课：怎样预防传染性疾病</td><td>1. 掌握传染性疾病的主要症状；有目的、有针对性地进行科学防护。
2. 明确传染性疾病可防、可控、可治的客观依据；消除惊慌恐惧心理。
3. 掌握科学的防护措施，将预防控制传染病工作落到实处。</td></tr>
</table>

续表

整合前						整合后			
序号	活动主题	课程来源		教学目标	课时	一级主题	二级主题	主题目标	课时安排
2	物质的变化	科学	5. 蜡烛的变化 6. 食盐和水泥 7. 铁生锈 8. 牛奶的变化	1. 知道物质的变化有两类：一类仅仅是形态的变化，另一类会产生新的物质。 2. 知道空气、水分等因素能够使铁钉生锈，铁锈是不同于铁的新物质。 3. 了解物质的变化有的可逆，有的不可逆，认识这些变化对人类生活的影响。 4. 知道洗涤用品可以使污物发生变化，了解不同污物需要不同的洗涤用品。 5. 知道指示剂能够鉴别酸性物质和碱性物质。 6. 学会用实验的方法搜集物质变化，如铁钉生锈的证据。 7. 经历探究铁钉生锈的过程，体验科学探究的主要步骤。 8. 体会用自制指示剂鉴别物质酸碱性的乐趣。 9. 初步学会制定实验方案。 10. 意识到物质是在不断变化的。 11. 留心身边的科学，愿意用学到的知识改善生活。	4课时	关注物质的变化	1. 蜡烛的变化 2. 食盐变形记 3. 铁钉的锈衣 4. 牛奶的变化	1. 动手实验、观察现象、撰写实验报告，从中体验到物质的变化有两类：一类仅仅是形态的变化，不会产生新物质；另一类既有形态的变化，又会产生新的物质。在实验、讨论交流、查阅资料的基础上，列举生活中的这类变化。 2. 通过搜集资料、对比实验、研究讨论，经历铁钉生锈的过程、牛奶在不同条件下的变化；体验科学探究的主要步骤；探究预防生锈的方法与措施；养成良好的饮食牛奶的习惯。 3. 查阅资料、动手实验、对比观察，理解食盐和水泥在水中变化的不同，知道物质的变化有的可逆，有的不可逆。调查生活中的这类物质变化现象，形成调查报告。	8课时

续表

<table>
<tr><th colspan="6">整合前</th><th colspan="4">整合后</th></tr>
<tr><th>序号</th><th>活动主题</th><th colspan="2">课程来源</th><th>教学目标</th><th>课时</th><th>一级主题</th><th>二级主题</th><th>主题目标</th><th>课时安排</th></tr>
<tr><td rowspan="5">3</td><td rowspan="5">物体的运动</td><td rowspan="5">科学</td><td>9. 静止和运动</td><td rowspan="5">1. 观察、记录生活中的运动和静止相对性的事例。
2. 描述物体的运动状态时，会选择合适的参照物。
3. 能测量并记录一个沿直线运动的物体在不同时刻的位置，并能用简单的图表或图形来表示距离和时间的关系。
4. 知道描述物体的运动需要位置、方向和快慢。
5. 能提出探究活动的大致思路，能用简单的工具进行简单定量的观察，采集数据，并作简单记录。
6. 能选择自己擅长的方式表述研究的过程与结果，并对研究过程和结果进行评议。
7. 知道不同问题要用不同的研究方法。
8. 能应用已有的知识和经验对所观察的现象作假设性解释。
9. 使学生意识到科学探究要尊重证据。
10. 教育学生关心新科技产品，使他们意识到科学技术能给人类发展带来好处。</td><td rowspan="5">4课时</td><td rowspan="5">探究物体的运动</td><td rowspan="5">1. 物体是运动的还是静止的
2. 改变物体的运动状态
3. 物体的运动方式
4. 动物的运动方式</td><td rowspan="5">1. 通过观察、实验、看图片、视频等实际活动，体验到生活中物体运动和静止的相对性；理解在描述物体的运动状态时，要选择合适的物体做参照物；明白什么是惯性，知道物体都具有惯性；会用惯性知识解释有关现象。
2. 能提出探究活动的大致思路，通过研究讨论、实验操作，认识物体的多种运动方式；理解动物为适应不同环境有不同的运动方式；知道不同问题要用不同的研究方法去解决。
3. 能应用已有的知识和经验对所观察的现象作假设性解释；意识到科学探究要尊重证据。</td><td rowspan="5">5课时</td></tr>
<tr><td>10. 距离和时间</td></tr>
<tr><td>11. 改变物体运动状态</td></tr>
<tr><td>12. 物体的运动方式</td></tr>
<tr><td>13. 动物的运动</td></tr>
</table>

续表

<table>
<tr><th colspan="6">整合前</th><th colspan="4">整合后</th></tr>
<tr><th>序号</th><th>活动主题</th><th colspan="2">课程来源</th><th>教学目标</th><th>课时</th><th>一级主题</th><th>二级主题</th><th>主题目标</th><th>课时安排</th></tr>
<tr><td rowspan="7">4</td><td rowspan="7">太阳地球和月亮</td><td rowspan="6">科学</td><td>14. 白天与黑夜</td><td rowspan="6">1. 知道地球的自转和公转的特点及给人类或整个自然界带来的影响。
2. 知道昼夜变化对动植物的行为产生影响。
3. 知道月球是地球的卫星、月球每天每月的运动模式以及月相的形成原因。
4. 了解日食和月食的形成原因及相关知识。
5. 了解月球的概貌。
6. 能参与观察月相的中长期探究活动
7. 能运用已有知识和经验对现象做出假设性解释。
8. 能选择自己擅长的方式表达研究的过程和结果。
9. 能反思自己的研究过程，将研究的结果与假设相比较。
10. 认识到科学是不断发展的。
11. 认识到人与自然要和谐相处。</td><td rowspan="7">6课时</td><td rowspan="7">探索太阳、地球和月球的秘密</td><td rowspan="7">1. 地球在转动
2. 月球探秘</td><td rowspan="7">1. 查找资料、看视频、模拟实验，知道太阳、地球、月亮在太阳系的位置和转动关系；弄清楚太阳、地球、月亮的基本数据，并绘制三者的位置平面图；认识地球自转的方向、周期，地球公转的方向；了解月球概况，以及人类对月球的探索史；模拟形成月球考察报告。
2. 通过猜测、模拟实验、搜集资料，知道昼夜产生的原因，四季更替的原因；绘制地球公转模拟平面图；说明四季的变化。认识日食和月食形成的原因；学会绘制日食、月食的示意图。
3. 坚持长期观察记录，绘制一个月甚至更长时间的昼夜变化曲线图；观察、描绘月相的变化，能够画出一个月的月相图；通过猜测、实验、看视频，弄清楚月相形成的原因；会用月相图辨别时间。
4. 感受到人类对太阳、地球和月球的探索，认识到科学是不断发展进步的；理解科学的探索是无穷无尽的。</td><td rowspan="7">10课时</td></tr>
<tr><td>15. 昼夜与生物</td></tr>
<tr><td>16. 四季更替</td></tr>
<tr><td>17. 弯弯的月亮</td></tr>
<tr><td>18. 日食和月食</td></tr>
<tr><td>19. 登上月球</td></tr>
<tr><td>六年级环境</td><td>第1课：天气与节气</td><td>1. 背诵相关的天气谚语，认识天气预报常用的标识。
2. 初步了解二十四节气的来历、名称和含义，感受节气与人们的生产生活的关系。</td></tr>
</table>

续表

整合前						整合后			
序号	活动主题	课程来源		教学目标	课时	一级主题	二级主题	主题目标	课时安排
5	生物与环境	科学	20. 生物与环境 21. 变色龙 22. 植物向哪里生长 23. 密切联系的生物界 24. 珍稀动植物 25. 生物的启示	1. 能应用已有的知识和经验对所观察到的现象作出假设性解释。 2. 能选择适合自己探究的问题，提出探究活动的大致思路。 3. 能根据现实中的现象进行观察并作出假设，以实验的形式验证，并做实验记录。 4. 能尝试用不同的方式分析和解读动植物的关系，对一些现象作出合理的解释。 5. 知道保护色、警戒色、拟态等都是动物长期适应环境的结果。 6. 知道植物适应环境的特性：向光性、向地性、向水性。 7. 理解食物链的含义，会画出生物界中的一些简单的食物链；了解为什么要保持生态平衡，并了解一些生物防治知识。 8. 了解我国珍稀动植物资源，知道如何保持珍稀动植物的生态平衡。	6课时	有趣的生物群落	1. 生物与环境 2. 走近珍稀动植物 3. 生物的启示	1. 观察、实验、查找资料、讨论交流，了解动植物的生活环境，认识它们自身特征和生活方式与环境相适应的方面；知道保护色、警戒色、拟态、向光性、向地性、向水性等都是动植物适应环境的特性；认识我国珍稀的动植物；知道什么是仿生，了解人们在生物的启示下进行的发明创造，并且尝试仿生设计。 2. 理解自然界生物之间息息相关，破坏自然界中的食物链就破坏了生态平衡；同时认识到保护珍稀动植物的意义和生物给人类的启示，建立人类要与自然界和谐相处的思想意识。 3. 尝试用不同的方式对自己探究的问题，做出分析和解读，对现象作出合理的解释。	14课时
		三年级环境	第2课：找寻珍稀动植物	1. 让学生认识我国的几种珍稀动植物。 2. 让学生了解保护珍稀动植物的意义和措施。 3. 让学生了解为什么要保护珍稀动植物，加强对学生进行保护珍稀动植物的教育。 4. 培养学生收集资料整理资料的能力。	2课时				

续表

<table>
<tr><th colspan="6">整合前</th><th colspan="4">整合后</th></tr>
<tr><th>序号</th><th>活动主题</th><th colspan="2">课程来源</th><th>教学目标</th><th>课时</th><th>一级主题</th><th>二级主题</th><th>主题目标</th><th>课时安排</th></tr>
<tr><td rowspan="5">6</td><td rowspan="5">人的一生</td><td rowspan="4">科学</td><td>1. 细胞</td><td rowspan="4">1. 能利用显微镜对细胞进行细致的观察，并能用图示的方式描述所观察到的细胞；能制作简单的细胞模型，会查阅书刊及其他信息源获取有关细胞的信息。认识细胞是组成生物体的基本单位。
2. 通过引导学生体验活动，了解母亲的辛苦，感悟亲情，向学生进行珍爱生命的教育和亲情教育。
3. 了解人的生育方式，知道繁殖是生命的共同特征。
4. 过学生学习活动，使学生了解人的一生生长的大致过程；了解青少年深身体发育的特点；在学习活动中，了解青春期的主要身心发展特点，并能够关注个人保健。
5. 通过研究遗传和变异现象的学习活动，使学生知道科学是不断发展的，能做到珍爱生命。
6. 通过学生学习活动，使学生知道生物的很多特征是可以遗传的；了解遗传和变异也是生物的特征之一。</td><td rowspan="5">5课时</td><td rowspan="5">揭示生命的奥秘</td><td rowspan="5">1. 奇妙的细胞
2. 我从哪里来
3. 全家福中找异同
4. 我长大了</td><td rowspan="5">1. 观察显微镜下细胞的结构，知道细胞的作用；通过搜集信息、交流信息、游戏体验等方式，明白胎儿的形成、发育过程；知道繁殖是生命的共同特征；初步掌握遗传和变异是生命体的共同特征；知道青春期身体发育的突出特点及变化，明白怎样搞好青春期卫生。
2. 动手绘制观察到的细胞并制作细胞模型；研究自己的身体特征与家人的相似和差异，以及对部分动植物的观察研究；知道生物的很多特征是可以遗传的；利用简单的图像、统计等方法整理有关自己的身高等方面的数据；懂得人的一生生长的大致过程。
3. 体验妈妈十月怀胎的辛苦，感受母子亲情；珍爱生命，关注个人保健；掌握简单的自我防护知识。</td><td rowspan="5">8课时</td></tr>
<tr><td>2. 我从哪里来</td></tr>
<tr><td>3. 人的一生</td></tr>
<tr><td>4. 我像谁</td></tr>
<tr><td>六年级安全</td><td>小小少年在长大</td><td>1. 使他们了解青春期发育的一些特征，扫清他们思想上的障碍，使他们身心得到健康发展。
2. 让学生了解预防一些常见病，掌握简单的自我防护、救护知识，增强锻炼，逐步养成讲卫生的好习惯。
3. 培养学生的创新精神，并能与日常生活实践紧密联系，学习致用。</td></tr>
</table>

续表

整合前						整合后			
序号	活动主题	课程来源		教学目标	课时	一级主题	二级主题	主题目标	课时安排
7	无处不在的能量	科学	5. 让身体热起来 6. 摆的秘密 7. 钻木取火 8. 9. 通电的线圈（一、二） 10. 无处不在的能量 11. 开发新能源	1. 使学生知道吃食物提供的能量、太阳的光照、运动等方法都可以使我们的身体热起来。引导学生从身边的小事开始学科学，讨论使人们热起来的方法。 2. 发现影响摆的摆动快慢的因素。对钻木取火的道理进行解释，进一步认识机械能与其他能的转化。 3. 能应用已有的知识和经验对电磁铁的特性作假设性的解释；能提出进行探究活动的大致思路。 4. 知道电磁铁在通电条件下有磁性，电磁铁也有两极，它的两极是可以改变的。 5. 能用简单的实验器材作能量转化的简单小实验；会查阅书刊或其他信息源获取能量及转化的资料和信息；能尝试用不同的方式对能量转化现象作合理的解释。 6. 认识人类对新能源的开发与利用；畅想未来新能源。	4课时	走进能量世界	1. 怎样让身体热起来 2. 摆 3. 摩擦生热 4. 电磁铁的秘密 5. 生活中的能量 6. 畅想新能源	1. 通过观察、动手实验、看图片、视频，明白影响摆摆动快慢的因素；理解电磁铁的特性；知道电磁铁在通电条件下有磁性，断电后磁性消失；电磁铁也有两极，它的两极是可以改变的。 2. 通过研究讨论、对比实验，经历让身体热起来的方法和对电磁铁特性的探究过程，体验能量间的转化；尝试用不同的方式对能量转化现象作合理的解释。 3. 通过查阅资料、动手实验、对比观察，了解人类对摆的认识过程，能量间的转化；认识人类对新能源的开发与利用；畅想未来新能源。 4. 调查生活中新能源的开发与利用，形成调查报告。	10课时

续表

<table>
<tr><th colspan="6">整合前</th><th colspan="4">整合后</th></tr>
<tr><th>序号</th><th>活动主题</th><th colspan="2">课程来源</th><th>教学目标</th><th>课时</th><th>一级主题</th><th>二级主题</th><th>主题目标</th><th>课时安排</th></tr>
<tr><td rowspan="4">8</td><td rowspan="4">地球的面纱</td><td rowspan="4">科学</td><td>12. 地球的面纱</td><td rowspan="4">1. 通过搜集大气层、降落伞、风的成因等方面的有关资料，对资料进行整理和分析，使学生会查阅书刊或其他信息源。
2. 认识大气层对地球及地球上动物、植物、人的意义。探究影响降落伞降落快慢的因素。会做风的模拟实验，探究风的成因，并能推测自然界中风的形成。认识各种各样的风及风的两面性。利用小帆船观察风与帆的关系。
3. 通过对大气污染、臭氧洞及风的善恶的认识，使学生意识到科学技术会对人类和社会发展带来好处，也会产生负面影响。</td><td rowspan="4">7课时</td><td rowspan="4">揭开地球神秘的面纱</td><td rowspan="4">1. 揭示地球的面纱
2. 风从哪里来
3. 降落伞的秘密
4. 风筝飞呀飞
5. 走进低碳生活</td><td rowspan="4">1. 搜集资料、观察、实验，了解大气层的结构、风的成因；认识大气层对地球及地球上动物、植物、人的意义；知道“温室效应”的原理；理解低碳生活的相关知识；了解节能减排的基本方法；明白风给人类带来的益处和灾难并存。
2. 研究讨论、动手制作、实验操作，探究影响降落伞降落快慢的因素；会做风的模拟实验，探究风的成因，推测自然界中风的形成；掌握制作风筝和放飞风筝的方法和技巧；认识雨水是不干净的及下雨天应如何自我保护。
3. 能应用已有的知识和经验探讨“天上的雨水干净吗”“冬天为什么不冷了”等问题，了解空气污染给大自然和人类生活带来的改变，意识到其危害；自觉树立保护环境和合理利用风能资源的良好意识；关注人类生活环境，了解温室气体排放对气候变化的影响，养成低碳生活的习惯。</td><td rowspan="4">13课时</td></tr>
<tr><td>13. 风从哪里来</td></tr>
<tr><td>14. 降落伞</td></tr>
<tr><td>15. 小帆船</td></tr>
</table>

续表

整合前					整合后			
序号	活动主题	课程来源	教学目标	课时	一级主题	二级主题	主题目标	课时安排
8	地球的面纱	五年级环境教育 第8课：冬天怎么不冷了 第11课：天上的雨水干净吗 第13课：风给我们带来了什么 第15课：绿色生活是一种责任与行动	1. 了解冬天的特征，知道“温室效应”的原理，了解生活和生产中使空气中二氧化碳增多的行为。 2. 掌握减少二氧化碳排放的途径，树立节约能源资源的意识。 3. 探讨：“冬天不冷了”给大自然和人类生活带来的改变，意识到其危害。 4. 让学生在动手实验中理解雨的形成原因，认识雨水是不干净的及下雨天应如何自我保护。 5. 让学生明白风给人类带来的益处和灾难并存。了解风对人类和自然界的重要意义和我国的风能资源分布，并让学生思考如何利用风为人类服务的想法。 6. 让学生了解风给人类带来严重灾难，并主动防范风的危害，自觉树立保护环境和合理利用风能资源的良好意识。 7. 培养学生养成留心观察生活环境，关注自然变化、主动探究环境变化原因的良好生活习惯。 8. 初步学习不停的探究自然规律的方法。					

续表

整合前						整合后			
序号	活动主题	课程来源		教学目标	课时	一级主题	二级主题	主题目标	课时安排
8	地球的面纱	三年级安全	第9课：大自然发脾气时	1. 掌握台风起源和危害，知道雷雨、大风、大雾、涝灾、冰雹、龙卷风等知识。 2. 从天气预报图上能认出并绘制台风、大雾、雷阵雨的符号 3. 引导学生懂得珍爱生命，形成对自己的生命安全负责的态度，学会自我保护的知识和方法。	1课时				
		四下综合实践	主题四：巧手做风筝	1. 通过了解风筝的相关知识，学习其造型特点及制作方法。 2. 能设计制作一件体现风筝特点的作品。 3. 通过学习活动培养学生热爱生活，热爱民族文化的感情。	1课时				
		六上综合实践	主题一：走进低碳生活	1. 认识当前全球环境恶化的严峻形势，理解低碳生活的相关知识，学会节能减排的基本方法。 2. 过程与方法目标：通过上网、查阅资料等方法以实际行动践行低碳生活。学会合作、讨论、分析，科学决策，形成共识。 3. 情感态度与价值观目标：了解温室气体排放对气候变化的影响，形成关注人类生活环境的情怀，养成低碳生活的习惯，并将这一现代理念进行大众传播。	4课时				

续表

<table>
<tr><th colspan="6">整合前</th><th colspan="4">整合后</th></tr>
<tr><th>序号</th><th>活动主题</th><th colspan="2">课程来源</th><th>教学目标</th><th>课时</th><th>一级主题</th><th>二级主题</th><th>主题目标</th><th>课时安排</th></tr>
<tr><td rowspan="4">9</td><td rowspan="4">信息与生活</td><td rowspan="4">科学</td><td>16. 来自大自然的信息</td><td rowspan="4">1. 了解大自然的各种变化，知道大自然会传递给我们一些信息并利用这些信息。
2. 使学生了解大自然中生物也能进行传递信息。了解蚂蚁和蜜蜂是怎样传递信息的。
3. 通过对大自然中生物进行传递信息的了解，培养学生的学习兴趣，提高学生观察分析能力。
4. 使学生了解电脑在我们日常生活中的作用。培养学生良好的上网习惯。
5. 通过活动，调查、分析上网的利弊。
6. 能通过网络查阅资料了解人类信息传递的发展历程，制作资料卡片。使学生了解人类传递信息的历史。
7. 感受信息时代发展的迅速。认识科学技术在人类的信息传递中所起到的作用，知道现代的信息传递工具及方式。
8. 通过对自己周围人群传递交流信息方式等情况进行调查，活动中愿意合作与交流。</td><td rowspan="4">3课时</td><td rowspan="4">丰富多彩的信息世界</td><td rowspan="4">1. 大自然告诉我们
2. 生物间的信息传递
3. 信息传递古今谈
4. 文明上网我能行</td><td rowspan="4">1. 搜集、查找资料、实地观察、看图片、视频、调查访问，了解动植物之间的信息传递方式及特点；知道大自然中生物会传递给我们一些信息，人类在不断的破译并利用这些信息；了解人类信息传递的发展历程；知道现代的信息传递工具在人类生活中的作用。
2. 选择适合自己研究的问题，提出探究的大致思路；运用自己擅长的方式表述研究过程和结果；较熟练的查阅相关信息和资料，会制作资料卡。
3. 认识到科学是不断发展进步的；乐于用学到的科学知识改善生活；尊重证据；尊重他人劳动果实。</td><td rowspan="4">8课时</td></tr>
<tr><td>17. 生物是怎样传递信息的</td></tr>
<tr><td>18. 电脑与网络</td></tr>
<tr><td>19. 飞速发展的信息技术</td></tr>
</table>

续表

<table>
<tr><th colspan="6">整合前</th><th colspan="4">整合后</th></tr>
<tr><th>序号</th><th>活动主题</th><th colspan="2">课程来源</th><th>教学目标</th><th>课时</th><th>一级主题</th><th>二级主题</th><th>主题目标</th><th>课时安排</th></tr>
<tr><td rowspan="5">10</td><td rowspan="5">探索宇宙</td><td rowspan="4">科学</td><td>20. 太阳家族</td><td rowspan="4">1. 能根据相关信息制作简易的科学模型——太阳家族模型；会查阅、整理从书刊及其他途径获得的科学资料；能运用已有知识和经验对问题作假设性解释；能用适当的方式交流信息、展示研究过程和结果。
2. 激发学生了解太阳系，乐于探究与发现其中奥秘的欲望；能关注科技的发展，体会人类对宇宙的认识是在不断完善的。
3. 能通过阅读、观察、讨论等方式探究太阳系的组成及其特点，知道八大行星的排列顺序，初步了解八大行星的特点。
4. 认识银河系的构成、特点；知道太阳系、银河系、河外星系及宇宙间的关系。
5. 使学生了解银河系、河外星系及宇宙的构成。通过讲述宇宙的构成，培养学生的空间想象能力。通过讲述人类对宇宙的探索，激发学生探究的精神。
6. 启发学生展开丰富的想象，从不同角度设想人类未来建筑的模式，扩展学生的知识面，诱发学生的创造能力，激发他们对美好未来的向往。</td><td rowspan="4">4课时</td><td rowspan="5">探索宇宙的奥秘</td><td rowspan="5">1. 认识太阳家族
2. 走进神秘的银河系
3. 宇宙探索
4. 畅想未来家园</td><td rowspan="5">1. 通过查阅书刊、网络及其他信息源，搜集、整理资料，阅读、观察、讨论等方式探究太阳系的组成及其特点；认识银河系的基本构成、形状特点及大小；知道太阳系、银河系、河外星系及宇宙间的关系；了解人类至今对宇宙的探索史。
2. 能提出探究活动的大致思路；会查阅、整理、提炼资料；选择自己擅长的方式表述研究过程和结果；能制作太阳系模型。
3. 懂得地球是人类唯一家园的道理；根据自己的认识和设想构建未来的家园；意识到人类为了探索宇宙奥秘付出的艰辛；体会到人类对宇宙的认识是在不断完善中的；关注我国空间技术的最新发展。</td><td rowspan="5">7课时</td></tr>
<tr><td>21. 神秘星空</td></tr>
<tr><td>22. 探索宇宙</td></tr>
<tr><td>23. 未来家园</td></tr>
<tr><td>六下综合实践</td><td>主题二：探索宇宙</td><td>1. 了解祖国载人航天科学技术发展历程及水平，关注航天事业的未来发展进程。
2. 在探究活动中，培养探究实践能力。
3. 激起探索宇宙奥秘的兴趣，树立为祖国航天事业而学习的远大理想。</td><td>6课时</td></tr>
</table>

续表

整合前					整合后			
序号	活动主题	课程来源	教学目标	课时	一级主题	二级主题	主题目标	课时安排
11		安全教育 五年级第1课：怎么保护健康 六年级第1课：学会交往　友好相处 六年级第2课：正确处理同学间的冲突 六年级第3课：如何度过青春期 六年级第4课：怎样预防性骚扰 六年级第5课：怎样应对公共场所发生的险情 六年级第6课：这些事情我不做 六年级第7课：给生命多一份保险	1. 培养学生安全意识，学会友好交往。 2. 使学生从自身做起，真正感悟到安全的意义和价值，认识交往在人生中的重要性。 3. 学会正确处理同学之间的矛盾冲突，懂得怎样保护自己与他人。 4. 学生了解青春期的生理、心理知识，掌握最基本的青春期健康卫生常识，帮助学生形成健康的道德观念。 5. 让学生认识什么叫性骚扰，如何有效地预防性骚扰。 6. 学会应对公共场所险情，懂得一些自救与救人的知识。 7. 使学生懂得什么是健康有益的游戏，什么是危险的游戏，让学生学会做安全文明游戏，培养学生自我控制的能力。	6课时	做最好的自己	1. 有气质 2. 有体格 3. 有主见	1. 对交往的重要性有认识，安全度过青春期，提高学生自我防范、自我保护意识，拒绝各种诱惑，提高自我保护和求助及逃生的基本能力。 2. 增强面对未来的勇气和信心，形成青春期的健康生理、心理和道德观念，树立正确的人生观、价值观。 3. 通过查资料，体验实践，互相交流，提高分析问题的能力，最重要的是学会具体问题具体分析，面对险境随机应变、有勇有谋，有独当一面的能力。	9课时

续表

<table>
<tr><th colspan="6">整合前</th><th colspan="4">整合后</th></tr>
<tr><th>序号</th><th>活动主题</th><th colspan="2">课程来源</th><th>教学目标</th><th>课时</th><th>一级主题</th><th>二级主题</th><th>主题目标</th><th>课时安排</th></tr>
<tr><td rowspan="3">12</td><td rowspan="3">屈辱与抗争</td><td rowspan="3">品德与社会</td><td>血泪国耻</td><td rowspan="3">1. 了解近代中国人民和仁人志士救亡图存的一些光辉史实。
2. 了解中国长期以来形成的民族精神和优良传统。
3. 初步了解影响中国发展的重大历史事件。
4. 了解近代以来列强对中国的侵略史实及给中国人民带来的屈辱和危害。
5. 学习搜集、整理、分析和运用社会信息的方法，能够运用简单的学习工具探索和说明历史问题。
6. 形成关心国家大事的意识、养成学生爱憎分明的思想感情。
7. 树立奋发图强的爱国志向与克服困难的勇气和精神。</td><td>3课时</td><td rowspan="3">血与火</td><td rowspan="3">1. 国破山河在
2. 哪里有掠夺哪里就抗争
3. 起来不愿做奴隶的人们</td><td rowspan="3">1. 了解鸦片对人民和国家的危害，探讨鸦片战争对中国社会的影响；感受甲午海战的悲壮历史；全面认识辛亥革命的成功与失败。
2. 讨论分析甲午战争及清政府每战必败的原因，通过演讲、诗歌朗诵等形式抒发自己的爱国之情，体会“落后就要挨打”“国家兴亡，我有责任”的道理。
3. 从不同的角度观察、认识、分析中国近代社会发展的变化，能有创意的探究中国近代史的有关问题，提高比较、分析历史问题的能力，能够透过现象看到问题的本质。</td><td rowspan="3">18课时</td></tr>
<tr><td>悲壮的抗争</td><td>4课时</td></tr>
<tr><td>探求救国之路</td><td>4课时</td></tr>
</table>

续表

<table>
<tr><th colspan="6">整合前</th><th colspan="4">整合后</th></tr>
<tr><th>序号</th><th>活动主题</th><th colspan="2">课程来源</th><th>教学目标</th><th>课时</th><th>一级主题</th><th>二级主题</th><th>主题目标</th><th>课时安排</th></tr>
<tr><td rowspan="3">13</td><td rowspan="3">中国人民站起来了</td><td rowspan="3">品德与社会</td><td>来到嘉兴南湖</td><td rowspan="3">1. 了解中国长期以来形成的民族精神和优良传统。
2. 初步了解影响中国发展的重大历史事件及新中国成立以来祖国建设的伟大成。
3. 学习从不同角度观察、认识、分析社会事物和现象，尝试合理的、有创意的探究和解决问题。
4. 学习搜集、整理、分析和运用社会信息的方法，能够运用简单的学习工具探索和说明历史问题。
5. 热爱祖国，热爱中国共产党。树立分发图前的爱国志向、增强民族的自信心、自豪感。</td><td>3课时</td><td rowspan="3">没有共产党就没有新中国</td><td rowspan="3">1. 党的摇篮
2. 星星之火可以燎原
3. 五星红旗迎风飘扬</td><td rowspan="3">1. 了解中国共产党成立背景、过程和意义；中国共产党创建人民军队的历史以及红军长征的意义；牢记先辈的英雄事迹，了解新中国建立以来和改革开放以来取得的成就。
2. 学习从不同角度观察、认识、分析社会事物和现象，引导学生在参观、搜集资料、举办演讲会故事会等活动中去感悟和体验。
3. 在学习中将历史故事与学生的现实生活相结合，通过体验历史，体会到革命先辈的英雄气概，树立奋发图强的爱国志向，增强民族自信心和自豪感。</td><td rowspan="3">18课时</td></tr>
<tr><td>追寻先辈的足迹</td><td>3课时</td></tr>
<tr><td>开国大典</td><td>4课时</td></tr>
</table>

续表

<table>
<tr><th colspan="6">整合前</th><th colspan="4">整合后</th></tr>
<tr><th>序号</th><th>活动主题</th><th colspan="2">课程来源</th><th>教学目标</th><th>课时</th><th>一级主题</th><th>二级主题</th><th>主题目标</th><th>课时安排</th></tr>
<tr><td rowspan="2">14</td><td rowspan="2">建设民主富强国家</td><td rowspan="2">品德与社会</td><td>人民当家作主</td><td rowspan="2">1. 初步了解儿童的基本权利和义务，初步理解个体与群体的关系。
2. 了解社会组织结构的作用，养成乐观向上的态度和热爱集体、公平公正、有责任心的品质。
3. 初步形成民主、法制观念。
4. 通过探究祖国建设的辉煌成就，培养热爱祖国、热爱中国共产党的情感，树立民族自豪感。
5. 初步认识自我，明确自己在社会生活中的角色和责任，树立自信心和为他人服务的意识。</td><td>5课时</td><td rowspan="2">迈向新时代</td><td rowspan="2">1. 当家作主站起来
2. 改革开放富起来</td><td rowspan="2">1. 了解公民的基本权利和义务，理解个体与群体的关系；设置调查和采访活动，了解中国人民在中国共产党的领导下在各行各业所取得的社会主义建设的辉煌成就。
2. 学习从不同的角度认识社会现象，并能清楚地表达出来，具有主人翁意识，具有参与社会的能力。
3. 围绕“小康社会”的讨论，引导学生正确认识祖国发展道路上的艰难险阻，激发学生的责任感和使命感。</td><td rowspan="2">15课时</td></tr>
<tr><td>祖国走向富强</td><td>5课时</td></tr>
</table>

续表

<table>
<tr><th colspan="6">整合前</th><th colspan="4">整合后</th></tr>
<tr><th>序号</th><th>活动主题</th><th colspan="2">课程来源</th><th>教学目标</th><th>课时</th><th>一级主题</th><th>二级主题</th><th>主题目标</th><th>课时安排</th></tr>
<tr><td rowspan="5">15</td><td rowspan="5">放眼看世界</td><td rowspan="3">品德与社会</td><td>世界有多大</td><td rowspan="5">1. 培养学生热爱世界文化的兴趣。
2. 对不同文化尊重、欣赏的态度。
3. 培养学生收集、整理、分析资料的能力。
4. 学习做专题研究的方法，培养学生利用专题探究解决问题的能力。
5. 初步知道世界的海陆分布及主要地形等基本常识。
6. 了解一些人类的文明遗产。
7. 知道一些国家的生活习俗、传统节日、服饰、建筑、饮食等状况。
8. 知道我国已加入的一些国际组织，了解这些国际组织的作用。
9. 懂得地球上生物之间息息相关，它们都是人类的朋友。
10. 明确作为小公民应怎样去做。</td><td>3课时</td><td rowspan="5">世界很小，是个村子</td><td rowspan="5">1. 村子有多大
2. 璀璨的家产
3. 与世界同行</td><td rowspan="5">1. 了解世界的海陆分布及国家分布等基本常识；简要了解一些人类的文明遗产；了解多种文化的差异性和丰富性，对不同民族和不同文化的创造持尊重和欣赏的态度；认识中国对世界政治经济文化等方面的影响。
2. 学生走进世界、关心世界，将自己与世界的发展联系在一起，增进对世界的亲近感，愿意成为一个自立于世界的中国人。
3. 提高学生收集、整理、分析资料的能力，学习做专题研究的方法，培养学生利用专题探究解决问题的能力。</td><td rowspan="5">18课时</td></tr>
<tr><td>多彩的世界</td><td>3课时</td></tr>
<tr><td>与世界同行</td><td>3课时</td></tr>
<tr><td>环境教育</td><td>六年级第2课：我是地球小公民</td><td>3课时</td></tr>
<tr><td>传统文化</td><td>六年级第7单元：传统服饰</td><td>2课时</td></tr>
</table>

续表

整合前						整合后			
序号	活动主题	课程来源		教学目标	课时	一级主题	二级主题	主题目标	课时安排
16	珍爱和平生活	品德与社会	1. 战争的记忆	1. 知道战争给人类带来的苦难。 2. 知道和平给人类带来的美好生活。 3. 知道人民解放军是保卫祖国、维护和平的重要力量。 4. 知道国家间和睦相处的重要意义。 5. 珍爱生命，热爱生活，爱好和平。 6. 热爱解放军。 7. 学习从不同的角度认识、分析战争问题，尝试作出正确的判断。 8. 在交流中能清楚地表达自己的感受和见解，能够倾听他人意见，能够与他人平等地交流与合作。	4课时	战争与和平	1. 不堪回首的伤痛 2. 秦时明月汉时关 3. 永别，战火纷飞的日子	1. 了解战争给人类带来的苦难、和平给人类带来的美好生活。 2. 学习从不同的角度认识、分析战争问题，尝试作出正确的判断。 3. 在交流中能清楚地表达自己的感受和见解，能够倾听他人意见，能够与他人平等地交流与合作 4. 热爱解放军、珍爱生命，热爱生活，爱好和平。	18课时
			2. 和平卫士		4课时				
			3. 放飞和平鸽		4课时				

续表

整合前						整合后			
序号	活动主题	课程来源		教学目标	课时	一级主题	二级主题	主题目标	课时安排
16	珍爱和平生活	环境教育	六年级第3课：夜晚的星星哪去了		4课时				
			六年级第4课：避免电磁辐射						
			六年级第5课：不容忽视的热污染						
			六年级第7课：拒绝白色污染						
			六年级第8课：交通状况巧改善						
			六年级第9课：我是环保小法官						

续表

整合前						整合后			
序号	活动主题	课程来源		教学目标	课时	一级主题	二级主题	主题目标	课时安排
16	珍爱和平生活	环境教育	六年级第12课：取之不尽的清洁能源						
			六年级第15课：地球能养活多少人						
			六年级第17课：做个环保志愿者						
			六年级第18课向海洋索取淡水						
			五年级第17课：海洋响起蓝色警报						

续表

<table>
<tr><th colspan="6">整合前</th><th colspan="4">整合后</th></tr>
<tr><th>序号</th><th>活动主题</th><th colspan="2">课程来源</th><th>教学目标</th><th>课时</th><th>一级主题</th><th>二级主题</th><th>主题目标</th><th>课时安排</th></tr>
<tr><td rowspan="5">17</td><td rowspan="5">只有一个地球</td><td rowspan="3">品德与社会</td><td>地球哺育了我们</td><td rowspan="5">1. 了解一些基本的地理知识，理解人与自然、环境的相互依存关系，简单了解当今人类社会面临的一些共同问题。
2. 知道中国、世界人口增长情况、各国保护环境采取的一些措施，我国的计划生育政策。
3. 珍爱生命，热爱地球。
4. 关爱自然，感激大自然对人类的哺育，初步形成保护生态环境的意识。
5. 认识到海洋环境问题日益严重。
6. 认识四大公害——水污染、噪音污染、大气污染、固体污染。
7. 了解各种绿色能源及应用。
8. 了解造成交通拥堵的原因，知道改善的一些方法措施。
9. 知道我国环境保护的法律法规有哪些。
10. 了解什么是清洁能源，了解我国的能源消耗情况。
11. 学习从不同角度观察、分析社会事务和现象，尝试合理地、有创意地探究和解决问题。
12. 学习搜集、整理、分析资料，能够运用一定的学习方法探索和说明问题。</td><td>3课时</td><td rowspan="5">人类唯一的家园</td><td rowspan="5">1. 内外兼修的家园
2. 伤痕累累的家园
3. 为了家园的明天</td><td rowspan="5">1. 了解一些基本的地理知识，理解人与自然、环境的相互依存关系，简单了解当今人类社会面临的一些共同问题。
2. 知道中国、世界人口增长情况、各国保护环境采取的一些措施，我国的计划生育政策。
3. 学习从不同角度观察、分析社会事务和现象，尝试合理地、有创意地探究和解决问题。
4. 关爱自然，感激大自然对人类的哺育，初步形成保护生态环境的意识。</td><td rowspan="5">18课时</td></tr>
<tr><td>地球的伤心事</td><td>4课时</td></tr>
<tr><td>地球的明天</td><td>3课时</td></tr>
<tr><td rowspan="2">安全教育</td><td>六年级第8课：破坏环境危及健康</td><td rowspan="2">2课时</td></tr>
<tr><td>六年级第9课：做大自然的守护者</td></tr>
</table>

续表

整合前						整合后			
序号	活动主题	课程来源		教学目标	课时	一级主题	二级主题	主题目标	课时安排
18	饮茶的学问	六年级下综合实践：主题一	走近茶叶	1. 通过对茶叶的探究，激发学生问题意识。 2. 通过体验冲泡茶叶的方法，体会劳动的快乐，提高动手实践能力。加深对我国茶文化的了解。 3. 培养关注生活的意识。 4. 提高学生的动手动手操作能力，培养学生的生活情趣。 5. 通过本课的学习，体会劳动的快乐，感受茶文化的魅力，	2课时	一茶一世界	1. 识茶 2. 饮茶 3. 品茶	1. 知道茶叶的种类、饮茶的好处以及冲泡茶叶的方法，激发学生问题意识，培养学生收集处理信息的能力以及提高动手实践能力。 2. 通过查阅资料、方案设计、实践探究、总结交流等活动，激发学生对茶的研究兴趣，逐步形成一种积极的、主动的学习方式。 3. 通过本课的学习，体会劳动的快乐，感受茶文化的魅力，加深对我国茶文化的了解。	8课时
			健康饮茶		2课时				
			学会沏茶		2课时				

第三章　主题课程的内容

第一节　主题课程内容的选择

我们在使用三至六年级的国家课程《科学》《品德与社会》《综合实践活动》及地方课程《环境教育》《安全教育》《传统文化》时发现课程内容交叉重叠现象严重。于是我们对重叠部分进行了梳理，形成了教学内容重合部分一览表。

表 3-1　三年级教学内容重合部分一览表

三年级科学		安全教育	环境教育	传统文化	综合实践
上册	第一单元：科学在我们身边		三年级第 1 课：大树的功劳 三年级第 7 课：大树爷爷多少岁 三年级第 11 课：室内花卉本领大 四年级第 11 课：植树节里的活动		
	第二单元：我们怎么知道				三年级上册主题二：多姿多彩的叶子
	第三单元：水的科学				
	第四单元：天气与我们的生活		三年级第 5 课：滴答滴答下雨了 三年级第 9 课：大自然发脾气		
	第五单元：我们周围的空气		三年级第 16 课：是谁阻挡了飞机的起飞		

续表

三年级科学		安全教育	环境教育	传统文化	综合实践
下册	第一单元:游戏里的科学				三年级下册主题一:走进游戏世界
	第二单元:太阳与时间				
	第三单元:电的本领	三年级第8课:小心火灾			
	第四单元:我们的身体				
	第五单元:动物王国		三年级第6课:与动物交朋友 三年级第12课:鸟是人类的朋友 三年级第15课:走进昆虫王国 四年级第7课:谁是敌人 谁是朋友 四年级第18课:做文明的宠物小主人 五年级第7课:天鹅来过冬 五年级第14课:当青蛙成为人们的美餐		

续表

	三年级品德与社会	安全教育	环境教育	传统文化	综合实践
上册	第一单元:幸福家庭伴我成长	三年级第3课:卫生安全我做主			三年级上册主题三:自己的事情自己做 三年级下册主题二:生活中的礼仪 三年级下册主题五:衣物的洗涤
	第二单元:可爱的学校	三年级第4课:防止校园中的人为伤害	四年级第5课:我们的教室 五年级第10课:扮靓我们的校园		三年级上册主题六:我为校园做点事
	第三单元:将来我也要服务社会				

续表

	三年级品德与社会	安全教育	环境教育	传统文化	综合实践
下册				三年级第12课:十二生肖	
	第一单元:在集体中成长				
	第二单元:我们生活的地方		三年级第13课:争做文明小游客 四年级第9课:保护环境从小事做起 四年级第17课:家乡的河 五年级第3课:听爷爷讲家乡的变化 六年级第10课:小区的变迁 六年级第11课:生机勃勃的乡村		
	第三单元:爱护我们的生活环境		三年级第3课:纸张的自述 三年级第14课:玻璃瓶的新生 三年级第18课:节约是一种美德 四年级第9课:保护环境从小事做起 五年级第4课:放错了地方的资源		三年级下册主题六:居民生活环境调查 四年级上册主题一:关注生活垃圾
				三年级第16课:武术 三年级第17课:蹴鞠 三年级第18课:围棋和象棋	

表 3-2　　四年级教学内容重合部分一览表

四年级科学		安全教育	环境教育	传统文化	综合实践
上册	第一单元:我们吃什么	五年级第 3 课:食品与健康 五年级第 4 课:怎样预防铅中毒	四年级第 4 课:饮食与环保		四年级上册主题三:学做家常菜
上册	第二单元:水里有什么		四年级第 12 课:地球上的水		
上册	第三单元:植物的生活				
上册	第四单元:空气和水的力				
上册	第五单元:热的传递		四年级第 1 课:太阳是万物之源		
下册	第一单元:热胀冷缩				
下册	第二单元:岩石的科学				
下册	第三单元:土壤里有什么		四年级第 15 课:废旧电池的危害——保护土壤 四年级第 16 课:大地母亲的呻吟 六年级第 6 课:化学农药的废与宝		
下册	第四单元:光与我们的生活	四年级第 6 课:光的危害	六年级第 13 课:色彩斑斓的世界		
下册	第五单元:我们的家园				

续表

四年级品德与社会		安全教育	环境教育	传统文化	综合实践
上册	第一单元:生活中的消费		四年级第 8 课:生活中一次性用品 四年级第 6 课:过度包装浪费大		五年级上册主题六:走进农贸市场 五年级下册主题二:快乐理财
	第二单元:生活中的习俗		三年级第 9 课:过个环保的春节		四年级上册主题五:面点制作 五年级上册主题一:月圆中秋情 六年级上册主题三:学编中国结

续表

四年级品德与社会		安全教育	环境教育	传统文化	综合实践
上册	第三单元:安全地生活	三年级第1课:上学路上保安全 三年级第2课:安全标志要记牢 三年级第5课:避免校外游戏中的意外事故 三年级第6课:安安全全去游玩 三年级第7课:我们的救助电话 三年级第8课:小心火灾 四年级第1课:交通法规我遵守 四年级第2课:提防可疑的陌生人 四年级第3课:不要私自去游泳 四年级第4课:预防家庭中的意外伤害 四年级第5课:安全使用家电与燃气 四年级第7课:到公共场所要注意安全 四年级第8课:雷雨到来的时候 四年级第9课:地震来了怎么办 五年级第2课:远离校园暴力 五年级第6课:家庭防火 五年级第9课:面对洪水如何避险			

续表

四年级品德与社会		安全教育	环境教育	传统文化	综合实践
下册	第一单元:生活中讲规则				
	第二单元:健康地生活		四年级第 4 课:穿衣与环保 四年级第 13 课:为被动吸烟者呼吁 四年级第 6 课:远离健康“杀手”		四年级下册主题二:早餐与健康
	第三单元:交通连着你我他		四年级第 2 课:绿色出行		
				四年级:古城建筑 四年级:对外交流 四年级:传统工艺 四年级:陶瓷艺术	

表 3-3　五年级教学内容重合部分一览表

五年级科学		安全教育	环境教育	传统文化	综合实践
上册	第一单元:地球内部有什么		五年级第 1 课:山东矿藏知多少 五年级第 16 课:博山开元溶洞探秘 四年级第 14 课:我们的石油还能用多久		
上册	第二单元:声音的秘密		五年级第 6 课:噪声与健康		
上册	第三单元:秋冬星空				
上册	第四单元:生活中的材料				
上册	第五单元:水循环		四年级第 10 课:随着水滴去旅行		

续表

五年级科学		安全教育	环境教育	传统文化	综合实践
下册	第一单元:人体内部的秘密				
	第二单元:我们怎么看到物体				五年级下册主题一:近视与生活 五年级下册主题四:小小摄影师
	第三单元:生物的生长与繁殖				四年级下册主题五:植物的扦插和嫁接 五年级上册主题五:植物栽培
	第四单元:春夏星空				
	第五单元:生活中的机械				

续表

五年级品德与社会		安全教育	环境教育	传统文化	综合实践
上册	第一单元:方便面的来历				
	第二单元:天涯若比邻	五年级第 7 课:警惕网络陷阱 五年级第 8 课:健康上网			
	第三单元:科技改变生活			五年级第九单元:科学技术	五年级上册主题二:我是小小发明家 五年级下册主题六:融入社会

续表

五年级品德与社会		安全教育	环境教育	传统文化	综合实践
下册	第一单元:一山一水一圣人		五年级第 2 课:广袤大地物产丰富 五年级第 5 课:美化我们的家乡 五年级第 9 课:不让趵突泉复涌再成为新闻 五年级第 15 课:黄河为什么会断流 六年级第 16 课:山东的旅游资源	三年级第八单元:中华河流 六年级第九单元:齐鲁文人	六年级上册主题六:可爱的家乡
	第二单元:心中有祖国			三年级第九单元:政治人物 五年级第八单元:历史名臣	
	第三单元:不同的环境 多彩的生活				
				三年级第六单元:曲艺与杂技 五年级第四单元:古代都城 五年级第五单元:饮食文化 五年级第七单元:传统戏曲	

表 3-4　六年级教学内容重合部分一览表

科学		安全教育	环境教育	传统文化	综合实践
上册	第一单元:微小的生物	五年级第 5 课:怎样预防传染性疾病			
上册	第二单元:物质的变化				
上册	第三单元:物体的运动				
上册	第四单元:太阳、地球和月亮		六年级第 1 课:天气与节气		
上册	第五单元:生物与环境		三年级第 2 课:找寻珍稀动植物		
上册	第一单元:人的一生	六年级:小小少年在长大			
上册	第二单元:无处不在的能量				
上册	第三单元:地球的面纱	三年级第 9 课:大自然发脾气时怎么办	五年级第 8 课:冬天怎么不冷了 五年级第 11 课:天上的雨水干净吗 五年级第 13 课:风给我们带来了什么 五年级第 15 课:绿色生活是一种责任与行动		六年级上册主题一:走进低碳生活 四年级下册主题四:巧手做风筝
上册	第四单元:信息与生活				
上册	第五单元:探索宇宙				六年级下册主题二:探索宇宙

续表

六年级品德与社会		安全教育	环境教育	传统文化	综合实践
上册	第一单元：屈辱与抗争				
	第二单元：中国人民站起来了				
	第三单元：建设民主富强国家				
		五年级第1课：怎么保护健康 六年级第1课：学会交往友好相处 六年级第2课：正确处理同学间的冲突 六年级第3课：如何度过青春期 六年级第4课：怎样预防性骚扰 六年级第5课：怎样应对公共场所发生的险情 六年级第6课：这些事情我不做 六年级第7课：给生命多一份保险			

续表

六年级品德与社会		安全教育	环境教育	传统文化	综合实践
下册	第一单元:放眼看世界		六年级第 2 课:我是地球小公民	六年级第七单元:传统服饰	
	第二单元:珍爱和平生活				
	第三单元:只有一个地球	六年级第 8 课:破坏环境危及健康 六年级第 9 课:做大自然的守护者	六年级第 3 课:夜晚的星星哪去了 六年级第 4 课:避免电磁辐射 六年级第 5 课:不容忽视的热污染 六年级第 7 课:拒绝白色污染 六年级第 8 课:交通状况巧改善 六年级第 9 课:我是环保小法官 六年级第 12 课:取之不尽的清洁能源 六年级第 15 课:向海洋索取淡水 六年级第 17 课:地球能养活多少人 六年级第 18 课:做个环保志愿者 五年级第 17 课:海洋响起蓝色警报		
					六年级下册主题一:茶文化知识

我们对重叠交叉的内容进行分析、统计，发现国家课程与地方课程交叉重复率达到了 50%，进行课程整合的愿望便呼之欲出了。于是我们开始对国家课程《科学》《品德与社会》《综合实践活动》及地方课程《环境教育》《安全教育》《传统文化》的目标进行梳理、整合，形成了总目标和年级目标。依据总目标和年级目标，通过删减、融合、增补、重组的方式对课程的内容进行整合，形成了一个个主题板块，在此基础上形成了两类主题课程，分别是以《科学》为主线的主题课程 A 和以《品德与社会》为主线的主题课程 B。另外《传统文化》中的诗词诵读等内容并入语文的古诗文诵读中。音乐、美术的相关内容并入相应年级的音乐美术教学中。

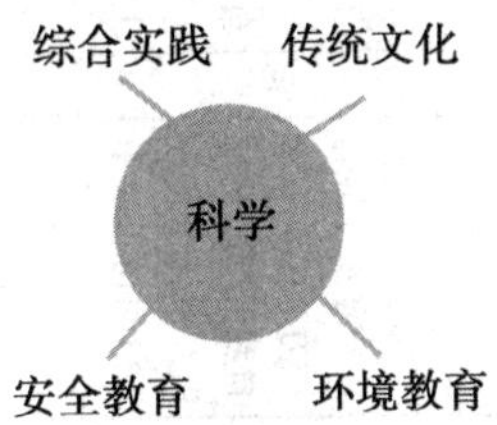

主题课程 A

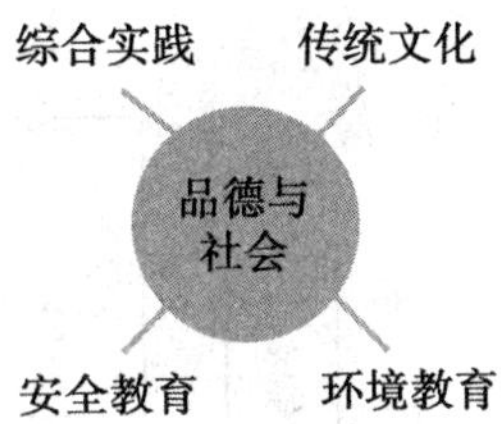

主题课程 B

第二节　主题课程内容体系的构建

我校主题课程在经过对国家课程和地方课程重组后，围绕人与自然、人与社会、人与自我三个维度组织主题内容，先形成了一级主题，然后根据一级主题确定了二级主题，并对内容进行细化，形成了完整的内容体系。

一、一级主题

主题课程

- **三年级**
  - **上学期**
    - **自然领域**
      - 1.用科学的方法观察
      - 2.用科学的方法探究
      - 3.初步认识空气
    - **社会领域**
      - 4.用科学的方法了解水
      - 5.天气与生活
      - 6.将来我也要服务社会
    - **自我领域**
      - 7.我爱我家
      - 8.实小是我家
  - **下学期**
    - **自然领域**
      - 1.太阳
      - 2.身边的动物
    - **社会领域**
      - 3. 电与生活
      - 4.话说十二生肖
      - 5.走进美丽的家乡
      - 6.走进娱乐体育
    - **自我领域**
      - 7.边玩边思考
      - 8. 我们的身体
      - 9. 我爱我班
      - 10. 我是环保小卫士
- **四年级**
  - **上学期**
    - **自然领域**
      - 1.水里的秘密
      - 2.谁的力量大
      - 3.走进植物的世界
      - 4.神秘的热传递
    - **社会领域**
      - 5.走进多彩的民俗
      - 6.吃的学问
    - **自我领域**
      - 7.消费与生活
      - 8.与安全同行
  - **下学期**
    - **自然领域**
      - 1.神奇的热与冷
      - 2.岩石的学问
      - 3.走进土壤世界
      - 4.光的秘密
      - 5.走进地球
    - **社会领域**
      - 6.巡礼中华之美
      - 7.交通让世界更亲近
    - **自我领域**
      - 8.我和规则交朋友
      - 9.健康生活，快乐成长
- **五年级**
  - **上学期**
    - **自然领域**
      - 1.地球探秘
      - 2.走进奇妙的声音世界
      - 3.神秘的秋冬星空
      - 4.善变的水精灵
    - **社会领域**
      - 5.生活中的材料
      - 6.信息百科全书
    - **自我领域**
      - 7.民以食为天
      - 8.科技与生活
  - **下学期**
    - **自然领域**
      - 1.镜片里的秘密
      - 2.神秘的春夏星空
      - 3.生活中的机械
      - 4.植物的一生
    - **社会领域**
      - 5. 魅力山东
      - 6. 中华五千年文化
      - 7.一方水土养育一方人
    - **自我领域**
      - 8.人体内部探秘
      - 9.祖国在我心中
- **六年级**
  - **上学期**
    - **自然领域**
      - 1. 关注物质的变化
      - 2. 探究物体的运动
      - 3. 探索太阳、地球和月球的秘密
      - 4.有趣的生物群落
    - **社会领域**
      - 5.血与火
      - 6.没有共产党就没有新中国
      - 7.迈向新时代
    - **自我领域**
      - 8.微生物与我们的生活
      - 9.做最好的自己
  - **下学期**
    - **自然领域**
      - 1. 走进能量世界
      - 2.揭开地球神秘的面纱
      - 3.探索宇宙的奥秘
    - **社会领域**
      - 4.丰富多彩的信息世界
      - 5.世界很小，是个村子
      - 6.战争与和平
      - 7.人类唯一的家园
    - **自我领域**
      - 8.一茶一世界
      - 9.揭示生命的奥秘

(二)二级主题

表 3-5　　三年级主题课程活动内容

序号	一级主题	二级主题	序号	一级主题	二级主题
1	用科学的方法观察	1. 我们身边的科学 2. 怎样科学的观察 3. 给校园中的树木做名片 4. 芙蓉树怎么了	10	身边的动物	1. 怎样观察动物 2. 可爱的动物 3. 饲养小动物
2	用科学的方法探究	1. 科学使用量具探究 2. 比赛——我能让热水快速变凉	11	我爱我家	1. 幸福的一家人 2. 我家的故事 3. 邻里一家亲 4. 我是家庭小主人
3	用科学的方法了解水	1. 认识水 2. 有趣的水	12	实小是我家	1. 美丽的实小 2. 可爱的实小人 3. 学校周边环境调查 4. 我为实小做贡献
4	天气与生活	1. 怎样制定科学探究计划 2. 多变的天气 3. 防雷电伤害知识竞赛	13	将来我也要服务社会	1. 我去邮局寄封信 2. 我的体验 3. 我能为大家做什么 4. 我是卖报的小行家
5	初步认识空气	1. 怎样认识空气 2. 空气的秘密 3. 我们需要清新的空气	14	话说十二生肖	1. 生肖的文化 2. 生肖的艺术 3. 生肖动物
6	边玩边思考	1. 玩游戏，学科学 2. 游戏巧设计	15	我爱我班	1. 我们的班集体 2. 我们是好朋友 3. 班级小主人
7	太阳	1. 怎样查阅资料 2. 用太阳计时 3. 我制作的太阳钟	16	走进美丽的家乡	1. 美丽的家乡 2. 家乡变化大 3. 我做小导游
8	电与生活	1. 电的本领 2. 科学使用家用电器	17	我是环保小卫士	1. 关注生活垃圾 2. 水——生命之源 3. 我做环保小卫士
9	我们的身体	1. 我们的宝贝 2. 认识我们的身体 3. 锻炼身体	18	走进娱乐体育	1. 武术是我们的国粹 2. 蹴鞠的故事 3. 中国棋类知多少

表 3-6 四年级主题课程活动内容

序号	一级主题	二级主题	序号	一级主题	二级主题
1	吃的学问	1. 食物与营养 2. 绿色饮食伴我行 3. 我是厨房小达人	10	走进地球	1. 我们生活的地球 2. 隐藏在地球里的秘密 3. 地球，人类共同的家园
2	水里的秘密	1. 水的变化 2. 学做美味的饮料 3. 我们需要洁净的水	11	消费与生活	1. 我去超市购物 2. 做聪明的消费者 3. 走进农贸市场 4. 快乐理财 5. 方便带给我们什么
3	走进植物的世界	1. 植物的身体 2. 奇妙的根、茎 3. 了不起的叶	12	走进多彩的民俗	1. 中外节日我知道 2. 欢欢喜喜过春节 3.（选修）包饺子 4.（选修）制作月饼 5.（选修）编中国结
4	谁的力量大	1. 空气的力量 2. 水流的力量 3. 创意小火箭	13	与安全同行	1. 上学路上保安全 2. 急救常识知多少 3. 突发事件巧应对
5	神秘的热传递	1. 物体变热了 2. 它们会生热吗 3. 谁热得快 4. 充分利用太阳的热	14	我和规则交朋友	1. 规则在哪里 2. 我是守规则的小学生 3. 我做小小普法员
6	神奇的热与冷	1. 液体、气体里的秘密 2. 固体里的秘密	15	健康生活，快乐成长	1. 热爱生命，礼赞健康 2. 守卫健康，远离健康杀手 3. 营养早餐伴我成长
7	岩石的学问	1. 岩石里的秘密 2. 生活中的百变岩石	16	交通让世界更亲近	1. 古今交通大发展 2. 我的旅行我做主 3. 我做交通设计师
8	走进土壤世界	1. 土壤里的秘密 2. 植物喜欢的土壤 3. 土壤的保护	17	巡礼中华之美	1. 美哉我中华建筑 2. 美哉我仁爱于友邦 3. 美哉我中华古器
9	光的秘密	1. 会变魔术的光 2. 生活中的光			

表 3-7　　五年级主题课程活动内容

序号	一级主题	二级主题	序号	一级主题	二级主题
1	地球探秘	1.地球内部的秘密 2.丰富的地球资源 3.地表变化知多少	10	生活中的机械	1.小机械大威力 2.交通工具里的科学
2	走进奇妙的声音世界	1.声音产生了 2.声音快递员 3.各种各样的声音 4.寻找噪声去	11	民以食为天	1.小麦历行记 2.现代化的美食加工厂 3.粒粒皆辛苦
3	神秘的秋冬星空	1.揭开秋季星空之谜 2.揭开冬季星空之谜	12	信息百科全书	1.通信 2.传媒 3.我是健康小网民
4	生活中的材料	1.走进纸的世界 2.生活中的其他材料	13	科技与生活	1.科技就在身边 2.科技是第一生产力 3.锋利的双刃剑
5	善变的水精灵	1.有趣的蒸发 2.水沸腾了 3.小水滴出现了 4.小水滴旅行记	14	魅力山东	1.齐鲁物产 2.齐鲁文人 3.齐鲁行 4.美化家园
6	人体内部探秘	1.我们来探秘人体 2.人体的四大系统	15	祖国在我心中	1.中华大家庭 2.炎黄子孙一脉相承 3.振兴祖国
7	镜片里的秘密	1.有趣的凸透镜 2.眼睛——微型照相机 3.神奇的“眼睛”	16	一方水土养育一方人	1.东北行 2.下江南 3.走西口 4.游西南
8	植物的一生	1.植物的科学 2.我来种植物	17	中华五千年文化	1.中华文艺 2.饮食文化 3.古代都城
9	神秘的春夏星空	1.走近春季星空 2.走近夏季星空			

表 3-8　　六年级主题课程活动内容

序号	一级主题	二级主题	序号	一级主题	二级主题
1	微生物与我们的生活	1. 身边的微生物 2. 食物发霉了 3. 传染病的传播与预防	10	探索宇宙的奥秘	1. 认识太阳家族 2. 走进神秘的银河系 3. 宇宙探索 4. 畅想未来家园
2	关注物质的变化	1. 蜡烛的变化 2. 食盐变形记 3. 铁钉的锈衣 4. 牛奶的变化	11	做最好的自己	1. 有气质 2. 有体格 3. 有主见
3	探究物体的运动	1. 物体是运动的还是静止的 2. 改变物体的运动状态 3. 物体的运动方式 4. 动物的运动方式	12	血与火	1. 国破山河在 2. 哪里有掠夺哪里就有抗争 3. 起来不愿做奴隶的人们
4	探索太阳、地球和月球的秘密	1. 地球在转动 2. 月球探秘	13	没有共产党就没有新中国	1. 党的摇篮 2. 星星之火可以燎原 3. 五星红旗迎风飘扬
5	有趣的生物群落	1. 生物与环境 2. 走近珍稀动植物 3. 生物的启示	14	迈向新时代	1. 当家做主站起来 2. 改革开放富起来
6	揭示生命的奥秘	1. 奇妙的细胞 2. 我从哪里来 3. 全家福中找异同 4. 我长大了	15	世界很小，是个村子	1. 村子有多大 2. 璀璨的家产 3. 与世界同行
7	走进能量世界	1. 怎样让身体热起来 2. 摆 3. 摩擦生热 4. 电磁铁的秘密 5. 生活中的能量 6. 畅想新能源	16	战争与和平	1. 不堪回首的伤痛 2. 秦时明月汉时关 3. 永别战火纷飞的日子
8	揭开地球神秘的面纱	1. 揭示地球的面纱 2. 风从哪里来 3. 降落伞的秘密 4. 风筝飞呀飞 5. 走进低碳生活	17	人类唯一的家园	1. 内外兼修的家园 2. 伤痕累累的家园 3. 为了家园的明天
9	丰富多彩的信息世界	1. 大自然告诉我们 2. 生物间的信息传递 3. 信息传递古今谈 4. 文明上网我能行	18	一茶一世界	1. 识茶 2. 饮茶 3. 品茶

第四章　主题课程的实施

主题课程以研究性学习的活动方式，结合学校的实际和学生年龄特点，开展主题式教学，有效促进每一个学生的发展。

第一节　主题课程的课时安排

主题课程的课时总数是在整合几个学科的基础上确定的，主题课程每周6课时，A、B主题各3课时，其他剩余的课时给了我们的校本课程。在时间利用上，根据主题课程的特点，采用长短课时使用相结合的方式，即将每周3课时的A、B主题课程时间根据需要灵活安排，做到集中使用与分散使用相结合，两节连堂，一节单独，也可把三节连起来使用。这样单课时可以主题生成，双课时可以成果展示，也可以是主题生成、方案制定连起来，给了任课教师灵活的空间，可以根据活动内容进行自由组合。

根据活动需要，或合堂上课，或分班进行，或小组分头活动，或个人独立研究与活动。

第二节　主题课程的教师配置

主题课程是跨学科的、整合后的课程，这样对任课老师提出了更高的要求，知识面要广，实践能力强，能从多角度看问题，能够有效指导并鼓励学生自主探究，保证主题活动实施的各个环节都落到实处。

根据教师的专业和自身特长，确定每班一名主题课程教师，全面负责所在班级的主题课程的管理和指导等所有工作，其中有专任和兼任的任课教师，为让教师们尽快胜任主题课程教学任务，我们还从以下几方面落实教师管理：

1. 专家引领。

开展课程整合的研究，教师、专家、领导不可缺一，其中，教师是基础，专家是关键，领导是保证。近年来，“名家名师走进历城实验小学”已经成为颇具影响力的品牌活动，聘请专家到校对课程整合从宏观思考和微观操作上进行有针对性的指导，全面提高了我校教育科研的整体水平和教师的整体素质。

2. 同伴互助。

为了更好地实施对课程的整合，我们成立三个不同层次的研究组，开展研讨活动。

表 4-1　　主题课程组

A主题课程组				B主题课程组			
三年级组	四年级组	五年级组	六年级组	三年级组	四年级组	五年级组	六年级组

第一个层次主题课程组。组织所有的主题课程的老师进行研讨、交流。如：组织全校的研究课；研讨、解决共性的问题；及时的开展调研和调度，每月一活动。

第二个层次有两个小组，即A主题课程组、B主题课程组。组长两人，负责课题组的研讨、交流，每两周一活动。

第三个层次是八个小组，即A主题课程三、四、五、六年级组和B主题课程三、四、五、六年级组。每组一个组长(是主题课程中心成员)，负责每个组的集体备课，包括每个主题的实施建议、方案设计及对上一个主题的修正和完善，解决研究中的具体的、实际的问题，每周一活动。

3. 协助教师。他们主要是负责学生管理和组织指导，一是班级协助，与任课教师一起负责班级活动指导和管理；二是计算机、图书馆等服务部门，负责为学生提供一些现场咨询和基本的技术支持。

4. 家长教师。可以为学生提供所需的专业知识，让家长参与孩子的活动，了解主题课程，解决任课教师在某些知识上的不足。

通过以上方式，最优化运用教师资源，有利于对任课教师的培训和管理，能帮助教师迅速提高思想认识和专业指导水平，促使教师迅速成长。

第三节 主题课程的组织形式与实施方式

一、教学时空开放性

主题课程打破了学校、教室的束缚，把校内课程与校外课程资源整合起来，把正规教育与非正规教育融合起来，将课内学习延伸至其他学科的学习或校内外其他活动中，利用双休日、节假日等开展主题活动，提高教学的实效性。

我们既利用校内的图书馆、运动场、实验室等地方开展主题活动，也利用丰富多彩的校外课程资源，如动物园、洪楼广场、闵子骞墓、博物馆等基地，以及学生的家庭环境、家长特长等因素进行主题活动。教师与家委会联合，根据实际条件，就地取材，引导学生适时地开展考察、调查、采访、实践等活动，拉近学生与社会的距离，为融入社会打下基础。

二、活动形式多样性

学生是主题课程学习的主体，教师是活动的引领者。学生要形成问题意识，善于从日常生活中发现自己感兴趣的问题。学生要善于选择自己感兴趣的主题。在研究阶段，可以采取多种多样的组织方式，可以采取个人独立探究的方式；小组合作探究的方式；班级合作探究的方式等。倡导亲身体验的学习方法，引导学生对自己感兴趣的课题持续、深入地探究，防止浅尝辄止。

教师要对学生的活动加以有效指导。为学生创设发现问题的情境，引导学生从问题情境中选择适合自己的探究课题，找到适合自己的学习方式和探究方式。也可与其他教师一起合作，共同指导学生的主题活动，充分体现师生双方在教学中的主动性和创造性。

在活动过程中，教师要调动学生的生活经验与认识，引导学生用多种感官去观察、体验等方式，获得对自然、社会和自我的认识，体验研究学习的过程，形成科学的态度，养成良好品德，做到知行合一，并在此基础上，引导学生在实践中发现、提出问题，进而解决问题，在亲身参与中，逐步形成创新精神。

第四节　主题活动的实施建议

表 4-2　　三年级主题活动实施建议

主题名称	主题一　用科学的方法观察
主题内容	本主题包括《我们身边的科学》《怎样科学观察》《给校园中的树木做名片》和调查活动《芙蓉树怎么了》四个方面的内容。植物是大自然当中的一个大群体,也是我们身边普遍存在的,与学生接触最亲密的,最可能成为学生观察研究的内容。但是很少学生能深入地对它们进行观察研究,为让学生进一步了解大自然中植物的奥秘,通过活动,学习观察的方法,培养观察的兴趣。
主题目标	1.观察身边的植物,能发现和提出问题,对问题进行猜想和假设,并尝试解决问题。 2.能用眼睛、耳朵、鼻子、舌头等感觉器官,用图片、画图、动手操作等方式,感知身边常见的植物,了解它们的不同特点。 3.运用查阅资料、实地调查等方式,学习直接观察的一般方法,并运用观察法对校园中的植物进行观察和记录。 4.初步拥有探究自然、了解周围事物奥秘的好奇心与求知欲,亲近大自然,珍爱并善待周围环境中的各种植物。
活动过程	活动一:《我们身边的科学》。第一阶段:玩具里的科学。第二阶段:身边的科学。2 课时。 活动二:《怎样科学观察》。第一阶段:观察植物的叶子。第二阶段:小组合作,完成《植物叶子观察记录表》。第三阶段:交流展示《植物叶子观察记录表》。3 课时。 活动三:《给校园中的树木做名片》。第一阶段:小组确定活动方案并调查相关资料。第二阶段:设计制作树木名片。第三阶段:给树木悬挂名片。2 课时。 活动四:调查"为什么芙蓉树上会落白色粉末"。第一阶段:观察并猜测交流,可能是什么原因。第二阶段:查阅资料,查找原因。第三阶段:给校长写封信。3 课时。
实施建议	1.设计和制作微视频《怎样填写〈植物叶子观察记录表〉》。 2.通过观察、访问、记录、设计制作等形式,让学生了解植物,感受它们带来的作用,更加爱护我们周围的植物。 3.活动的形式上可以在图书馆、微机室、植物园、校园等场所。 4.以小组和个人的形式进行活动,初步形成合作的精神,掌握一些实验的方法。 5.学会观察的方法,并运用到平时生活中,如通过观察校园中的树木,观察到芙蓉树的特殊现象,再进行进一步的探究。通过搜集资料,让学生进一步掌握整理资获取信息的方法。

续表

主题名称	主题二　用科学的方法探究
主题内容	学生在认识事物上皆有自己的生活经验，学生敢于提问题，以至有些问题是异想天开、稀奇古怪的，也想试着采用自己所能想到的各种方法解决问题。但小学生解决问题、探究问题的途径很多还是不规范的，甚至是冒险的。这就需要让学生认识科学探究问题的方法，结合自己的生活经验，学会理性地探究科学、认识科学。因此我们确定了《用科学的方法探究》这个主题，旨在让学生经历探究科学的过程，并在其过程中掌握探究科学的基本方法。每个二级主题体现了一种科学探究方法的训练，由感官认识到利用工具测量到对事物内部本质的探究再到对同类事物进行对比探究，较好体现了科学探究是一个循序渐进的过程。
主题目标	1.通过观察、实验操作、小组交流等方式认识常用计量工具，做好简单记录。学会测量，了解水温的变化规律。 2.经历观察、记录、描述、组内交流等过程，初步学会运用简单表格、图形等方法记录测量数据，体验科学探究要尊重证据。 3.学生整理和运用生活中的已有经验，体验影响水温下降的因素。
活动过程	活动一：《科学使用量具探究》。利用工具进行观察，认识到使用工具测量比利用感官判断更准确。第一阶段：认识和使用温度计。第二阶段：实验记录水温的变化规律。第三阶段认识和使用量筒。4课时。 活动二：《我能让热水快速变凉》。第一阶段：让学生整理和运用生活中的已有经验，体验影响水温下降的因素。第二阶段：整理和交流让热水快速变凉的方法。2课时。
实施建议	1.设计指导性的实验表格，准备温度计、量筒、玻璃棒等实验器材及图片、视频资料。 2.动手实验之前，引导学生对实验结果进行假设和预测，让学生初步经历科学探究的方法。 3.学生采用的方法和设想，及时给予积极的鼓励，养成大胆想象、勇于创新的精神。

续表

主题名称	主题三　用科学的方法了解水
主题内容	本主题包括《认识水》《有趣的水》两个方面的内容。通过各种活动认识自然界水的分布、欣赏自然界美丽的水体、探究水的形状和形态的变化、认识水中物体的沉浮、比较水的多少、认识水面的秘密等探究活动，让学生亲历科学探究的过程，体验探究带来的乐趣，认识与水有关的基本知识。
主题目标	1.通过观察、实验、动手操作、看视频、图片、图画等方式探究水的基本性质，引导学生观察研究水的科学知识。 2.大胆提出问题，并能通过观察、猜想、实验等方法收集证据，作出合理的解释，经历科学探究的过程，体验到科学探究的乐趣。 3.通过对水的探究活动，体验合作学习的乐趣；体会到水是神奇的，影响着我们的生活与环境；意识到自然水体的美，并通过各种方式赞美水体美；通过探究意识到节约用水的重要性。
活动过程	活动一：《认识水》。学会综合运用感官观察水的性质，并用语言或图画等方式描述所观察的水的特征。1课时。 活动二：《有趣的水》。第一阶段：认识到水有浮力并能定性地描述水的浮力。第二阶段：改变物体的浮和沉。第三阶段：实验了解水的表面张力。第四阶段：观察毛细现象。第五阶段：进行评价与反思。9课时。
实施建议	1.设计实验用表格，体现探究的科学性、趣味性。准备水槽、滴管、木块、大头针等实验器材，各种图片、视频资料。 2.通过提问、猜想、观察、实验、总结等探究方法，让学生初步经历科学探究的过程。教师要深入到学生中，与学生一起探究。 3.小组汇报、展示实验、总结学习的收获等等，教师及时进行点评和评选。针对各组从方案设计、实际调查、整理记录到成果展示，突出过程性评价。 4.对学生提出的其他液体的表面张力对比、混合液体的表面张力、浮沉现象的探究，给予积极的鼓励和时间、空间上的帮助，培养学生的创新精神。 5.给学生充足的探究时间，让学生在探究中发现和学习。

续表

主题名称	主题四　天气与生活
主题内容	学生对怎样有目的地进行科学探究活动初次接触，学生对天气有较为丰富的生活体验。很多学生虽有收听气象预报的习惯，但对天气变化这种司空见惯、每时每刻都在身边发生的现象往往忽视。为提高学生观察身边科学现象的意识，激发学生乐于探究常见的、身边的科学，我们依据《课程标准》，选择了《天气与我们的生活》一单元作为学生的研究主题。目的是借助学生已有的生活及知识经验，利用学生丰富的对天气的感性认识，通过探究认识到“天气对人、动物、植物的影响”，并经历科学探究过程，让学生“走进自然，亲历科学，探究科学，揭开科学之谜、培养学生科学素养的目的”。
主题目标	1.通过对天气主题的交流，掌握制定科学探究计划的一般方法。 2.通过动手制作、实地实验、观测记录，了解简单计量器具的结构原理，会用相关器具搜集有关证据，体会长期的测量和记录天气数据在科学探究中的重要性。 3.经历设计和制作的过程，培养学生的动手操作能力、创新能力、合作意识，以及热爱生活、珍爱生命的积极情感。 4.体会和认识科学知识对生活的重要作用。
活动过程	活动一:《怎样制定科学探究计划》。第一阶段:学习怎样制定探究计划，怎样完成《探究计划表》。第二阶段:亲自经历科学探究的过程。2课时。 活动二:《多变的天气》。第一阶段:动手做个风向仪，在观察天气方法的基础上，亲自动手制作，并用自己制作的观察工具来记录天气情况。第二阶段:怎样知道雨的大小，制作雨量器。6课时。 活动三:《防雷电伤害知识竞赛》。1课时。
实施建议	1.组织学生对天气主题进行科学、有序的探究活动。 2.指导学生制定科学的探究计划，并按照计划分组进行探究和记录。 3.组织学生进行雷电知识竞赛，了解恶劣天气下的防护措施。 4.可以开展多种活动，引导学生参与对天气与日常生活关系的探究。

续表

主题名称	主题五　初步认识空气
主题内容	学生尝试自己制定探究计划，逐步掌握科学探究的一般方法。在内容上说：空气与动物、植物及人有着非常密切的关系，了解和认识空气是非常应该和必要的，本主题就是以空气为主要的研究对象，经历各种探究活动的过程，体会和认识到空气的有关性质及对我们人类生活所产生的重要意义。能用一定办法证明空气的存在，了解人类对空气性质的利用，知道空气对生命的意义等内容来设计。
主题目标	1. 小组分工合作，学习制定小组的探究计划。 2. 在探究过程中，能敢于发表自己意见，形成合作交流及大胆想象的科学态度。 3. 学生经历调查、实验、交流的过程，认识到人类的生产、生活会造成空气的污染，关心自己赖以生存的空气环境，增强自觉保护环境的意识。
活动过程	活动一：《怎样认识空气》。学习怎样认识空气、学生自行设计证明空气存在的方法。2 课时。 活动二：《空气的秘密》。第一阶段：证明空气的存在，了解空气的基本特征。第二阶段：空气的成分，用简单器材进行实验操作，了解空气的基本组成。第三阶段：空气被污染了，考察当地空气污染情况，关心自己赖以生存的空气环境，提出净化空气、保护空气的建议。5 课时。 活动三：《我们需要清新的空气》。第一阶段：组织学生采访社区不同年龄的居民，了解本地区近几十年的空气变化及其对人民生活的影响。第二阶段：设计手抄报或宣传海报，呼吁人们爱护我们的空气环境。3 课时。
实施建议	1. 学生自行设计验证空气存在的方法，鼓励学生大胆尝试。 2. 组织学生走进社区采访不同年龄的居民，了解本地区近几十年的空气变化及其对人民生活的影响。 3. 设计手抄报或宣传海报，在路口等空气污染严重的地方发放宣传海报，呼吁人们爱护我们的空气环境。

续表

主题名称	主题六　边玩边思考
主题内容	本主题的二级主题存在着紧密的联系,《玩游戏、学科学》主要让学生通过设计控制变量的探究实验,体会生活中的各种力。同时,在设计教学活动时,根据内容和学生的特点,把本主题活动内容定位在"游戏"的范畴之内,引导学生在游戏中,发现各种力的显著特征,通过设计控制变量的探究实验寻找各种力规律性的变化。《游戏巧设计》主要通过学生大胆进行创意设计,独立或小组合作完成制作,学生体验设计和制作的全过程,做到既动脑又动手。
主题目标	1.玩游戏和玩具,体验、发现游戏里的科学。 2.尊重证据;愿意合作交流;乐于用学到的科学知识改善生活;关注日常生活中的科技新产品、新事物,关注与科学有关的社会问题。 3.能做控制变量的简单探究性实验,会设计简单的实验报告。
活动过程	活动一:《玩游戏、学科学》。学生学习确定研究主题,制定研究方案,玩游戏并设计新游戏,小组合作提出问题并记录;联系生活中的玩滑梯、跷跷板、弹簧、磁铁、等活动,认识这些现象中的科学道理。8课时。 活动二:《游戏巧设计》。搜集整理相应资料和用品,小组完成新游戏的设计并展示新游戏。2课时。
实施建议	1.组织各小组玩平时喜欢的游戏;引导学生通过游戏,认识推力拉力、摩擦力、弹力、磁力,并了解它们在生活中的应用。 2.设计巧妙的实验记录表,学生能根据表格的指导,主动探究和发现。 3.学生自由展示游戏过程,并及时记录新发现,制作手抄报等形式,汇报展示活动成果。 4.鼓励学生创新,养成动手又动脑的习惯。

续表

主题名称	主题七　太阳
主题内容	本主题是研究有关太阳与光知识的起始单元，由《怎样查阅资料》《用太阳计时》《我制作的太阳钟》三个二级主题组成。《怎样查阅资料》一课，通过认识太阳的概况，学习和掌握科学探究的重要方法——怎样查阅资料；“太阳和影子”主要通过实践和观察，了解太阳和影子的关系，发现太阳和影子的变化规律，知道可以通过影子的变化来推断太阳的变化，并从中悟出利用影子来计时；“用太阳计时”通过一天中影子的变化规律了解日晷的发明和使用，感受古代劳动人民的智慧和发明创造的喜悦；《我制作的太阳钟》以制作自己喜欢的计时工具为引领，以开发创新思维为重点，自己进行发明创造，培养动手能力以及热爱科学的情感态度。
主题目标	1. 了解和学习查找资料的一般方法，初步学会利用简单表格、图形等方法整理有关资料。 2. 能用简单测量工具进行定量观察，记录数据；学会设计和制作工具。 3. 初步经历制定探究计划的过程，能设计简单的探究计划。 4. 能倾听他人的发言，清楚的表述自己的观点。
活动过程	活动一：《怎样查阅资料——认识太阳》。了解查阅资料的一般方法，学习制定本主题的研究计划。4 课时。 活动二：《用太阳计时》。了解太阳与影子的关系，中外、古今用太阳计时的工具。4 课时。 活动三：《制作计时工具》。设计制作利用太阳或其他方法计时的工具，并进行展示和交流。2 课时。
实施建议	1. 教师、学生准备关于太阳的视频资料和文本资料。 2. 通过各小组交流搜集的关于太阳的资料，总结查阅资料的科学方法和过程。 3. 小组合作探究阳光计时的科学道理，制作简单的阳光计时工具。 4. 学生学习制定活动计划和过程，汇报展示活动成果，鼓励学生用独特的设计体现自己的想法。 5. 组织学生设计以及作品全校巡回展示活动，体验成功的喜悦。

续表

主题名称	主题八　电与生活
主题内容	本主题由《电的本领》和《科学使用家用电器》两个二级主题组成，各二级主题之间有着密切的联系。在《电的本领》中“让灯泡亮起来”以学生生活经验为切入点，从拆装手电筒开始展开探究。主要是引导学生认识基本的电器元件及其作用，探究如何组装简单的电路，激发学生的探究欲望；“多种方法亮灯泡”是对电路知识的进一步探究，初步了解电路的两种基本连接方式——串联和并联；“到底谁厉害”的学习又为“安全用电”做了相应的准备。第一个二级主题是基础，“安全用电”和《科学使用家用电器》二级主题是应用和深入，层层展开，环环相扣，有机结合，为学生学习掌握与电有关的基本知识和技能打下坚实的基础。
主题目标	1.认识电是生活和工作中常用的能量来源，了解安全用电常识，学会阅读家用电器的说明书，掌握用电常识。 2.初步经历制定实验计划的过程，能设计简单的实验报告，掌握汇报的方法。 3.想知道，爱提问，喜欢大胆想象；愿意合作与交流；乐于用学到的有关电的知识改善生活；关心日常生活中的电器新产品、新事物；关注与电有关的社会问题。
活动过程	活动一：《电的本领》。小组合作制定探究计划，并按照计划进行试验探究，了解电路的基本知识，认识导体和绝缘体。8课时。 活动二：《科学使用家用电器》。调查学生自己家中的电器，学习阅读电器说明书。3课时。
实施建议	1.组织学生准备小灯泡、电池、电线、开关、相同规格的金属线、塑料线等不同的导体和绝缘体材料。 2.教师组织各小组拆装各种电路；引导学生通过观察、操作，认识闭合电路，串联并联等连接方式，辩论会探讨导体和绝缘体的不同作用，并了解它们在生活中的应用。 3.调查家用电器，收集电器使用说明书。 4.学习阅读电器说明书，认识到说明书在生活中的重要性和必要性。 5.学习安全用电常识，演练火灾逃生过程和方法。

续表

主题名称	主题九　我们的身体
主题内容	本主题由包括三个二级主题，为学生们提供了认识自己身体结构和功能的机会，能够意识到身体的各种活动都需要各个系统的协调运作，在这个基础上建立健康意识。《我们的宝贝》是整个单元的总起，让学生从整体上认识人体的结构。并尝试着以功能的不同划分身体的结构，引出深入的思考。《认识我们的身体》包括“我们的骨骼”“我们的关节”“我们的肌肉”，通过观察活动，帮助学生了解上肢运动过程中骨骼、关节、肌肉的功能、结构及其相互作用，并以活动之后身体的各种变化及需求为线索，帮助学生建立人体各个部位协调工作的认识。本单元学生在讨论中要回顾、梳理本单元的每一个学习活动，通过画图等方式将身体各个部位之间的相互关系直观地表现出来。《锻炼身体》将“健康生活就是我们在了解了自己身体的结构和相互作用的规律后，爱护它们，促进它们更协调地工作”作为对健康的理解。
主题目标	1. 初步认识人体的基本结构，理解身体各部分的协调工作，有利于我们健康的生活。能认识到养成良好生活习惯的重要性；意识到个人对身体健康负有责任，能积极参加锻炼，注重个人保健。 2. 在独立思考的基础上，与他人合作交流，分享研究结果。研究中会有不完善的结果，在反复观察、研究中完善认识的重要性。想象与实际的观察区分开，保证观察活动的真实性。 3. 认识到科学是不断发展的；意识到科学要尊重证据；能够珍爱生命；乐于用学到的知识改善生活，加强体育锻炼。 4. 初步经历制定探究计划的过程，能设计简单的探究计划。
活动过程	活动一：《我们的宝贝》。学生制定研究方案，为本主题的探究活动制定探究内容和过程。2 课时。 活动二：《认识我们的身体》。认识人体的骨骼、关节和肌肉，搜集整理相关资料。6 课时。 活动三：《锻炼身体》。乐于用学到的知识改善生活，加强体育锻炼。1 课时。
实施建议	1. 教师组织学生准备关于身体器官、骨骼、关节、肌肉的视频资料和文本资料。实验室提供标本和演示材料。 2. 教师组织各小组交流搜集的关于身体的资料；引导学生通过运动等亲身体验了解骨骼、关节、肌肉等运动器官的作用。并通过小组探究了解运动对器官的保健作用。 3. 学生搜集、展示身体器官相关的资料，制作手抄报、PPT 等形式，汇报展示探究成果。

续表

主题名称	主题十　身边的动物
主题内容	掌握观察的科学方法，用观察法认识和了解身边的动物。本主题的教学资源十分丰富，有些学生在农村生活过，与昆虫、鸟类及哺乳动物朝夕相处；对两栖动物、爬行动物也不陌生，教学时可以借助已有的知识和现实的动物供学生观察。本主题是在三年级学生认识了身边常见动物，了解了四季动物活动变化规律的基础上，让学生进一步观察动物，并能用合适的方式表述观察结果；对动物进行分类，了解常见不同类型动物的特征，扩大学生对生命世界的认识范围，感受动物世界的纷繁复杂，认识动物运动的多样性。通过饲养小动物，观察它们的特点和生活习性，知识与实践相结合，学生可以更真实的掌握和体验观察的方法和乐趣。
主题目标	1.学习和掌握间接观察法，能用各种感官直接感知自然事物，并用语言或图画描述所观察的事物的形态特征；能用简单测量工具(放大镜、尺子等)对动物体进行定性和定量的观察。 2.认识常见动物的几种类型，能归纳某一类动物的共同特征；能饲养一种小动物(学校为班级配置)；能设计简单的探究计划。 3.感受动物的多样性，养成对不同动物的研究兴趣；培养保护自然环境和动物的意识，能爱护自然环境下的小动物。
活动过程	活动一：《怎样观察动物(间接观察法)》。学习和运用间接观察法观察金鱼。1课时。 活动二：《可爱的动物》。小组制定活动方案，观察蚂蚁、鸟，认识哺乳动物、鱼等多样的动物。10课时。 活动三：《饲养小动物》。调查学生家里的小动物，确定班级要饲养的小动物，制定饲养计划、观察计划、管理计划。2课时。
实施建议	1.学生准备各种动物的图片，不同动物的生活习性资料。学生帮助准备课上观察的金鱼。 2.各小组通过观察不同的动物图片并进行分类；引导学生通过探究归纳不同种类动物的特点，通过饲养小动物培养学生“调查与养殖”的实践能力。 3.设计观察法相应表格以及《动物长期观察记录表》。 4.学生尝试制定饲养计划、观察计划、管理计划，并按照计划对小动物进定期行观察和记录。

续表

主题名称	主题十一　我爱我家
主题内容	本主题包括《幸福一家人》《我家的故事》《邻里一家亲》《我是家庭小主人》四个方面的内容。家庭是社会的细胞，是青少年人生的第一课堂，是青少年成长的摇篮，家庭以缩影的形式反映着社会生活。学生在本主题进一步了解自己的家庭生活，了解父母的工作及为自己成长所付出的辛苦和努力，从而在思想上和心灵上能更加理解父母；同时探究自己的成长历程，感悟自己的成长离不开家人的关爱，深化对父母家人的感激之情；体会健康文明的生活方式，有利于家庭幸福和个人身体健康；养成良好的生活习惯，懂得基本的礼仪，能够自己的事情自己做，有一定的家庭责任感。
活动目标	1.通过了解自己的家庭生活，探究自己的成长历程，感悟自己的成长离不开家人的关爱。 2.知道邻里乡亲之间要互相关心、互相帮助，学习待人接物的基本社会规则。 3.体会家庭幸福的含义，学会正确处理家庭中内部事务；能在家庭生活和社区生活中做些力所能及的事，养成良好的安全卫生习惯。 4.初步形成自我关注的意识，学习理解、孝敬、感恩父母、遵守基本的礼仪，争当礼仪小使者。
活动过程	活动一：《幸福一家人》。"爱心小屋"交流会，交流自己家庭，填写制作家庭资料卡，画出家庭树；调查了解父母的工作，为父母设计亲情卡。2课时。 活动二：《我家的故事》。故事搜集整理交流；情景剧表演、体验；给长辈制作亲情卡片。3课时。 活动三：《邻里一家亲》。邻里一家亲交流体验和汇报；我为邻里做件事实践活动。2课时。 活动四：《我是家庭小主人》。怎样开家庭会议方案制定课；家庭会议交流、汇报总结；自我安排当一天家庭小主人的实践活动、交流、汇报；小主人体验日记交流、写信等形式进行展示。7课时。
实施建议	1.学生收集一些亲情故事、父母工作情况等，进行家庭情况调查，准备全家福照片。搜集自我成长资料。填写制作部分资料卡。自我安排当一天家庭小主人的实践活动。 2.学生分组交流搜集的资料、调查的情况，及时分析整理汇总资料。以家庭为单位召开家庭民主会，体验为家庭分担责任和为邻里做力所能及事情的实践活动。 3.以资料竞赛、画作欣赏、成长手抄报、"爱心小屋"交流会、情景剧表演、家庭小档案评比、小主人体验日记、给长辈制作卡片、写信等形式进行展示，并根据学生在活动各环节中的表现情况进行评价鼓励。 4.课内与课外相结合。搜集资料、调查访问、召开家庭民主会、自己的事情自己做等实践活动在课外，方案制定、资料展示在课内。

续表

主题名称	主题十二　实小是我家
主题内容	本主题包括:1.美丽的实小;2.可爱的实小人;3.学校周边环境调查;4.我为实小做贡献。学校是学生除了家庭之外最主要的学习、生活场所。在这里他们要了解学校、熟悉在学校工作的人员,探秘学校周边的环境,从而更加热爱学校生活,为学校做一些力所能及的事情。能尊重老师和工作人员,热爱集体,文明礼貌,能与同学友好、团结合作,防止学校中的人为伤害。知道简单的识图、绘图常识,学习绘制简单的平面图和路线。
活动目标	1.通过观察、亲身体验和采访等方式了解学校。通过搜集资料,拓展了解学校的不同类型。 2.能够设计、绘制学校简单的平面图,掌握简单的绘图技巧。 3.能够为校外探秘活动设计简单方案,画路线图,并根据方案进行实践活动。为学校的校园文化环境建设出谋划策,争当文明小卫士。 4.感受学校环境的美丽与工作人员的辛苦,热爱学校生活,尊重老师、工作人员,体验集体的力量。形成积极的、乐于探究的求知欲望。意识到自己的文明习惯使校园更美丽。
活动过程	活动一:《美丽的实小》。学生参观校园,开展对学校设施、工作人员、文化环境等基本情况调查和采访;整理学校解说词;"我们学校变化多"交流会;画出简单的学校结构示意图(我为学校画幅画);设计制作学校标志牌;学校知识小拓展交流会。6课时。 活动二:《可爱的实小人》。亲身参与教师工作观察、采访,填写记录卡;实小人采访日记交流;我为老师做点事实践活动。3课时。 活动三:《学校周边环境调查》。主题形成,制定学校周围环境调查简单方案;走出校园探究实践活动;我为学校周边画示意图;校园周边环境调查交流会。4课时。 活动四:《我为实小做贡献》。我为学校做名片;我给学校提建议;制作校园提示牌;总结评价活动。4课时。
实施建议	1.教师提供学校结构示意图、教职工照片,制定好几条学校参观路线。布置学生收集校史、旧物等反映学校变化的资料,多种形式完成学校设施、工作人员、文化环境等基本情况调查。搜集不同类型学校资料。为美化校园文化环境献计策。准备手工材料。 2.学生分小组交流搜集的资料、调查的情况,及时分析整理汇总资料。分几队进行校园大探秘并做好笔记、拍照、录像等工作。搜集不同类型学校资料分古代、近代、外国、私立四组进行,亲身观察跟踪老师一天生活,填写记录卡。 3.以解说词、画作欣赏、美文大赛、学校知识拓展交流会、"我们学校变化多"交流会、制作简单的平面图和路线图,探秘调查报告会、教师节之际以我做老师小助手、尊师故事会、写抒情诗、赠感谢卡等形式展示并让学生参与实践为学校制作提示牌、为树木做名片等活动切实为学校做些力所能及的事情。 4.学习调查、访问、制定简单活动方案的方法。

续表

主题名称	主题十三　将来我也要服务社会
主题内容	本主题包括：1.我去邮局寄封信；2.我的体验；3.我能为大家做什么；4.我是卖报的小行家。本主题从学生最熟悉的与我们的生活密切相关、为我们的生活提供服务的“人”开始学习，初步了解社会、体验社会。让学生了解不同行业与人们生活的关系，知道生活离不开社会，离不开大家的劳动；了解各行各业人的劳动过程，体会他们的辛苦；知道劳动没有高低贵贱之分，尊重不同职业的劳动者；培养学生尝试用调查、访问、搜集与整理、分析资料等方法进行探究活动，在活动过程中体验小组合作学习、交流分享的乐趣；树立为社会服务的意识。
活动目标	1.通过采访、观察、查资料等方法了解不同职业人的劳动过程，知道我们的生活离不开他们。 2.能够独立完成写信寄信的过程，小组合作能设计简单卖报活动方案，体验卖报的过程，能进行简单的分析总结。 3.意识到劳动无贵贱高低之分，体会劳动的辛苦与不容易，尊重不同职业的劳动者，应为他人提供方便，做力所能及的事情，树立服务社会的志向。
活动过程	活动一：《我去邮局寄封信》。了解邮局，设计调查方案；到邮局参观；写信、寄信体验活动。3课时。 活动二：《我的体验》。我为体验工作做方案；工作体验实践活动；工作体验交流会。3课时。 活动三：《我能为大家做什么》。制定“我能为大家做什么”阳光计划活动方案；“畅谈理想”主题交流会。2课时。 活动四：《我是卖报的小行家》。主题生成；我为“卖报”做方案；采访卖报人；卖报活动实践探究课；卖报活动成果交流会；卖报活动反思评价课。6课时。
实施建议	1.学生搜集邮局开展的主要业务及寄信常识的资料，准备好信封和邮票。利用假日时间进行调查或采访工作，填写信息卡。 2.以学生的社会生活为教学主线，通过访问、调查、亲自卖报等方式，引导学生关注社会问题，注重学生自主性的发挥，为卖报体验活动设计简单的活动方案。在活动中感悟、体验和关注社会问题，感受别人为我们的生活付出的努力和艰辛，在体验中了解不同种类的工作，懂得尊重他人的劳动，知道怎样做才是珍惜别人的劳动成果。实现社会性发展，形成良好的品德。 3.以邮局业务交流会、“我是小小邮递员”比赛、纸上投递游戏、“方便的生活哪里来”交流会、“我当一次小报童”情景表演、卖报体验交流会等形式进行展示，并根据学生在活动各环节中的表现情况进行评价鼓励。 4.学生分小组交流搜集的资料、调查的情况，及时分析整理汇总资料。节假日体验活动分四大组进行并请求家长帮助。

续表

主题名称	主题十四　话说十二生肖
主题内容	本主题将从生肖的来历、生肖的故事、生肖动物三个方面，指导学生分组进行制定活动方案，搜集相关资料，学会成果交流的方式。
活动目标	1. 了解十二生肖的来历、成语、谜语、传说故事、本命年等知识。 2. 掌握搜集、整理资料的能力，加强与人合作交流的能力、表达能力、动手动脑能力，提高创造性。 3. 知道生肖具有中国特色，初步形成对中华民俗文化的兴趣，提高民族自豪感；感受与他人合作、交流的乐趣，树立起自信心。
活动过程	活动一：《生肖的来历》。引出生肖主题，形成研究小组，制定"话说十二生肖"主题活动方案。1 课时。 活动二：《生肖的故事、生肖动物》。各研究小组成员根据分工进行活动，掌握搜集、整理资料的方法。1 课时。 活动三：《汇报、交流、评价》。小组成员进行研究展示，分组汇报交流，其他小组学会倾听、评价。1 课时。 活动四：《学习制作手抄报和剪贴报》。1 课时。
实施建议	1. 师生收集与十二生肖有关的资料，学生自主或小组合作，思考要去探讨哪些和十二生肖有关的问题，搜集相关的资料，制定各种表格和准备制作材料。 2. 运用新年回顾、看花灯等方式引出活动主题，学生从不同的角度去了解生肖的来历，调查家庭成员的生肖，搜集有关生肖的知识，学会调查、搜集资料的方法；说一说、故事会、交流诗歌、成语等形式交流汇报；用画一画、制作生肖邮票、制作手抄报等形式展示成果，掌握生肖的文化，提高与人合作交流的能力，培养对自己成果的喜悦感、成就感。 3. 通过展示，对在学习过程中的小组成员师生分别进行评价。

续表

主题名称	主题十五　我爱我班
主题内容	本主题将从以下三个小主题进行：1. 我们的班集体；2. 我们是好朋友；3. 班级小主人。让学生在班集体生活体验中学会怎样与同学相处，能解决集体生活中的问题。能与同学建立友谊，做到爱同学、爱集体，树立为集体争光的意识。
主题目标	1. 知道自己作为集体的一员，能为班集体争光，学会与同学友好相处，并建立真挚的友谊。 2. 经历和体验调查、讨论、辩论等探究活动，掌握集体生活中出现问题、压力、冲突和挫折时的解决方法。 3. 懂得学会欣赏和尊重别人，爱班集体，形成积极向上的生活态度，提高班级凝聚力。
活动过程	活动一：《我们的班集体》。“站报纸”游戏活动体验；模拟集体活动；情境模拟体验；游戏辩论活动；真情体验“我为大树添枝叶”。5 课时。 活动二：《我们是好朋友》。“火眼金睛”找优点；案例分析、制作“友情卡”；学会交更多的朋友。3 课时。 活动三：《班级小主人》。制作班名牌；班级情况小调查；制作班级公约；总结评价。4 课时。
实施建议	1. 学生观察在班级中发生的点点滴滴，收集有关的图片、资料，如班级问题问卷表，相关的故事、名言，设计班级活动、装饰班级的材料。 2.“站报纸”“折纸船”等游戏体会团结力量大。调查班级问题，讨论制定班级公约，设计班名、班级形象等形式，使学生更加热爱班级，营造和谐班集体。 3. 讨论、辩论制定班级公约，展示设计的班级活动、班名和班级形象等，并根据学生在活动各环节中的表现情况进行评价鼓励。 4. 课内与课外相结合；感受、体验与实践活动同时进行。

续表

主题名称	主题十六 走进美丽的家乡
主题内容	本主题包括美丽的家乡、家乡变化大、我做小导游(夸家乡)三个小主题,指导学生分组进行制定活动方案,搜集相关资料,学会以成果交流的方式展开活动。
主题目标	1.了解家乡的位置和简单的地图知识,了解家乡的历史、人物、风土等,知道家乡在衣食住行等方面的变化。 2.学会大胆表达自己的感受和见解,掌握介绍家乡的方法,能运用调查、访问、搜集整理分析资料等方法进行主题活动。 3.在搜集、调查、访问家乡变化的实践活动中,学会简单整理资料,学会用做导游的形式,懂得与人交流,热爱家乡,保护家乡环境,树立建设家乡的愿望。
活动过程	活动一:《美丽的家乡》。创设情境,提出问题;拟定方案,修改完善。2课时。 活动一:《家乡变化大》。资料整理方法指导;活动成果展示;总结评价。5课时。 活动三:《我做小导游(夸家乡)》。我做小导游;我爱我的家乡;我为家乡出把力;我做环保小卫士。5课时。
实施建议	1.课前学生搜集衣、食、住、行文化娱乐等各方面的资料,比如家庭居室的新、旧照片,向长辈调查、了解家庭生活变化和家乡道路的发展变化情况等。 2.在组织教学时,教师鼓励学生通过多途径、多角度去了解家乡。通过设计活动方案、调查、访问、讨论、合作交流、搜集与整理、分析资料等形式,激发学生爱乡之情,有愿意为家乡服务、增光的志向。 3.学生用画笔、相机、文章或手抄报来记录美丽的家乡,并用实际行动介绍家乡,在活动过程中记录学生的成长,对每一个环节进行评价。 4.课内和课外相结合,实践与课堂介绍展示并重。

续表

主题名称	主题十七　我是环保小卫士
主题内容	本主题将从关注生活垃圾、水——生命之源、我做环保小卫士三个小主题展开活动，让学生在实践活动中理解环保的重要意义，树立环保意识，从而养成保护环境的行为习惯。
主题目标	1. 了解垃圾的产生、分类、危害和回收处理等生活常识，知道节水用水的方法，初步形成关注并参与社会生活的意识。 2. 通过社会调查、方案设计、实践探究、总结交流等活动，初步掌握综合运用各科知识，收集、处理信息的能力，逐步养成分工协作、团结进取的合作意识，逐步形成一种积极的、主动的学习方式。 3. 懂得减少垃圾，节俭生活能源，热爱大自然、理解人与自然和谐发展的意义；自觉从身边小事开始，将环保意识转化为环保行动，争做一名优秀的环保小卫士。
活动过程	活动一：《关注生活垃圾》。确立关注生活垃圾研究主题；规划活动，拟定活动方案；垃圾的危害及垃圾的处理；变废为宝，资源的再利用。4 课时。 活动二：《水——生命之源》。制定“水——生命之源”课题研究方案；设计问卷，进行调查；交流展示成果(2 课时)。4 课时。 活动三：《我做环保小卫士》。节水海报设计；节约资源海报设计等；总结评价课。4 课时。
实施建议	1. 通过上网、走访调查、实施考察、自主探究、小组合作探究、成果展示等活动，认识人们日常生活中的环境问题，对垃圾的污染、各种资源浪费情况进行简单的调查，并分组搜集有关垃圾的资料，能对其分类处理，开展社会宣传活动，在不断的实践中养成从身边小事做起的习惯。激励他们积极参与环保实践活动，提高实践能力，增强环保意识和社会责任感。 2. 学生以小组为单位进行汇报，通过说一说、做一做、画一画等形式进行展示，重视学生节约资源、利用资源的亲力亲为性。 3. 评价时注重学生在活动过程中的主动参与，关注学生个体差异，注重评价激励性、多元性、开放性，在自我评价的基础上，尽可能采取小组讨论交流的形式，鼓励学生大胆发表意见和建议。

续表

主题名称	主题十八 走进娱乐体育
主题内容	本主题由武术是我们的国粹、蹴鞠的故事、中国棋类知多少三个小主题构成，让学生知道我国古代体育娱乐的方式，感受中华文化的源远流长。
活动目标	1.了解中国古代最常见且流行的四种体育娱乐方式——武术、蹴鞠、围棋和象棋的发展历史和故事，并简单学习其中的部分招式。 2.学会观察、访问、查阅文献、上网搜索等搜集资料的方法，提高探索问题和处理信息的意识和能力，并学会交流、评价、总结和提高自我学习的能力。 3.从娱乐体育发展的历史中感受到中华文化的博大精深，知道古人寓教于乐的道理，激发对祖国传统文化的热爱，体验小组合作学习、与人交流分享的乐趣，并能强身健体。
活动过程	活动一:《武术是我们的国粹》。活动开题、武术活动探究、成果汇报、学武术。4课时。 活动二:《蹴鞠的故事》。主题产生、交流汇报。2课时。 活动三:《中国棋类知多少》。主题产生、交流汇报、学习基本招式、棋类比赛。3课时。
实施建议	1.学生分组，搜集相关资料，从学生、家长和老师中找到会武术和棋类的人员，做好教授全体学生简单技能的准备，设计准备各种表格等材料。 2.学生分组通过开题、探究、交流评价、成果汇报等环节，对武术、蹴鞠、围棋和象棋的历史、故事进行了解，并学习娱乐体育简单的一些内容，如:跟着体育老师学几招武术和蹴鞠，找到懂围棋和象棋的学生、老师或家长为同学们提供一些简单的招式，能让全体学生掌握部分技能。为了使活动研究有序、有效地进行，教师对学生的研究过程做一些跟踪指导。 3.结合学生小组的全部活动，通过查一查、说一说、学一学、练一练等形式展现学生的风采，并由教师、家长、学生对学生的各环节进行评价。

表 4-3　　四年级主题活动实施建议

主题名称	主题一　吃的学问
主题内容	本主题包括:1.食物与营养;2.绿色饮食伴我行;3.我是厨房小达人。饮食是人类生存的基础,养成良好的饮食习惯是让学生受益终生的事情,在借助生活经验为基础,通过实验操作、收集资料等活动方式,借此深入探究食物的组成,为人类提供了哪些营养,体会自然界食物种类的纷繁多样。通过学生对食物的分类,让学生明白大自然为我们提供了丰富的食物;对营养的观察实验,学会检验食物中的营养成分;以及动手与动脑相结合,懂得合理饮食的重要性。了解珍惜食物,科学饮食,保持身体健康。
主题目标	1.通过调查、实验等学习方式,了解我们食物主要来自动物、植物、微生物等不同方面。了解人类需要哪些营养;大致包含在哪些食物中。 2.会查阅书刊及其他信息源了解饮食知识。 3.通过跟家人学习做菜等活动,体会到合理饮食、绿色饮食、保护环境、珍惜健康的重要。
活动过程	活动一:《食物与营养》。通过调查、实验等活动,了解食物,了解人类需要哪些营养。共 3 课时。 活动二:《绿色饮食伴我行》。查找收集资料,小组分组活动对收集的资料进行交流和整理,全班交流。3 课时。 活动三:《我是厨房小达人》。课下搜集要做的菜的方法,课上交流整理制定计划,根据活动计划做一道菜,班级评比。3 课时。
实施建议	1.学生调查、搜集饮食与健康、饮食与环保等相关的资料;提前做好一天饮食情况的记录。老师准备分组实验材料:酒精灯、瘦肉、馒头块、碘酒等。(提醒孩子们安全使用酒精灯) 2.四人小组分工合作,做好资料的搜集、整理和实验的记录,准备交流分享。 3.展示孩子们的整理的资料,在活动的过程中记录精彩的瞬间,评出方法整理优胜组和合作动手优胜组。在交流的过程中鼓励学生做力所能及的家务事。

续表

主题名称	主题二　水里的秘密
主题内容	本主题包括：1.水的变化；2.学做美味饮料；3.我们需要洁净的水。水能溶解物质的现象在生活中随处可见，但是学生在认识这一现象之后，会遇到和提出非常多关于水的变化的问题，通过水的变化这一主题的探究，能够满足学生的探究欲望，完善关于水的变化的探究结构。引导学生借助已有的生活经验，进行科学探究。让学生经历观察、实验、分析整理信息等探究过程，在探究过程中会发现问题，寻求解决问题的途径，积极合作交流，体验成功的乐趣，意识到人与自然和谐相处的重要性，尝试用学到的科学知识改善生活，进一步提高实验，搜集整理信息，分析实验数据的能力，为今后探究有关水的其他特征奠定基础。
主题目标	1.能够自己设计实验，探究水能溶解其他物质的特征。 2.通过实验探究和做一杯饮料的活动，探究如何加快物质溶解的方法。 3.通过搜集资料知道净化水的一般方法及自来水的形成过程，了解地球上水资源的状况。
活动过程	活动一：《水的变化》。第一阶段：各个小组根据问题设计活动方案。第二阶段：根据方案小组进行活动，在活动的基础上解决水能溶解哪些物质。共 2 课时。 活动二：《学做美味饮料》。第一阶段：设计做一杯饮料的活动方案。第二阶段通过活动解决怎样加快溶解。共 2 课时。 活动三：《我们需要洁净的水》。第一阶段：网络搜集资料了解自来水的形成过程。第二阶段：对了解到的知识小组内交流。第三阶段：实地参观自来水厂。第四阶段：利用各种形式谈谈收获和感受。第五阶段：网络了解目前我国和全世界水资源的状况。第六阶段：小组内整理交流。第七阶段：小组展示收获和感受。共 8 课时。
实施建议	1.老师准备水、烧杯、高锰酸钾等分组实验材料，学生准备做饮料的材料，搜集自来水的形成过程等资料。 2.四人小组提出猜想，设计实验方案并验证；配置饮料一课可以个人进行，组内互相品尝，提出建议。（提醒孩子们自备吸管.注意个人卫生） 3.孩子们展示本组的实验设计方案、实验记录、搜集整理的资料、调查报告，师生共同评价。特别是做饮料主题，让孩子们相互评价，评出最佳饮料奖、最佳品牌奖、最佳广告奖、健康饮品奖等，激发每个孩子的创造热情。 4.利用网络收集资料可以在微机室内进行。

续表

主题名称	主题三　走进植物的世界
主题内容	本主题包括：1.植物的身体；2.奇妙的根、茎；3.了不起的叶。本主题以植物为探究对象，从观察植物的六大器官到探究植物根、茎、叶的作用，再到对整个植物世界的初步感知，既承接了学生对周围常见植物探究的基本经验，又给学生深入探究植物世界的秘密搭建了一个平台，提供了知识和方法上的准备。在科学探究上，本单元从整体上遵循了从一般到特殊，由整体到部分认识事物的规律。从学生的日常生活经验入手，逐渐把学生带入了一个广阔的生命世界。
主题目标	1.通过观察认识植物的六大器官，通过实验和查阅资料知道根、茎、叶的作用，了解光合作用、蒸腾作用的概念及意义。 2.能用简单的工具对植物体进行定性和定量的观察，并能用图文表达；能设计实验研究植物根和茎的作用。 3.注意保护所观察的植物，懂得要珍爱生命。在探究中明白科学要尊重证据。
活动过程	活动一：《植物的身体》。第一阶段：通过对小组内所带植物进行观察，认识植物的六大器官。第二阶段：对光合作用的实验进行方案设计。第三阶段：小组合作进行光合作用的实验。共 3 课时。 活动二：《奇妙的根和茎》。第一阶段：在猜测结论的基础上小组合作利用网络查阅资料。第二阶段：利用自己喜欢的形式对结论进行总结和描述。第三阶段：组内交流评选出最佳作品后全班评比。共 3 课时。 活动三：《了不起的叶》。第一阶段：小组合作利用网络查阅资料，利用自己喜欢的形式对结论进行总结和描述。第二阶段：全班交流。第三阶段：与植物有关的情景剧。共 3 课时。
实施建议	1.动员学生采集各种小植物以备对根、茎、叶的观察实验，如香菜、葱、芹菜、萝卜、小草等；老师准备叶的光合作用和蒸腾作用的课件。 2.小组分工合作观察植物根茎叶，并做好记录，可以用手抄报或漫画的形式记录对植物生活的探究。 3.展示孩子们的实验设计方案、实验记录、手抄报、漫画等，评出各种活动的优胜者，重在参与活动的积极性和质量。 4.情景剧以小组为单位，选择一种植物用第一人称的方式介绍植物的相关知识。

续表

主题名称	主题四　谁的力量大
主题内容	本主题包括:1.空气的力量;2.水流的力量;3.创意小火箭。空气和水与人有着非常密切的关系,常常成为学生玩耍的对象,在玩耍中会发现很多有趣的现象,产生很多有趣的问题,因此,了解和认识空气和水的力量非常必要。这些目标的实现主要依靠学生在充分运用自己的已有知识.经验和信息的基础上,通过简单的思维加工,作出自己的解释或结论。
主题目标	1.通过一系列小实验,认识热空气会上升;了解压缩的空气有弹性.有反冲力的性质及应用;认识大气压力的存在及应用;认识水流有力量等。 2.能利用简单的器材进行热气球模拟实验、水流有力量的对比实验等。能制作有创意的小火箭,并能对自己或他人的作品提出改进意见。 3.在探究中体验惊奇和快乐,关心新科技、新发明对生活的重大影响;意识到要用学到的科学知识改善生活。
活动过程	活动一:《空气的力量》。第一阶段:通过观看各种热气球视频和图画激发学生的探究热情,在此基础上设计实验方案。第二阶段:小组合作按照方案进行实验,从而得出结论。共 2 课时。 活动二:《水流的力量》。第一阶段:通过生活中关于水流得的经验提出问题,根据问题设计出实验方案。第二阶段:通过小组合作实验得出结论。共 2 课时。 活动三:《创意小火箭》。第一阶段:根据所获得知识基础进行活动方案的设计,在汇报交流的基础上完善设计。第二阶段:小组动手共同制作小火箭。第三阶段:在校园操场上进行比赛。共 4 课时。
实施建议	1.老师准备塑料袋、酒精灯、水轮等分组实验材料;学生准备各种充气玩具,小火箭的制作材料,如饮料瓶、泡沫等。 2.重点指导小组合作设计实验,特别是水流有力量的对比实验,加深对对比实验的理解,做好记录。由于材料的特殊性,建议瓶吞鸡蛋的实验老师进行演示。 3.展示实验设计方案,师生在评价的过程中逐步完善设计方案。注意实验材料的安全性。 4.创意小火箭评出优胜小组等。

续表

主题名称	主题五　神秘的热传递
主题内容	本主题包括:1.物体变热了;2.它们会生热吗;3.谁热得快;4.充分利用太阳的热。冷和热是生活中常见的现象,学生对热有丰富的生活体验,但却没有深入的研究,这个单元就是要引导学生对生活中的冷热现象进行探究,让他们在一个个亲历活动中感受身边的科学,品尝成功的喜悦,发现科学的真谛。通过学生的猜想和假设,对比实验,观察研究及动手制作活动,使学生对太阳能的利用建立初学认识。
主题目标	1.通过实验,知道热传导、热对流、热辐射的传递方式及应用;了解保温和散热材料的性质与用途;知道不同颜色的物体吸收太阳光的能力不同。知道太阳和人类的关系等。 2.会做热传导和热对流的实验;会用实验的方法来验证棉被、棉衣是否生热;能用温度计对阳光下不同颜色的物体温度变化进行定量观察,采集数据。 3.通过用温度计的对比实验,体验到借助工具比感官更准确。通过太阳能热水器的学习,意识到用学到的知识改善生活的重要。
活动过程	活动一:《物体变热了》。第一阶段:通过生活经验提出问题,师生共同设计活动方案。第二阶段:小组进行实验操作,记录实验过程和结果。共2课时。 活动二:《它们会生热吗》。第一阶段:设计验证棉衣、棉被是否生热的实验方案。第二阶段:小组合作进行实验得出结论。共2课时。 活动三:《谁热得快》。第一阶段根据问题设计对比实验方案。第二阶段:小组合作进行水热得快的对比实验得出结论。共2课时。 活动四:《充分利用太阳的热》。第一阶段:小组合作设计太阳能的观察方案。第二阶段:通过查找资料、采访出售太阳能的工作人员、亲自观察等方式了解太阳能的工作原理。第三阶段:汇报自己小组的收获。第四阶段:设计一款太阳能——(内容不限)。共4课时。
实施建议	1.老师准备烧杯、水等分组实验材料和课件。学生搜集、调查热的传导方式、太阳能的使用情况等相关资料。 2.小组合作设计实验方案,讨论修正方案,分工合作验证猜测并做好实验记录,准备汇报交流。 3.分组汇报实验报告、整理的资料,师生共同评选出实验探究优生组、调查研究优胜组、资料整理优胜组等,重在评价学生在探究经历中的收获。 4.为了开拓学生的想象空间,设计活动对于不受现实制约、大胆想象的学生进行大力的表扬和鼓励。

续表

主题名称	主题六　神奇的热与冷
主题内容	本主题包括:1.液体、气体里的秘密;2.固体里的秘密。本单元两课之间有密切的联系,《温度计的秘密》引导学生认识液体气体、固体的热胀冷缩的原理,并应用于生活。通过每一个探究活动,让学生经历科学探究的过程,认识到科学、技术与社会的融合,意识到可以利用科学知识解决生活中的问题,改善人们生活。
主题目标	1.了解通过加热或冷却可使物体的形状或大小发生变化,列举常见的热胀冷缩现象。 2.能针对生活中气体或固体热胀冷缩的现象提出想知道的问题;能用简单的器材做探究液体热胀冷缩的观察实验,并作实验记录。 3.尊重证据,愿意合作与交流;乐于用学到的科学知识改善生活。
活动过程	活动一:《液体、气体里的秘密》。第一阶段:在提出问题确定主题基础上设计活动方案。第二阶段:依据活动方案进行活动得出结论,用自己喜欢的方式进行记录。共2课时。 活动二:《固体里的秘密》。第一阶:段视频引出本主题,师生共同设计实验方案。第二阶段:通过演示实验得出结论。共2课时。
实施建议	1.小组在共同讨论中确定研究主题,可以进行液体的研究,也可以进行气体的研究。 2.固体的热胀冷缩实验对于学生来说比较危险,建议教师演示,多媒体辅助教学。 3.实验方案的设计建议作为重点进行指导。

续表

主题名称	主题七　岩石的学问
主题内容	本主题包括:1.岩石里的秘密;2.生活中的百变岩石。四课之间以“石头”为中心揭示了进行“真实”问题学习的认识过程,让学生在尝试解决这些“真实”问题的过程中学习科学知识,形成科学技能和态度。同时指导学生用各种方式认识岩石、了解岩石。
主题目标	1.在观察制作中进一步了解岩石的特征和种类;能用相关的分类标准给岩石分类。 2.能用简单的工具对岩石进行比较细致的观察、研究,能用语言或图画描述所观察事物的形态特征。能用简单器材进行风化作用的模拟实验。学会搜集和整理信息,能够查阅岩石方面的有关资料。 3.体验科学探究中证据、逻辑推理的重要性,意识到科学探究要尊重证据,愿意合作与交流。意识到人与自然要和谐相处。
活动过程	活动一:《岩石里的秘密》。第一阶段:五彩的岩石,通过网络查找认识岩石。第二阶段:采集岩石制作标本。第三阶段:查找资料制作电子画报的形式了解岩石的变迁。共6课时。 活动二:《生活中的百变岩石》。第一阶段:小组利用照相机收集生活中岩石的使用,制作成幻灯片。第二阶段:课堂展示。共2课时。
实施建议	1.小组利用网络认识收集岩石的图片,要在图片的下面进行简单的备注。 2.通过展示岩石标本的过程,完善自己小组的岩石标本。建议给学生留充分的修改完善的时间。 3.利用照相机收集生活中的使用岩石的图片,制作成幻灯片的过程放在两周进行,留下周末的时间充分观察活动制作后进行展示。

续表

主题名称	主题八 走进土壤世界
主题内容	本主题包括1.土壤里的秘密；2.植物喜欢的土壤；3.土壤的保护。小学生在平日对身边的科学现象已有一定的观察和体验，对土壤与植物的关系也有丰富的体验。因此进行本单元探究活动应以小学生的生活经验为基础，并充分利用已有的生活与知识经验，尽力选择学生感兴趣的探究活动来丰富、提高学生的科学知识探究能力。
主题目标	1.了解土壤的构成，知道水、阳光、空气、温度、肥料等对植物生长的影响。 2.能用简单器材做简单的观察实验，并做实验记录；会查阅书刊及其他信息源；能选择自己擅长的方式表达研究过程和结果。能应用已有的知识和经验对各种土壤对植物生长的影响作假设性解释；能提出进行探究活动的大致思路，并作书面计划。 3.了解我国特别是山东省耕地的基本情况，了解废旧电池对环境和人类造成的巨大危害。意识到环保的重要，参与到废旧电池的回收利用的长期活动中，具有社会责任感。意识到人与自然要和谐相处，珍爱生命。
活动过程	活动一：《土壤里的秘密》。第一阶段：根据主题设计活动方案。第二阶段：通过观察和资料收集了解土壤的秘密。第三阶段：在交流的过程中深度了解土壤的秘密。共3课时。 活动二：《植物喜欢的土壤》。第一阶段：根据生活经验在交流的过程中了解土壤的分类。第二阶段：小组商讨确定要研究的土壤种类，通过网络查找资料，整理出所研究的土壤与植物关系的相关知识。第三阶段：根据土壤种类的不同进行汇报。共3课时。 活动三：《土壤的保护》。第一阶段：对课前查阅资料进行小组内汇总整理。第二阶段：设计“保护土壤”主题宣传活动的策划。第三阶段：开展走出校园宣传“保护土壤”活动。共3课时。
实施建议	1.土壤的分类建议引导学生在肉眼观察的基础上借住工具进行观察。 2.鼓励学生在植物与土壤相互影响的知识上提出假设性的猜想。 3.对于土壤保护的宣传，可以选择设计精美全面的资料，印刷后带领学生走向校园以外，进行保护土壤的宣传活动。

续表

主题名称	主题九　光的秘密
主题内容	本主题包括:1.会变魔术的光;2.生活中的光。学生生活在光的世界里,许多同学对一些因光而产生的现象产生过无限遐想。光如何传播?镜子为什么反光?筷子为什么变折?等等,学生的脑子中会产生很多疑问。从生活经验出发,通过实验、实践体验理解这些问题,会大大激发他们对本单元的探究兴趣。
主题目标	1.了解光的直线传播现象,了解平面镜或放大镜可以改变光的传播路线。知道光是有颜色的。了解日光的色散现象。了解光污染的来源、危害和防止方法。 2.能对光的传播方式作出假设性解释;能够用图画、语言对不同种类镜子的成像现象做出合理解释;能设计实验探究多个平面镜会聚太阳光后,会使温度升高的现象。能运用光的折射知识对生活中一些现象作出解释。能用简单的器材做简单的模拟实验。 3.乐于用学到的知识改善生活;关注与科学有关的社会问题;意识到科学技术会跟人类带来好处,也可能产生负面影响。
活动过程	活动一:《会变魔术的光》。第一阶段:根据在生活中对太阳、蜡烛的观察,了解神奇的光源。第二阶段:镜子里的探究镜子里的秘密,感受光的传播路线。第三阶段:探究水里的光。第四阶段:研究彩虹的秘密。第五阶段:通过制作陀螺探究光的分散于合成。共9课时。 活动二:《生活中的光》。第一阶段:根据主题设计调查活动方案。第二阶段:在小组内汇报整理生活中的光的调查报告。第三阶段:全班交流生活中的光。共3课时。
实施建议	1.在进行光源、反射、折射的小实验的活动中,建议让学生充分动手,在活动的过程中找到答案,并用自己的语言描述观察结果。 2.生活中光污染是一个对生活影响很大的却又容易被忽视的部分,建议学生在活动的过程中注意安全,提高自我保护能力。

续表

主题名称	主题十　走进地球
主题内容	本主题包括:1.我们生活的地球;2.隐藏在地球里的秘密;3.地球,人类共同的家园。虽然小学生对自己居住的地球有一定的认识,但对于地球的形状、大小、概貌、地球引力等新的知识领域的探究相对困难些,这也正是需要学习研究的课题。通过本单元的学习,可以使学生更好地了解地球,掌握探究的方法,提高获取知识的能力,用科学的方式去探究地球,揭示未知的奥秘。
主题目标	1.了解地球的形状及人们对地球形状的认识过程;了解地球地形、地貌状况,会选择自己擅长的方式(如语言、图画)定性描述物体的位置。解地球表面是在不断变化的,认识到各种自然力量对地表改变的影响。知道石油是种宝贵资源,了解石油在当今世界经济中的重要作用。 2.能通过对周围自然事物的观察,提出感兴趣的问题;能提出探究活动的大致思路,能用测力计对物体进行测量观察,采集数据,并进行简单记录。 3.注意保护所观察的植物,意识到人和自然要和谐相处,懂得要珍爱生命。意识到节约利用石油资源的重要性。
活动过程	活动一:《我们生活的地球》。第一阶段:利用查阅资料的方法对古今地球进行探秘。第二阶段:观看视频探究神奇的地表。共 4 课时。 活动二:《隐藏在地球里的秘密》。第一阶段:利用提出问题、猜测答案、验证猜测的方式探究苹果落地的秘密。第二阶段:巧手测重力。共 5 课时。 活动三:《地球,人类共同的家园》。第一阶段:资料收集地球环境的相关知识。第二阶段:制作爱护地球的宣传画报。第三阶段:评选优秀作品在学校报栏中张贴。共 3 课时。
实施建议	1.学生搜集有关地球的资料以及苹果落地的现象,准备做测力计的材料。老师贮备,地图、地球仪、学校平面图、测力计等。 2.小组讨论交流麦哲伦船队航行的过程和路线,然后进行分组验证猜想,证明地心引力,分组使用测力计。 3.制作宣传画报在汇报交流评选中完善,部分优秀作品在学校报栏中张贴,鼓励学生把自己的观点理念向其他同学宣传。

续表

主题名称	主题十一　消费与生活
主题内容	本主题包括《我去超市购物》《做聪明的消费者》《走进农贸市场》《快乐理财》《方便带给我们什么》五部分内容。通过学习，首先让学生知道生活需要消费，消费需要一定的经济收入来维持，而家庭的经济收入是来之不易的，要学会合理消费，养成有责任心、勤俭节约的良好品质。其次，让学生调查本地的一些购物场所。最后，通过购物及模拟活动，让学生学会选购商品的初步知识，具备初步的消费者自我保护意识，做一个文明的小顾客，做聪明的小顾客。教学方式主要以学生的探究性学习为主，目的是通过这些活动让学获取消费的初步感受，树立合理的消费意识和理念。
主题目标	1.学习选购商品的初步知识，了解商品的价格和最基本的消费知识，认识和了解生活中一次性用品使用和处理情况。 2.初步学习实地调查的方法；在实践过程中，学会带着问题研究的方法，形成在走访调查的过程中发现问题和解决问题的能力；初步养成运用多种方法搜集和处理信息的能力。能独立的购买简单物品，文明购物。 3.树立合理的消费意识，具有初步的消费者的保护意识，具有关注生活、关注社会的责任意识，形成环境保护的观念，提倡低碳生活。
活动过程	活动一:《我去超市购物》。阶段一:叙述猜购物场所，模拟商品买卖活动；阶段二:尝试新颖的购物方式，绘画未来的购物场所；阶段三:实践活动调查“超市的秘密”。5课时。 活动二:《做聪明的消费者》。阶段一:交流购物经验和模拟购物；阶段二:“做聪明的消费者”闯关游戏。2课时。 活动三:《走进农贸市场》。阶段一:实践活动“我是小小调查员”；阶段二:“我是小小采购员”“我是小小售货员”。2课时。 活动四:《快乐理财》。阶段一:理财知识小调查，小鬼当家学理财，学习使用储蓄卡；阶段二:学会使用零花钱；阶段三:体验赚钱谈感受。3课时。 活动五:《方便带给我们什么》。阶段一:调查一次性用品的使用情况；阶段二:废物利用制成手工艺品；阶段三:倡议书、走进社区等方式宣传；阶段四:“你丢我捡”活动。4课时。
实施建议	1.根据研究内容，以学习小组为单位，研究活动步骤与方法，制定活动计划。 2.各学习小组通过超市、小卖店、农贸市场实地调查、访问、模拟购物或尝试实际购物，学习选择合适的购物场所进行购买商品。 3.结合自己家的实际情况，通过劳动，如卖报、送奶，在小卖部帮忙等劳动实践获得几元钱的收入，体验劳动的甘苦，写出心得体会，交流消费感受和经验，建立消费意识。 4.通过活动方案设计的评价、搜集整理数据的评价、成果汇报的评价、参与活动情况的评价、采访、实地调查、环保创意、环保小制作、倡议书、展板、手抄报、宣传标语、走进社区宣传等多元方式进行评价。

续表

主题名称	主题十二　走进多彩的民俗
主题内容	本主题包括《中外节日我知道》《欢欢喜喜过春节》《（选修）包饺子》《（选修）月饼制作》《（选修）学编中国结》五个方面的内容。各地的文化不同，风土人情、习俗均各有特色，重视根据和利用当地的课程资源，善于捕捉有代表性的事物，充实教材内容，引起学生的关注和探究的兴趣。一方面学生从根植于民间的家乡文化和风俗中理解和认识祖国文化的丰富性和多样性，从中汲取营养；另一方面，学生进一步发现问题，特别是对一些低俗文化、封建迷信，提高识别能力。另外学生通过探究节日的习俗，感受到人们在节日中享受到的快乐，激发学生热爱生活、热爱祖国的情感。
主题目标	1. 了解不同民族和世界各地不同文化背景下人们的生活习惯和风土人情，理解和尊重不同民族的文化，体会其对人民生活的影响。 2. 小组合作通过体验性、实践性的活动一起感受节日气氛。增强动手实践能力。 3. 感受节日快乐，尊重文化的多样性，初步具有开放的国际意识。
活动过程	活动一：《中外节日我知道》。阶段一：根据感兴趣节日自由组合小组，了解相关节日习俗；阶段二："跟我一起来过节"，小组合作以体验身穿不同民族、地域服装一起唱歌、跳舞、讲故事、画画等方式邀请大家过节。6 课时。 活动二：《欢欢喜喜过春节》。阶段一：根据感兴趣的过节形式自由组合小组；阶段二：借助音乐、视频等营造氛围，实物展示或现场制作春联、年画、福字、窗花、猜灯谜等方式一起体验过春节。3 课时。 活动三：《（选修）包饺子》。在家长或老师帮助下动手制作，学习包饺子的基本方法。2 课时。 活动四：《（选修）月饼制作》。在专业人士或教师指导下动手实践制作月饼。2 课时。 活动五：《（选修）学编中国结》。动手编织中国结。2 课时。
实施建议	1. 注重过程性的参与体验和感受。对相同民族或异国节日感兴趣的学生自由组合小组，在广泛搜集相关节日资料的基础上，以大量体验性、有创意的形式如身穿不同民族、地域服装一起唱歌、跳舞、讲故事、画画等丰富多彩方式召开"节日庆祝大会"，邀请大家一起过节。 2. 自由组合小组搜集信息了解春节节日习俗，小组尝试借助多媒体资源和设计实践性的全班同学一起参与的活动如剪窗花、猜灯谜等体验性活动感受节日气氛。 3. 动手实践活动：包饺子、制作月饼、编中国结等是选修内容，可根据条件，积极拓展家长资源共同完成。

续表

主题名称	主题十三　与安全同行
主题内容	本主题包括《上学路上保安全》《急救常识知多少》和《突发事件巧应对》三个方面的内容。学生经过一个阶段的成长，社会活动范围慢慢扩大，学生在生活中往往会遇到一些意想不到的事情。家长、学校、社会也一直关注孩子安全的成长，“与安全同行”这一主题的设计是在学生在已有的安全常识的基础上，进一步深化理解，系统地掌握一些面对突发事件的自护自救本领，为他们今后更好生活奠定坚实的基础，养成珍爱生命，热爱生活的态度
主题目标	1.了解本地区交通情况，知道有关的交通常识，自觉遵守交通法规，维护交通安全；了解在灾害面前自护与互助的方法。 2.继续养成通过多种方式搜集整理信息、提炼归纳主要观点的能力，通过实践性的模拟体验活动掌握相关技能。 3.感受交通在人们生活中的重要性；初步养成珍爱生命，热爱生活的态度。
活动过程	活动一:《上学路上保安全》。阶段一:调查了解本地区交通情况；阶段二:交通标志运用比赛，争当合格小交警；阶段三:交通事故探究报告会；阶段四:我做交通安全宣传员。5课时。 活动二:《急救常识知多少》。阶段一:身边的意外伤害急救交流会；阶段二:我是急救小卫士。5课时。 活动三:《突发事件巧应对》。阶段一:突发事件有什么；阶段二:我是自救小能手；阶段三:模拟情境演练逃生自救。5课时。
实施建议	1.搜集各种交通标志，通过“争当合格小交警”“新手上路”了解交通警察的手势信号、认识交通标志。通过展示“不遵守交通规则的情景”和“车祸数据统计”，结合自己身边的车祸案例，深刻认识到交通安全的重要性。 2.设置危急时刻的情景(大自然中的自然灾害，如洪水、地震、龙卷)情境，模拟演习突发事件中的自救自护(可以模拟在家中、在学校、在商场几种情景)，在实践性的活动体验中掌握自护自救技能。 3.以情景剧等体验性展示形式或走出课堂走近公共场所、社区以社区板报、倡议书、宣传画等形式进行宣传交通安全、突发事件的自护自救的知识。

续表

主题名称	主题十四　我和规则交朋友
主题内容	本主题包括《规则在哪里》《我是守规则的小学生》《我做小小普法员》三个方面的内容。规则与现代社会人们的生活有着非常密切的关系，一个有序的社会必定是人人具有强烈的规则意识，遵守规则既是一个人讲社会公德的基本表现，更是一个公民的基本素养之一，人们是否具有规则意识，在一定意义上表现了社会的文明程度。人的规则意识的形成应当从小抓起。本主题针对四年级儿童的特点，侧重从学生自身生活密切相关的规则入手，学生在体验、观察和对比中认识规则的意义，提高遵守规则的自觉性。在感受规则与生活的关系同时，把自觉遵守规则内化为自身需求。
主题目标	1.体验规则与人们生活的密切关系，了解与自身生活相关的规则与有关的法律、法规等，感受集体生活中规则的作用，初步懂得规则、法律对于社会公共生活的重要性。 2.能够控制自己的行为，遵守活动规则和学校纪律，养成文明有教养的习惯。 3.初步形成规则意识和法制观念，能够反思自己在生活中是否做到遵守规则、养成自律意识。
活动过程	活动一：《规则在哪里》。阶段一：游戏体验规则必要性；阶段二：寻找生活中规则；阶段三：规则在这里交流会。3 课时。 活动二：《我是守规则的小学生》。阶段一：杯子传水游戏体验假如没有规则；阶段二：规则作用大交流会；阶段三：我为星级班级定规则，实践活动为小区定规则；阶段四行动践行规则。6 课时。 活动三：《我做小小普法员》。阶段一：普法宣传交流会；阶段二：模拟法庭。5 课时。
实施建议	1.通过体验活动“大家一起做游戏”，调动已有生活经验观察、采访、搜集有关资料等方式找找身边的规则，感受规则与人们生活的密切关系，了解与自身生活相关的规则。 2.通过探究没有规则会怎样、规则有什么用、讲故事比赛等进一步自我检视了解生活中规则，交流讨论感受、启发，反思自己日常行为。 3.通过搜集我们身边的法、模拟法庭、我做小小普法员等体验实践活动初步形成法制观念，懂得用法律保护自己。

续表

主题名称	主题十五　健康生活，快乐成长
主题内容	本主题包括《热爱生命，礼赞健康》《守卫健康，远离健康杀手》《营养早餐伴我成长》三个方面的内容。生命是可贵的，健康的生命构成生机勃勃，多姿多彩，美丽的大世界。然而这些美好的画面之所以动人，是以珍爱生命，敬畏生命，保持健康为前提的。然而生活中有真、善、美，当然也有丑恶的一面，特别是不健康的事物对儿童的负面影响是很大的，学生正确处理、分辨、认识并抵制这些诱惑、远离健康杀手具有积极的意义。认识到健康对自身的重要性以及生活中有害于健康的行为，在此基础上反思并矫正自己的行为，实现健康生活的良好愿望需要自身的努力，不断地调整自己的生活方式使自己的生活更科学，为自己和他人改正不良习惯。通过本主题形成珍惜生命，敬畏生命，全面认识健康的概念，保持健康的良好习惯。
主题目标	1.感受生命的美好，了解身体健康与心理健康的重要性，了解危害我们健康的事物和行为，初步掌握维护身体健康的知识。初步掌握早餐的分类，知道科学营养早餐有利于健康。 2.初步学习使用调查问卷收集信息的能力，继续提高搜集和运用信息的能力。能够初步认识自我，控制自己的情绪和行为，养成良好的生活和行为习惯，养成良好饮食规律。 3.具有热爱生命、热爱生活、热爱科学的积极态度，初步养成有责任心，自觉抵制危害健康事物的能力素质。
活动过程	活动一：《热爱生命，礼赞健康》。阶段一：饲养小动物或种植植物过程记录日记；阶段二：对自己和家人进行健康小调查；阶段三：热爱生命和健康资料故事交流会。5课时。 活动二：《守卫健康，远离健康杀手》。阶段一：根据感兴趣的健康问题自由组合小组；阶段二：初步学习用调查问卷方式调查身边这一健康问题情况；阶段三：初步分析综合调查情况；阶段四：分析原因及纠正方法交流会；阶段五：我是健康小卫士。6课时。 活动三：《营养早餐伴我成长》。阶段一：在社区、家庭、学校进行调查访问早餐情况时限一星期内；阶段二：统计结果提出意见形成简单报告；阶段三：动手实践为家人做早饭，做“小营养师”。2课时。
实施建议	1.通过调查了解任意小生命的成长过程，搜集健康标准、疾病给人带来痛苦事例、身残志坚事例，对自己和家人进行健康小调查，课外拓展饲养小动物或种植植物等感受生命美好，交流反思健康重要性。 2.学生以小组为单位选择搜集整理会对健康造成危害的行为，分析产生原因以及纠正方法，共同交流探讨解决方式。（肥胖、近视、吸烟、电脑游戏、喝酒、迷信、吸毒等），课内排演情景剧宣传健康生活方式。 3.学生以小组为单位调查、搜集健康生活方式与良好生活习惯、保证健康的措施、如何让家人更长寿的资料，整理资料形成自己观点，自身努力不断地调整自己的生活方式使自己的生活更科学，为自己和他人改正不良习惯。 4.以去公共场所发放调查问卷的实践行动或宣传画、倡议书、等方式宣传抵制危害健康事物，养成健康生活方式。 5.动手做早餐，配置一些科学、合理、有营养的早餐菜谱，做一名“小营养师”。

续表

主题名称	主题十六　交通让世界更亲近
主题内容	本主题包括《古今交通大发展》《我的旅行我做主》《我做交通设计师》三个方面的内容。我们伟大的祖国是一个疆域辽阔的国家，有着发展水、陆、空交通的优越条件。几千年来，中华民族用聪明才智和辛勤劳动写下了陆路交通的悠久历史，开创了水陆交通及航空的光辉历程，谱写出交通史上壮丽的篇章。交通运输的发展给人们的经济、生活、文化带来了方便，同时交通发展也带来了许多问题。但是交通发展促进了人类文明的进程，我们的生活已离不开交通运输，我们不能因为有问题就不发展交通，我们只能想办法解决和减少交通问题，让交通运输更好发展。学生通过本主题了解交通运输的发展状况及交通运输在生活中的重要作用，面对交通问题具有环保意识，尝试规划出行和遇到问题自护自救。
主题目标	1.了解交通运输的发展状况及交通运输在生活中的重要作用，学看交通图，了解我国的交通运输网，关注交通发展带来的问题。 2.养成搜集、整理和运用信息的能力，外出旅行具有规划出行、会看旅游图、初步的安全意识和自护自救能力。 3.感受现代交通运输在人们生活中的重要价值，面对交通问题具有环保意识，合理有创意地去解决问题。
活动过程	活动一:《古今交通大发展》。第一阶段:“从马车到飞机”古今交通发展交流会;第二阶段:采访实地调查商场、医院、社区等给人们生活带来哪些便利;第三阶段:成果汇报会。5 课时。 活动二:《我的旅行我做主》。第一阶段:旅游经验交流大会;第二阶段:制定外出旅游体验计划;第三阶段:模拟旅游。5 课时。 活动三:《我做交通设计师》。第一阶段:实地调查、采访洪家楼附近的交通问题;第二阶段:搜集相关资料交流讨论问题及原因和办法等;第三阶段:我做小小设计师。5 课时。
实施建议	1.学生以小组为单位通过调查采访及搜集资料，交流古今交通发展变革、现代交通对经济文化等方面影响，感受现代交通运输在人们生活中的重要价值。 2.通过模拟外出旅游体验计划制定、看旅游图选择线路，了解出门在外注意事项等，具有初步的安全意识和自护自救能力。 3.通过调查采访、生活经验及搜集资料，交流交通发展带来的问题，分析其中的原因，调查解决交通问题的办法，发挥想象力和创意，做小小设计师提出解决方案、画设计图。

续表

主题名称	主题十七　巡礼中华之美
主题内容	本主题包括《美哉我中华建筑》《美哉我仁爱于友邦》《美哉我中华古器》三个方面的内容。在古老的中华大地上，耸立着多座保存完好的古建筑，它们的故事精彩动人，或镌刻着一段历史，或记录着一个人物，或闪现着一种精神。中国自古就有与外界保持友好交往的优良传统，不同于西方国家疯狂掠夺他国进行资本原始积累的历史过程，中国向他国表达着友好交往的意愿，播仁爱于友邦。中华古器浸润着光辉灿烂华夏文明的中国传统工艺，已经成为我国乃至世界优秀文化遗产的重要组成部分。学生通过本主题做一次中华之建筑之美、文化交流之美、器物之美的巡礼。
主题目标	1.了解中华古建筑，进一步了解相关传说、历史故事、古诗词；了解中国古时候与外界保持友好往来的几次重大历史事件；了解中国古代丰富多彩的传统工艺创造的精美绝伦的各式古器。 2.继续养成搜集、整理和运用信息的能力，提高表达汇报感染能力。 3.感受古代建筑之美、文化交流中的仁爱精神之美、古器之美，感受古代劳动人民的智慧，对传统文化具有探索的兴趣、热爱的思想感情。
活动过程	活动一：《美哉我中华建筑》。阶段一：实地调查、访问了解当地古建筑；阶段二：我当小导游；阶段三：评选金牌导游。5课时。 活动二：《美哉我仁爱于友邦》。阶段一：交流古代对外友好交流的重大事件；阶段二：交流感受，感悟对世界文明进程的积极影响。5课时。 活动三：《美哉我中华古器》。阶段一：根据兴趣自由组合小组搜集相关古器资料；阶段二：巡美中华古器交流会；阶段三：我是小小陶艺家。5课时。
实施建议	1.组织学生实地感受济南神通寺、灵隐寺内古建筑群；开展“我当小导游”活动，学生以小组为单位搜集整理分析资料，如相关图片、简介、传说、历史故事、古诗词等，制作幻灯片、写导游词等交流感受中华古建筑之美。 2.通过相关历史图片、历史故事、影视剧片段、古诗词等，制作手抄报、幻灯片、排演历史剧等深化认识中国古代的对外友好交流；不局限于四次事件，学生可继续拓展感兴趣的古代对外交流。 3.通过了解相关古器发展历史、用途、分类、特点等，搜集代表性的图片、历史故事传说、成语、古诗词等，制作手抄报、幻灯片、实际制作陶器等深入交流感受传统工艺品的魅力，增强探究传统文化的兴趣。

表 4-4 五年级主题活动实施建议

主题名称	主题一 地球探秘
主题内容	本主题是在学生原有的生活、知识经验的基础上，引导学生对地球内部的构造、火山和地震现象、卵石的形成、地球上各种各样的矿物以及地表的变化等内容进行探究活动。本主题中将“地球”与“我们”相联系，是通过暗含其中的人文色彩，带给学生们关于地球问题的更多思索：地球是我们人类的家园，我们应该怎样对待它——以唤起学生的责任感，唤起他们的保护意识。
主题目标	1. 通过搜集资料知道地球的内部有什么。了解地球的内部构造；了解地球内部活动引起的火山、地震现象；认识地震的危害、防震知识；知道主要的矿产资源煤、石油等的成因，了解山东省主要矿产资源；了解自然及人类活动对地表改变的影响。 2. 能对地球内部和地表的变化提出问题并进行大胆猜测；会用简单器材做火山喷发、地震、卵石形成的模拟实验；并能运用自己擅长的方式表述研究过程和结果。 3. 意识到人与自然要和谐相处，珍惜资源，关爱地球家园。
活动过程	活动一：《探寻地球内部的秘密》。第一阶段：孩子们交流已有经验，并提出相关问题；第二阶段：搜集资料了解地球内部的秘密，如火山、地震等；第三阶段：交流展示他们搜集并整理的相关资料；第四阶段：小组合作通过模拟实验证明火山和地震的成因。5 课时。 活动二：《丰富的地球矿产资源》。第一阶段：学习制定溶洞考察方案；第二阶段：让孩子们去溶洞实地旅游考察，认识溶洞的成因，感受溶洞的神奇；第三阶段：让孩子们交流认识地球主要的矿产资源，了解山东省主要矿产资源。4 课时。 活动三：《地表变化知多少》。第一阶段：搜集卵石，交流对地表变化的已有认知；第二阶段：通过视频等再现卵石的成因和地表的变化；第三阶段：小组合作想办法做一块卵石。3 课时。
实施建议	1. 要重视学生对原有生活、知识经验的积累和交流，养成关注身边科学的好习惯。 2. 动员孩子们都能积极参与各项探究活动中来，如考察方案设计、资料搜集、实验操作等，在活动中能团结协作，经历一个快乐充实的探究过程，并能通过各种擅长的方式呈现出来，如幻灯片、视频、手抄报、绘画、文字、表格等问题交流、梳理，确定本组研究主题。 3. 活动方式可以多让孩子们小组分工合作、自主探究，时间、空间上也要具有开放性，如可以在课下也可以在课上，可以在家里、教室、实验室、微机室探究学习，也可以去外地考察。

续表

主题名称	主题二　走进奇妙的声音世界
主题内容	本主题以声音为研究对象，通过让学生经历各种探究活动，理解声音是由于物体的振动产生的，声音的传播要通过一定的物质，能区分噪声和乐声，认识噪声的危害和防治。本主题的科学探究主要是引导学生体验科学探究中证据、逻辑推理及运用想象建立假设和理解的重要性，学会应用已有的知识和经验对所观察到的现象作假设性的理解并提出探究活动的大致思路。让学生养成想知道、爱提问、愿合作与交流、乐于用学到的知识改善生活的情感态度。
主题目标	1. 通过合作探究，知道声音是由物体的振动产生的；知道声音有大小与高低的不同；知道液体、固体和气体都能传播声音。通过搜集资料了解自然界存在超声波、次声波等人耳听不到的声音；认识耳朵的内部构造及其各部分在传递声音中的作用。通过体验了解什么是噪声及污染源，意识到噪声是目前城市四大公害之一，熟悉减少噪声危害的途径与措施。 2. 能对"声音"提出各种问题，并大胆猜想，会应用多种科学的方法来验证，如实验、查资料、调查；能小组合作写出自己的研究或调查报告。 3. 意识到噪声的危害，要从自身做起，减少噪声污染，养成保护环境的良好习惯；意识到科学技术的两面性。
活动过程	活动一：《声音产生了》。猜测声音产生的原因——小组合作设计并完善实验方案——实验证明并记录实验现象——交流梳理形成结论。2课时。 活动二：《声音快递员》。第一阶段：让孩子们交流已有知识，谁能传播声音？怎样听到声音？第二阶段：通过实验探究谁能传播声音，通过视频认识我们耳朵的结构及怎样传播声音的。3课时。 活动三：《各种各样的声音》。第一阶段：根据已有经验交流声音的不同，认识到声音有大小与高低的不同；第二阶段：认识超声波与次声波区别及应用。1课时。 活动四：《寻找噪声去》。第一阶段：能小组合作制定自己的实验、调查方案；第二阶段：小组合作进行实地考察，并会撰写研究或调查报告，提出消除噪音的合理化建议；第三阶段：汇报展示调查结果。3课时。
实施建议	1. 学生能小组以分工合作探究的方式设计声音产生及传播实验方案、会应用多种科学的方法来验证，如实验、查资料、调查；能小组合作制定自己的实验、调查方案，并实地调查，会撰写研究或调查报告。 2. 寻找噪声课外进行，可调查校内噪音，也可调查校外噪音，嘱咐孩子们一定要注意安全。 3. 为了调动孩子们的积极性，分组汇报实验报告时，师生应共同评选出实验探究优生组、调查研究优胜组等。

续表

主题名称	主题三　神秘的秋冬星空
主题内容	本主题与下册的“春夏星空”共同组成了观察研究星空的系列课。我们将利用一年的时间对四季星空进行长期的观察和研究，知道四季星空的主要代表星座，初步发现星座的变化规律，让学生乐于参与中长期科学探究活动，经历科学探究的过程。
主题目标	1. 通过观察星空认识秋季里的北斗七星在天空中的位置。认识冬季的代表星座——猎户座。 2. 能小组合作制定观察星空的计划，能用图画描述出北斗七星及猎户座的形态特征并能对其变化规律进行预测。 3. 通过长期的观察活动，提高记录、分析资料并对科学现象进行科学解释的能力，同时体验观察星空活动的乐趣。
活动过程	活动一：《揭开秋季星空之谜》。第一阶段：学生提前进行秋季星空的观察，搜集相关资料。第二阶段：交流发现。第三阶段：通过星盘，观察秋季重点星座大熊座、仙后座并画出它们不同日期同一时间的位置变化，找出其变化规律。2 课时。 活动二：《揭开冬季星空之谜》。第一阶段：学生提前进行冬季星空的观察，搜集相关资料。第二阶段：交流发现。第三阶段：通过星盘，观察冬季重点星座大熊座、猎户座并画出它们不同日期同一时间的位置变化，找出其变化规律。2 课时。
实施建议	1. 最好让孩子们提前观察秋冬星空及显著星座，市区的夜空不明显，可以利用去农村的机会好好观察并做好记录，老师应准备四季星盘、秋冬星空课件，学生搜集相关文字资料或图片。 2. 活动方式，课内小组合作，课外个人或小组合作观察星空，做好记录。 3. 因为本主题是一个中长期的观察探究活动，应多督促孩子们坚持观察记录，养成持之以恒的良好观察习惯。

续表

主题名称	主题四　生活中的材料
主题内容	随着社会的发展，材料及料的使用无论是对经济、环境，还是对人们的日常生活，都在起着越来越重要的作用。本专题作为学生认识材料的媒介，从学生熟悉的、常见的、常用的材料，如纸、木材、陶瓷、金属、玻璃和塑料入手，借助这些常见材料，让学生探究各种材料的各种性能，认识常见材料的基本性质和用途，使学生认识到人类为了改善生活和环境，总在不断地改进才材料的性能或发明新材料。认识到材料的使用会给个人、社会、环境带来正面的积极作用，也会带来负面的消极影响。
主题目标	1. 通过实验了解木头、陶瓷、金属、玻璃和塑料的性能及用途；知道不同的纸具有不同特点；知道天然材料和人造材料。 2. 能通过多种方法、利用简单的器材做探究木材、陶瓷等性能的观察实验，并做好实验记录。 3. 通过调查材料与我们的生活，意识到科学技术会给人类和社会发展带来好处，也可能产生负面影响。
活动过程	活动一：《走进纸的世界》。第一阶段：制定“参观造纸厂”的参观方案；第二阶段：参观考察造纸厂，认识纸的历史、生产材料及生产过程，并做好记录；第三阶段：交流收获；第四阶段：通过实验认识各种各样的纸，研究它们的特性；第五阶段：我来造一张纸。5 课时。 活动二：《生活中的其他材料》。第一阶段：寻找身边的其他生活材料，如金属、陶瓷、塑料等等，观察其特点并记录；第二阶段：汇报交流发现，此阶段内容较多可增加课时；第三阶段：实验探究其特点，如金属的导电性、导热性、延展性等；第四阶段：汇总研究身边材料的方法，认识它们的特点，了解它们的应用。7 课时。
实施建议	1.《走进纸的世界》可以作为一个重点来研究，最好能让孩子们走出去，通过参观造纸厂，亲历造纸的过程，通过自己造一张纸，体验其中的乐趣，其他生活中的材料作为辅助来认识。 2. 四人小组，合作探究，想办法研究材料的性能、调查材料与我们的生活的关系，并做好实验记录和调查报告。 3. 师生应共同准备各种木材、纸样、陶瓷碎片、金属等探究材料，电池、导线、小刀、锤子、酒精灯等实验材料。

续表

主题名称	主题五　善变的水精灵
主题内容	大自然是妙趣横生的，但很多有趣的科学现象都被学生在司空见惯中忽略掉了，其实只要善于观察和发现，身边的科学同样趣味盎然。本主题就是基于这样的思考，有意识地引导学生从自己熟知的，几乎每天都感受到“蒸发”“沸腾”和“凝结”现象开始探究，将学生较为熟悉的生活经验作为探究活动的切入点，引导学生亲历探究水在自然界中的循环过程的活动，获得对水循环的科学认识，体验成功的乐趣。
主题目标	1.通过实验探究知道影响水蒸发的因素；认识水的沸腾现象，知道水的沸点；认识凝结现象；知道水的三态变化的原因；通过查阅资料了解水在自然界中的循环变化，认识云、雨、雪、雾、霜等的形成过程。 2.能用简单器材做给水加热的实验并作实验记录，能分析和解读数据；会设计对比实验探究凝结现象，了解对比实验的特点。 3.通过对水循环的研究，了解水与人类的关系，知道水的作用与危害，学会珍惜水资源。意识到“自然界的物质是变化的，变化是有规律的”。
活动过程	活动一：《有趣的蒸发》。第一阶段：根据身边的现象猜测蒸发有制冷作用；第二阶段：设计完善实验方案；第三阶段：实验探究；第四阶段：汇报梳理，得出结论。共2课时。 活动二：《水沸腾了》。第一阶段：给水加热直至沸腾，记录期间温度的变化，然后绘出统计表；第二阶段：汇报交流发现，认识沸腾现象。共2课时。 活动三：《小水滴出现了》。第一阶段：观察水杯上、窗户上的小水珠，猜测小水滴为什么会出现；第二阶段：设计对比实验方案；第三阶段：实验探究，汇报交流。共2课时。 活动四：《小水滴旅行记》。第一阶段：观看视频，认识小水滴在旅行过程中的三态变化；第二阶段：实验探究认识云、雨、雪、雾、霜等的形成过程。共4课时。
实施建议	1.老师准备烧杯、水、酒精灯、温度计等分组实验材料；小水滴旅行记课件。学生搜集：云、雨、雾、露、霜等形成原因的相关资料。 2.4人小组合作设计实验方案、讨论修正方案，分工合作并做好实验记录，准备交流发现。（提醒孩子们安全使用酒精灯） 3.学生们可以用实验探究、手抄报等形式，加深对善变的水精灵的认识。

续表

主题名称	主题六　人体内部探秘
主题内容	本主题主要是引导学生以解暗箱的方法探究人体内部的秘密，以描述、感受、体验、触摸、探寻、体会等方式，充分探究事物的外部表征，推测事物内部的结构、功能与变化，揭开人体内部的秘密，使学生掌握消化器官、呼吸器官、心脏与血管、脑与神经的相关知识，培养学生良好的生活习惯。
主题目标	1. 通过观察、实验、比较、搜集信息等手段，探究人体生理的奥秘，从而了解人体消化、呼吸、血液循环、神经系统等的组成、作用及保健方面的相关知识。 2. 能通过观察、体验和推理等方式对所观察的现象作假设性解释；能用简单的器材做简单的观察实验；会收集整理资料，比较和分析数据；能选择自己擅长的方式表述研究过程和结果。 3. 通过搜集资料、信息交流等活动，意识到身体保健的重要性，能够珍爱生命，乐于用学到的科学知识改善生活。
活动过程	活动一：《我们来探秘人体》。第一阶段：关于人体内部，提出感兴趣的问题，确定研究主题，制定研究方案。2 课时。 活动二：《人体四大系统》。第一阶段：观看人体模型和视频，认识人体的四大系统（呼吸、消化、循环、神经）；第二阶段：孩子们通过查找资料，调查访问做好记录并交流。共 5 课时。
实施建议	1. 老师和孩子们一起准备唾液的作用和我们的呼吸实验所需材料；听诊器等；呼吸、消化、血液循环、神经系统的图片或视频资料。 2. 活动方式让孩子们小组合作探究，做好资料的搜集整理和实验的记录。 3. 分组汇报交流搜集的资料、实验报告、调查报告、学习收获等，让每个孩子都积极参与、都得到认可。 4. 重视活动方案设计的评价，实验探究交流的评价、搜集资料讲演的评价、调查报告的评价、手抄报的评价、参与活动情况的评价等。

续表

主题名称	主题七　镜片里的秘密
主题内容	本主题是在学生原有的生活、知识经验的基础上，研究凸透镜的作用、凸透镜成像规律、照相机的构造、眼睛的构造及视觉形成、眼睛常见病及如何保护眼睛、潜望镜的秘密（平面镜的应用）、神奇的“眼睛”（新型观察仪器的种类和主要用途）等方面的内容。让学生经历探究的过程，逐步养成关心科学、认识科学、主动探究科学的良好习惯。
主题目标	1. 通过合作探究，知道凸透镜的基本结构、特点、作用；认识照相机的成像原理、眼球的基本结构以及眼是怎样看见物体的；懂得近视眼形成的原因，知道常见的保护眼睛的方法；认识平面镜反光性质的应用；会制作简易潜望镜；了解显微镜的主要结构、新型观察仪器的种类和主要用途。 2. 能对凸透镜、潜望镜、照相机等提出问题，并能选择适合自己探究的问题；能通过观察、实验，探究它们的特点和作用；能用简单的器材进行实验并做好记录；能与他人交换意见；能通过调查、访问、查阅资料等方式获取有关保护眼睛的信息。 3. 养成乐于探究与发现周围事物奥秘的习惯；在探究体验学科学、用科学的乐趣；乐于用学到的知识改善生活，关心新科技、新发明。学会善待生命，意识到保护眼睛的重要性，学习欣赏摄影艺术。
活动过程	活动一：《有趣的凸透镜》。第一阶段：玩玩凸透镜，你有什么发现？第二阶段：设计实验方案，探究凸透镜的成像规律。第三阶段：做个凸透镜。共 2 课时。 活动二：《眼睛——微型照相机》。第一阶段：认识眼睛的秘密，了解其结构和照相机的相同之处。第二阶段：调查各种眼病，认识保护眼睛的重要性。第三阶段：小小摄影师，带领学生走出教室，来到校园里，拍摄身边的美景。共 3 课时。 活动三：《神奇的“眼睛”》。第一阶段：课下调查、访问、查找资料，寻找各种神奇的“眼睛”。第二阶段：交流收获，讨论这些神奇的“眼睛”的作用。共 5 课时。
实施建议	1. 孩子们喜欢玩凸透镜，让他们用身边的材料做一个凸透镜会更有趣。研究眼睛——微型照相机时，除了讲解，让他们走出教室拍摄身边的美景，体验眼睛的成像原理会更受欢迎。 2. 活动实施中多让孩子们以小组分工合作的形式进行。 3. 活动中应做好记录、整理，以便信息的分享。

续表

主题名称	主题八　植物的一生
主题内容	神奇的生物界让每个学生产生一种莫名的好奇感,学生对此有好多问题想要解决.本专题以学生的生活经验为基本线索,首先从学生常见的种子、花开始研究,逐步研究到植物的果实和植物的根、茎、叶,最后以植物繁殖新技术为总结。让学生让学生通过一系列探究活动,感受生命世界,知道繁殖是生命的共同特征,逐步养成珍爱生命、关心科学、认识科学、主动探究科学的良好习惯。
主题目标	1. 通过实验认识种子萌发的主要因素,如阳光、水分、空气、温度等,通过观察认识花的构造、作用及果实的形成过程;知道常见植物可以用根、茎、叶等繁殖;了解生物繁殖新技术。 2. 能用简单工具对物体进行细致的观察,并能用图和文字表达;能开展种子发芽的对比实验;能设计简单的二维图表记录实验现象和结果。 3. 珍爱生命;能从自然中获得美的体验;乐于用学到的知识改善生活;关心日常生活中的科技新产品、新事物,意思到科学技术的两面性。
活动过程	活动一:《植物的科学》。第一阶段:浸泡种子直到发芽,观察种子的结构。第二阶段:到大自然中观察花,采集、解剖一朵花,研究其结构(要爱惜,不要搞破坏)。第三阶段:观察果实的特征,通过视频再现果实的形成过程。第四阶段:观察、调查大自然中的植物都是怎么繁殖后代的,了解植物常见的繁殖方法以及生物繁殖新技术。共 8 课时。 活动二:《我来种植物》。第一阶段:孩子们交流分享自己种植物的经验。第二阶段:师生介绍常见植物的种植过程。第三阶段:自己动手种一棵植物。共 2 课时。
实施建议	1. 师生应准备种子、花、果实、植物等观察实验材料,准备果实的形成、生物繁殖新技术的相关视频资料。 2. 本主题应重视孩子们泡种子进行观察记录和观察花解剖花的探究过程;督促他们亲自动手种一棵植物,并做好观察记录,坚持浇水养护,养成爱护花草、负责任的好习惯。

续表

主题名称	主题九　神秘的春夏星空
主题内容	本主题是学生“秋冬星空”观察探究活动的继续，主要探究春夏季星空，知道春、夏季星空的主要星座，并对四季星空的变化规律进行总结，从而形成统整的认识。本主题重视让孩子们经历一个完整的中长期探究活动，制定完善的观察计划，持之以恒的按时观察并做好详细的记录，以达到“走进自然、亲历科学、探究科学，揭开科学之谜，培养科学素养的目的”。
主题目标	1. 通过观察春季星空认识春季里的代表星座北斗星、猎户座的具体位置及其变化规律；知道北斗星及其他星座在一年四季中的变化规律；了解夏季星空及其星座。 2. 能小组合作制定观察星空的计划，能用图画描述出北斗七星及猎户座的形态特征并能对其变化规律进行预测。 3. 通过长期的观察活动，提高记录、分析资料并对科学现象进行科学解释的能力，同时体验观察星空活动的乐趣。
活动过程	活动一：《走近春季星空》。第一阶段：学生提前进行春季星空的观察，搜集相关资料。第二阶段：交流发现。第三阶段：通过星盘，观察春季重点星座并画出它们不同日期同一时间的位置变化，找出其变化规律。2课时。 活动二：《走近夏季星空》。第一阶段：学生提前进行夏季星空的观察，搜集相关资料。第二阶段：交流发现。第三阶段：通过星盘，观察夏季重点星座并画出它们不同日期同一时间的位置变化，找出其变化规律。2课时。
实施建议	1. 上册已进行过秋冬星座的研究，孩子们基本了解研究的方式方法：提前观察春夏星空及显著星座，市区的夜空不明显，可以利用去农村的机会好好观察并记录，老师应准备四季星盘、春夏星空课件，学生搜集相关文字资料或图片。 2. 建议课内小组合作研讨，课外个人或小组合作观察星空，做好记录。 3. 养成持之以恒地进行中长期探究活动的良好观察习惯。

续表

主题名称	主题十　生活中的机械
主题内容	机械时时刻刻包围在我们的身边，但经常不经意间忽略掉。穿衣离不开纺织机械，吃饭离不开食品机械，住房离不开工程机械，出行离不开交通机械，上天入地也离不开机械。正是19世纪英国工业革命开辟了机械时代，才使我们的世界有了飞速的发展。本专题主要引导学生探究一些日常生活中常见的简单机械：斜面、杠杆、滑轮、齿轮等所蕴含的科学道理，认识它们在生产、生活中的重大作用。
主题目标	1.通过实验探究知道斜面、杠杆、滑轮、齿轮的作用和用途；通过观察了解自行车里的科学，了解交通工具的发展史。 2.会设计斜面、杠杆、滑轮、齿轮的作用的实验，并做好实验记录，能分析和解读数据。能根据自己的设计制作车辆模型。 3.通过对生活中的机械的研究，意识到科学就在身边，乐于用学到的科学知识改善生活。体会科学技术与社会、生活的密切联系。
活动过程	活动一：《小机械大威力》。第一阶段：小组合作搭个斜面，实验探究“斜面里的秘密”。第二阶段：小组合作实验探究“杠杆的学问”，自己试着用身边的材料做一个杠杆。第三阶段：小组合作，实验探究“神奇的滑轮”。第四阶段：用胡萝卜做齿轮，实验探究“小小齿轮作用大”。共8课时。 活动二：《交通工具里的科学》。第一阶段：以自行车为例，研究自行车里的科学。第二阶段：通过调查、搜集资料，交流分享，了解交通工具的发展史。第三阶段：试着利用简单机械做个小车模。共4课时。
实施建议	1.本主题实验多，老师应准备斜面、杠杆、滑轮、齿轮等主要分组实验材料；学生准备胡萝卜、泡沫等辅助材料。学生课下先自行观察研究自行车的科学、搜集未来的交通工具等相关资料。 2.应以小组分工合作自行设计实验、动手操作实验为主，老师只提供适当的帮助。 3.让孩子们多动手，通过理解简单机械的作用，利用机械为我们服务，比如做杠杆、做车模等。

续表

主题名称	主题十一　民以食为天
主题内容	本主题包括《小麦历行记》《现代化的美食加工厂》《粒粒皆辛苦》三个方面的内容。是学生通过搜集整理资料，认识了小麦和其他一些常见农作物的生长过程，了解了当地的现代农业以及农业与人们生活的关系，通过亲自查找、搜集和整理资料及实地参观、考察、讨论等探究性的学习，在相互合作与交流中走进工、农业，体会工人、农民的辛苦，切身感受到我们餐桌上的每一粒粮食、每一口饭菜，都包含着农民辛勤的汗水和不同行业工人付出的劳动，体验工、农业生产的复杂性。从而减少生活中的浪费现象，树立厉行节约和珍惜他人劳动成果的思想意识。
主题目标	1.了解农业基本知识、工业基本知识，知道农业、工业与人们生活的关系，掌握现代科技对农业、工业发展带来的重要影响。 2.学会搜集整理相关资料，能够从不同的角度观察、认识工、农业产品给我们的生活带来的便利，分析现代科技对家乡的农业和工业发展带来的影响，尝试合理地、有创意地发展家乡工农业。 3.初步掌握实地参观、考察的学习方法，通过实地参观、考察、讨论交流，切身感受到我们餐桌上的每一粒粮食、每一口饭菜，都包含着农民辛勤的汗水和不同行业工人付出的劳动，体验工、农业生产的复杂性，从而减少生活中的浪费现象，树立厉行节约和珍惜他人劳动成果的思想意识。
活动过程	活动一：《小麦历行记》。一阶段访问农民或前往农村了解小麦的生长及储存过程；二阶段画出或写出当地其他农作物的生长过程。6课时。 活动二：《现代化的美食加工厂》。一阶段学会实地参观的方法，制定参观方案；二阶段实地参观；三阶段结合参观的实际情况，写出参观报告。6课时。 活动三：《粒粒皆辛苦》。一阶段调查周围的浪费现象；二阶段汇总调查结果；三阶段写出树立节约意识的倡议书，在全校推广。8课时。
实施建议	1.学会访问、参观、调查的方法，学生简单的了解农业基本知识。 2.实地参观工厂、访问农家，要提前联系好要参观访问的地方。学生掌握参观、访问的注意事项。 3.小组合作、讨论交流、写倡议书等形式汇报展示。

续表

主题名称	主题十二　信息百科全书
主题内容	本主题包括《通信》《传媒》《我是健康小网民》三方面内容，通过学习，学生了解现代通讯的种类和方式，学会运用常用的通讯工具与他人交流，懂得并遵守通讯的基本礼仪和法律法规。让学生体会报刊、广播、电视、网络等与人们的关系，学习利用传媒安全、有效地获取知识，遵守网络道德规范，努力增强对各种信息的辨别能力。让学生了解飞速发展的信息事业促进了社会政治经济文化的发展、促进了世界各国的交往，也促进了人类的发展，信息改变人们的生活，使人们的距离拉近了，地球似乎变小了。
主题目标	1.初步了解古今中外的通信、传媒、网络的发展、用途、种类等基本知识，知道这些发明创造给人们生活带来的便利，拉近了人们之间的距离，极大地促进了人类的进步。 2.能安全、有益、正确地选择和使用通信、传媒及网络获取知识，服务于生活。正确对待并有自我控制的能力，逐渐养成高雅的兴趣和爱好。 3.通过调查、搜集和亲身体验活动，懂得尊重并热爱科学、养成尊重、关心他人的良好品德；懂得并遵守有关法律法规。
活动过程	活动一：《通讯》。一阶段搜集电话、信件等各种通信工具的实物和图片；二阶段讨论交流相关知识。6课时。 活动二：《传媒》。一阶段搜集电视、报刊、杂志等现代传媒的实物；二阶段继续通过各种途径查询相关的知识。6课时。 活动三：《我是健康的小网民》。一阶段分组调查周围人的上网情况；二阶段小组搜集、讨论、交流、汇总网络的利与弊，进行辩论；三阶段制定网络公约，呼吁健康上网，能够正确对待电子游戏，了解网络这把双刃剑的利弊，知道沉迷于网络的危害，健康上网。8课时。
实施建议	1.课前在家搜集通信和传媒的实物资料，分组讨论交流汇报。 2.提前制定调查计划，实地调查网络利用，汇总调查结果，得出结论。 3.全班交流正确上网的知识，学会正确上网，运用辩论的方式形成正确的认识。

续表

主题名称	主题十三　科技与生活
主题内容	本主题包括《科技就在身边》《科技是第一生产力》《锋利的双刃剑》三个方面的内容。是让大家探究学习中国古代的四大发明，世界三次技术革命的发展史，以及现代克隆技术的发展，认识科技的发展对社会发展所发挥的巨大作用，通过学习，感受科技进步给人们生活带来的方便，了解现代科技与我们生活的密切关系。这一主题还让大家认识到科技是一把双刃剑，我们应该趋利避害，正确使用它，为人类造福。
主题目标	1.了解古今中外的科技发展史，知道科技发展对社会发展所发挥的巨大作用，了解现代科技与我们生活的密切关系；搜集发明家发明创造的事例，开展走近发明家活动，铭记发明家的优秀品质。 2.学会用科学的态度分析科技发展带来的社会问题，明辨科技的价值，从而学会辩证地看待事物，提高解决问题的能力；掌握做社会调查的基本方法，初步学会做调查的计划设计，能根据确立目标，设计与目标相关的调查内容。 3.感受科技进步给人们生活带来的便利，尊敬科学家，树立热爱科学、崇尚科学、追求科学的方法和态度，逐步养成科学的价值观。
活动过程	活动一：《科技就在身边》。一阶段查资料或访问身边人，了解洗衣机或其他家电的发展史；二阶段查资料、讨论交流这些家电的工作原理；三阶段亲身洗衣，体验。6 课时。 活动二：《科技是第一生产力》。一阶段去图书馆或阅览室查资料；二阶段小组交流、讨论、汇报展示；三阶段亲自动手，制作小发明。6 课时。 活动三：《锋利的双刃剑》。一阶段查资料掌握科技的利与弊；二阶段辩论交流；三阶段写倡议书，宣传。8 课时。
实施建议	1.查资料或访问身边人，了解洗衣机或其他家电的发展史及其工作原理、中国古代四大发明、世界三次技术革命等知识。 2.继续进行访问，访问身边人，亲身洗衣，体验掌握家电的便利。 3.亲自动手，制作小发明，感受发明就在身边。 4.制作剪贴报、手抄报、召开辩论会、写倡议书等方式进行汇报展示和宣传。

续表

主题名称	主题十四　魅力山东
主题内容	本主题包括《齐鲁物产》《齐鲁文人》《齐鲁行》《美化家园》四个方面的内容。学生通过查资料,搜集图片、实地观光等形式了解山东的自然概况、历史名胜,简单知道山东各地的丰富物产,以及济南的名胜趵突泉。初步了解齐鲁文人的生平及主要事迹,掌握家乡各地的旅游资源,探究中华文化的精髓。培养学生爱家乡、爱中华民族的自豪感和自信心。
主题目标	1.了解家乡山东的自然景观、地理景观、人文历史等知识,进而初步了解中华大地的名山秀水、名胜古迹、人文历史等。 2.知道保护家乡及国家丰富的资源,形成节约用水、爱护文物的好习惯,养成热爱家乡、热爱祖国博大精深文化艺术的情感,体验自己动手设计美化家园的过程及乐趣。 3.尝试运用调查探究、合作学习、动手操作、收集处理信息等方法,学会与人交流、合作与分享,全方位、多视角地了解自己的家乡。
活动安排	活动一:《齐鲁物产》。一阶段去超市调查,搜集图片认识山东物产;二阶段亲自搜集实物,详细了解这些物产;三阶段整理展示收获。4课时。 活动二:《齐鲁文人》。一阶段从阅读导课,走进齐鲁文人;二阶段去图书馆或上网查找文人资料,整理分类;三阶段以朗读、简报等形式展示收获。4课时。 活动三:《齐鲁行》。一阶段视频导课,激发兴趣;二阶段实地参观、上网查找等形式学习家乡的自然景观、人文景观、地理景观以及山东各地的旅游资源。4课时。 活动四:《美化家园》。一阶段图片、宣传片导课;二阶段开展朗读、演讲、歌唱及办手抄报、制作家乡资料卡、为家乡建立博客等形式交流、讨论、写倡议书,知道保护家乡资源。4课时。
实施建议	1.组织学生查资料,搜集图片、阅读、看电视、参观等形式收集趵突泉的资料、山东名人及家乡的自然景观、人文景观、地理景观以及山东各地的物产和旅游资源,并学会整理,分析资料。 2.开展朗读、演讲、歌唱及办手抄报、制作家乡资料卡等形式交流、讨论、写倡议书,培养厉行节约和珍惜他人劳动成果的思想意识,知道保护旅游资源,培养热爱家乡、热爱中华民族博大精深文化艺术的情感。 3.从身边小事做起、为家乡建立博客等活动,让学生感受到家乡的风光美、人文美和时代美,激发学生对家乡、对祖国的热爱之情,树立为振兴家乡而勤奋学习的远大目标。

续表

主题名称	主题十五　祖国在我心中
主题内容	本主题包括《中华大家庭》《炎黄子孙一脉相承》《振兴祖国》三个方面的内容。使学生通过查资料，搜集图片、实地观光等形式知道我国的地理位置、领土面积、海陆疆域、行政区域和行政中心；了解我国是个统一的多民族、多文化的大家庭，简单了解各民族的生活习惯和风土人情；初步了解为祖国做出突出贡献的人物和事迹，培养爱国责任感。
主题目标	1.知道我国的地理位置、领土面积、海陆疆域、行政区域和行政中心，港澳台是我国不可分割的一部分。 2.了解我国的56个民族分布的大体情况和民族区域制度，初步了解不同民族的生活习惯和风土人情。 3.初步了解古代、近代和现代，尤其是新中国成立以来，为祖国做出突出贡献的人物和事迹，熏陶爱国激情。 4.进一步学会搜集整理资料，研究解决问题的能力，树立正确的世界观。
活动安排	活动一：《中华大家庭》。一阶段出示地图，观察大家庭；二阶段搜集、整理资料；三阶段交流讨论、分析资料，展示成果。4课时。 活动二：《炎黄子孙，一脉相承》。一阶段弄清大家庭的历史背景；二阶段搜集港澳台的重要历史事件，理清思路。5课时。 活动三：《振兴祖国》。一阶段搜集历史上为祖国贡献卓著的历史名人及其主要贡献；二阶段交流、整理这些资料展示。5课时。
实施建议	1.指导学生充分利用地图，直观认识大家庭的位置、疆域、行政区划、及各民族分布。 2.搜集资料的途径要广泛，可以去图书馆、上网查资料，也可以充分利用网络和传媒进行查阅，可以是文字，也可以是图片和视频。 3.组织开展朗读、演讲、歌唱及办手抄报、展示课件、观看电影等形式展示，领悟中国大家庭的血脉和建国以来各行各业取得的辉煌成就，加深对中国共产党的热爱，增强振兴祖国的责任感，熏陶爱国情感，帮助学生开阔视野、树立正确的世界观。

续表

主题名称	主题十六　一方水土养育一方人
主题内容	本主题包括《东北行》《下江南》《走西口》《游西南》四个方面的内容。以构建生活问题为基础，分别介绍了东北平原、长江三角洲、黄土高原、青藏高原四个代表性的地区所处的不同纬度、气候条件、地理环境以及民族特色，帮助学生发现环境对人们的生活、生产、文化等方面的影响。
主题目标	1.借助地图，准确说出东北平原、长江三角洲、黄土高原、青藏高原的地理位置和范围。 2.初步了解以上四个地区的地形、气候特点，不同的自然环境，丰富的物产以及独特的民风民俗文化。 3.了解祖国地大物博，风景各异，树立保护环境和资源，合理利用资源的意识，培养爱祖国的民族自豪感。 4.理解并尊重不同民族的风俗习惯，并保护其独特文化。
活动过程	活动一：《东北行》。一阶段视频兴趣导课；二阶段搜集东北地区资料；三阶段学生交流展示。4 课时。 活动二：《下江南》。一阶段图片兴趣导课；二阶段搜集长江三角洲地区资料；三阶段学生交流展示。4 课时。 活动三：《走西口》。一阶段歌曲《黄土高坡》兴趣导课；二阶段搜集黄土高原地区资料；三阶段学生交流展示。4 课时。 活动四：《游西南》。一阶段李娜《青藏高原》兴趣导课；二阶段搜集青藏高原地区资料；三阶段学生交流展示；四阶段比较学习。4 课时。
实施建议	1.根据不同内容，选取不同方式导课，可以是视频、图片、歌曲。 2.指导学生进行比较学习，学完在对比东北平原、长江三角洲、黄土高原、青藏高原四个代表性的地区所处的不同纬度、气候条件、地理环境以及民族特色，知道环境对人们的生活、生产、文化等方面的影响。 3.组织开展朗读、唱歌及办手抄报、展示课件、演情景剧等形式展示。

续表

主题名称	主题十七 中华五千年文化
主题内容	本主题包括《中华文艺》《饮食文化》《古代都城》三个方面的内容。使学生通过查资料，搜集图片、实地观光、动手体验等形式从文艺、古代都城、饮食礼仪等方面领悟祖国文化的博大精深；培养学生热爱中华民族的伟大情怀。
主题目标	1.通过搜集、整理资料，简单了解中华文艺、饮食文化，对古代的都城文化底蕴有个整体了解。 2.通过探究性学习，感知中国丰富多彩、博大精深的文化，培养学生热爱中华民族的伟大情怀。 3.进一步培养学生的比较思维能力、横向思维能力以及归纳总结能力。
活动过程	活动一：《中华文艺》。一阶段播放精彩片段，激情导课，一起探究文艺包括的具体形式；二阶段搜集网络视频精彩片段，查阅或采访各文艺形式的具体特点；三阶段学习一种或几种自己喜欢的文艺，以才艺比赛的形式进行展示。5 课时。 活动二：《饮食文化》。一阶段播放美食宣传片进行导课；二阶段搜集查阅古今饮食文化的差异；三阶段学习并亲手展示自己所学。5 课时。 活动三：《古代都城》。一阶段播放首都北京宣传片导课，课下查阅中国大地上有哪些古代都城；二阶段课上交流、讨论每个古都的精深文化，并展示。4 课时。
实施建议	1.组织学生查资料，搜集图片、阅读、看电视、上网等形式收集中华文艺、中华饮食、古代都城等资源，并学会整理，分析资料。 2.通过开展现场表演、才艺比赛、亲自动手体验等形式交流、展示中华文艺、饮食文化方面的收获，体会中华文化的博大精深。 3.制作剪贴报、手抄报、学生自己制作 PPT 等方式进行汇报展示学习收获。

表 4-5　　六年级主题活动实施建议

主题名称	主题一　微生物与我们的生活
主题内容	本主题包括《食物发霉了》《身边的微生物》《传染病的传播与预防》三个方面的内容。是在学生认识了常见的动、植物的基础上扩大到对整个生命世界的认识，通过观察、实验、查找、搜集和整理资料、调查、访问等探究性的学习，在合作与交流中走进微观世界，感受生命的神奇，从而产生关注生命、关注环境、关注自我健康成长的思想情感，培养对科学的兴趣和求知欲，体验科学活动的过程和方法。
主题目标	1. 观察、实验、采访、调查、搜集资料，了解病毒、细菌、真菌等微生物的特点；理解食物和物品发霉的原因；学会防止食物、物品发霉的方法；知道传染病的危害、传播途径及预防措施。 2. 通过图片、视频资料、显微镜认真细致观察并描述各种微生物；学习设计控制变量的探究性实验；研究物品发霉的条件。 3. 体验到探索生物奥秘的快乐与重要意义；了解人类对微生物的研究和利用；意识到科学技术给人类与社会发展带来的好处。
活动过程	活动一：设计对比实验探究食品、衣服等物品发生霉变的条件；对实验现象做出详细的记录和分析；认识霉变对人类生活的影响；理解防止食物、物品发霉的方法。3 课时。 活动二：借助显微镜、放大镜等工具的观察，通过搜集文字资料、视频资料，了解病毒、细菌、真菌等微生物的特点；正确认识它们与人类的关系；意识到科学技术给人类与社会发展带来的好处。5 课时。 活动三：通过走访、调查、搜集资料，知道传染病的概念、传播途径和预防措施，了解传染病的危害，掌握传染病流行的三个基本环节。设计制作宣传材料、宣传栏、板报，在校园里以及社区里普及传染病知识，预防传染病。3 课时。
实施建议	1. 布置学生搜集、了解有关微生物的图片、资料，在实验室准备好各种微生物的切片，做好实验准备。 2. 提醒学生注意及时将搜集的资料整理、汇总，及时记录和分析，并尝试以各种形式展现。 3. 走出校园要注意自身安全，学会与他人沟通与交流。在小组合作的基础上，设计出大家喜闻乐见的宣传材料。

续表

主题名称	主题二 关注物质的变化
主题内容	本主题包括《蜡烛的变化》《食盐变形记》《铁钉的锈衣》《牛奶的变化》四个方面的内容。是在认识了身边常见物质及其基本性质的基础上，引导学生探究物质变化的多样性。物质的变化是多样的、复杂的，同一种物质既会发生形态的变化又会发生产生新物质的变化，既会发生可逆变化又会发生不可逆变化，这些变化常常是联系在一起的。通过探究进一步丰富学生对物质世界的认识。
主题目标	1.动手实验、观察现象、撰写实验报告，从中体验到物质的变化有两类：一类仅仅只是形态的变化，不会产生新物质；另一类既有形态的变化，又会产生新的物质。在实验、讨论交流、查阅资料的基础上，列举生活中的这类变化。 2.通过搜集资料、对比试验、研究讨论，经历铁钉生锈的过程、牛奶在不同条件下的变化；体验科学探究的主要步骤；探究预防生锈的方法与措施；养成良好的饮食牛奶的习惯。 3.查阅资料、动手实验、对比观察，理解食盐和水泥在水中变化的不同；知道物质的变化有的可逆，有的不可逆；调查生活中的这类物质变化现象，形成调查报告。
活动过程	活动一：通过切割、压碎、加热、点燃等实验方法，观察蜡烛的变化，交流生活中一些物质的变化，理解物质的变化。并分组实验加热白糖、鸡蛋放入醋中、碱水中加入白醋、盐放水中，溶解后再加热等实验；在实验探究、讨论交流、查阅资料、撰写实验报告的基础上，进一步体验到物质的变化。3课时。 活动二：通过食盐、水泥的变化，联系生活，理解物质的变化有的是可逆的，有的是不可逆的。1课时。 活动三：设计控制变量的简单探究性实验——探究铁生锈的条件，设计表格，记录现象；搜集有关防止铁生锈的资料并表述。2课时。 活动四：实验并记录牛奶与不同物质混合后的变化；在查阅资料、调查访问的基础上，认识牛奶对人们生活的影响。2课时。
实施建议	1.准备好蜡烛、食盐、水泥、铁钉、牛奶等实验器材。提前布置学生观察日常生活中的生锈现象。 2.引导学生分组实验时要有针对性，尝试设计合适的表格记录实验现象。让学生经历探究的过程，坚持写观察日记。 3.鼓励小组认真撰写实验报告，积极汇报，大胆交流。学习从实验现象中得出科学的结论。

续表

主题名称	主题三　探究物体的运动
主题内容	本主题包括《物体是运动的还是静止的》《改变物体的运动状态》《物体的运动方式》《动物的运动方式》四个方面的内容。主要从学生熟悉的运动与静止现象切入，让学生通过观察、实验探究、搜集整理信息等活动，探究与物体运动有关的知识，知道静止与运动的相对性，学会描述惯性，知道动物与物体的主要运动方式
主题目标	1.通过观察、实验、看图片、视频、搜集资料等实际活动，体验到生活中物体运动和静止的相对性；理解在描述物体的运动状态时，要选择合适的物体做参照物；明白什么是惯性，知道物体都具有惯性；会用惯性知识解释有关现象。 2.能提出探究活动的大致思路；通过研究讨论、实验操作，认识物体的多种运动方式；理解动物为适应不同环境有不同的运动方式；知道不同问题要用不同的研究方法去解决。 3.能应用已有的知识和经验对所观察的现象作假设性解释；意识到科学探究要尊重证据。
活动过程	活动一：观察、实验、看图片、视频，学会描述物体的运动和静止状态，理解运动和静止的相对性。2课时。 活动二：从熟悉的汽车急刹车现象引入，提出要研究的问题，利用象棋子、尺子；烧杯、鸡蛋、塑料板；小车、木块等器材，做三个典型而又富有趣味性的探究性实验，启发对实验现象的观察与思考，发现物体都具有一个共同的属性：保持它原来运动（或静止）的状态。并尝试解释生活中的惯性问题，防止惯性带来的危害。1课时。 活动三：走出教室，观察、体验生活中物体的运动，理解物体运动的方式是不同的、多样的。1课时。 活动四：观察家禽家畜，参观动物园，上网查询，观看视频资料、描述记录等方式，了解动物的运动，并能选择自己最感兴趣的动物进行模仿它们是怎样运动的，对它们的运动方式进行归类。了解动物为了生存而特有的运动方式。1课时。
实施建议	1.准备好学生实验所用的各种实验器材、实验用表格。提前布置学生观察生活中各种物体的运动和不同动物的运动方式。 2.教师引导学生进行观察、实验、体验等活动时，要有目的性、针对性、可行性，让学生真正经历探究的过程。 3.注重小组合作，主动参与，积极配合，及时运用各种方式记录、描述研究成果。

续表

主题名称	主题四　探索太阳、地球和月球的秘密
主题内容	本专题包括《地球在转动》《月球探秘》两个方面的内容。《地球在转动》包括“太阳、地球和月亮”“地球的自转”“地球的公转”“万物生长靠太阳”四个研究重点;《月球探秘》包括“月球在转动”“昼夜与生物”“月球探秘”。主要从宏观上认识太阳、地球、月球三者之间的关系;认识地球的自转、公转以及昼夜交替、四季更替现象的成因;知道月相以及日食和月食形成的原因,了解人类对月球的探索史,认识月球概况。
主题目标	1.查找资料、看视频、模拟实验,知道太阳、地球、月亮在太阳系的位置和转动关系;弄清楚太阳、地球、月亮的基本数据,并绘制三者的位置平面图;认识地球自转的方向、周期,地球公转的方向;了解月球概况,以及人类对月球的探索史,模拟形成月球考察报告。 2.通过猜测、模拟实验、搜集资料,知道昼夜产生的原因,四季更替的原因;绘制地球公转模拟平面图,说明四季的变化;认识日食和月食形成的原因;学会绘制日食、月食的示意图。 3.坚持长期观察记录,绘制一个月甚至更长时间的昼夜变化曲线图;观察、描绘月相的变化,能够画出一个月的月相图;通过猜测、实验、看视频,弄清楚月相形成的原因;会用月相图辨别时间。 4.感受到人类对太阳、地球和月球的探索;认识到科学是不断发展进步的。
活动过程	活动一:查找资料、看视频、模拟实验,了解太阳、地球、月亮在太阳系的位置、转动关系、基本数据,并绘制三者的位置平面图。认识地球自转的方向、周期,地球公转的方向,知道昼夜产生的原因,四季更替的原因。5课时。 活动二:通过猜测、模拟实验、搜集资料、长期观察,理解月相、日食和月食的成因,描绘月相的变化,能够画出一个月的月相图;绘制日食、月食的示意图。了解月球概况,以及人类对月球的探索史,模拟形成月球考察报告。5课时。
实施建议	1.教师准备好有关的实验器材、视频资料、演示模型;学生搜集整理有关太阳、地球和月亮的资料,关于月相变化,日食月食的视频或图像资料,与登月有关的资料,并提前观察月相的变化情况。 2.在学生进行长期观察的过程中,教师要及时引导学生反馈,及时督促、鼓励,保证观察的持久性、完整性、真实性。 3.通过看视频、图片、做模型等方式建立空间概念,绘制平面图、模拟图,并对所学知识撰写科学小报告。

续表

主题名称	主题五　有趣的生物群落
主题内容	本主题包括《生物与环境》《走近珍稀动植物》《生物的启示》三个方面的内容。主要从学生熟悉的动植物的生活环境入手，让学生通过查资料、观察、实验探究等手段，探究生物与环境相适应的事实，知道环境对生物生长、生活习性等具有影响，知道食物链、食物网的含义并知道如何保持生态平衡、保护动植物。
主题目标	1. 观察、实验、查找资料、讨论交流，了解动植物的生活环境，认识它们自身特征、生活方式与环境相适应的方面；知道保护色、警戒色、拟态、向光性、向地性、向水性等都是动植物适应环境的特性；认识我国珍稀的动植物；知道什么是仿生，了解人们在生物的启示下进行的发明创造，并且尝试仿生设计。 2. 理解自然界生物之间息息相关，破坏自然界中的食物链就破坏了生态平衡；同时认识到保护珍稀动植物的意义以及生物给人类的启示，建立人类要与自然界和谐相处的思想意识。 3. 尝试用不同的方式对自己探究的问题，做出分析和解读，对现象作出合理的解释。
活动过程	活动一：提出问题，猜想与假设，观察、实验，查找资料，讨论交流，了解动植物的生活环境，认识它们自身特征和生活方式以及与环境相适应的方面，认识生物与环境相适应的事实。认识食物链和食物网，知道动植物的生存和环境之间有着密切的关系。6 课时。 活动二：调查访问‘查阅资料、搜集整理信息，表达与交流，认识我国的珍稀动植物资源，倡导开展保护珍稀动植物的活动。7 课时。 活动三：以研究葱叶为切入点，观察尼龙搭扣、苍耳、鸡蛋的特征，搜集有关仿生学的信息资料，了解什么是仿生，怎样进行仿生，知道人们在生物的启示下进行的发明创造。1 课时。
实施建议	1. 本主题主要以学生搜集、整理资料，汇报为主，教师需要提前组织学生提出问题、制定活动方案，进行必要的活动指导。学生需要提前做好必要的活动准备，确保活动安全、顺利、有效果。 2. 为学生准备尼龙搭扣、苍耳、带葱叶的大葱若干、勾码若干个、鸡蛋、白纸、硬卡纸、双面胶、三角支架等。 3. 组织有关科学知识的教学，通过交流资料、看视频、图片、借助模型等方式建立生态系统的概念，认识人类在生物启示下的发明创造。

续表

主题名称	主题六 揭示生命的奥秘
主题内容	本专题包括《奇妙的细胞》《我从哪里来》《全家福中找异同》《我长大了》四个方面的内容。学生通过亲自查找、搜集和整理资料以及观察、游戏等探究性的学习，在相互合作与交流中走进生命世界，感受生命的神奇，从而使学生产生珍爱生命、关注生命科学、关注自我健康成长的思想感情，培养对科学的兴趣和求知欲，体验科学活动的过程和方法，为后续的科学学习和终身学习打下良好的基础。
主题目标	1.观察显微镜下细胞的结构，知道细胞的作用；通过搜集信息、交流信息、游戏体验等方式，明白胎儿的形成、发育过程；知道繁殖是生命的共同特征；初步掌握遗传和变异是生命体的共同特征；知道青春期身体发育的突出特点及变化，明白怎样搞好青春期卫生。 2.动手绘制观察到的细胞并制作细胞模型；研究自己的身体特征与家人的相似和差异，以及对部分动植物的观察研究；知道生物的很多特征是可以遗传的；利用简单的图像、统计等方法整理有关自己的身高、体重等方面的数据；懂得人的一生生长的大致过程。 3.体验妈妈十月怀胎的辛苦，感受母子亲情，珍爱生命，关注个人保健；掌握简单的自我防护知识。
活动过程	活动一：在显微镜下观察细胞的结构，知道细胞的作用；动手绘制观察到的细胞并制作细胞模型。2课时。 活动二：通过搜集信息、交流信息、游戏体验、观看视频等方式，明白胎儿的形成、发育过程；知道繁殖是生命的共同特征。体验妈妈十月怀胎的辛苦，感受母子亲情。2课时。 活动三：运用调查报告的形式，通过观察、咨询、调查等方法，研究自己的身体特征与家人有哪些相似和差异，对部分动植物进行观察研究，知道生物的很多特征是可以遗传的。2课时。 活动四：利用简单的图像、统计等方法记录有关自己的身高、体重等方面的数据；初步懂得人的一生生长的大致过程；知道青春期身体发育的突出特点及变化，明白怎样搞好青春期卫生。2课时。
实施建议	1.教师准备小组观察用的显微镜和细胞切片；学生准备一张全家福。 2.教师组织各小组搜集、查阅、交流资料；引导学生动手制作模型。看相关视频，引导学生发现自己的生理变化。 3.评价内容包括学生的探究兴趣、小组合作的参与度、搜集资料的积极性、学生总结、反思、成果展示等。

续表

主题名称	主题七　走进能量世界
主题内容	本主题包括《怎样让身体热起来》《摆》《摩擦生热》《电磁铁的秘密》《生活中的能量》《畅想新能源》六个方面的内容。主要以人体内部的能量为切入点，通过对身体能量、摆的秘密、摩擦生热、电磁铁及生活中的能量、新能源等内容的探究活动，研究机械能、热能、电能、电磁能等之间的相互变化，密切科学、技术与社会的联系，认识到能量存在及转化的普遍性，培养学生观察、实验、制作、搜集整理信息及表达与交流的能力，为今后的深入研究储备知识、方法打好基础。
主题目标	1.通过观察、动手实验、看图片、视频，明白影响摆摆动快慢的因素；理解电磁铁的特性；知道电磁铁在通电条件下有磁性、断电后磁性消失；电磁铁也有两极，它的两极是可以改变的。 2.研究讨论、对比试验，经历让身体热起来的方法和对电磁铁特性的探究过程；体验能量间的转化；尝试用不同的方式对能量转化现象作合理的解释。 3.查阅资料、动手实验、对比观察，了解人类对摆的认识过程、能量间的转化；认识人类对新能源的开发与利用；畅想未来新能源。 4.调查生活中新能源的开发与利用，形成调查报告。
活动过程	活动一：利用摆、秒表、铁钉、细电线、电池、大头针、小磁针等实验器材设计实验，探究摆与电磁铁的秘密。认识影响摆摆动快慢的因素，知道电能产生磁，探究影响电磁铁磁性大小的因素，了解电磁铁的应用。3课时。 活动二：通过观察实验、搜集资料、研究讨论，经历让身体热起来的方法、知道摩擦生热、钻木取火的道理，了解人类用火的历史；体验能量间的转化。3课时。 活动三：调查采访、查询资料，知道任何物体工作时都需要能量，电、光、热、声、磁等都是能量的不同表现形式；认识不同形式的能量可以互相转化；了解人类对新能源的开发与利用，畅想未来新能源，形成调查报告。4课时。
实施建议	1.准备好摆、秒表、木板、砂纸、铁丝、手钻、火柴、铁钉、细电线、电池、大头针、小磁针等实验器材，准备好实验用表格。提前布置学生了解摆和电磁铁的相关知识以及新能源的相关资料。 2.教师引导学生分组实验要有针对性，让学生经历探究的过程，理解能量间的转化。 3.在实验的基础上及时写出实验报告，交流自己的实验与收获，教师总结评价。

续表

主题名称	主题八　揭开地球神秘的面纱
主题内容	本主题包括《揭示地球的面纱》《风从哪里来》《降落伞的秘密》《风筝飞呀飞》《走进低碳生活》五个方面的内容。学生通过观察、实验、制作、搜集整理资料等方式，展开对地球大气层、风的成因、降落伞的秘密、风筝与风的关系、风与我们的生活等的探索研究，认识到大气层对地球生物的意义、了解人类活动对大气层的影响，人们对风的利用，从而形成对地球大气、天气现象的宏观认识。
主题目标	1.搜集资料、观察、实验，了解大气层的结构、风的成因；认识大气层对地球及地球上动物、植物、人的意义；知道“温室效应”的原理；理解低碳生活的相关知识；了解节能减排的基本方法；明白风给人类带来的益处和灾难并存。 2.研究讨论、动手制作、实验操作，探究影响降落伞降落快慢的因素；会做风的模拟实验，探究风的成因，推测自然界中风的形成；掌握制作风筝和放飞风筝的方法和技巧；认识雨水是不干净的及下雨天应如何自我保护。 3.能应用已有的知识和经验探讨：“天上的雨水干净吗”“冬天为什么不冷了”等问题，了解空气污染给大自然和人类生活带来的改变，意识到其危害；自觉树立保护环境和合理利用风能资源的良好意识；关注人类生活环境，了解温室气体排放对气候变化的影响，养成低碳生活的习惯。
活动过程	活动一：通过查阅资料、观看视频、讨论交流，认识大气层，大气层对地球生物的意义，人类活动对大气层的影响。3课时。 活动二：走出课堂，观察、实验、调查访问、查询资料，投放自制降落伞、让风筝飞起来；展开对风的形成、降落伞的秘密、风筝与风的关系、风与我们的生活等的探索研究；认识各种风的成因及风与人们生活的关系；了解人们对风的利用。6课时。 活动三：走访调查、查阅资料、实验交流，探究“天上的雨水干净吗”“冬天为什么不冷了”“什么是温室效应”“节能减排的措施与小妙招”，意识到空气污染的危害；自觉树立保护环境和合理利用风能资源的良好意识；养成低碳生活的习惯。4课时。
实施建议	1.准备好学生实验所用的各种实验器材。提前组织学生制定活动方案，搜集有关大气层、风、温室效应等相关资料。 2.教师引导学生调查访问要有目的性、针对性、可行性，搜集资料要全面、精炼、有说服力。 3.走出教室活动，要注意安全，有自我保护意识。

续表

主题名称	主题九　丰富多彩的信息世界
主题内容	本专题包括《大自然告诉我们》《生物间的信息传递》《信息传递古今谈》《文明上网我能行》四个主题的内容，是在学生了解生物与环境相适应的特点的基础上，探究不同的生物体之间的信息交流方式和意义，认识和了解大自然带给人类的各种信息，探究人类社会信息传递的历史和现代信息技术的飞速发展，认识信息技术在生活中的重要作用，并学会科学地认识现代科技带给人们生活的利与弊，培养学生系统的研究能力、表达交流能力、逻辑思维能力。
主题目标	1.搜集、查找资料、实地考察、看图片、视频、调查访问，了解动植物之间的信息传递方式及特点；知道大自然中生物会传递给我们一些信息，人类在不断的破译并利用这些信息；了解人类信息传递的发展历程；知道现代的信息传递工具在人类生活中的作用。 2.选择适合自己研究的问题，提出探究的大致思路；运用自己擅长的方式表述研究过程和结果；较熟练的查阅相关信息和资料，会制作资料卡。 3.认识到科学是不断发展进步的；乐于用学到的科学知识改善生活；尊重证据；尊重他人劳动果实。
活动过程	活动一：通过观察、实验、视频、搜集资料、调查访问，了解动植物之间的信息传递方式及特点，知道大自然中生物会传递给我们一些信息。2课时。 活动二：搜集资料，举行“信息传递古今谈”故事会，明白人类信息传递发展的五个阶段；通过查找资料，举办“飞速发展的信息技术”图片、资料展览。2课时。 活动三：查阅资料、调查自己周围人群传递交流信息的方式；感受信息发展的迅速，认识科学技术在人类的信息传递中所起到的作用。2课时。 活动四：通过查阅资料、辩论会、倡议书等方式，交流上网的利弊，培养学生良好的上网习惯。2课时。
实施建议	1.教师指导学生提前制定活动方案，进行有效的探究活动，为交流汇报做好必要的、充分的准备。 2.教师组织小组进行有效的搜集、查阅、调查、实验、交流资料等活动，让学生真正有所收获。 3.开展故事会、辩论会、倡议书、图片展等内容要做好充分的准备，讲求丰富、精彩、精炼、有说服力。

续表

主题名称	主题十　探索宇宙的奥秘
主题内容	本主题包括《认识太阳家族》《走进神秘的银河系》《宇宙探索》《畅想未来家园》四个方面的内容，是在学生已经知道了地球的结构特点、地表的变化、太阳、地球、月球的相关知识的基础上，进一步将研究的视角延伸到太阳系、银河系、河外星系、乃至整个宇宙，拓展学生认识的空间，形成对宇宙的宏观认识，激发学生探索宇宙、热爱科学的欲望。
主题目标	1.通过查阅书刊、网络及其他信息源，搜集、整理资料，阅读、观察、讨论等方式探究太阳系的组成及其特点；认识银河系的基本构成、性状特点及大小；知道太阳系、银河系、河外星系及宇宙间的关系；了解人类至今对宇宙的探索史。 2.能提出探究活动的大致思路；会查阅、整理、提炼资料；选择自己擅长的方式表述研究过程和结果；能制作太阳系模型。 3.懂得地球是人类唯一家园的道理；根据自己的认识和设想构建未来的家园；意识到人类为了探索宇宙奥秘付出的艰辛；体会到人类对宇宙的认识是在不断完善中的；关注我国空间技术的最新发展。
活动过程	活动一：组织学生搜集、整理相关的视频或图像资料，认识太阳系、银河系的基本构成、特点及大小；知道太阳系、银河系、河外星系及宇宙间的关系；了解人类至今对宇宙的探索史。4课时。 活动二：通过查阅、整理资料，在对太阳系认识、了解的基础上，制作简易科学模型——太阳系家族模型。1课时。 活动三：通过了解人类对宇宙的认识和对未来家园的设想，设计创新型作品——未来家园。2课时。
实施建议	1.组织学生搜集、整理与太阳系、银河系等相关的视频或图像资料，动手制作太阳系模型。 2.依据探究到的适合人类居住的家园的条件，鼓励学生大胆想象，从不同角度设想“人类未来的家园”。 3.组织学生对小组制作的模型、设计的未来家园等，并进行评论和点评。

续表

主题名称	主题十一　做最好的自己
主题内容	本主题的素材来源于《安全教育》第六册。本活动共有三个主题：1. 气质好；2. 身体好；3. 有原则有主见。涉及怎么与人交往，怎么保护自己的身体保护自己的生命、自己的健康，怎么抵制诱惑，遇到险情怎样处理等等；通过学习、增强安全意识，提高自我防范能力和危险情况下的自助自救能力，减少恶性事故的发生。
主题目标	1. 树立正确的人生观、价值观，对交往的重要性有认识；了解青春期的卫生保健常识，形成维护生殖健康的责任感，安全度过青春期，使学生的身心得到健康发展；提高学生自我防范、自我保护意识，拒绝各种诱惑。 2. 增强遇到意外时的自卫能力；提高在自然灾害事件中自我保护和求助及逃生的基本技能，提高自我保护和求助及逃生的基本能力。 3. 通过查资料、体验实践、互相交流，提高分析问题的能力，最重要的是学会具体问题具体分析，面对险境随机应变、有勇能谋，培养学生独当一面的能力。
活动过程	活动一：《气质好》。根据学生心理发展特点，通过案例分析认识到与人交往的重要性，与人为善，努力做到与家长、与亲人、与同学、与老师、与陌生人等都能和谐相处。3 课时。 活动二：《身体好》。注意要面向全体学生，普遍开展教育活动，使学生对安全教育有深刻的认识，保护自己的身体，拒绝各种诱惑，预防各种骚扰，遇到险情机智摆脱。3 课时。 活动三：《有主见》。搜集资料分析案例，交流讨论，对人，对事，做有原则的人，对各种复杂的问题都有自己的处理依据，做一个有思想、有观点的人。3 课时。
实施建议	1. 课前充分了解学生，既要面向全体学生，又要关注个别差异，根据不同学生的不同需要开展多种形式的教育和辅导，利用家长学校、个别谈心、父母问卷、家访等形式，了解学生在家中的生活学习情况，共同对学生进行安全教育 2. 加强理论与实践相联系，平时多带学生到生活中体验，提高学生随机应变的能力。 3. 预期效果：通过各种图片、视频片断、案例、情境模拟、交流讨论等，很好地保护自己，平等和谐地与人交往，面对各种诱惑有自己的主见，面对各种险情能巧妙地保全自己，又能尽最大能力帮助别人……明白道理又能付诸实践。

续表

主题名称	主题十二　血与火
主题内容	本活动共有三个主题：1. 国破山河在；2. 哪里有掠夺哪里就有抗争；3. 起来不愿做奴隶的人们，涉及鸦片战争、中日甲午战争、辛亥革命等历史事件，让学生对近代以来中华民族备受帝国主义列强的欺侮有深刻的认识，感受英烈们不屈的抗争之志和探求救国之路的报国志向，使学生具有爱国情感和奋发有为的精神，具有在新的社会条件下为祖国振兴而努力奋斗的信心和决心。
主题目标	1. 了解鸦片战争的起因、经过、结果和对中国社会的影响；体验甲午海战的悲壮历史；全面认识辛亥革命的成功与失败。 2. 讨论分析清政府每战必败的原因，搜集资料全面整体了解中国近代史实，通过演讲、诗歌朗诵等形式抒发自己的爱国之情，体会“落后就要挨打”“国家兴亡，我有责任”的道理。 3. 能够从不同的角度观察、认识、分析中国近代社会发展的变化，能有创意地探究中国近代史的有关问题，提高比较、分析历史问题的能力，能够透过现象看到问题的本质。
活动过程	活动一：《国破山河在》。以讲故事、看视频等形式了解鸦片及鸦片战争带给中国人民的危害，感受中国人民反侵略的英勇斗争精神及清政府的无能腐朽，树立孩子们的民族自尊心和自信心。6 课时。 活动二：《哪里有掠夺哪里就有抗争》。通过看地图、看视频等形式，感受那血与火的悲壮场景，多角度分析甲午战争失败的原因，体会“落后就要挨打”的道理。6 课时。 活动三：《起来不愿做奴隶的人们》。以查资料、看视频等形式，了解戊戌变法失败的原因，了解辛亥革命的成功与失败之处，多方位地了解康有为、孙中山、袁世凯等几个历史人物，以历史的观点分析他们对中国革命产生的影响。6 课时。
实施建议	1. 查阅、搜集关于鸦片战争、甲午战争、戊戌变法、辛亥革命等资料，包括文字、视频、图片等，对历史事件有一个大致的认识。 2. 观看《火烧圆明园》《林则徐》等影片片断；再小组交流讨论收集的有关史实资料，并在这个过程中，初步形成分析历史问题的能力。 3. 以小组为单位，一人主讲，其余成员补充，分别从不同的角度进行分析；之后学生互相评价，老师点评。 4. 通过各种形式的探究性学习，对中国近代社会的事件、人物有一个清楚的了解，对近代战争屡战屡败、“落后就要挨打”有一个清醒的认识，具有“国家兴亡，匹夫有责”的社会责任感，最后引导学生讨论交流，总结归纳撰写有独立观点的研究报告。

续表

主题名称	主题十三　没有共产党就没有新中国
主题内容	本活动共有三个主题:1.党的摇篮;2.星星之火,可以燎原;3.五星红旗迎风飘扬,涉及五四运动、南昌起义、秋收起义、万里长征、抗日战争、解放战争等历史事件,通过历史事实让学生对现代以来中国共产党领导中国人民所走过的每一段历史有着深刻认识,从而感受中国共产党人钢铁般的意志和不屈不挠的精神,学生的心灵受到震撼,从而珍惜今天的美好生活。
主题目标	1.了解中国共产党成立背景、过程和意义;中国共产党创建人民军队的历史以及红军长征的意义;牢记先辈的英雄事迹,了解新中国建立以来和改革开放以来取得的成就。 2.学习从不同角度观察、认识、分析社会事物和现象,引导学生在参观、搜集资料、举办演讲会故事会等活动中去感悟和体验。 3.在学习中将历史故事与学生的现实生活相结合,通过体验历史,体会到革命先辈的英雄气概,树立奋发图强的爱国志向,增强民族自信心和自豪感。
活动过程	活动一:《党的摇篮》。通过查资料、看视频等形式了解中国共产党成立的背景、历史意义及在血雨腥风中成长壮大的历程,认识到中国共产党是真正代表广大劳动人民利益的政党。6课时。 活动二:《星星之火,可以燎原》。通过搜集资料、看视频等形式,了解南昌起义、秋收起义、井冈山会师、遵义会议、五次反"围剿"、万里长征、西安事变、抗日战争、解放战争等一连串历史事件及对中国共产党的成长、对中国革命所产生的影响,意识到当初我们的共产党是一个多么纯洁、多么坚韧、多么智慧的政党,只有共产党才能调动人民群众的力量,同心同德,才能让中国革命最终走向胜利。10课时。 活动三:《五星红旗迎风飘扬》。通过查资料、看视频等方式,了解中国共产党成立时的史实,谈谈国旗、国歌、国徽的象征意义及产生的故事,感受九三阅兵对于每个中国人的震撼。2课时。
实施建议	1.查阅、搜集关于五四运动、南昌起义、秋收起义、万里长征、抗日战争、解放战争的资料;包括文字、视频、图片等;搜集查阅有关的历史资料,提前布置学生看有关的电视剧《寻路》等。 2.以专题活动的形式,配合图片和资料卡,小组交流讨论,并在这个过程中,初步形成分析历史问题的能力;以小组为单位,从不同的角度进行分析;学生互相评价,老师点评;制成剪贴报、幻灯片、网页等形式进行展示。 3.通过对各种形式的探究性学习,学生对一系列事件、对历史进程起重大作用的人物有深入的了解,认识到没有共产党就没有新中国,最后引导学生讨论交流,合作撰写研究报告。

续表

主题名称	主题十四　迈入新时代
主题内容	本活动共有两个主题：1.当家作主站起来；2.改革开放富起来，涉及人民代表大会制度、人大代表的选举、公民的权利等，让学生了解我国的根本政治制度，理解“人民是国家的主人，国家的一切权力属于人民”，有主人翁意识，提高参与生活实践的能力和信心。本单元还涉及建国以来在各行业取得的成就和“小康社会”的内涵。建国以来取得的成就是巨大的，通过对过去与现在、国内与国外的情况进行比较分析，学生具有民族自信心和自豪感；通过了解小康社会，使学生意识到自己肩负的责任和使命，激励他们奋发向上的动力。
主题目标	1.懂得我国是人民当家作主的国家，人民是国家的主人；理解公平、公正、民主在社会生活中的现实意义；知道改革开放以来新中国所取得的社会主义建设的辉煌成就。 2.学习从不同的角度认识社会现象，并能清楚地表达出来，具有主人翁意识，具有参与社会的能力。 3.通过竞选活动，展示期末班干部评议场景，体会民主管理的益处；围绕“小康社会”的讨论，进行探究活动，引导学生正确认识祖国发展道路上的艰难险阻，具有责任感和使命感。
活动过程	活动一：《当家作主站起来》。搜集资料、采访，了解我国的根本政治制度，理解人民是国家的主人，理解公平、公正、民主、平等在社会生活中的现实意义，培养学生的公民意识及参政意识。5课时。 活动二：《改革开放富起来》。通过查资料、看视频、讲故事等方式，了解建国60多年来我国在工业、农业、科技、国防等方面的变化，既看到辉煌成就，也要看到与发达国家之间的差距，不能盲目自信自大，认识到一个国家真正的强大应该是每个公民素质的提高，从而让学生意识到“复兴中华，人人有责”。10课时。
实施建议	1.查阅、搜集关于人民代表大会制度、公民的权利、各行各业的成就及什么是小康社会等资料；观看相关的视频片断。 2.以专题活动的形式，配合图片和资料卡，小组交流讨论，并在这个过程中，初步形成分析历史问题的能力。 3.以小组为单位，一人主讲，其余成员补充，分别从不同的角度进行分析；之后学生互相评价，老师点评；制成剪贴报、幻灯片、网页等形式进行展示。 4.学生对建国以来我国的参政议政制度、公民权利等有了一个具体的认识，也有了忧患危机意识及责任感，在此基础上引导学生讨论交流，撰写研究报告。

续表

主题名称	主题十五　世界很小,是个村子
主题内容	本活动共有三个主题:1.村子有多大;2.璀璨的家产;3.与世界同行。涉及村里海陆分布的情况;村里有多少个家庭和地区及分布情况;还以金字塔为切入点展开对世界古代文明的研究。以范例的形式介绍了村里不同的群体、文化和家庭的不同的习俗和生活;最后从经济和政治两方面说明中国与世界的联系。
主题目标	1.了解世界的海陆分布及国家分布等基本常识;了解一些人类的文明遗产;了解多种文化的差异性和丰富性,对不同民族和不同文化的创造持尊重和欣赏的态度;认识中国对世界政治、经济、文化等方面的影响。 2.学生走进世界、关心世界,将自己与世界的发展联系在一起,增进对世界的亲近感,愿意成为一个自立于世界的中国人。 3.提高学生收集、整理、分析资料的能力,学习做专题研究的方法,培养学生利用专题探究解决问题的能力。
活动过程	活动一:《村子有多大》。结合世界地形图、地球仪,查资料先了解世界的海陆分布及主要地形;结合世界政区图,搜集资料,了解国家的分布情况、面积大小。4课时。 活动二:《璀璨的家产》。先搜集资料,以金字塔、汉谟拉比法典、佛教为切入点,展开对世界古代文明的研究;搜集资料了解人类在不同的地方生活,形成了不同的文明、生活习俗和宗教信仰,小组讨论达成共识,尊重欣赏多元的文化习俗。8课时。 活动三:《与世界同行》。看视频、查资料、去商场超市调查,了解中国经济的发展与世界间的联系,更要认识到中国与世界发达国家之间的差距;接下来查资料了解中国在各种国际组织中发挥的作用,对中国跟美国之间的关系有一个初步的认识。6课时。
实施建议	1.灵活运用地图和地球仪,了解相关的世界地理知识;搜集资料:世界之最、世界趣味知识,一些国家的面积、人口、政治、经济、国家特色、国旗、国徽、国歌等知识,金字塔及相关的古文明,宗教知识;有哪些走出国门的产品,加入了哪些国际组织等。 2.观看相关的视频片断,以专题活动的形式,配合图片和资料卡,交流讨论。 3.以小组为单位,一人主讲,其余成员补充,分别从不同的角度进行分析;之后学生互相评价,老师点评;制成剪贴报、幻灯片、网页等形式进行展示。 4.通过各种形式的探究性学习,学习专题研究的方法,引导学生讨论交流,胸怀地球村,热爱历史文化,最后总结归纳、合作撰写有自己独立观点的研究报告。

续表

主题名称	主题十六　战争与和平
主题内容	本活动共有三个主题：1.不堪回首的伤痛；2.秦时明月汉时关；3.永别战火纷飞的日子，介绍了战争给人类带来的不能言说的痛，由身边发生的事件引出日本侵华战争，再到两次世界大战，最后提到当今世界的局部战火，正因如此和平才成为人类共同的话题，分清战争的正义性和非正义性都是相对的，知道联合国是国际社会维护世界和平的组织，中国是维护世界和平的重要力量，为推动世界和平做出应有的贡献。
主题目标	1.了解战争给人类带来的苦难、和平给人类带来的美好生活。 2.学习从不同的角度认识、分析战争问题，尝试作出正确的判断。 3.在交流中能清楚地表达自己的感受和见解，能够倾听他人意见，能够与他人平等地交流与合作。 4.热爱解放军，珍爱生命，热爱生活，爱好和平。
活动过程	活动一：《不堪回首的伤痛》。学生通过书籍、网络、访问等渠道了解二战，了解斯大林格勒战役、奥斯维辛集中营、南京大屠杀、原子弹在日本爆炸始末，清醒地认识到战争带给人的就是血和泪。10课时。 活动二：《秦时明月汉时关》。搜集资料、采访解放军战士，了解解放军所肩负的使命，值得我们每一个人热爱和崇敬。4课时。 活动三：《永别，战火纷飞的日子》。查阅报纸、书籍，了解二战后的世界局势，感受世界人民对和平的渴望。了解现代战争使用的核技术会给人类及生态环境带来巨大的伤害，我国拥有核武器只是为了自卫，是为了维护世界和平。4课时。
实施建议	1.引导学生通过查资料、上网等形式，系统了解世界近现代史上发生过哪些残酷的战争，了解法西斯给世界人民带来的苦难，阐述对战争的看法。 2.观看相关的视频片断，以专题活动的形式，配合图片和资料卡，交流讨论。 3.小组为单位，一人主讲，其余成员补充，分别从不同角度进行分析；之后学生互相评价，老师点评；制成剪贴报、幻灯片、网页等形式进行展示。 4.学习专题研究的方法，引导学生讨论交流，总结归纳、合作撰写研究报告以此表达世界人民反对战争、企盼和平的强烈愿望，增强学生对和平的热爱和追求。

续表

主题名称	主题十七　人类唯一的家园
主题内容	本活动共有三个主题:1.内外兼修的家园;2.伤痕累累的家园;3.为了家园的明天,本单元首先提出地球是我们人类共有的家园,地球哺育了人类,并指出地球受到了伤害,然后让学生探究、寻找地球受伤的原因,在探究基础上寻求解决的办法,以及人们为此采取的行动。
主题目标	1.了解一些基本的地理知识,理解人与自然、环境的相互依存关系,了解当今人类社会面临的一些共同问题。 2.知道中国、世界人口增长情况、各国保护环境采取的一些措施,我国的计划生育政策。 3.学习从不同角度观察、分析社会事物和现象,尝试合理地、有创意地探究和解决问题。 4.关爱自然,感激大自然对人类的哺育,初步形成保护生态环境的意识。
活动过程	活动一:《内外兼修的美好家园》。通过书籍、电视、网络等多种渠道了解地球为我们提供了美丽的生活环境,不仅美丽还神秘,有许多不解之谜;不仅神秘还曾经富有,为人类提供了衣食住行等多方面的资源。人类要感恩大自然的赐予,形成保护生态环境的意识。4课时。 活动二:《伤痕累累的家园》。通过文字、图片、视频等多种媒介认识到人类正在恩将仇报地摧毁着我们唯一的家园;人口的不均衡增长、城市的盲目扩张、无节制地资源开采等已经使家园环境危机四伏,进而树立环境保护意识。6课时。 活动三:《为了家园的明天》。了解各国进行环境保护的行动、措施、法律等,体会为了再现地球的美好,世界各国都在尽一切努力。复兴家园,人人有责,从小形成保护环境的意识。8课时。
实施建议	1.通过图片、资料,介绍地球是目前发现的唯一有生命条件的星球;以学生讨论、探究的情境图,分组调查地球受伤的原因,展示世界各国制定的环保法规和措施,最后展示我们在保护环境方面的做法。 2.观看相关的视频片断,以专题活动的形式,配合图片和资料卡,交流讨论。 3.以小组为单位,由一人主讲,其余成员补充,分别从不同的角度进行分析;之后学生互相评价,老师点评;制成剪贴报、幻灯片、网页等形式进行展示。 4.学习专题研究的方法,引导学生讨论交流,合作撰写有自己独立观点的研究报告。树立环保意识和社会责任感,主动参与力所能及的环境保护活动;理解人与自然、人与人和谐共存的重要,体会"人类只有一个地球"的含义。

续表

主题名称	主题十八　一茶一世界
主题内容	《饮茶的学问》是山东科技版小学六年级下册《综合实践活动》“活动与探究”的第一个主题。茶饮料已经成为国饮，更是人们精神生活的伴侣了，饮茶是古代文人或知己聚在一起必不可少的内容。人在茶事体验中，可以放松心灵，感悟人生。而茶的功能性价值更是让普通大众与之亲密接触。
主题目标	1. 知道茶叶的种类、饮茶的好处以及冲泡茶叶的方法，激发学生的问题意识，培养学生收集处理信息的能力以及提高动手实践能力。 2. 通过查阅资料、方案设计、实践探究、总结交流等活动，激发学生对茶的研究兴趣，逐步形成一种积极的、主动的学习方式。 3. 通过本课的学习，体会劳动的快乐，感受茶文化的魅力，加深对我国茶文化的了解。
活动过程	活动一：《识茶》。了解茶的种类、产地、颜色、味道、功能、保存方法，全方位地认识茶叶。3 课时。 活动二：《饮茶》。了解饮茶的是哪些人，为什么饮茶；介绍茶的各种功效以及如何根据自己的身体状况选择茶叶。2 课时。 活动三：《品茶》。学习品茶，了解水质、水温、茶具、环境、茶叶对茶质的影响，回味茶艺人生。3 课时。
实施建议	1. 课前准备：用各种图片、各种资料，认识不同的茶叶，对饮茶人群调查统计，学习泡茶、敬茶。 2. 活动形式：观看相关的视频片断，开展实践活动，以专题活动的形式，交流了解茶艺。 3. 呈现及评价：学生以小组合作、自主探究的方式，通过识茶、泡茶、饮茶等活动走进茶的世界，一人主讲，其余成员补充，分别从不同的角度进行分析；之后学生互相评价，老师点评；制成剪贴报、幻灯片、网页等形式进行展示。 4. 最后学习专题研究的方法，引导学生总结交流，合作撰写有自己独立观点的研究报告。如：一杯清茶，一段人生；一杯浓茶，一段经历……

第五章　主题课程的基本课型

根据主题活动的目标和内容，我们努力创设主题活动模式，形成了六种不同课型实施主题课程，以期达到更好的学习效果。无论那一种课型，其实施都必须引导学生经历完整的活动过程。以下所列举的六种课型，我们在选用时注意了扬长避短，凸显实践，切实让学生有所知、有所得、有所悟，真正做到融“综合性、实践性、主体性、创造性”于一体。倡导老师在实施时创造性的使用。

一、主题生成课

主题生成课就是在教师创设的情境中，学生通过观察与思考生活背景中的现象与问题，搜集与分析材料，通过自主思考，提出自己感兴趣或关注的问题，然后由小组交流，全班集体汇总、归纳、整理后确立活动主题，学生围绕主题进行主题分解、组建活动小组的课型。这是一个主题活动的起始课，这节课的好坏将直接影响整个主题活动的有效开展。

主题生成课实施的一般流程：

环节一：创设情景，引出主题

环节二：独立思考，提出问题

环节三：小组合作，交流问题

环节四：交流展示，归类问题

环节五：教师指导，形成课题

环节六：选择课题，组建小组

环节七:交流评价,拓展延伸

主题生成课实施注意事项:

1.应重视学生自主提出问题,小组交流后,整合感兴趣的问题,强化问题意识。

2.全班交流主题,可以让学生把小组汇总提出的问题贴在、书写在黑板上,或电脑显现。然后关注问题的梳理和汇总,放弃“是什么”类型问题和没有研究价值的问题,相同内容归类,确定有探究性的小主题进行研究。

3.研究主题要小,主题要适合所任教年级的孩子进行研究,体现问题研究的层次性。

4.在选择研究主题和组建小组的过程中,对研究主题扎堆和小组不要某同学等情况,教师在不影响学生积极性的前提下,进行指导,尽量小组之间研究主题不重复,保证每个学生都有活动小组。

活动设计:

走近珍稀动植物

设计者 冯国珍

【活动说明】

本节课所进行的是A主题六年级上册主题四《有趣的生物群落》里的第二个活动“走近珍稀动植物”,第一课时“确定研究主题”。通过活动,使学生认识到我国很多动植物都处于濒危状态,甚至处于灭绝的边缘。需要我们去认识它、了解它、研究它、保护它们。

【活动目标】

1.采用切实可行的方式、方法,研究我国众多的珍稀动植物。

2.学会小组合作,认真听取他人意见。学会交流,积极发表自己的意见和建议。

【评价设计】

1.能通过图片认识我国珍稀动植物,能够明确从哪些方面去研究、了解珍稀动植物,能更全面、细致地确定研究内容与研究方法。

2.能发挥想象,大胆提出自己的想法,虚心听取他人意见。

【活动准备】

教师准备:珍稀动植物的课件,相关资料

【活动对象】

六年级学生

【活动流程】

环节一:创设情境,导入新课

1.教师播放一组动植物图片

讲解:我们国家有众多的动植物,但由于各种原因,很多动植物已经很稀少了,有些还是濒临灭绝的物种,所以称它们是珍稀的动植物。现在人们已经意识到保护动植物、保护生态环境的重要性,让我们也行动起来,了解珍稀动植物,关注它们,走近它们,保护它们。

【设计意图:通过生动形象的图片,有的还是学生没有见过的珍稀动植物,导入活动,点明主题,起到先入为主的作用,学生纷纷关注起珍稀动植物。调动了情趣,激发了兴趣】

环节二:讨论交流,确定研究主题

1.师:你知道的珍稀动植物有哪些?

学生交流,教师板书。

师:还有很多珍稀动植物大家没有听说过,比如珙桐、桫椤……

(课件展示更多的珍稀动植物,教师板书这些珍稀动植物的名称)

2.师:这么多的珍稀动植物,我们分小组去研究,你们喜欢哪种动物或植物,或者想研究哪种动物或植物,小组交流讨论一下,确定自己的研究主题。

小组讨论交流,教师参与交流。

小组汇报想研究的珍稀动植物。

【设计意图:利用课件展示众多的珍稀动植物的图片,调动了学生的学习兴趣,让学生有更好的视觉感受和更多的选择空间】

环节三:讨论交流,确定研究内容

1.师:明确了小组要研究的珍稀动植物,然后我们要怎么做?

学生交流,发表自己的意见。

(通过点拨,明确要研究什么?怎么去研究?)

2.小组内交流:关于自己要研究的珍稀动植物,要研究哪些方面,怎样去研究,怎样去呈现。

小组交流，教师参与。

3. 汇报交流小组研究成果。

每组汇报完后，其他同学提出自己的想法和建议。

【设计意图：确定研究主题，明确研究内容是本节课的重点，所以要一步一步地走扎实，给学生时间、空间，在同学们充分讨论、交流的基础上思路更清晰，目的更明确】

环节四：提出要求，拓展延伸

通过刚才的汇报，多数小组明确了自己的研究方向和研究思路，看出大家都用心了。下一节课，大家就根据自己小组确定的要研究的内容制定的可行的活动方案，希望课下大家更多的关注珍稀动植物，思考更多的研究内容，把自己要研究的珍稀动植物丰富生动的展示给大家。

【设计意图：明确下一节课的活动是在这一节充分讨论的基础上的，所以要更多的关注珍稀动植物，思考更多要研究的研究内容】

【教师评价】

学生对很多珍稀动植物都不了解，他们知道的就是金丝猴、大熊猫等很少数的几个。所以利用课件展示众多的珍稀动植物的图片，能更好地调动起学生的探究兴趣。

——田燕

我是卖报的小行家

设计者　王　霞

【活动说明】

这节课是三年级上册主题B第三个主题《将来我也要服务社会》第四部分“我是卖报的小行家”的开题课。从一曲耳熟能详的“卖报歌”引入，引导学生思考：你想研究有关报纸的哪些方面？发散学生的思维，从了解报纸的起源、历史、发展、类型、内容、设计、制作、销售等相关问题着手，筛选并确定自己感兴趣的相关内容为研究主题。做好研究前的准备工作，并能够根据自己小组选择的研究主题设计简单的研究方案。为搜集、筛选、整理资料进行简单的研究和汇报做准备。

【活动目标】

1. 了解提出问题的方法，即从多个角度思考问题；

2. 能提出自己感兴趣的问题，并学会对问题进行分类；

3. 能比较准确地表述问题。

4. 小组成员间互相合作，互相尊重，互相学习。

【评价设计】

1. 能从“报纸”出发拓展发散思维，了解提出问题的方法，能从多个角度思考问题。

2. 能提出自己感兴趣的问题，能根据一定的标准对研究内容进行分析和归类。

3. 在交流中用词恰当，清楚表述。

4. 小组成员分工合作，共同选出小组长，明确分工，互相尊重，发挥团结协作的精神。

【活动准备】

1. 教师准备：歌曲《卖报歌》、课件、采访记录表、几份不同的报纸

2. 学生准备：搜集有关报纸的资料。

【活动对象】三年级

【活动流程】

环节一：创设情境，导入新课

1. 教师播放儿歌《卖报歌》。

提出要求：仔细听歌曲，说一说对曲子里的卖报童的感受。

2. 学生简单说感受。

3. 师：刚才儿歌中提到了卖报童卖“报纸”的辛苦，生活中，报纸也常见，老师手里也拿了几份报纸，如果我们对报纸进行研究，说一说，你可以研究报纸的哪些方面？

【设计意图：创设情境，引入课题，激发学生的兴趣，开拓思路、拓展思维】

环节二：自己思考，提出问题

教师给学生独立思考的时间，提出问题，可以在练习本上记录。

环节三：小组合作，交流问题

1. 师：下面请小组成员讨论交流，说一说可以从哪些方面对研究对象进行研究。

2. 小组长汇总小组交流的问题，并选出发言代表。

环节四:交流展示,归类问题

1. 集体交流,发言人表述要清楚,其他同学认真倾听。

2. 教师根据学生的表述在黑板上板书。

3. 老师提出问题:你能根据这些研究内容进行简单归类吗?

估计学生可能汇报的内容:报纸的起源、历史、发展、种类、内容、设计、制作、销售等,可以大体上分为:历史;种类;设计;制作;销售等

【设计意图:从"报纸"拓展出来的研究内容,锻炼学生发现问题、提出问题、多角度思考问题的能力。交流时要求学生清楚表述,锻炼学生的表述能力。对研究内容分类,培养学生归类概括的能力】

环节五:教师指导,形成课题

1. 师:根据刚才大家的归类情况,我们可以从报纸的历史、报纸的种类、报纸的设计、报纸的制作、报纸的销售等方面对报纸进行研究,这样我们全班就成立几个课题小组进行研究,大家还有补充或者建议吗?

2. 学生小组可以商量一下。

3. 学生代表可以发表自己的看法,集体交流评价,确定取舍的问题。

【设计意图:这里教师的引导相当重要,在归类的基础上形成课题,激发学生探究的兴趣,为下一步的研究奠定基础】

环节六:选择课题,组建小组

1. 教师组织指导,参与交流讨论,了解学生自己喜欢的研究内容,指导学生根据意向,成立新的研究内容协作组。

2. 新小组合作,选好新的小组长,并取好自己小组的名字,确定好小组成员的分工情况,为下一步的研究做好的准备工作。

3. 小组成员初步商量准备从哪些方面进行研究,通过什么方式进行?

【设计意图:根据研究内容,重新分组,为以后深入研究打下基础。新小组成员选好小组长,分工协作,为研究做好准备】

环节七:小组交流,拓展延伸

1. 教师引导:如果要进行下一步的研究,大家会怎样研究它?通过什么方式进行?

2. 小组讨论交流。

3. 各小组成员发表自己的意见,全班同学互相借鉴学习。

【设计意图:知道了研究什么,通过小组交流、集体交流拓展延伸到进一步的活动,为下一步"怎样去研究"出谋划策,想办法,提出思路和方法】

【教师评价】

一节主题生成课，让学生了解提出问题的方法，即从多个角度思考问题，锻炼学生的发现问题、提出问题的能力。发现问题比解决问题更重要，拓展学生的思维，开阔思路，又对众多的研究内容进行归类，提高学生概括水平。学生筛选自己感兴趣的内容进行研究，相同意向的同学组成协作组，研究相同的内容，可以更好地发挥各自的作用，提高研究的深度和广度。后面的拓展延伸环节为下一步的活动指明方向。

——曹丽

【学生评价】

我原来不知道报纸里面的学问，原来也没想过这个问题，通过课上老师问，我们想，在家里从电脑中查，才发现原来报纸里面还蕴含着这么多的知识，以后遇到问题，我要多问问题，多想想，多查查，让自己变成一个学问家。

——2011 级 7 班　刘哲源

我们身边的植物

设计者　杨　霞

【活动说明】

本活动出自 A 主题课程三年级上册，第一个活动主题——《我们身边的植物》，这节课是本主题的起始课，是一个主题生成的过程。《我们身边的植物》这个主题活动是引导学生在对身边的植物运用“直接观察法”进行科学的观察的基础上，提出新的问题，通过对问题的筛选、分类，继而确定新的研究主题的过程。

【活动目标】

1. 学会用简单的方法观察并记录周围的植物世界。

2. 在观察的过程中提出问题。

3. 渗透小组合作的意识。

【评价设计】

1. 能大概描述出直接观察法的五个要素，在观察的过程中用文字、图画等简单记录观察内容。

2. 能够比较准确地描述一件事物和根据一件事物提出问题。

3. 能积极主动的参与小组交流，在愉快的气氛中进行小组的讨论活动。

【活动对象】

1.教师准备:幻灯片

2.学生准备:观察校园里的植物

【活动对象】三年级

【活动流程】

环节一:谈话导入,引出主题

1.谈话:校园里、大路旁、山坡上……到处都是植物,你知道它们的名字吗?

2.学生可能会说:大路两旁有柳树、杨树、梧桐树……

院子里有花花草草、葡萄树、阳台上有蔬菜……

家乡的山坡上有桃树、苹果树、梨树……

校园里有芙蓉树、国槐树、杨树、柳树,还有草地、花……

3.老师表扬孩子们关于植物知道的真多,引出今天的研究主题——我们身边的植物。

【设计意图:由身边浅显的事物导入,拉近课堂与生活的距离,提高学生学习兴趣】

环节二:提出问题,形成小主题

1.提出问题

(1)我们的生活离不开植物,我们人类的生存更离不开它,我们身边有好多你熟悉的、喜欢的植物,你想研究植物的什么?请你提出问题。(让孩子们畅所欲言)

(2)学生表述自己的想法(可自愿说或指名说)。

(3)组内交流,组长汇总小组内提出的问题,并记录下来。

组长		组员		我们小组响亮的名字是
小组提出的问题	1.＿＿＿＿＿＿＿＿ 2.＿＿＿＿＿＿＿＿ 3.＿＿＿＿＿＿＿＿			

2.确定主题:

组长汇报小组提出的问题,师生共同讨论、归纳并整理,形成研究小主题。(师幻灯片显示梳理问题,如:植物的果实有哪些种类?植物的花的结构？植物叶子的类型……）

引导学生把植物的花—叶—茎—根—果实—种子—草等作为重点的探究对象和目标，确定正确的切实可行的探索方法。

3.选择主题：

（1）学生在小组内交流，你现在想把哪个问题作为研究的主题呢？

（2）小组交流想法，师生共同了解每组的研究主题。

【设计意图：本环节是这节课的重点，我让孩子们小组合作提出想研究的问题，自主选择小主题，这样学生的自主性得以发挥，有了明显的问题意识】

环节三：拓展延伸

出示幻灯片（七个子课题）

植物这一大课题，我们一共形成七个小的主题，每个小组都根据自己小组同学的兴趣，确立了研究的主题，下节课我们结合自己的研究主题，设计自己的活动方案，注意在设计的过程中要从实际出发，制定切实可行的计划。期待同学们都有满满的收获。

【设计意图：进一步明确要研究的小主题，为下一步研究指明方向】

【教师评价】

本主题生成课，老师让孩子们小组合作自主提出问题，并选择研究小主题，整堂课几乎都是孩子们在活动，老师把主动权还给他们，老师扮演者指导者、帮助者的角色。

——张凤

二、方案设计课

方案设计课顾名思义就是设计活动方案，适当的方案是成功的一半，精明的设计本身就是创新。拟定方案应统筹兼顾活动资源分布与学生的爱好特长之间的关系。在结构上，一般包括活动名称、目的、实施过程、活动准备、时间安排、预期效果等；在形式表达上，一般可采用填表式、过程记录式、计划书式等。具体的设计要充分发扬民主，形成集体合力，应从内容到形式力求方便操作，动态调整，使其能服务于活动，指导于活动。

方案设计课实施的一般流程：

环节一：创设情境，引出主题

环节二：自主探究，设计方案

环节三：师生交流，了解方案

环节四：小组合作，设计方案

环节四：交流展示，明确方案

环节五：小组合作，完善方案

环节六：拓展延伸，落实方案

方案设计课实施注意事项：

1. 在中年级，应先进行方案设计课的方法指导，随着年级的增加，在以后的设计中，就由学生自行设计方案，而不是填现成的表格，体现层次，突出学生的自主性。

2. 在制定方案时，应指导学生注意制定的方案要具有可操作性，各环节要具体，分工明确，落实到人。

3. 围绕设计方案的各活动环节中教师只是指导者，要让学生自主习得方法，获得知识体验，为顺利开展下面的活动提供保障。

方案设计课活动设计：

走近珍稀动植物

设计者　冯国珍

【活动说明】

本节课是A主题六年级上册主题四《有趣的生物群落》里的第二个活动“走近珍稀动植物”，第二课时“制定活动方案”。在充分讨论研究内容和方法的基础上，制定合理可行的活动方案，研究并呈现各种珍稀动植物。

【活动目标】

1. 制定切实可行的活动方案研究珍稀动植物，活动过程完整有效，尝试设计不同的成果展示形式。

2. 明确任务，合理分工，学会组建团队的方法，学会小组合作，。

3. 认真听取他人意见，学会交流，积极发表自己的意见和建议。

【评价设计】

1. 能够从研究内容、方法、过程、呈现形式等方面设计制定较全面、可行的活动方案。学会活动过程的设计。

2. 能够根据自己的实际选择自己的任务，主动配合小组活动，积极发言，献计献策。

3.能够及时听取、采纳他人的意见和建议,表达自己的想法。

【活动准备】

教师准备:如何有效的组织教学活动,怎样指导制定研究方案。

学生准备:搜集有关珍稀动植物的资料。

【活动对象】六年级

【活动流程】

环节一:创设情境,导入新课

1.师:上一节课我们就小组要研究的珍稀动植物的内容与方法进行了研究和讨论,小组首先交流回顾一下。

小组讨论交流。

2.指定两个小组来说一说他们要怎样进行研究。其他同学给出合理意见。

【设计意图:学生通过充分讨论、交流,思路更清晰,目的更明确,制定的方案才更实用】

环节二:讨论交流,制定方案

1.师:确定了小组研究的珍稀动植物,你们准备怎么研究,从哪些方面去研究。

小组讨论交流

2.小组制定研究方案。

(1)小组讨论研究方案需要哪些方面的内容,怎样设计活动方案。

(2)小组在讨论的基础上制定出切实可行的活动方案,

附例:

班级“科学任我行”小组活动方案

组长是谁		组员有谁	
我们要研究			
活动时间			
研究方法策略			
我们组的人员分工			

续表

活动过程、步骤		
怎样展示我们的成果		

3. 汇报交流研究方案。

师:每个小组在研究、讨论的基础上,制定出了自己的研究方案,做得怎么样呢? 我们就来交流交流,看每组设计的方案可行不可行,有什么需要修改和改进的地方。

小组汇报,大家交流。

4. 修改完善研究方案

每组汇报完后,其他同学提出自己的意见和建议,小组再修改完善。

5. 教师总结。

通过刚才的汇报,多数小组设计的方案比较好,看出大家都用心了。我们的活动方案本着新颖、全面、实用的原则,研究过程中可以结合我们的探究适当的调整、完善。

【设计意图:设计活动方案是本节课的重点,所以要一步一步地走扎实,给学生时间、空间,在同学讨论、交流的基础上设计出新颖、实用的活动方案】

环节三:拓展延伸,落实方案

师:希望课下大家完善自己的方案,并根据自己小组制定的活动方案,积极参与,认真研究,用自己喜欢的方式把你们的活动成果展示给大家。

【教师评价】

方案设计在三年级就有所涉及,学生已经具备了相应的规划、设计能力，因此本课的设计更注重对内容的分析，对可操作性提出了更细致的要求，这样的设计符合学生的年级特点。

——田燕

我为卖报做方案

设计者　王　霞

【活动说明】

本节课是主题B三年级上册第三个主题《将来我也要服务社会》第四部分“我是卖报的小行家”里面的第二课时：我为“卖报”做方案。要求学生了解方案的含义，学习设计“卖报”方案，锻炼做事之前进行规划的思想，培养学生规划的能力。

【活动目标】

1. 初步为卖报活动做简单方案：了解方案设计的内容、一般步骤和过程，锻炼在活动之前做好准备的规划思想。

2. 在体验学习、合作学习过程中锻炼不断改进、反思和完善的自我修正能力；形成全面考虑问题、分析问题、尽量把方案做周全的意识和水平。

3. 逐步形成尊重别人、尊重小组同学意见，善于学习、乐于听取别人合理化建议的合作学习能力。

【评价设计】

1. 集体交流中，了解做事之前的规划，就是方案设计。小组交流中思考方案设计包含的内容，集体交流中明确制定方案的一般步骤和过程。

2. 小组团结、分工协作（写或画表设计内容），每人至少设计2项内容，制定完善方案，采取文本式或者表格式完善方案设计，设计内容不少于7项。尽量把方案做周全。

3. 小组成员间相互尊重，能大胆发表自己的看法，并善于倾听组员的意见，能不断完善自己组的方案设计，培养团队合作的精神。

【活动准备】

1. 教师准备：课件、方案设计表

2. 学生准备：采访卖报人

【活动对象】三年级

【活动流程】

环节一：开门引题，明确要求

同学们，上一节课，我们学习了怎样去采访，还有的同学采访了卖报人，下一节课我们将走上街头、去体验社会，亲自进行卖报的实践活动。这节课，我们就为这次卖报活动做一个计划，也就是为卖报活动设计一个方案。板书课题——我为卖报做方案。

【设计意图："方案"这个词，三年级的学生可能不是太清楚，解释成为卖报实践活动做计划，孩子们可能就理解了，开门见山，直接明确要求，奔入主题，清楚、明了】

环节二：小组合作，初制方案

1. 分小组讨论。

小组内交流：卖报中需要注意什么问题，准备从哪些方面为卖报做方案，设计初步的方案内容。

2. 明确合作要求。（大屏幕展示）

（1）小组合作，经历补充、完善的过程，从而确定自己小组活动方案的内容。

（2）小组合作时，注意成员间互相尊重，善于倾听、相互学习。

3. 全班交流方案中想到的问题：

A. 参与卖报的小组成员名单，确定小组长；

B. 安全问题（有家人陪同）；

C. 报纸到哪儿去批发的问题，（可以到邮局批发，也可以到卖报人处批发）；

D. 商议卖报的时间、选好卖报地点（人多的地方，比如：公园、车站、小商品市场、商场附近等）；

E. 报纸类型，人们喜欢看什么报（可以访问卖报人）；

F. 报纸批发的价格，卖出的价格；

G. 卖报时要注意文明礼貌及卖报的技巧问题。

H. 卖报中需要携带的工具（为保留资料可带照相机、摄像机、录音笔等工具）……

【设计意图：本环节重在增强学生思考问题的周密性，增强学生的规划设计的能力，发挥了小组合作的优势和作用，同时为小组合作提出合理化的合作要求，避免小组成员之间不必要的纷争，为活动顺利进行，打下情感上的合作基础。在小组合作的基础上，再发挥集体交流的作用，各小组都在倾

听中学习，为下一步不断补充、修正、完善自己小组的方案奠定基础】

环节三：小组讨论，完善方案

1. 小组合作，完善方案，可以采取文本式，也可以采取表格式。

2. 自己小组根据小组内同学意见，在倾听其他同学想法的基础上，完善方案设计的内容。（包括活动的时间、参加的人数、批发卖报的钱、卖什么样的报纸、到什么地方卖报等等）

3. 把能够确定的方案内容填写完整。

环节四：交流展示，评价方案

大屏幕出示温馨提示：

(1)小组展示自己的活动方案的时候，注意成员间的分工合作，明确各自的汇报内容。

(2)给全班汇报时，声音要响亮，语言言简意赅，干脆、利落。

(3)其他同学认真听，给他们提出建议或意见，并能给予适当评价。

附："卖报体验"主题活动方案

<table>
<tr><td>研究主题</td><td colspan="5">卖报体验</td></tr>
<tr><td>小组名称</td><td></td><td>组长</td><td></td><td>小组成员</td><td></td></tr>
<tr><td>活动时间</td><td colspan="2"></td><td>活动地点</td><td colspan="2"></td></tr>
<tr><td>报纸批发价格</td><td colspan="2"></td><td>卖出价格</td><td colspan="2"></td></tr>
<tr><td>报纸类型</td><td colspan="2"></td><td>工具准备</td><td colspan="2"></td></tr>
<tr><td>卖报技巧、注意问题等</td><td colspan="5"></td></tr>
<tr><td rowspan="3">成员分工</td><td></td><td colspan="4"></td></tr>
<tr><td></td><td colspan="4"></td></tr>
<tr><td></td><td colspan="4"></td></tr>
<tr><td>预期成果（可能成功，也可能失败，怎么办）</td><td colspan="5"></td></tr>
<tr><td>活动总结</td><td colspan="5"></td></tr>
</table>

【设计意图:小组合作制定方案,并能把方案中能够确定下来的内容填写完整,尊重各个小组自己的意见,保持其小组方案的个性特色,其他小组同学根据汇报内容给予评价,或者提出合理化的意见或建议,促进了合作学习,让计划做得更加完善和周密】

环节五:情景表演,"我当报童"

(找几位同学当小报童向同学们卖报)

1.先小组内演练,再每一小组评选一名同学全班演练。

2.学生评价。(评价时注意评价优点、缺点,可以提出补充意见、良好建议等)

【设计意图:情景表演,让孩子们在模拟练习中增加更多的实践经验,从自我的模拟练习中扬长避短,在他人的模拟练习中借鉴学习,为我所用。为进一步走向社会实践,提供经验支持,增强了学习的兴趣,提高的实践能力】

环节六:拓展延伸,卖报实践

教师提要求:

1.同学们按指定的卖报活动方案,利用周末在家长、老师的协助下,去体验卖报实践活动,并逐步完善卖报的方案设计。

2.下一节课的时间各小组交流卖报感受和体验。

【设计意图:这个环节是为下一节课做好充分的准备,让学生提供完善的活动方案及活动总结,方向性和目标性进一步完善。为下一节课的顺利开展奠定基础】

【教师评价】

本节方案设计课让更多的孩子发挥了自己的主动性,小组合作研究制定、完善方案的内容,孩子们明确了怎样设计方案。重视了对学生方法的指导,尤其是学生的社会实践,锻炼了孩子适应社会、走向社会的能力,并能够从中收获一些社会体验,使本节课的目标得到了严格落实,值得学习。

——刘宗艳

【学生评价】

这节课我们学习了怎样制定方案设计,我知道了方案制定的方法,还知道了方案里都有哪些内容,今后我还会制作更多的方案。

——2012 级 3 班　张甲芃

善变的水精灵

设计者　张　凤

【活动说明】

本活动出自五年级A主题课程上册，第五个活动主题——《善变的水精灵》，是一个活动方案设计的过程。这个主题活动要求对学生生活中熟悉的水的变化现象进行科学的梳理和归纳，在充分了解水的变化的基础上深入了解这些变化所需要的条件。学生已经在三年级和四年级初步学习和了解了“设计活动方案”的要点和方法，本节课是在学生原有经验的基础上，加强对活动方案设计的方法和技巧的掌握，把从其他学科学习到的知识运用到新的活动方案的制定过程中，为学生的活动方案的制定提供知识和方法的指导。

【活动目标】

1. 以小组讨论、交流的方式，设计出关于蒸发、沸腾、凝结的可操作的活动方案。

2. 通过交流，进一步提高方案设计能力，完善所设计的活动方案。

3. 乐于合作交流，能够用客观的态度表达自己的不同意见的同时接受合理的建议。

【评价设计】

1. 在活动方案中能根据主题的特点利用简单的图示、表格、统计图等方式让活动方案设计更严密。

2. 在交流过程中完善之前的知识储备。不仅掌握水的变化的相关知识，同时对于一个完整活动方案的要素充分了解，在此基础上完善活动方案。

3. 乐于参与小组活动。在交流的过程中能够清晰的表达自己的想法和依据，做到认真倾听别人的意见，尊重事实和证据，对于合理的建议予以采纳。

【活动准备】

1. 教师准备：活动方案表、教学课件。

2. 学生准备：直尺等绘图工具。

【活动对象】五年级

【活动流程】

环节一：回顾交流，引出主题

出示大主题《善变的水精灵》

1. 关于善变的水精灵，我们有了初步的了解，大家也围绕着水的变化提出了很多的问题（出示上节课整理好的问题），下面，请小组的同学一起讨论一下，你最想研究哪个问题。

2. 学生讨论后确定主题。

【设计意图：通过出示上节课围绕主题提出的问题的方式对前面的知识加以回忆和梳理之后，让学生尽快进入探究的状态来，打开的不仅仅是学生们的嘴巴，还有他们的大脑】

环节二：自主探究，设计方案

1. 师生交流，了解方案；

在设计方案的过程中，你有什么要和其他同学分享的经验？

2. 小组合作，设计方案；

师生共同交流后确定自己小组想要研究的问题，根据问题设计方案。

3. 交流展示，明确方案

各个小组汇报自己小组的方案，其他同学提出自己的意见，

4. 小组合作，完善方案

根据大家的意见，修改完善自己小组的方案。

【设计意图：这个环节是本节课的重点环节，在小组合作围绕着确定的主题讨论的过程中，每个同学可以在交流的过程中验证自己的想法，也可以从同伴那里获得新的想法，在这个过程中逐步掌握和完善对活动方案设计的能力，同时，在小组交流的过程中学会做一个善于表达和倾听的成员。方案的设计没有固定模式，让学生用自己喜欢的方式去设计和表达，加入再其他学科中所学习到的能力，让这个过程变成一个自由的综合运用的过程】

环节三：拓展延伸，落实方案

1. 通过这节课学习，你对活动方案的设计有了哪些新的收获？

2. 课下继续完善自己的方案。下节课，根据自己的方案，进行实验活动。

【设计意图：通过这个环节，可以让学生对设计活动方案的方法有个完整的印象，并为下节课实施方案打下基础】

【学生作品】

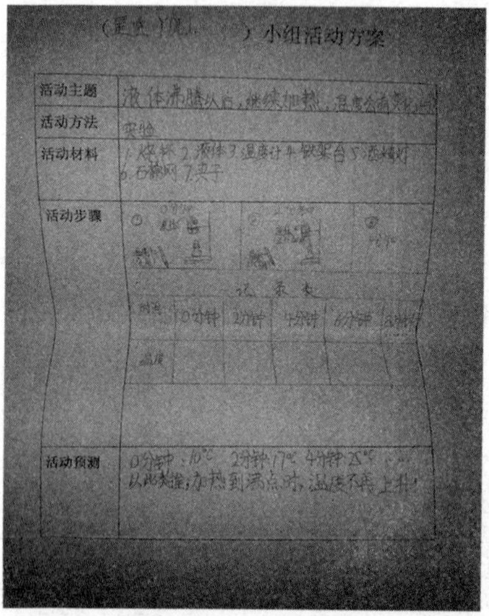

（星点YHL ）小组活动方案

活动主题	液体沸腾以后，继续加热，温度会有变化吗
活动方法	实验
活动材料	1.烧杯 2.液体 3.温度计 4.铁架台 5.酒精灯 6.石棉网 7.夹子
活动步骤	① ② ③ 记录表 时间：0分钟、2分钟、4分钟、6分钟、8分钟 温度
活动预测	0分钟 10℃ 2分钟 17℃ 4分钟 25℃ 以此类推，加热到沸点时，温度不再上升！

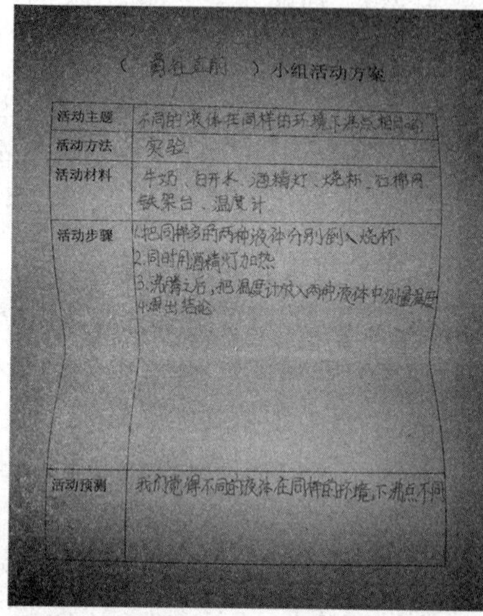

（ 勇往直前 ）小组活动方案

活动主题	不同的液体在同样的环境下沸点相同吗
活动方法	实验
活动材料	牛奶、白开水、酒精灯、烧杯、石棉网、铁架台、温度计
活动步骤	1.把同样多的两种液体分别倒入烧杯 2.同时用酒精灯加热 3.沸腾之后，把温度计放入两种液体中测量温度，得出结论
活动预测	我们觉得不同的液体在同样的环境下沸点不同

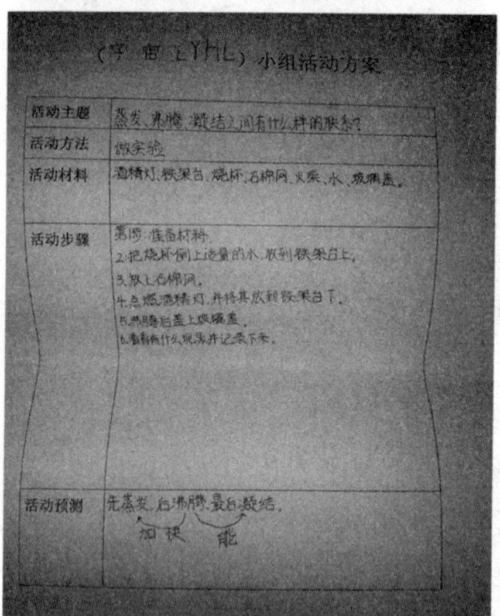

（宇宙YHL）小组活动方案

活动主题	蒸发、沸腾、凝结之间有什么样的联系？
活动方法	做实验
活动材料	酒精灯、铁架台、烧杯、石棉网、火柴、水、玻璃盖。
活动步骤	第一步：准备材料 2.把烧杯倒上适量的水，放到铁架台上。 3.放上石棉网。 4.点燃酒精灯，并将其放到铁架台下。 5.沸腾后盖上玻璃盖。 6.看看有什么现象并记录下来。
活动预测	先蒸发，后沸腾，最后凝结。 加快 能

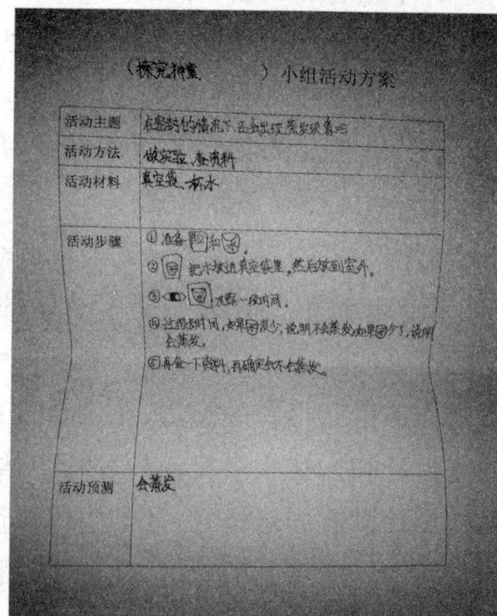

（探究神童 ）小组活动方案

活动主题	在密封的情况下还会出现蒸发现象吗
活动方法	做实验、查资料
活动材料	真空袋、杯水
活动步骤	①准备[图]和[图]。 ②[图]把杯子放进真空袋里，然后放到室外。 ③[图][图]放置一段时间。 ④过段时间，如果[图]没少，说明不会蒸发；如果[图]少了，说明会蒸发。 ⑤再查一下资料，再确定会不会蒸发。
活动预测	会蒸发

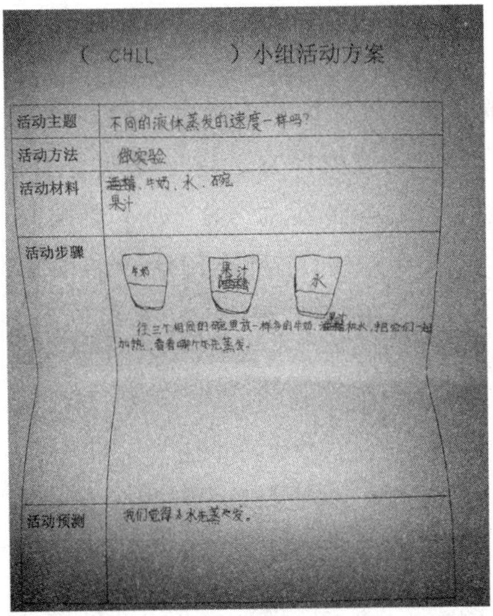

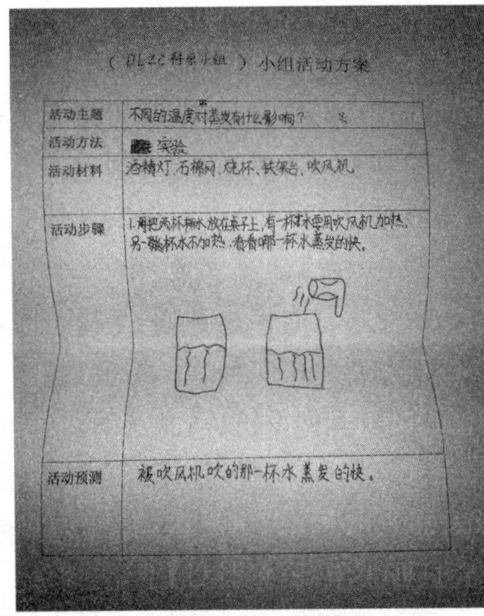

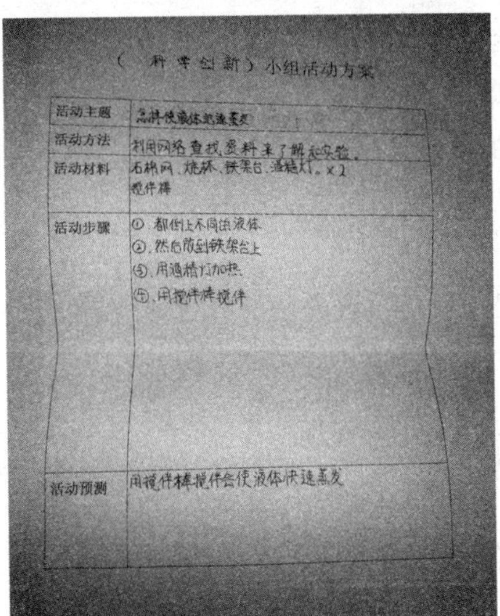

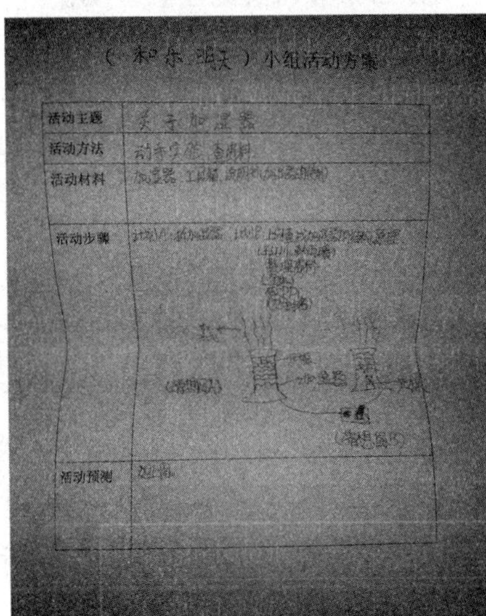

【教师互评】

这是一节让学生在思维和行动中都动起来的课，在思维的碰撞过程中，学生学会了把自己的想法传递给周围的人，学会了接受不同的质疑。同时在整个活中的过程中，原有设计活动方案的能力得到了巩固，同时又获得了新的能力，孩子们在课堂中的表现充分说明他们的潜力都被激发了出来，是一节有活力有收获有成长的课。

——沈翠平

三、方法指导课

人常说:“学好数理化,走遍天下都不怕”,可以说学生学会各种方法,主题活动都不再是难事,使他们的主题活动如虎添翼。方法指导课就是引导学生通过自主实践体验,探究掌握主题活动的各种活动方法,如学会探究,学会调查,学会总结交流,学会评价与反思等方法,它是主题活动的前提。方法指导课是有层次性的,年级不同,方法指导的难易程度和要求也不同。

方法指导课实施的一般流程:

环节一:创设情境,发现问题

环节二:自主学习,探究方法

环节三:实际运用,亲身体验

环节四:总结提升,拓展延伸

方法指导课实施注意事项:

1.创设丰富情境,让学生在轻松愉悦的氛围中习得活动方法。

2.学生通过自我思考,小组合作等方式,自主探究掌握活动的各项方法。注意学生的亲身体验,主动获取知识,而不是教师呈现。

3.老师要做好引领者,适时进行点拨,特别是方法中的重点地方,充分体现方法指导课的指导性。

4.注重学生的实践体验,为学生提供模拟实践方法的舞台,并在今后的活动中能自如运用所掌握的方法指导主题活动。

方法指导课活动设计:

怎样进行实地考察

设计者　冯国珍

【活动说明】

本节课是六年级上册主题四《有趣的生物群落》里的第二个活动“走近珍稀动植物”的第三课时“怎样进行实地考察”。了解我国的珍稀动植物,可以首先考察一下济南的珍稀动植物,学生在学习了怎样进行参观、调查、访问的基础上,学习怎样进行实地的考察,提升学生综合运用的能力。通过本次活动,使学生了解怎样进行实地考察,明确考察内容,制定考察方案。

【活动目标】

1. 学习与交流，了解怎样进行实地考察，并设计制定考察方案。

2. 小组活动，培养同学之间的团结合作和解决问题的能力。

3. 增强热爱济南、保护珍惜动植物的公民意识，形成良好的社会责任感。

【评价设计】

1. 能够了解进行实地考察的一般步骤，做好实地考察前的准备工作、明确考察的注意事项，设计出切实可行的考察方案。

2. 小组同学能积极合作，大胆提出自己的想法，虚心听取他人意见。

【活动准备】

教师准备：如何指导学生制定实地考察方案，相关资料

学生准备：搜集有关实地考察的方法、步骤、注意事项等。

济南的珍稀动植物有哪些，图片与分布。

【活动对象】六年级

【活动流程】

环节一：创设情境，导入新课

1. 师：同学们，今天老师带来了一些图片，请欣赏。

（播放济南动物园和泉城公园的动植物图片）

这些地方你们熟悉吗？学生交流。

2. 师：对，这些环境优美的公园是我们最喜欢去的地方，在这里有我们要研究的珍稀动植物。谁来说说我们济南有哪些珍稀的动物和植物。

学生交流。

3. 俗话说得好：百闻不如一见。今天，就让我们走近这些动物和植物——实地考察济南的珍稀动植物。

【设计意图：通过栩栩如生的图片和学生对去公园进行实地考察济南的珍稀动植物的欲望，调动起学生的学习兴趣，自然进入下一环节——制定考察方案】

环节二：讨论交流，指导方法

1. 什么是实地考察

学生发表自己的意见。

小结：有些问题，我们可以借助查阅资料（如上网）解决，但大多数问题，需要我们亲自到现场看一看，去体验感受，或实地的验证一下，甚至现场调

查采访专业的人士，获得更详细、更生动的资料。实地考察是我们研究问题、验证信息的有效方法。

2. 实地考察的基本要求

实地考察与一般去公园游玩有什么不同？

小组讨论，交流。

归纳：带着问题，认真仔细，边看边记，看、听、问、数、试……

小结：有效地进行实地考察的要求就是要有明确的目的、科学的态度、具体的任务、恰当的方法。

3. 设计实地考察的要点

知道了什么是实地考察，以及实地考察的基本要求，大家认为在实地考察前我们需要做哪些工作？

（设计制定考察方案）

考察前我们需要先制定考察方案，大家认为考察方案需要设计哪些内容？

小组讨论交流。

汇报交流，教师适当归纳，并板书主要内容：

(1)确定考察主题，每一组准备考察什么；

(2)选择考察地点，选择哪个公园去考察，考察地点要典型，有代表性；

(3)选择考察时间，准备什么时候去考察(星期六、星期天、秋游时)；

(4)确定考察内容，到公园去考察哪些具体的内容

这是考察的重点，内容应该涉及到：

①了解珍稀动、植物的外形特征、生活环境、生长状况、生存现状、保护措施、有趣的故事等，

②了解珍稀动植物带给人类的价值—观赏价值、药用价值、经济价值、科学研究价值、开发利用价值等。理解珍稀动植物珍稀的原因。

(5)设定考察方法：观察、访问、调查、拍摄、录像、记录、量一量、测一测、听听故事、逗一逗动物……，学习用多种方法进行考察。

(6)准备考察器材，照相机、录像机、本子、笔等；

(7)明确小组人员分工，拍照、量一量、做标本、提问、记录……

(8)明确考察中的注意事项，整体观察方法灵活及时记录注意安全；

(9)整理分析考察情况，考察活动结束后，对考察情况整理分析，深入思考，追根溯源，寻求对策。

师小结：我们对进行实地考察前的准备工作进行了讨论、交流，使考察工作更加有的放矢。

【设计意图：先让学生讨论，自由发表意见，充分尊重学生的自主性，通过交流，了解什么是实地考察，明确实地考察的基本要求和考察要点，从而对实地考察有更深的理解和把握。相信学生能够设计出更加切实可行的活动方案】

环节三：小组合作，设计活动方案

1. 师：通过讨论交流，我们对实地考察有了更深的了解，我们不打无准备的仗，不做无准备的事，下面请大家根据我们刚才的讨论，设计出切实可行的考察方案。

学生小组活动，制定考察方案。

2. 师：通过大家的努力，各小组都制定出了自己的活动方案，是不是可行呢？还有什么需要修改的地方？下面请小组汇报你们的活动方案，大家帮助完善。

小组汇报，大家交流，完善方案。

师小结：我们制定了活动方案，就要严格的按照活动方案去执行，

【设计意图：通过小组合作、讨论交流、修改完善，经历制定方案的全过程。有了完整可行的实地考察方案，才能更好地进行实际的实地考察】

环节四：联系实际，拓展延伸

1. 拓展训练

生活中实地考察的方法应用非常广泛，你知道还有哪些情况会用到实地考察？

2. 总结延伸

今天，我们具体学习了解了一种研究方法——实地考察。知道在进行实地考察时，首先做好考察前的准备工作，要统筹安排好工作，设计好活动方案，打有准备的仗。考察中认真全面地做好考察工作，注意安全。考察后及时进行分析整理，思考和总结，相信我们的考察活动在我们的努力下一定会圆满成功。

【教师评价】

冯老师充分让学生通过自主探究，掌握了实地考察的方法，相信他们修改后，会在后面的活动中落实他们的方案。

——张光霞

采访小达人

设计者　王　霞

【活动说明】

本节课，是三年级上册主题B第三个主题《将来我也要服务社会》第四部分“我是卖报的小行家”里面的第3课时“采访卖报人”，了解什么是采访，学习设计采访提纲，掌握采访的技巧，积累采访的经验。

【活动目标】

1. 了解什么是采访，知道采访的一般步骤。

2. 学会设计采访提纲，经历制作、完善采访提纲的过程。

3. 在参与采访的模拟演练活动中，初步掌握采访的技巧，明确采访需要注意的问题，获得采访的实践经验，锻炼提出问题和解决问题的能力，提高自己与人交往的能力，感受采访的乐趣。

【评价设计】

1. 通过集体交流，知道采访的意思。明确采访的步骤：采访前约定采访时间和地点，准备好工具、设计好问题；采访中能根据设计问题提问，多用“请”“您好”“谢谢”等文明礼貌采访，注意随机应变；采访后能对采访资料进行简单的分析和总结。

2. 小组合作，根据采访步骤，设计采访提纲，完善提纲的项目内容至少7项，并在集体交流中逐步补充完善采访提纲。

3. 在实际的模拟演练中获得实践经验，并在过后的评价总结中总结经验。

【活动准备】

1. 教师准备：视频、课件、采访记录表、金点子卡、评价表

2. 学生准备：搜集有关采访的资料

【活动对象】三年级

【活动流程】

环节一：师生交流，引出课题

1. 同学们，我们一起来看一段视频。如果你是一名小记者，现在你要对信函分拣员叔叔进行采访，请大家边看边想，你想怎样采访他？

2. 播放视频：信函分拣员的“真功夫”。

3. 谁来试着采访一下信函分拣员叔叔？（指名几名学生进行采访，其他同学可以评价，发表自己的意见）

4. 像刚才这样，我们要想了解一些特定的人，就要向他们请教，来获取我们想要知道的资料和信息。这时我们就需要进行采访。这节课我们就来体验当采访"小达人"。（板书课题）

【设计意图：一段"信函分拣员的真功夫"视频，对学生的思想产生较大的冲击和震撼作用，感受邮递员工作的辛苦，为"怎样采访"做好铺垫，为学生进行采访提供丰富真实的视频资源】

环节二：小组交流，了解采访

1. 同学们，你有过采访活动的经历吗？说一说采访一般有哪些步骤？先跟小组内的同学说一说，然后集体交流。

2. 交流、梳理、汇总采访的一般步骤：

学生总结归纳，教师指导：

(1)采访前要进行精心准备，设计采访提纲。

(2)注意采访中的一些问题。（如：设计好采访问题，采访中认真倾听，注意文明礼貌，做好采访记录；随机应变等）

(3)采访后要对材料进行整理和分析，形成自己的总结。

3. 设计采访提纲：

师：请大家根据采访的步骤，为采访活动做一个周全的计划、设计一份采访提纲。可以采用文本式，也可以列表。

4. 汇报交流，学生小组的采访提纲不断补充完善。

<table>
<tr><td>采访时间</td><td></td><td>采访地点</td><td></td></tr>
<tr><td>采访对象</td><td></td><td>采访人员</td><td></td></tr>
<tr><td>采访准备</td><td colspan="3"></td></tr>
<tr><td>采访目的</td><td colspan="3"></td></tr>
<tr><td>问题设计</td><td colspan="3">1.
2.
3.</td></tr>
<tr><td>采访总结</td><td colspan="3"></td></tr>
</table>

【设计意图：了解采访的步骤和方法，设计采访提纲为下一步的采访活动打下基础，提纲是在小组合作中完成，又在全班交流中不断丰富和完善，充分体现了学生的个性化学习】

环节三：模拟采访，实践体验

1. 在刚才的学习中，我们掌握了采访的一些基本常识，孩子们，想试试现场采访吗？来，采访一下我吧！采访一下你的同学！学生当堂模拟采访，实践体验，学生评价。

2. 难度加大一点，我们尝试着采访一下卖报人。（小组内演练，集体交流，集体评价）

3. 谈采访感受。

【设计意图：现场模拟是学生真刀真枪的演练，学生在同位合作中相互学习、相互展示和锻炼，又在全班的总结采访经验活动中，不断反思，为下一步真实的采访实践活动提供锻炼的机会】

环节四：总结交流，明确方法

引导学生总结采访经验，先小组交流，再集体交流。

A. 采访前进行沟通，设计好采访提纲等。

B. 设计好采访问题，语言表述要清楚。

C. 注意文明礼貌、灵活应变等。

D. 采访后对资料进行整理等。

【设计意图：经过现场演练的交流总结，方法的体验才会更加的真实和具有指导意义，可以应用于更多的采访活动中】

环节五：明确任务，课外实践

师：今天的采访活动，我们学会了采访的一些基本常识，也尝试了开展采访活动。我觉得最有收获的是很多同学克服了胆怯害怕的心理，勇敢地展示了自己。课下，请同学们亲自进行采访实践，了解你想了解的人，下节课我们进行采访交流。

【设计意图：小结中，学生的思路进一步明确，为下一步的采访布置实践任务，让学生初步进行简单采访寻找机会，提高实践经验】

【教师评价】

本节课既有理论知识的系统性，又有实践经验的真实演练，学生在自我的设计、小组合作的学习、集体的完善补充中不断反思和学习，充分调动了学生学习积极性、自主性，提高了学生采访的水平和能力。——杨霞

【学生实践】

第一组:2011 级 7 班的单子翀、王金慧、李妍、国米同学采访“麦当劳”

第二组:2011 级 7 班的张杨岳、张梦茹采访交警。

我们一起来观察

设计者 袁永梅

【活动说明】

本活动出自三年级 A 主题课程下册，第二个活动主题——《身边的动物》，是一个方法指导的过程。《身边的动物》这个主题活动要求对学生熟悉的动物进行科学地观察，学生已经在上学期学习和掌握了“直接观察法”观察植物，本活动是在“直接观察法”的基础上，加深对观察法的学习和运用，掌握更多观察的方法，为学生的观察活动提供知识和方法的指导。

【活动目标】

1. 回顾和整理对直接观察法的认识和理解。

2. 学习和掌握间接观察法的常用方式。

3. 小组合作，对金鱼进行科学的观察活动。

【评价设计】

1. 能清楚的说出直接观察法的五个要素。

2. 能根据实物选择适当的工具（直尺、放大镜、镊子、昆虫观察盒等）进行进一步观察。

3. 能小组分工合作，选择适当的方法对金鱼进行实际观察，并能用自己的语言和相应的数据把观察结果记录下来。

【活动准备】

1. 教师准备：课件、观察表、金鱼、放大镜、镊子、昆虫观察盒等

2. 学生准备：课前通过上网、访问等方式，了解观察的一般方法，学具、动物图片等

【活动对象】三年级

【活动流程】

环节一：图片交流，引出课题

1. 欣赏美丽的动物图片。

2. 导出研究主题——观察动物。

我们要了解动物，离不开观察，观察是我们获取信息的重要渠道，也是科学探究的基本方法。

【设计意图：通过对各种动物的欣赏，直接揭示本活动的研究主题，学生

体验动物的多样性，理解动物有各自的特点，启发学生观察动物的特点】

环节二：讨论交流，明确方法

1. 在进行观察之前，我们应该对观察的基本内容有相应的了解。观察有哪些基本内容呢？

2. 小组讨论、学生交流

(1)在观察之前首先要确定观察什么，即明确观察对象。

(2)确定观察对象之后，我们可以选择观察它的外表、生活习性、运动方式、繁殖……即确定观察内容。

3. 在确定了观察对象和观察内容之后，我们要选择适当的方法进行观察活动。小组讨论：你知道有哪些观察的方法？我们可以通过什么方式获得更详细和准确的结果和数据？

4. 学生交流

学生通过整理课前了解的知识，结合已经掌握的直接观察法，明确可以通过看、听、尝、闻、摸的方法进行观察，还可以利用适当的工具(直尺、放大镜、镊子、昆虫观察盒等)进行观察，有的内容需要长期观察等。教师在学生交流的基础上，根据对学生的了解对学生交流活动加以引导，让学生明确要按一定顺序观察和抓住特点进行观察。

5. 在观察的过程中，我们还应该注意什么？

小组讨论、学生交流：要在自然的状态下观察，要保护环境、注意安全、及时记录、持之以恒……

【设计意图：通过学生的讨论、交流，学生主动发现，整理观察的一般方法，为学生们即将进行的观察金鱼的活动做好知识和方法的指导和铺垫，为学生将来独立的设计实验方案树立信心，同时也是学习了设计方案的一般过程，这就是培养学生科学素养的过程】

环节三：动手实践，科学观察

1. 你准备选择什么样的观察方法和工具对金鱼进行观察？请为“观察金鱼”的实践活动设计一个比较科学合理的观察方案。

2. 设计方案的过程当中，教师巡视指导，针对小组活动特点深化对所学方法的理解，即对“按一定顺序观察”和“抓住特点观察”的认识和实践。

3. 汇报交流，反馈方案设计情况。

4. 小组合作，按照本小组制定的观察方案对金鱼进行观察，选择适当的方法和工具，以取得相应的结果和数据，并把这些结果和数据记录下来。

5. 教师指导。根据小组的活动特点，进一步落实知识即按一定的顺序观察和采用适当的方法观察。指导活动方式即团结合作、团队意识，发现和处理活动问题，鼓励创新和发现新问题。

【设计意图：把科学知识运用到学生感兴趣的实践活动中，知识与实践相结合，是科学探究活动的必要过程。对金鱼的实践观察，给学生形成了深刻的活动体验，为保持和培养他们对探究的兴趣，意义重大】

环节四：总结展示，评价反思

1. 总结交流及评价，学生交流观察体验和收获，并提出新的问题。生生、师生之间进行评价并提出建议。

2. 课题延伸，运用所学方法，对家庭或生活中感兴趣的动物进行观察，并进行记录。

【设计意图：通过小组成员之间、老师和小组间的评价，学生认识到自己应该怎样进行合作活动，总结了自己的收获和不足，学生们肯定了自己的成果，同时了解了自己改进的空间。在高涨的学习热情中，顺理成章地把科学探究活动延伸到课后，逐步养成学生主动观察和探究的好习惯】

【学生展示】

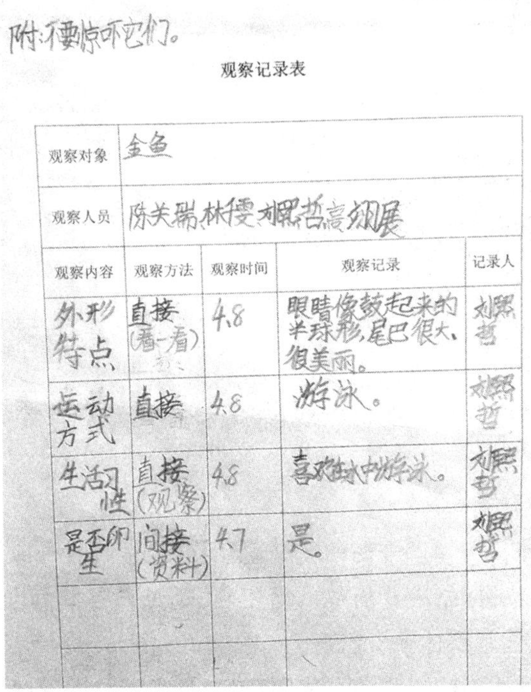
附：不要惊吓它们。

观察记录表

观察对象	金鱼			
观察人员	陈关瑞、林樱、刘熙哲、高翊展			
观察内容	观察方法	观察时间	观察记录	记录人
外形特点	直接（看一看）	4.8	眼睛像鼓起来的半球形，尾巴很大、很美丽。	刘熙哲
运动方式	直接	4.8	游泳。	刘熙哲
生活习性	直接（观察）	4.8	喜欢在水中游泳。	刘熙哲
是否卵生	间接（资料）	4.7	是。	刘熙哲

【教师互评】

对于三年级刚刚接触科学探究的孩子来说，观察是很简单的过程。怎样进行科学的观察、有目的地观察、有序的观察是比较困难的。学生通过本课的学习，很快乐、很顺利的学习到了相关的知识，参与了科学的观察经过，掌握了适合本年龄段的甚至是超出他们年龄段才能有的知识和技能，学生在科学素养的养成上迈出了扎实的一步。本节课与一般课最大的不同是：科学方法是通过小组、全体学生讨论交流得到的，教师没有进行直接的知识传授，只进行了适当的引领；学生对知识的掌握和理解，是通过真实的实践活动得到的，没有知识点的反复重复和记忆，是在实践中验证和体验学习，这样的学习是有效的，是有利于学生的终身发展的。

——张洪静

怎样查阅和整理资料

设计者　李雪梅

【活动说明】

本活动是三年级A主题课程下册，主题活动一——《太阳》中的活动之一。在三年级上册的主题活动中，学生主要学习和掌握了科学探究的一般方法，对于自然科学的探究已经学习过《天气与生活》。本活动在这些探究方法的掌握和相关知识掌握的基础上，结合《太阳》这个主题，学生了解、学习新的探究方式——搜集和整理资料的方法。

【活动目标】

1. 学会查阅资料及整理选取资料的方法；能选择自己擅长的方式表述研究过程的结果。

2. 尊重科学证据，不迷信权威；能大胆想象太阳的概况；愿意合作与交流。

【评价设计】

1. 能够指导一般知识来源的三个途径：已经出版的各种文献资料；影视媒体、电子出版物、网络中获得的网络资料；通过调查问卷和访谈表中获得的原始资料，也称观察体验资料。

2. 能够选择适当的方法，对“太阳”这个研究主题进行调查研究。

3.能够小组合作，完成对“太阳”这个主题的资料收集，并进行整理形成比较科学的研究资料。

【活动准备】

1.教师准备：教学课件、视频资料、图片、文字资料

2.学生准备：书籍、资料 PPT、图片

【活动对象】三年级

【活动流程】

环节一：创设情境，提出问题。

1.关于太阳的知识你们了解多少？

学生自己已有的经验，回答知道的关于太阳的知识。

2.小组交流，整理关于太阳的知识和资料。

（教师巡视，进行指导和帮助）

3.选取几位学生代表用各自喜欢的方式向全班进行汇报交流。

4.关于太阳，你们还想了解什么？

5.小组交流，对想要了解的知识进行简单总结，每小组选择自己小组感兴趣的、有研究价值的问题。

【设计意图：学生对提出的问题进行梳理、筛选，对问题进行归类，筛选出有研究价值的问题，培养学生认真倾听他人的汇报，做好纪录，尊重他人的劳动成果的良好习惯】

环节二：交流体验，教师指导。

1.研究的题目确定了，你们想怎样去寻找答案？

2.查阅资料是获取信息的必要手段，这也是我们科学学习研究的必要方法，你知道资料有哪些类型？怎样进行资料的查阅呢？

3.学生根据自己已有的经验和课前查阅的资料，交流讨论资料的类型，查阅资料的一般步骤和方法。

资料的来源有三个途径：一是已经出版的各种文献资料；二是影视媒体、电子出版物、网络中获得的网络资料；三是通过调查问卷和访谈表中获得的原始资料，也称观察体验资料。

要想查阅到的资料更全面、更有价值，在查阅目标前要有具体明确的查阅目标和查阅内容，主要查阅与本次活动内容有关的资料，选用资料时要有针对性、有目的、有重点。要注意：资料来源要可靠，结论要经得起推敲和检验。

【设计意图:在学生讨论的基础上,进行系统的概括总结提升,加强方法的指导,使学生对查阅资料的方法和步骤、以及对查阅资料原则、怎样去查阅资料有了比较系统的认识】

环节三:实践体验,归纳总结。

1.学生以小组为单位围绕你们小组选择的问题查阅资料解决问题。有的小组上网查资料;有的小组到学校图书室阅览室查资料。教师对学生的活动进行跟踪指导。

2.每个小组可派一名代表汇报你们组的搜集资料的情况。全班交流点评。

3.老师总结:科技高速发展的今天。信息更新的速度非常快,要想获得某一领域的研究成果和发展情况就必须学会查找资料的方法,养成查阅资料的习惯。

【设计意图:学生对于查阅资料的方法步骤有了一定的了解,在这个基础上让学生再去实践运用学会的方法,在学习中进一步去熟悉、熟练。在每个小组汇报的环节,对学生们查阅的资料进行分析、对学生学习中出现的问题点评指导,引导学生总结提升,深化所学知识方法】

【教师评价】

李老师设计的《认识太阳》这节课,主要是一节教会学生怎样查阅资料的方法指导课,这节课的重点是教学生怎样去查阅选取资料,李老师在突破重点方面比较突出,在学生认知的基础上小组内反复的讨论,老师适当的提升总结。有利于突破难点,培养学生能力。

——袁永梅

学生搜集的资料展示：

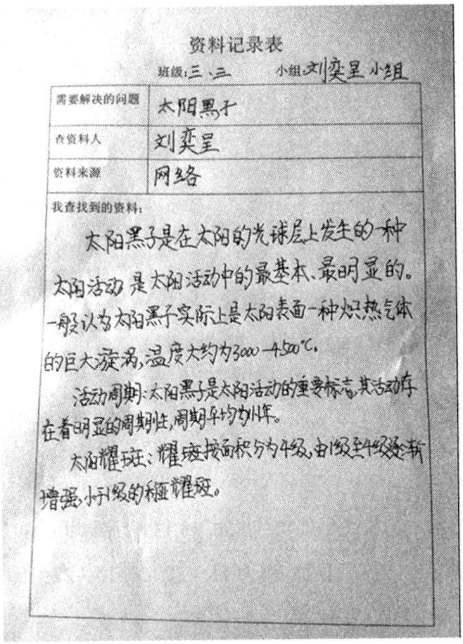

资料记录表

班级：三、三　　小组：刘奕星小组

需要解决的问题	太阳黑子
查资料人	刘奕星
资料来源	网络

我查找到的资料：

太阳黑子是在太阳的光球层上发生的一种太阳活动，是太阳活动中的最基本、最明显的。一般认为太阳黑子实际上是太阳表面一种炽热气体的巨大漩涡，温度大约为3000—4500℃。

活动周期：太阳黑子是太阳活动的重要标志，其活动存在着明显的周期性，周期平均为11年。

太阳耀斑：耀斑按面积分为4级，由1级至4级逐渐增强，小于1级的称亚耀斑。

三年级三班　刘奕星

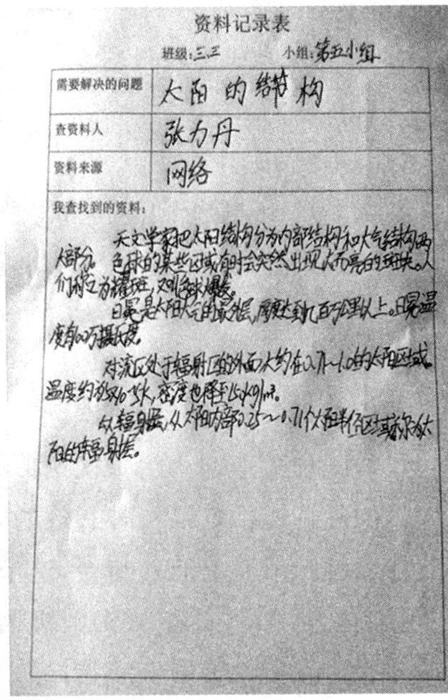

资料记录表

班级：三三　　小组：第五小组

需要解决的问题	太阳的结构
查资料人	张力丹
资料来源	网络

我查找到的资料：

天文学家把太阳结构分为内部结构和大气结构两大部分。色球的某些区域有时会突然出现大而亮的斑块。人们称它为耀斑，又叫色球爆发。

日冕是太阳大气的最外层，厚度达到几百万公里以上。日冕温度有100万摄氏度。

对流区处于辐射区的外面大约在0.71~1.0的太阳区域。温度约为[illegible]K，密度也降到[illegible]。

核辐射层，从太阳内部0.25~0.71个太阳半径区域称太阳的辐射层。

三年级三班　张力丹

调查问卷我设计

设计者　刘宗艳

【活动说明】

本活动是四年级下册B主题中，第九活动主题——《健康生活，快乐成长》中的社会调查活动。在本活动之前，学生已经对本主题活动进行了方案设计，形成了自己的研究主题。本活动的完成，可以帮助学生掌握和使用调查问卷的设计方法，为他们的调查活动提供指导。

【活动目标】

1. 通过讨论与交流学习调查问卷的一般格式；明确调查问卷设计中应注意的问题。

2. 了解问卷设计方法，学习设计一份比较简单的调查问卷。体会收集资料的过程，体验科学探究中数据的收集和整理过程。

3. 初步养成团队合作、尊重他人、分享成果的良好品质、从事探究活动的正确态度。

【评价设计】

1. 能够整理和比较条理地说出调查问卷的三大组成部分。

2. 能够通过小组合作，完成一份比较完善的调查问卷。

【活动准备】

1. 教师准备：调查问卷样表3张

2. 学生准备：搜集生活中的调查问卷

【活动对象】四年级

【活动流程】

环节一：问题交流，导出课题

1. 说一说上节课小组中谈论形成的研究主题是什么？

2. 问卷调查活动是一种有效的研究方法，一份问卷设计质量的高低，决定着你们调查活动的成功与否，这节课，我们就一起研讨调查问卷的设计，用于我们对家人、周围居民的健康调查。学会了这种方法，今后可以对很多我们关心的事情进行调查问卷，这样我们就会掌握第一手的资料了。

【设计意图：根据学生年龄特点，利用已经完成的内容，激发学生学习探究的欲望，为下面的活动做好铺垫】

环节二：分析样卷，得出方法

1. 出示样卷，请大家快速浏览一遍。

2. 你了解了问卷调查的哪些内容？

(1)调查问卷一般由哪几部分组成的？请你仔细看清楚！

(包括前言、主体和结束语三部分)

(2)每一部分的具体内容又是什么？它们分别有什么特点？请你与同桌讨论讨论吧。

(前言要在问卷的开头，结束语在问卷的最后)

(3)你有没有发现这些问题在形式上有什么不同？

(4)请大家想象一下，如果是你在接受调查，你希望会是怎样的情况？所以请大家设身处地的为咱们的调查对象想一想，如果想让别人愉快的接受你的调查，你认为还应该注意哪些方面的内容呢？(礼貌、问题数量……)

小结：一份问卷一般包括前言、主体和结束语三部分。前言要在问卷的开头，用来说明调查的目的、意义以及有关填答问卷的要求等内容。结束语在问卷的最后，一般是对被调查者的感谢，也可以征求一下对问卷调查的意见及建议等。问卷的主体部分是调查的问题和回答的格式，以及如何回答问题的指导和说明等内容，是问卷的主要部分。

【设计意图：先出现样板，通过教师的逐步引导，使学生了解问卷的组成部分，并能主动参与探究，为做好一个调查问卷打好基础】

环节三：围绕主题，尝试设计

1. 重点指导，问题设计

整张问卷中，你觉得哪个部分最关键，是核心内容？在问卷题目的设计时要注意呢？（学生畅所欲言）

我们可以把与小组研究主题这一内容有关的问题一一列出来。现在我们就一起以《我们的健康生活》为题，请小组每人提供一个与这一主题有关的问题，问题的选用形式上：一般是选择题和问答题，选择题又分单选题和多选题；请组长进行统计，做好小组交流准备。

2. 小组交流：是不是将所有小组的问题进行整合就可以了？你们有问题吗？

（学生会觉得问题太多了）

这么多的问题都与我们研究的主题有关，我们应该怎样取舍，怎样排列呢？

（我们可以进一步筛选，然后按问题的难易程度排列，先封闭式单选后多选，再开放式提问，先易后难，由浅入深。同时注意：问题的表述一定要清楚明白，通俗易懂，就像比赛场上的裁判一样，保持"立场中立"，做到不偏不向，还要注意一个问号前只问一个问题）

3. 确定问卷的形式

小组讨论：

a. 你们小组的研究主题适合哪种方式进行调查研究？

b. 各小组在组长的带领下围绕各小组研究主题进行讨论交流，完成调查内容的分解和问题的设计。

【设计意图：通过集体完成一份调查问卷，使学生初步了解、掌握调查问卷的设计方法，为小组完成调查问卷打下基础】

环节四：小组合作，初步尝试

1. 合理分工，统筹安排：各小组成员分工合作尝试提问设计。（提出成员分工合作方法，哪几位设计单选题，哪两位设计多选题，哪两位设计问题。哪一位可以同时一起设计前言）

2.说明具体要求：以样卷为例，小组分工合作，紧密结合小组研究主题，每小组设计3道单选题，2道多选题和1道问答题。每位成员精心设计1题，再择优录用，并修改完善，取长补短，提高本小组调查问卷的质量。

3.教师巡视，进行适当指导，并及时发现设计典型。

4.补充前言，完成设计

(1)出示不完整的标题和前言等，各小组学生负责思考填写。点名回答各个问卷标题。

(2)选两小组组长上台汇报交流。

(3)针对汇报，集体评议。

(4)各小组完善问题设计。

(5)精心组合，一份调查问卷基本形成。

【设计意图：激发学生继续探究的欲望，让学生自由讨论设计问卷，培养学生做调查问卷的能力，提高学生的动手能力、实践能力，培养学生的合作能力】

环节五：总结反思，课外延伸

1.课堂小结，课外延伸。

2.预祝成功，充满期待。

这节课我们学习了调查问卷的设计，同学们积极思维，勇敢创新，热情探讨，团结合作，表现的真棒！设计好问卷，我们还要完善，深入社区居民进行健康调查，并做好统计。希望大家不断齐心协力地合作探究！

【板书设计】

调查问卷

前言：在问卷的开头，

主体：调查的问题和回答的格式，对回答问题的指导和说明

注意：列出问题——进行筛选——设计排列——表述清楚

结束语：在问卷的最后

【教师评价】

教师在本课教学中激发学生在教学过程中的主动参与，采取小组讨论交流的形式，鼓励同伴之间充分发表意见和建议，引导学生逐步掌握了调查问卷的设计，培养了学生分析和解决问题的能力。

——李超

【学生评价】

一开始对调查问卷的认识很笼统，只知道设计几道题目去采访别人，但是不知道怎么设计题目，经过老师的一步步引导，把调查问卷分解开，我们小组在大家的齐心协力下终于设计出了令人满意的调查问卷，我觉得很高兴。

——2011级二班

小小调查员

——“学校及周边的噪音问题”的调查研究

设计者 沈翠平

【活动说明】

本活动出自主题课程五年级上册第二个主题——走进奇妙的声音世界，前面通过小组合作，已经对声音产生的原因，液体、固体和气体都能传播声音，声音有大小与高低的不同，声音有乐音和噪音之分等内容进行了研究，孩子们对声音的相关知识有一些了解，也掌握了一些探究的方法。为了更好的开展好本主题的第四个活动——寻找噪声去，我们特意设计了此方法指导课——怎样进行调查，为下面的实地调查活动打好基础。

【活动目标】

1. 通过小组合作了解调查的前期准备工作。

2. 学会制定调查方案、撰写调查报告。

3. 能养成先制定方案再进行调查的习惯，意识到调查准备工作的重要。

【评价设计】

1. 能小组合作制定简单的调查方案、撰写简单的调查报告，能从调查目的、调查时间、调查地点、调查方法、调查注意事项、调查结果等几个方面来设计。

2. 小组能团结合作，在制定方案和撰写调查报告时能全程参与，献计献策，制定可行性方案，调查报告可以用多种形式呈现，有创意。

【活动准备】

1. 教师准备：白纸、音频。

2. 学生准备：可以提前搜集怎样进行调查的相关资料。

【活动对象】五年级

【活动流程】

环节一:创设情境,引出主题

1. 趁孩子们都很安静的时候,老师请孩子们欣赏一段录音——下课后的喧哗打闹声和建筑工地的轰鸣声,然后谈谈感受。

2. 孩子们肯定反应强烈,畅所欲言谈感受(噪音太刺耳了、噪音让人烦躁……)。

3. 老师讲解:很显然噪音让人烦恼,为了改善我们的学习环境,从本课开始我们就对"学校及周边的噪音问题"进行调查研究,并板书。

【设计意图:创设噪音的情景,给孩子们以强烈的听觉刺激,让他们感受到噪音能给人带来烦躁等危害,产生要调查噪音,想办法消除噪音的意愿】

环节二:自主学习,探究方法

(一)学习制定调查方案

1. 老师引导,我们明确了哪些调查内容?怎样进行调查呢?(板书——怎样进行调查)先干什么再干什么?

2. 生试说,师补充。(先制定调查计划也就是方案,然后再去调查)

3. 制定好切实可行的调查方案,调查就成功了一半。先让孩子们小组讨论如何制定调查方案,调查方案包括哪几方面的内容?

4. 学生汇报交流,老师适时指导、完善。

5. 小组合作制定调查方案。

6. 老师强调制定方案重要,实施更重要,一定要按方案落实好。

学校及周边噪声情况调查方案

一	调查小组成员:
二	调查地点:
三	调查目的:
四	调查方法:
五	结论形式:
六	调查时注意事项:

【设计意图:做好切实可行的调查方案,就成功了一半。本环节让孩子们小组讨论制定实验方案,并交流完善,老师适时指导,在孩子们自主学习的同时,老师也要当好引领的角色】

（二）学习撰写调查报告

1. 老师讲解：如果同学们按照调查方案努力调查了，成果如何呈现给大家呢？有调查还要有调查结果的汇总，那就是要有调查报告。调查报告如何撰写呢？

2. 先让学生小组讨论如何撰写调查报告，调查报告包括哪几方面的内容？

3. 汇报交流，师生补充完善。

4. 小组合作撰写调查报告的要点，具体内容在调查时或调查后补充填写。

学校及周边噪声情况调查报告

一、调查人员：
二、调查时间：
三、调查目的：
四、调查的方法与过程：
五、噪声的基本状况： 1. 2. 3.

环节三：总结提升，拓展延伸

1. 除了以上的调查报告，还可以用什么方式说明噪声情况呢？

（其他辅助资料来说明学校及周边的噪声情况，例如："学校的主要噪声源统计""自制噪声分级表"等等，有创新更好）

自制噪声分级表

五级噪声：
四级噪声：
三级噪声：
二级噪声：
一级噪声：

2. 小组成员团结协作，课下按调查方案进行调查，并写出调查报告、整理查阅的资料等，下节课汇报交流。

【设计意图：本环节我进一步让孩子们小组合作，探究方法，指导他们如何呈现调查结果，重点是研究调查报告的写法，另外还可以用多种方式辅助说明，以突出自己的个性特点，养成大胆创新的好习惯】

附：学生的调查方案及调查报告等

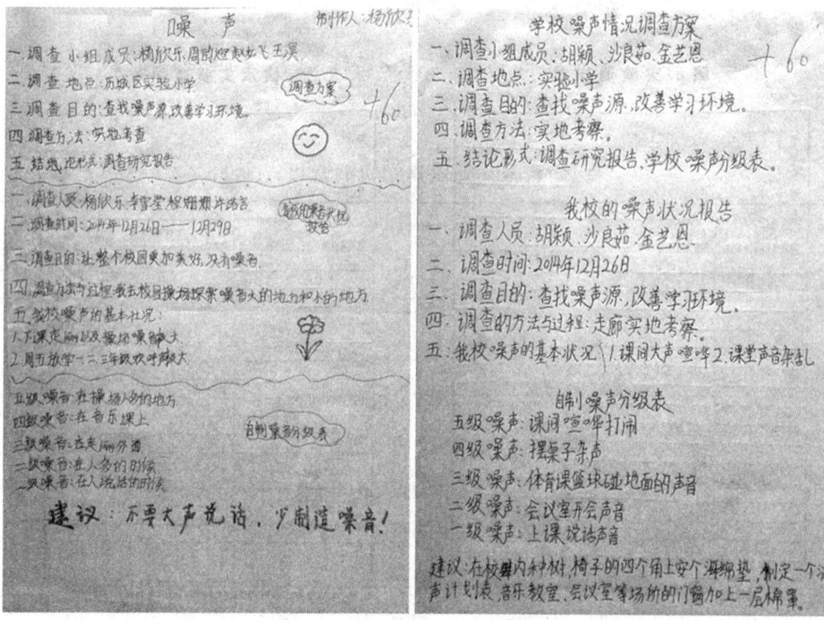

教师点评：本方法指导课，体现了老师的指导性和学生的自主性，老师指导到位，孩子们积极参与，小组分工合作制定了详细的调查方案，写出了简单的调查报告，并且提出了自己的建议，有实践，有创新，突出了调查的特点。

——张凤

参观有学问

设计者　曹　丽

【活动说明】

本活动出自五年级主题课程上册，第十一个活动主题——《民以食为天》，是一节方法指导的课。《民以食为天》这个主题活动中，学生已经在前面的学习中认识了小麦和其他一些常见农作物的生长过程，了解了当地的现代农业以及农业与人们生活的关系。本活动是在前面学习的基础上，为进一步掌握农作物的加工过程，深入体会“粒粒皆辛苦”，亲身走进食品加工厂进行体验，而进行的参观方法指导。

【活动目标】

1. 了解什么是参观，知道参观前的准备和注意的问题。

2. 以小组的形式讨论、交流，知道并动手设计参观手册。

3. 参与模拟演练参观活动，初步掌握参观的技巧，明确参观需要注意的问题，感受参观的乐趣。

【评价设计】

1. 通过集体交流，能用自己的话说出什么是参观。能清楚简洁地描述出参观前、参观中、参观后应该注意的事项，至少能说出3条。

2. 能提前做好参观的准备工作。

3. 能正确设计出参观手册（包括参观时间、地点、联系人、参观准备、参观注意事项等）。

4. 能够积极参与模拟演练参观活动，获得参观的实践经验；锻炼提出问题和解决问题的能力；提高与人交往的能力；学会预测在参观时可能遇到的事情并学会巧妙地解决问题。

【活动准备】

1. 教师准备：如何有效地组织教学，指导制定参观手册。

2. 学生准备：搜集有关参观的资料。

【活动对象】五年级

【活动流程】

环节一：谈话交流，引出并明确课题

1. 提问同学们曾经都参观过哪些好地方，学生自由回答。

同学们，你们曾经都参观过哪些好地方，能和大家分享吗？

（学生可能会想到博物馆、科技馆、电视台、气象局）

2. 学生回答的基础上引出课题

同学们参观过了这么多好的地方，你们知道什么是参观吗？（学生自由回答）

出示字典上“参观”的解释。

课件出示：原指对各种情况加以比较观察，现指实地观看。

3. 交流讨论，进一步明确课题

大家进一步讨论交流对参观更详尽的理解。

学生讨论交流逐步总结并填写空格。

“参观是——的活动，”在这个空格内填上你认为正确的词语。

（出示：参观是一项有目的性的活动，有针对性的活动）

【设计意图：从学生们的亲身体验导课，容易引起共鸣，有助于激发进一步学习探究的兴趣】

环节二：讨论交流，梳理参观准备

1. 讨论参观前准备

既然参观是一项有目的性、有针对性的活动，那我们参观前必须要计划好，你觉得参观前要做哪些准备呢？

学生讨论交流，自由发挥，相互补充。

2. 小组合作交流，总结归纳，教师指导，得出准备项目。

A. 参观前要进行精心准备，设计参观时要提问的问题、带好本子、笔、照相机、录像机、录音笔、摄像机等工具；制定好参观手册。

B. 参观中认真倾听，填写好参观手册，注意文明礼貌（请、谢谢、再见），注意安全，随机应变等。

C. 参观后要及时反思总结。

【设计意图：一次成功的活动必须要做到计划周全、考虑周到才能取得较好的效果。这个环节明确了参观事项和注意问题，学生在合作交流与相互补充中完善内容，集思广益，充分调动学生自我学习、相互学习的积极性，为下一步的模拟参观打下基础】

环节三：小组合作，设计参观手册

1. 刚才大家讨论要准备一个参观手册，大家想想这个手册都包括那些方面？

学生讨论，自由发挥。

2. 小组合作，相互补充，最后总结汇总得出：

参观时间、地点、联系人、随身带的东西、提出问题、注意事项、参观后总结。

（可以用表格形式）

参观时间		参观地点	
联系人		参观者	
参观准备			
参观目的			
问题设计	1. 2. 3.		
注意事项	1. 2. 3.		
参观总结			

【设计意图:参观手册在小组合作中完成,在全班交流中不断丰富和完善,是学生们在实际的参观中的导航仪】

环节四:根据设计,模拟体验

1. 前面的学习中,我们掌握了一些参观的基本常识,下面同学们就以参观方便面加工厂为例,根据前面的设计准备,做一次模拟体验。

2. 各组准备。

3. 分组演练。

4. 演练感受。学生讨论,自由发挥,交流汇总。

A. 要分组参观,有秩序地参观各个加工环节。

B. 遵守规则,文明参观。

C. 要提前设计好提问的问题,做到参观时有的放矢。

D. 提问题时要用礼貌用语,注意安全。

【设计意图:现场模拟是学生真刀真枪的演练,学生在演练合作中相互学习、相互展示和锻炼,为下一步真实的采访实践活动提供锻炼的机会】

环节五:参观总结,拓展延伸

通过刚才的模拟参观,更加明确参观是一项有目的、有针对性的活动,课下继续完善我们的参观手册,下节课我们将实地去参观面粉厂。

【设计意图:总结中,参观的基本常识进一步明确,为真正的实地参观做好了演练,提高实践经验】

【教师评价】

本节课有知识性的学习交流，也有实践经验的模拟演练。学生在自主学习、合作探究、集体完善补充中不断成长，张扬了个性的发展，充分调动了学生学习兴趣，丰富了学生的学习方法。

——王霞

【学生评价】

喜欢这节课，学完有了很多收获。我和小组同学共同设计并完成了参观手册的填写，知道去参观某一地方前首先要做周密的计划，还模拟演练了参观博物馆，以后再去参观博物馆、科技馆、电视台、气象局等地方，我会更加明确如何去做。

——五年级四班　王欣妍

怎样撰写研究报告

设计者　张秀华

【活动说明】

本活动出自六年级主题课程下册，第二个活动主题——《战争与和平》，是一节方法指导的课程。由于六年级学生的视野跟接触社会的范围的限制，对他们来说研究报告的撰写存在很大的难度，甚至从心里有些抵触。教师在充分尊重学生的兴趣、爱好的基础上，让他们自主探究、小组合作，讨论、交流，激发问题意识及自主合作探究的学习意识。通过这节课的学习，学生学会写研究报告，掌握总结的方法，提升问题研究的深度和广度，提高学生归纳、总结、概括、推理和论述的能力，激发学生问题意识，培养学生科学严谨的作风。

【活动目标】

1. 了解简单研究报告的一般内容和基本格式。

2. 结合《伤痛不堪回首》能对自己的研究成果进行总结，撰写简单的研究报告，提高总结能力。

3. 从不同角度讨论研究，并将自己团队的认识进行总结写成研究报告，提高分析归纳能力，培养学生合作意识和科学严谨的态度。

【评价设计】

1. 每个小组对研究的课题所牵涉的内容有比较具体的了解，并能用自己的语言表达出来。

2. 小组对课题的认识进行充分的交流讨论甚至辩论，并能达成共识。

3. 小组成员分工明确，各自在规定的时间内完成。

4. 对研究报告的格式和注意的事项都有明确的认识，小组通过主动交流与合作撰写出符合要求的研究报告。

【活动准备】

教师准备：关于撰写调查报告的相关资料；了解学生对研究课题资料收集及分析情况。

学生准备：课前通过查阅资料并对资料进行了小组分析整理；准备好自己的研究报告或者小组合作的研究报告。

【活动对象】六年级

【活动流程】

环节一：谈话交流，引出主题

上节课我们对二战中的一些事件进行了一些了解，我了解到同学们课下对二战有了更深的认识。本节课咱就试着把自己的了解和认识进行讨论总结并写成研究报告。

一听研究报告大家是不是感觉很高深啊，的确，很多学生到了大学里才学着写呢，可是在美国的小学生三四年级就开始了。咱们也试一下能不能写出来，如果写好了，你可比有些高中生都牛了，想不想挑战啊？

【设计意图：吊足学生好奇、求知的胃口，从而最大限度调动学生的积极性，引发学生主动活动和探究的欲望】

环节二：自主学习，探究方法

现在我们先对所了解到的信息进行一下交流。

你们研究的是哪个战场，哪个事件？请小组代表来介绍一下他们是如何进行研究活动的，取得了哪些研究成果。（教师需要有针对性的请代表介绍）

学生交流汇报……

有介绍，有补充，有辩论……

师点评：刚才我们听了这个小组同学的展示，可是我们还想知道他们是怎么研究出来的，都做了哪些工作，是如何分工，又是如何得出这些结论的？现在我们就以一个范例来看一下如何写研究报告。

范例："斯大林格勒战役"研究报告

研究题目	斯大林格勒战役
研究步骤和方法	1. 上网调查的人员要做好记录。 2. 搜集视频的做好取舍，回来后重新整理资料。 3. 分析失败的原因，写出研究报告。
研究小组成员及其分工	1. 这场战役的起因主要由张泽培负责。 2. 这场战役的经过部分主要由井晓彤、郭李阳同学负责。 3. 对这场战役的总结归纳主要由吴承泰同学负责。 全员参与筛选资料、交流讨论、归纳总结。组长郭李阳负责组织写研究报告。
研究的主要内容	斯大林格勒战役的起因、经过及对于整个二战的影响
研究结论	斯大林格勒战役是一场人类历史上最为残酷和规模最大的战役之一，战役最终以苏联军民的胜利告终！斯大林格勒战役不仅是苏德战争的转折点，而且也是第二次世界大战的转折点。

学生以小组为单位讨论交流：

①最后搞清楚研究报告的基本格式：研究题目、参加人员、研究过程、研究结论。

②结合上边的案例强调撰写研究报告的注意事项：主题鲜明、对研究过程作适当分析、组织材料要条理分明。

【设计意图：引导学生课前收集关于研究课题的资料，然后通过一个范例的分析搞清楚研究报告的基本格式及注意事项，这样学生对研究报告的内容和撰写理解会更深刻】

环节三：亲身体验，跃跃欲试

同学们，现在就请大家根据我们研究所得，结合课前收集到的资料，撰写属于自己团队的研究报告吧。

1. 先进行人员的分工。

2. 各成员通过讨论、交流，独立思考，对自己的领域进行整理。教师的指导建立在学生通过自己的研究仍然有些迷惑、或者小组同学的观点达不成共识的前提下，进行必要的点拨。

3. 各资料进行整合，写出研究报告。

【设计意图：此前因为同学们对自己研究的课题有了较具体的认识，有了比较深刻的观点，所以一旦清楚了撰写研究报告流程及注意事项，就比较顺畅地表达出来了】

环节四:拓展延伸

下节课我们就可以小组交流阅读其他同学撰写的研究报告,然后指出报告的优点,并发表自己的意见和建议,帮助修改完善并选出优秀案例进行赏析,以起引领示范作用。

附:案例赏析

研究题目	日本为什么不道歉
研究步骤和方法	1.分头搜集资料,文字的、视频的、采访录音的…… 2.小组集合,先表达自己的观点。 3.全员参与讨论分析辩论,达成共识,得出结论。 4.资料整合,写出研究报告。
研究小组成员及其分工	1.纳粹德国在二战中的罪行及分析整理由赵静负责完成。 2.日本在中国犯下罪行及分析整理由郝心怡负责完成。 3.德国和日本在战争的态度及原因分析由戴雨殊整理完成。 4.我们中国人怎么做才能让日本人不仅道歉还要忏悔及整个课题的总结,由毛洁然整理完成。
研究的主要内容	日本与德国在战后的态度有什么不同及为什么不同?
研究结论	有一天中国真正强大起来,日本就会心服口服地道歉,所以我们要努力学习,为强大自己的国家而努力。

【教师点评】

整个过程中,教师指导学生对比较感兴趣的问题进行研究,学生拥有充分的自主权,也极大地调动了学生的学习兴趣,进一步激发孩子的思维和探究精神。

在学习方法的指导上,引导学生通过研究报告的范例去发现问题并提出自己的质疑,对学生给予适当的评价和鼓励,最后对学生提出的问题做适当的小结。学生团结合作的能力,收集和处理信息的能力,归纳、总结、概括、和论述能力都得到了提高。

——曹丽

四、实践探究课

实践探究是主题学习的中心环节,它是在前面主题生成、方案设计、方法指导等做好充分准备的基础上,有准备的实践探究活动。它带有明确的目标性、实践性、活动性,专题性、互动性、综合性、开放性和创新性。

它的实施要结合实践探究活动专题,以学生独立自主学习和合作讨论为前提,个人、小组或集体经历自主、合作设计,质疑,探究,讨论,体验,总结整理等过程,在感知、体验的基础上,将自己所学知识应用于尝试解决实际问题的一种学习活动。通过实践探究学习,创设探究情境、明确探究目的、掌握探究方法、交流探究内容体验、总结探究结果等过程内化形成实践探究能力,而不能简单地通过讲授传达给学生。形式上可以是:课堂上的实践探究和课外的实践探究等;短期探究、长期探究等。

实践探究课实施的一般流程:

环节一:创设情境,明确目的。

环节二:尝试探究,实践操作。

环节三:分析整理,归纳总结。

环节四:延伸知识,实践运用。

实践探究课实施注意事项:

1. 做好实践探究的充分准备:明确目标,设计方案(所有实践活动中需要准备的工具、资料、问题等都准备好、想好)。

2. 独立或小组进行的实践探究,要做好记录,留好照片、视频等资料。小组合作进行的探究要注意分好工,团结协助,随时交流实践探究活动内容和经验,随时改进和完善活动内容、形式等。

3. 实践活动后要进行分析、整理、总结和评价等活动,展示的内容可以是文本的感想、活动过程、资料剪贴、形成研究报告、图片、照片资料、活动过程剪影等多种多样的形式。

实践探究课活动设计:

走近珍稀动植物

——考察济南的珍稀动植物

设计者　冯国珍

【活动说明】

本节课是六年级上册主题四《有趣的生物群落》里的第二个活动"走近珍稀动植物",第四课时"考察济南的珍稀动植物"。本节课的活动,是在学生设计了实地考察方案的基础上，到济南动物园和泉城公园实地考察济南的珍稀动物和植物。

【活动目标】

1. 经历探究学习——实地考察方法的过程，提高分析概括能力。

2. 充分运用各种学习方法，对济南的珍稀动、植物进行全面、丰富的了解。

3. 激发爱我济南，爱护珍稀动植物的思想感情。

【评价设计】

1. 能够较好的运用现场考察搜集资料的方法：观察、访问、调查、拍摄、录像、记录、量一量、测一测、听听故事、逗一逗动物……，经历实地考察的全过程。

2. 能够实地运用各种考察方法，了解珍稀动、植物的外形特征、生活环境、生长状况、生存现状、保护措施、有趣的故事等，并及时记录考查内容。

3. 通过考察，能够了解珍稀动植物带给人类的价值——观赏价值、药用价值、经济价值、科学研究价值、开发利用价值等；理解珍稀动植物珍稀的原因。

【活动准备】

教师准备：数码相机

学生准备：笔记本、笔、相机、尺子、实地考察活动方案等

【活动对象】六年级

【活动流程】

环节一：组织学生，引出主题

1. 学生校内集合。

2. 教师做动员，引出课题：实地考察济南的珍稀动植物。

【设计意图：这个环节是活动的初始，学生对考察很感兴趣，情绪很高涨，直奔主题，学生能集中注意力】

环节二：确定路线，明确要求

1. 活动路线和人员安排：

(1)考察珍稀动物的一队，去济南动物园。由班主任带队，每个小组跟着一名家长。

(2)考察珍稀植物的一队，去泉城公园。由任课老师带队，每个小组跟着一名家长。

2. 活动方式：

(1)到了目的地后，由家长带领到考察的区域进行实地考察。

(2)小组合作,对考察目标进行有效的实地考察。

3. 注意问题:

(1)用多种方法进行考察;

(2)及时记录考查数据;

(3)小组团结合作、互帮互助,发挥团队精神,集体意识。

4. 学生代表发出活动倡议:注意言行,小组互助,爱护环境……

【设计意图:本环节是活动能否顺利开展的前提,为了加强管理,由指导教师和家长共同管理班级,学生代表发出倡议,体现了学生的参与自主性】

环节三:学生活动,实地考察

1. 学生坐车到各自活动地点。

2. 学生根据之前的活动方案分小组进行考察活动,带队家长和老师适当的提醒、点拨,注意学生的安全。

3. 学生记录考察结果。

【设计意图:这个环节是活动的重点,学生是活动的主角,但由于年龄小,自制力欠缺,还是需要老师的指导和引领,及时点拨和提醒】

环节四:交流收获与不足,评价活动

1. 活动结束时,学生集合在一起。

2. 以小组为单位交流自己的考察收获和感想,小组汇报。

3. 师生评价活动的收获与不足,为今后的活动提出希望。

【设计意图:通过学生自评、小组互评、教师评价,学生明确自己在活动中的得与失,及时整理活动收获】

环节五:总结整理,拓展延伸

今天各小组都进行了积极有效的实地考察,相信大家的收获都很大。回去后,我们要及时整理考察的材料,在此基础上,写出自己的考察报告。

【设计意图:一节课结束,但活动不止,课后的拓展为接下来的学习提出了要求】

【教师评价】

活动设计思路清晰、要求明确。活动前对学生安全、纪律等的要求是非常有必要的。同时又吸引了家长的参与,使每个小组既有了安全保障,又有了督促与指导者。相信学生在活动中收获一定很大。

——李超

【学生感悟】

我们小组考查的是珍稀动物金丝猴，金丝猴妈妈“芯芯”是济南动物园的大功臣，刚刚生了小宝宝。4 月 22 日就与大家见面啦。我们给“芯芯”和她的小宝贝拍了照片，还进行了认真的观察、亲切的交流。通过场馆外面的介绍牌，我们知道了金丝猴的产地、特征、喜欢什么等等。还与饲养员叔叔交流金丝猴的性情、喂养、爱好方面的事情，听了饲养员叔叔讲的这对母子有趣的故事，收获真的很大。

我是卖报的小行家

设计者　王　霞

【活动说明】

本节课，是三年级上册主题 B 第三个主题《将来我也要服务社会》第四部分“我是卖报的小行家”里面的第 4 课时：我是卖报的小行家实践活动。要求学生根据前一课时设计的“卖报”方案，在家长和老师的协助下，走出教室，到广场、车站、街头等进行亲自的卖报体验，锻炼社会实践的能力，初步走向社会，增强社会经验。

【活动目标】

1. 有计划的走向街头，进行卖报活动；

2. 通过实践体验劳动的艰辛，培养与人交流的能力；

3. 养成热爱劳动的好习惯。

【评价设计】

1. 交流卖报活动中最难忘的一件事。

2. 说出卖报的体会和感受。

【活动准备】

师长准备：照相机、摄像机等

学生准备：报纸

【活动对象】三年级

【活动流程】

环节一：自愿分组，卖报实践

一组：8 人，组长：张力丹、2 名家长（小商品市场）

二组：8 人，组长：曹力维、2 名家长（洪楼广场）

三组:8人,组长:程宇瑶、2名家长(银座门口)

四组:8人,组长:刘奕呈、2名家长(大润发)

五组:8人,组长:张甲芃、2名家长(千佛山)

【设计意图:教师与家长做好沟通和交流,根据小组安排和方案设计,在家长的协助下,各小组分组活动,走向街头进行体验,锻炼学生大胆走向社会、敢于展现自己的能力,克服畏难心理,积累社会经验】

环节二:中途交流,反思总结

1.在教师、家长的组织下,中途把孩子集中起来,每人反馈自己的卖报情况、卖报经验。

2.交流再次活动采取的措施、方式和方法。

环节三:继续活动,深化体验

根据刚才小组交流情况,调整方式方法、或者改换地点,再次实践,深化体验活动。

【设计意图:学生没有经验,敢于走向街头、大胆开口卖报都是在挑战自己,能否把报纸卖出,让孩子经过一段实践的体验之后集中交流,学生在相互的交流学习他人经验,调整自己的策略,可以更好地体验生活,积累经验】

环节四:总结交流,经验分享

1.各小组简单总结自己的卖报情况和收获。

2.回家完成卖报的总结整理,完善小组的卖报方案。

3.家长协助孩子整理照片资料、文字资料等。

【设计意图:在家长、老师的协助下,去体验卖报实践活动,并逐步完善卖报的方案设计。提高学生的整理、概括能力。鼓励学生通过这一次经历,去参与更多的社会实践活动,积累实践经验】

【教师评价】

在卖报的过程中随时交流、调整策略是将来孩子走向社会,不断调整自己、适应社会的一项重要的方法,也是适应社会,提高自己工作效率的常用方法。孩子在实践的锻炼中总结经验,反思学习,提高自己的社会实践能力,这种实践活动就应该多组织,多实施。

——刘永芹

【学生收获】

小小卖报童

卖报的工作好难！看我的表情就知道了，不过在妈妈的鼓励下我还是完成了15份报纸的任务，只要不怕困难，勇往直前就会成功的！！

——2012级三班　庞程杰

观察植物的叶子

设计者　袁永梅

【活动说明】

本活动是三年级上册A主题第一个活动主题中的一个实践活动过程。学生在之前的课程活动中，已经学习和掌握了观察的最基本方法——“直接观察法”，会在教师的引导下，用看、听、尝、闻、摸来观察和描述常见物品。本活动是对学生知识和能力的提升过程，通过学生自主的探究活动，运用他们学到的知识，并首次尝试记录观察到的内容，是对科学探究的一个简单但相对完整的亲历过程。

【活动目标】

1. 用直接观察法观察小组中植物的叶子。

2. 学习使用《植物叶子观察记录表》，体验及时记录观察结果的探究方法，初步经历科学探究搜集和记录信息的过程。

3. 小组合作，观察植物的叶子并记录。

【评价设计】

1. 能对植物的叶子进行有目的地观察，并能整理观察到的内容，用比较调理和流畅的语言描述这些内容。

2. 能分工合作，认真和比较准确、全面地填写《植物叶子观察记录表》。

3. 能够进行安全、有序的观察活动。

【活动准备】

1. 教师准备：设计《植物叶子观察记录表》、制作微课程：怎样填写《植物叶子观察记录表》、教学课件。

2. 学生准备：搜集植物的叶子、直尺等测量和记录工具。

【活动对象】三年级

【活动流程】

环节一：小组交流，回顾知识

1. 回顾总结——直接观察的基本方法有哪些？（看一看、闻一闻、听一听、尝一尝、摸一摸）

2. 请大家观察老师手中的叶子，你想用哪种方法进行观察？通过这个方法，你得到了什么结果？

学生进行尝试，并将得到的结果与全班学生分享。教师与学生通过这些学生的演示，分析他们的观察方式、过程与结果，总结：可以按照一定的顺序进行观察，可以进行对比观察，可以使用更简洁的语言描述等。

【设计意图：通过上一节课对观察方法的学习，学生能够对叶子进行直接观察，并进行简单的语言整理和归纳】

环节二：展示叶子，引出主题

1. 展示小组中收集的植物的叶子，看一看、说一说：他们有什么相同点，有什么不同点？

2. 用什么样的方法可以清晰、全面地把小组中的叶子的特点描述出来？

我们可以使用直接观察法，按照观察的顺序观察叶子。

【设计意图：采用先说一说然后描述叶子特点的方式，引导学生发现观察的顺序和重点观察的方法。学生收集的各种各样的叶子，体现了课堂内容的开放性】

环节三：小组交流，明确方法

1. 观察《植物叶子观察记录表》并提出问题。

引导学生解读和分析《植物叶子观察记录表》的内容，发现和指出问题，在问题和解答交流中，加深对记录表的理解。

2. 观看微课程——“怎样填写《植物的叶子观察记录表》”，学习表格的使用方法，明确观察的一般方法，即按一定的顺序观察和采用适当的方法观察。

3. 小组活动：针对自己小组准备的叶子，想一想：我们可以用什么方法，采用什么样的顺序进行观察。

学生根据自己小组准备的叶子的特点，交流和整理他们可以采用的观察方法以及观察的顺序。同时鼓励用直接观察法之外的方法来观察和描述叶子的特点。

教师巡视，按照小组的特点进行指导，引导学生按照一定的顺序、选择适当的方法、采用准确的语言进行观察和表达，鼓励学生创新。

4. 学生交流：说一说小组的观察方法、观察顺序、观察结果、创新和发现等。

【设计意图：微课程的设计和使用提高了课堂效率，也在学生讨论的基础上，整理了学生的思路和方法，为学生使用科学的方法和过程进行探究活动提供了知识和方法上的指导】

环节四：动手实践，观察叶子

1. 小组合作，用直接观察法和学生们喜欢的其他方法，观察小组中准备的植物的叶子，总结和整理观察到的内容信息，并把观察使用的方法、观察到的结果、创新与发现等分类、及时记录下。

2. 教师指导。根据小组的活动特点，进一步落实知识即按一定的顺序观察和采用适当的方法观察，指导活动方式即团结合作、团队意识，发现和处理活动问题，鼓励创新和发现新问题。

【设计意图：实践探究活动，让学生体验探究的乐趣、运用所学知识、经历探究的过程、得出观察的结果，充足的探究才能让孩子们有更多的发现和更深刻的体验，才能让学生在实践中发现问题进而找出解决问题的方法】

环节五：总结展示，反思评价

1. 小组总结实践过程中的观察过程和结果，用自己的语言展示出来。

2. 交流展示。

3. 小组互评：发现其他小组的优点、总结提升自己；提出不足之处、提出建议。

4. 教师进行过程性评价，随时对学生小组的完成过程和完成情况，进行观察，并对过程中出现的现象和问题进行及时的点评，以便学生从实践活动中学习方法、掌握技能。

5. 教师对各小组的探究活动的组织和完成情况，以及交流活动中的参与情况进行总结、评价。

【设计意图：在整理总结、交流评价的过程中，培养了学生善于发现、学会观察、准确表达的能力,并分享和体验了相互的经验和收获。通过对学生的指导和评价交流,学生更明确了本课的技能和方法,增强了继续探究、深入探究的兴趣和信心】

环节六:生成问题,活动拓展

1. 在观察活动和交流的过程中,大家发现和提出了哪些问题?

交流大家记录下来的、在交流中产生的和随时产生的问题,并将这些问题归类,如:观察的方法、观察的内容、记录的方式等。

2. 选择自己感兴趣的问题和内容,和小伙伴自由组织小组进行课后探究,并用你们喜欢的方式记录下来。

【设计意图:用问题激发学生的探究兴趣,鼓励学生继续进行探究活动,启发学生用多种方式进行活动记录,引导学生在课堂、校园之外进行探究,体现了课程和探究活动的时间、空间、方式上的开放性】

附:植物叶子观察记录表

植物叶子观察记录表				
( )年级( )班	记录人:			
组员				
观察对象				
叶子大小				
叶子形状				
叶子气味				
相同的地方				
我们还知道				
叶子样本及名称				

【学生成果展示】

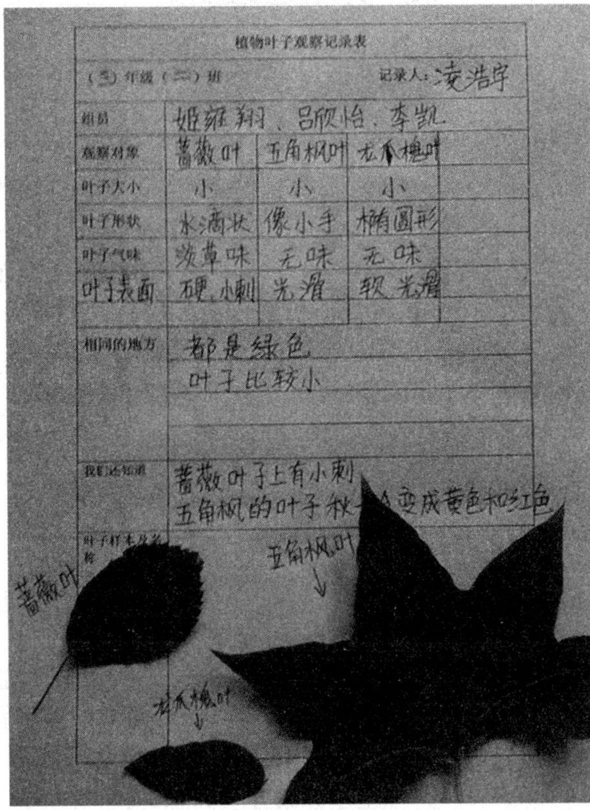

植物叶子观察记录表

(三)年级(二)班　　记录人:凌浩宇

组员	姬涵翔、吕欣怡、李凯		
观察对象	蔷薇叶	五角枫叶	龙爪槐叶
叶子大小	小	小	小
叶子形状	水滴状	像小手	椭圆形
叶子气味	淡草味	无味	无味
叶子表面	硬,小刺	光滑	较光滑
相同的地方	都是绿色 叶子比较小		
我们还知道	蔷薇叶子上有小刺 五角枫的叶子秋 会变成黄色和红色		
叶子样本及名称	蔷薇叶　五角枫叶　龙爪槐叶		

【教师评价】

《观察植物的叶子并记录》是课程整合之后，三年级上册第一主题的主要活动内容。学生在学习了怎样科学的观察之后，再利用一整节课的时间，对所学习的方法进行实践和体验，使理论联系实际，让知识与生活紧密的结合起来，学生体会到了科学知识与生活是息息相关的。

本节课还有一个亮点：就是这节课充分体现了科学探究的开放性。学生经历了课前的调查、课上的观察记录以及课后的深入补充了解，体验了科学探究活动不是独立在课上的，它可以在任何时候进行。学生还经历了校园里的实地探究活动过程，认识到科学探究的活动，不但是在教室内，更是在教室之外的，这样的探究活动无疑会极大的激发学生们的探究热情，这是学生们的更大收获。

——杨霞

移栽绿色植物

设计者　张光霞

【活动说明】

《移栽绿色植物》是我们主题A五年级下册《植物的一生》中的一个小主题。春天是一个充满希望、充满生机的季节，更是一个适合种植的季节。吊兰、虎尾兰等花卉是我们日常生活中经常见到的植物，适应性强，适合在这个季节进行移栽，因此我和学生们进行了这个主题的研究。

初步掌握技术技能是小学综合实践活动劳动与技术教育领域的一项重要内容。通过学习这些绿色植物栽培的基本常识，让学生能够了解一些有关种植方面的知识，学会简单的种植方法，通过亲身体验，能够主动认识并了解劳动世界，逐步树立正确的劳动价值观。

【活动目标】

1. 初步了解移栽常见绿色植物的基本方法，掌握植物的一般管理措施。

2. 学会填土、种植花木、培土等移栽常见植物的要求及方法。

3. 通过移栽绿色植物、管理花卉，陶冶热爱生活、热爱自然的高尚情操，培养审美观念，养成热爱劳动的良好习惯。

【评价设计】

1. 能通过查阅资料、探讨、交流等形式，了解绿色植物的特点和移栽常见绿色植物的基本步骤、基本方法。

2. 小组能分工明确、团结合作，共同探究一起完成移栽一盆绿色植物，认真、准确填写《绿色植物管理卡》。

3. 能根据移栽成功的标准用较简洁、流畅的语言进行自我反思和评价他人。

【活动准备】

1. 教师准备：多媒体课件，各种植物，有关移栽常见植物的图片、种植工具等。

2. 学生准备：查阅资料、种植工具等。

【活动对象】五年级

【活动流程】

环节一：谈话交流，引出主题。

1.出示绿色植物的一组图片。

2.交流课前搜集的资料。

3.了解这么多可爱的绿色植物,在这个充满生机的春天里,大家想不想自己栽种一盆这样的植物呢?今天我们就来学习移栽绿色植物。

【设计意图:通过谈话和欣赏吊兰、虎尾兰等绿色植物的图片,引发了学生的好奇心,学生产生了强烈的探究欲望】

环节二:自主学习,探究方法

1.出示问题:

(1)你移栽过什么绿色植物吗?

(2)你是怎么移栽常见绿色植物的?

(3)结合大家课前搜集到的常见绿色植物的资料,小组探讨。

2.学生交流小组探讨移栽绿色植物的步骤。

3.学生到展台演示自己探讨移栽绿色植物的步骤,师随时指导。

学生仔细观看,初步感知移栽步骤。

4.师生共同总结移栽绿色植物的步骤。(板书)

移栽绿色植物的基本步骤:

(1)填基土。先在花盆底部圆孔处放置几块瓦块(用泡沫塑料代替),填一层沙土,再将肥土(本次使用的是腐叶土)装至盆高的1/3或1/4处。

(2)植花木。用手轻轻捏住花的茎部,置于盆内泥土中,放正、放直,使根舒展。

(3)培好土。用土壤把根部均匀盖住,土填至距离盆缘 2~3 厘米处为止。再用手把土轻轻整平,无需压紧。

(4)浇透水。栽好后整理花型,浇水,注意慢慢地浇,把水浇透。

【设计意图:通过学生自由交流、自主探究,引导学生了解绿色植物的特点,知道绿色植物的栽培步骤及方法,为学生动手移栽绿色植物打下基础】

环节三:动手实践,亲身体验

1. 出示温馨提示:(让学生读读)

(1)以小组为单位移栽一种绿色植物,组长明确分工,团结合作注意保护须根。

(2)泥土尽量不撒在桌上,保持卫生,使用工具注意安全。

(3)移栽完毕后,请把工具整理好、垃圾放到报纸上包好放进小桶内,将桌面整理干净,并用湿巾擦净手。

2. 移栽完毕后,填写一张绿色植物管理卡,贴到花盆外侧。

绿色植物管理卡

3.学生分组实践，自己动手移栽绿色植物，教师巡视指导。

【设计意图：这一环节体现了实践性。通过学生动手实践，引导学生学会移栽绿色植物，锻炼学生的动手实践能力，了解花卉栽培基本技术。填写绿色植物管理卡，让学生对于栽后管理更加精细化。责任到人，提高责任心】

环节四：展示作品，体验成功

1.展示作品：请同学们把自己的劳动成果绕场一周向大家展示。从以下几方面进行评价：

A.花盆是否整洁，B.培土是否到位，C.花木是否端正，D.浇水是否适量。

2.学生评价谈收获：看看哪些组符合移栽的要求？哪些组还需要改进？

(1)自己在活动中表现如何？你们小组内其他成员表现怎样？

(2)在种植过程中，遇到什么问题吗？谁能帮他解决？

(3)通过移栽花卉，你有什么体会？

(4)教师适当评价作品，不足之处提出建议，以鼓励为主，让学生体验成功的快乐。

3.移栽绿色植物只是第一步，下节课我们将一起探讨常见绿色植物的日常管理。

【设计意图：通过学生自评、互评和教师激励性评价，激发学生参与活动的兴趣，让更多的学生参与到活动中来；通过引出绿色植物移栽后的注意事项，引导学生做事要细心，不能虎头蛇尾，也引出下节课的主题】

环节五：拓展延伸，探索创新

今天我们学习了如何移栽常见绿色植物，知道了移栽的方法，大家还知道哪些栽培植物的方法？

出示水培的图片，课下同学们可以尝试用不同形式栽培更多的绿色植物，放到我们的教室里，建立班级植物角。

【设计意图：通过布置课后拓展，引导学生继续探究绿色植物移栽，陶冶学生热爱生活，热爱自然的高尚情操，培养审美情趣】

【板书设计】

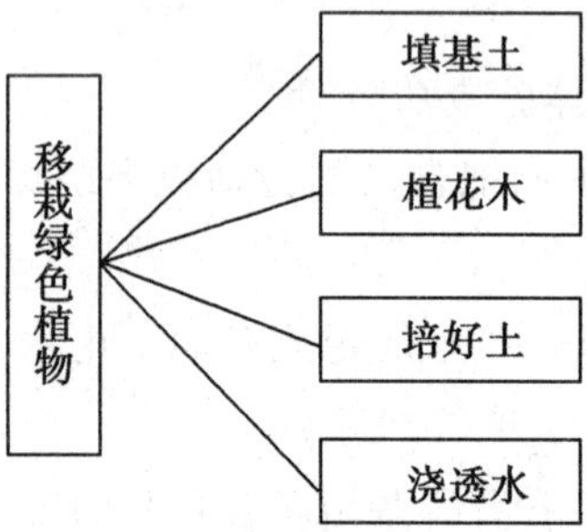

【教师评价】

本节课由各种美丽花卉的图片导入，极大地提高了学生的学习兴趣。在操作中学生能明确分工，较好的按照移栽步骤去实践。绿色植物移栽的较为端正，体验到了种植的乐趣。课后拓展用不同形式种植其他花卉，陶冶学生热爱生活，热爱自然的高尚情操，培养审美情趣。

还有一些地方需要改进：应进一步细化明确要求，比如小组活动结束后收拾工具要分工合理、提高速度，培土时详细指导学生使用小铲子，学生浇水后不要用手压土，教师还要继续在细节上注意指导好每个步骤及要求。

——张凤

【学生评价】

我非常喜欢这节课，我和小组同学共同移栽了一棵碧玉，课前我搜集了常见绿色植物的习性，了解了它们的特点，课上又学习了如何移栽，课下我将尝试移栽其他植物，并研究如何对植物进行后期管理。

——五年级三班　徐子茹

五、成果展示课

成果展示课就是把主题活动前一阶段的活动情况进行总结、汇报和展示。要有显性的物化成果的交流，更要有隐形的体验过程、经验或教训的交流。对学生的可持续发展来讲，学生参与的实践过程的经历、体验的过程、获得的经验或教训，比学生活动后所取得的物化成果更重要。

成果展示课实施的一般流程：

环节一：整理资料，拟定提纲

环节二：汇报交流，多样展示。

环节三：互动交流，学习评价。

环节四：总结提升，拓展延伸。

成果展示课实施注意事项：

1.小组成员交流课前搜集的资料，并把资料进行分类整理，小组成员进行汇报分工，拟定汇报提纲。

2.小组按照方案制定时计划展示的形式进行展示。小组用幻灯片、手抄报、手写或打印的资料、表演、演讲等丰富的形式进行展示。在展示过程中，能将活动过程中的情感体验或感悟说出来。

3.小组展示设计方案，采取自评、互评、师评的形式进行多元评价，让每个学生都体验到成功的喜悦，使评价成为学生学会实践反思、发现自我、欣赏他人的过程。

4.教师在指导过程中，注意引导学生发现新形成的课题。

成果展示课活动设计：

走近珍稀动植物

设计者　冯国珍

【活动说明】

通过一段时间的准备，学生对自己喜爱的珍稀动植物有了较深刻的认识和了解，搜集了相关的文字、图片等资料，并进行了整理、提炼、加工，根据不同珍稀动植物的特点采用了不同的汇报形式。本课的学习，主要是在学生汇报展示的基础上，更多更好地认识我国珍稀的动植物，珍惜它们，保护它们，建立起良好的人与动植物和谐共存的意识。

【活动目标】

1. 了解我国珍稀的动植物的外形特征、生活习性、面临危机、保护措施等方面的信息。

2. 能够合理分工，密切合作、大胆自如的汇报展示；学会倾听，能适时提出问题，发表自己的意见。

3. 明白保护珍稀动植物的意义和措施，意识到人与自然要和谐相处。

【评价设计】

1. 能用简洁、准确的语言描述自己所研究的珍稀动植物的外形特征、生活习性，面临哪些方面的危机、人类采取的保护措施等。

2. 汇报的小组分工明确、相互配合、清晰明确的表述自己要展示的内容；倾听的同学能够很好的理解、认识不同的珍稀动植物，能适时提出问题，发表自己的意见。

3. 能通过自制小品、情景剧、图片、倡议书、宣传等方式呼吁人们一起来保护珍稀动植物，理解保护珍稀动植物就是保护人类自己。

【活动准备】

教师准备：课件图片等

学生准备：搜集珍稀动植物的相关资料、图片、道具、幻灯片等。

【活动对象】六年级

【活动课时】2 课时

【活动流程】

环节一：创设情境，导入新课

（出示学生熟知的珍稀动物图片）

师：我国幅员辽阔，地形复杂，气候多样，生活着许多同学们喜欢的动植物，但由于各种原因，这些动植物已经很稀少了。其中有些是非常珍贵、稀少的动植物，我们的同学在课下通过各种努力认识、了解了自己喜欢的珍稀动植物，这节课我们就一起来交流一下。

【设计意图：点明主题，激发兴致，调动起学生汇报的欲望和学习的兴趣】

环节二：汇报交流，展示成果

（幻灯片介绍：认识珍稀动物朱鹮、倭蜂猴）

师：下面先请十六组王一诺小组来汇报。

该组利用自制的幻灯片介绍朱鹮和倭蜂猴资料

师：这一小组给我们介绍的是珍稀动物，接下来的同学会给我们带来什么呢？

【设计意图：这一组学生的汇报内容图文并茂，而且是学生不很了解的珍稀动物，放在开头汇报，既加深学生的对该动物的认识，又提高了兴趣】

二、小组联合，资料串烧

1. 认识珍稀植物：珙桐

邓文泰小组边播放有珙桐各种图片的幻灯片边介绍珍稀植物珙桐

（小组介绍完后站到讲台的一半）

2. 认识珍稀植物：水杉

通过幻灯片播放的图片给大家介绍水杉。

（该组学生介绍完后站到了讲台的一边）

3. 认识珍稀植物：银杏

（第三组同学紧接着上场）

这一小组同学利用一棵大的银杏树做背景，手拿银杏叶，用第一人称的形式向同学们介绍银杏树的价值和现状。

4. 另外两组同学也走到讲台中间，一起呼吁：

我们给大家介绍的是我国最古老、最珍稀的植物，希望大家都来保护它们，保护我们的环境，让自然更和谐，让生活更美好。

【设计意图：把这三组同学放在一起汇报，因为珙桐、水杉、银杏都是珍稀植物，能够刺激学生的思维与想象，深刻了解三种植物的共性与区别，更好的认识它们】

三、情景剧表演

1. 认识珍稀植物：桫椤

该组学生做了一棵桫椤树，用情景剧的形式给大家介绍蕨类植物，桫椤

【设计意图：在学生认识了三种珍稀植物后，换一种积极有趣的方式再来认识珍稀植物桫椤，兴趣不减，认识深刻】

2. 介绍珍稀植物：人参

该组同学带着画有不同种类人参的头饰给大家表演。

【设计意图：学生自认为对人参比较了解了，但是通过以第一人称的方

式对人参进行表述,使学生对人参有了更进一步的认识】

四、看图讲故事

认识珍稀动物:金丝猴

一名学生播放图片,三人绘声绘色的讲故事

【设计意图:故事生动有趣,激发了学生对金丝猴的喜爱,爱屋及乌,同时也调动起学生对珍稀动植物的热爱】

五、话剧表演

认识珍稀动物:东北虎

【设计意图:学生自编自演的话剧真实有趣,也发人深思】

六、播放视频:音乐配诗朗诵《最后一只藏羚羊》

播完后,提问:同学们,看完这个短片后,你有什么想法?

学生发表自己的想法。

学生总结。

【设计意图:学生搜集了藏羚羊的资料,也搜集到了这段视频,问我怎么安排最好,经过与学生的交流,决定只播放视频,一定会让大家的心灵得到震撼,激发同学们的反思】

七、播放歌曲《一个真实的故事》

认识珍稀动物:丹顶鹤

播放歌曲的同时播放丹顶鹤的图片

音乐声小后讲丹顶鹤的资料:

【设计意图:二十几年前,歌曲《一个真实的故事》第一次播放就深深打动着我,直到现在。学生搜集整理了丹顶鹤的图片与资料,做成了幻灯片,我把这首歌曲与故事找了出来进行了穿插,会有更好的效果】

环节三、拓展延伸

1. 学生总结:

(陈子涵)徐秀娟是我国第一位养鹤的姑娘,也是第一位为保护珍禽而献身的烈士。她的善举感动着人们,越来越多的人加入到保护野生动植物的行列中。

(邵曦程)我们国家也出台了相关法律法规,并建立了众多的自然保护区。同学们,让我们也为保护珍稀动植物尽一份力吧!

(陈子涵)我倡议!

(邵曦程)我倡议!

(两人齐)请爱护身边的动植物,保护我们的环境。

(陈子涵)我承诺!

(全班齐声)我承诺:爱护身边的动植物,保护好我们的家园。

2. 教师总结:

动物是人类亲密的朋友。他们的存在,尤其是珍稀动物的存在使整个世界生动活泼、丰富多彩。我们都是地球家族的一员,保护珍稀动植物是我们义不容辞的责任。而且保护生态环境就是保护人类自己。让我们一起行动起来,为保护珍稀动植物尽自己的一份力。

3. 今天同学们以小组为单位用不同的形式,汇报了你们所研究的珍稀动植物,非常精彩,相信在这一研究过程中,大家的感想和收获都很多,课下我们可以想一想,聊一聊,下节课我们就来总结、评价一下。

【设计意图:经过一系列的展示汇报,相信在学生的心灵深处一定有了深深的烙印,唤起了学生的共鸣,并为下面的学习进行了铺垫】

【教师评价】

学生的汇报内容丰富,形式多样,可以看出同学们的辛勤付出和可喜的成长与进步。通过这一次研究活动,发现学生们原来很厉害,小组的力量也很强大,在整个汇报过程中,学生和听课者的心灵被深深的触动了,纷纷表示要用行动来保护珍稀动植物,要与动物和谐共处。

——郭淑慧

我是卖报的小行家

设计者　王　霞

【活动说明】

本节课是三年级上册主题 B 第三个主题《将来我也要服务社会》第四部分“我是卖报的小行家”里面的第 5 课时:“我是卖报的小行家”成果展示。学生根据卖报方案、走出课堂、走向街头,在家长和老师的协助下进行了卖报的亲身体验，之后，要求学生根据自己的实践情况对整个卖报活动进行整理，提供自己卖报活动照片、卖报过程的体验、收获等情况资料，为本节课的顺利进行奠定了基础。

【活动目标】

能够对卖报活动过程进行体验，对卖报活动的收获进行整理和总结，积累社会活动的经验。

【评价设计】

能够提供卖报活动的照片、资料等，并对卖报活动有所体验和总结。

【活动准备】

学生准备：卖报的资料、照片等

【活动对象】三年级

【活动流程】

环节一：小组合作，交流整理（大屏幕展示）

1. 在小组长的带领下，每人都根据自己的卖报体验进行交流活动。

2. 小组成员根据每人的汇报情况，协商研究，发挥每人的优势，确定本小组集体交流时的分工和任务。

3. 根据小组内的分工进行演练，发言者语言表述清晰，其他成员认真倾听，提出意见和建议。

4. 小组补充、完善，确定全班交流的内容和人员分工及发言顺序。

【设计意图：让孩子明确小组合作的流程，教给了方法，明确了方向。小组共同合作，在成员最初交流中不断协调、分工、修正、演练中提高了合作的技巧和能力，让自己的学习活动逐步概括、深入和完善，团结协作的精神得到了进一步提升】

环节二：集体交流，汇报展示

1. 分小组交流，汇报，注意开题可以设计为："大家好，我们是×××小组，我们将从×××等几个方面给大家汇报。"

2. 小组成员分工合作，汇报，语言表述清晰完整，意思简洁明了。

3. 小组汇报完毕，注意语言表述可以为："这是我们小组的成果，希望（欢迎）大家给我们提出宝贵意见。"

4. 其他小组认真倾听，反思，提出自己的想法

【设计意图：集体交流提出要求，尤其是发言要求和倾听要求，为活动的顺利有效开展、自主展开课堂活动奠定基础】

环节三：互动交流，学习评价

1. 各小组汇报完毕，可以由本组组员提问 2—3 个同学给本组同学的展示提出意见和建议。

2. 汇报小组要对其他同学的意见和建议表示感谢，或者可以结合别人的合理意见和建议进行完善。

环节四：总结收获，提炼经验

同学们，对于今天的成果展示，你有什么收获吗？指名几个同学说说自己的收获。

【设计意图：评价反馈和总结收获两个环节，对学生提出了较高的学习要求、认真倾听的能力、提出问题的能力、总结概括的能力，反思学习的能力等，是在每一节课中都需要锻炼的，目的就是让孩子养成习惯，学会学习】

【教师评价】

这节课不单单是简单的成果展示，孩子在学习的过程中，知道了怎样进行成果展示，怎样完善自己小组的成果。善于接受别人的意见，善于小组合作，扎实的训练，提升学生的能力。

——张秀华

【学生收获】

第一组：2012 级三班　王展、赵润涵、张成朔、张晓雷、郝靖凝等同学

在洪楼广场进行卖报体验

第二组：体验卖报 2011 级七班　张梅

今天阳光明媚，万里无云，我和马晓艺，张扬岳去卖报纸。

第一次我们问一个叔叔说："叔叔您卖报纸吗"？叔叔说："我已经买过

了。”我们失望的走开了，又遇到一个阿姨，我们说：“阿姨您买报纸吗？”阿姨问：“多少钱一份？”我们说：“5毛，有时报、晚报、商报，请问阿姨要哪一种？”阿姨买了一份时报，这让我们有了信心，就这样我们接连卖了12份报纸，拿着用自己的劳动换来的6块钱，听着硬币撞击发出的“叮叮当当”的声音，我真快乐！，我们还一起合影照相，我的心里高兴极了，我完成了卖报初体验，带着满满的收获，回家咯！。

这次卖报令我收益匪浅，我以前以为卖报是一个很简单的事情，没想到报纸也不是一般人能卖的，每天很早就起床，卖到很晚，多么不容易啊！这次活动意义重大，通过这件事我们仿佛长大了很多，不仅知道了谋生的辛苦，还让我们明白了好多道理，相信经历了这次活动，我们的生活会更加多彩。

超市的秘密

设计者　倪　曼

【活动说明】

本活动选自四年级上册《消费与生活》主题中的二级主题《我去超市购物》。前期，学生已经通过去超市实地采访调查、上网查找相关资料以及联系家庭生活经验收集信息，并进行了整理、思考、提炼。本课的学习，主要是在学生汇报展示的过程中，了解超市平时看到现象的背后秘密和原因，意识到并初步养成多问一个为什么的思维方式。

【活动目标】

1. 了解超市消费人群、商品价格、质量、种类、进货渠道等信息以及背后原因和秘密。

2. 能清晰流畅、小组分工合作汇报成果；学会倾听、大胆质疑、提问、反馈。

3. 感受到现象背后都有成因，意识到并初步养成多问一个为什么的思维方式。

【评价设计】

1. 能声音响亮、语言清晰、流畅汇报调查成果；小组成员合理分工、合作默契。

2. 能认真倾听，尊重汇报者，倾听者能提取成果汇报中重要信息，尝试质疑和发现新的问题;能思考并归纳汇报小组在展示过程中的优点和需要改进的地方,帮助汇报小组提升。

3.能综合实地采访调查、生活经验、上网查找资料分析现象背后原因,进一步发现新问题。

【活动准备】

1.教师准备:幻灯片、温馨提示、展示要求。

2.学生准备:成果汇报的调查报告、幻灯片等。

【活动对象】四年级

【活动流程】

环节一:谈话交流,引出主题。

1.回顾总结,提出主题:上节课我们各组在认真讨论、反复研讨的基础上确定了活动内容,制定出了去超市实践活动的活动计划,并按计划一直努力着,这节课是各小组成果展示交流会,在今天这节展示课上,相信各个小组不仅能展示自己的活动成果,也能从别的组里吸取更多的收获。这节课我们交流一下,看还有什么疑问,共同讨论解决。

【设计意图:通过回顾整个选题探究过程,按照研究性学习的活动顺序自然而然地导入新课,提出本节课的主题,既明确了这节课的主要活动内容,又激发了学生的探究欲望】

环节二:小组汇报展示本组成果

1.小主持人就位,致成果交流会开场词

主持人:尊敬的老师、亲爱的同学们,大家好! 我们共同运用实践探究的学习方式,探讨有关超市秘密方面的问题。我们同学表现得非常积极,纷纷去超市实地考察、采访,并且上网查找相关资料。大家迫不及待地想把带来的成果与大家分享,我们的成果汇报活动开始。

汇报时要注意以下几点,请听温馨提示:(出示幻灯片)

(1)声音响亮,语言清晰、流畅;小组成员分工明确、合作默契。

(2)认真倾听,尊重汇报者,倾听者能提取成果汇报中重要信息,尝试质疑和发现新的问题;思考展示小组在汇报过程中的优点和需要改进的地方,展示小组评选出“最佳评论员”。

(3)成果内容丰富,体现活动过程中感受,能归纳提炼出实践探究的重要发现和观点;尝试发现新的问题。

2.分组交流研究成果,以各种形式展示

(1)各小组从超市与其他购物场所相比的同时间段的购物人流量,同样商品在超市和其他购物场所价格对比、商品种类、商品摆放位置、进货渠道、促销手段、附近交通状况、存在问题等方面的现象入手,分析背后成因和秘密,展示探究成果。

(2)各小组展示完后,向同学询问:对于我们的探究内容,大家还有问题要问么?有哪些不同见解和观点么?希望大家和我们一起探讨交流。

(3)展示小组请大家对整个探究过程和展示过程提出宝贵意见,评价优点和需要改进的地方,选出1—2名"最佳评论员"。

(4)教师在过程中适当评价。

(5)教师小结。

点拨:我们在过程中透过价格、质量等调查现象去进一步深入探寻背后成因,发现了许多原本生活中不知道的秘密,希望大家记住这种思考问题的方式,在以后的生活中多问一个为什么。

【设计意图:这是本节课主体部分,尽最大可能将活动过程全放给学生,小主持人开场致辞渲染气氛,增强交流汇报的仪式感。温馨提示内容是循序渐进的渗透过程,在前期学习中已有类似要求,对汇报者和倾听者都提出活动过程中的明确要求并设置互动环节,鼓励大胆质疑和发现、生成新问题,继续探究还不知道的秘密。通过汇报展示,学生深入系统地了解超市的特点,同时感受不同行业人们的劳动给自己生活带来的方便,并尊重他们的劳动。这一探究活动的内容也很有渗透思考方式的典型性,透过眼见现象分析背后看不到的原因和秘密,学生在过程中会自然感受到,教师适当点拨,把这种思维方式从感受层面上升到意识层面进而延展到广泛的生活领域中】

环节三:师生互动谈感受

1.师谈话回顾,引出感受交流:

欣赏完了各小队的展示,老师由衷的感到你们的活动开展的有声有色,通过你们的表现我知道了在活动中你们学会了很多东西,也有许多想要说的,那就让我们敞开心扉说说自己的感想吧。

从过程中心理感受中挖掘,比如遇到困难如何克服解决、小组合作等,教师适时点拨评价。

【设计意图:以学生在活动过程中的感性认识为基础帮助学生形成一些理性认识,提炼出一些解决问题的基本方法和程序,让学生在实践调查活动

的过程中真正既获得了积极的体验又学会了一些生活成长的技能和方法】

环节四：互相推荐，颁发奖状

1. 接下来就让我们相互推荐获奖小组，请说明你的理由！

奖状

小组

在本次《超市秘密》主题活动中获得

最乐在其中奖

特此颁发奖状，以资鼓励

奖状

小组

在本次《超市秘密》主题活动中获得

团结一心奖

此颁发奖状，以资鼓励

【设计意图:小组互相推选优秀小组和教师的即时性评价使使学生清晰地看到自己成长的历程,获得了成功的喜悦,使学生获得鼓励】

【教师评价】

本节课体现了“学生为主体”的教学思想,旨在提高学生的综合素质,使他们真正成为全面发展的人才。学生在过程中实地考察、采访、搜集信息、整理资料,汇报讲解成果形式多样,比如情景剧使更多的学生有展示机会,锻炼学生综合能力,对小组的别具特色的、充分发挥个性的评价激发了学生积极性。

——张洁

【学生作品】

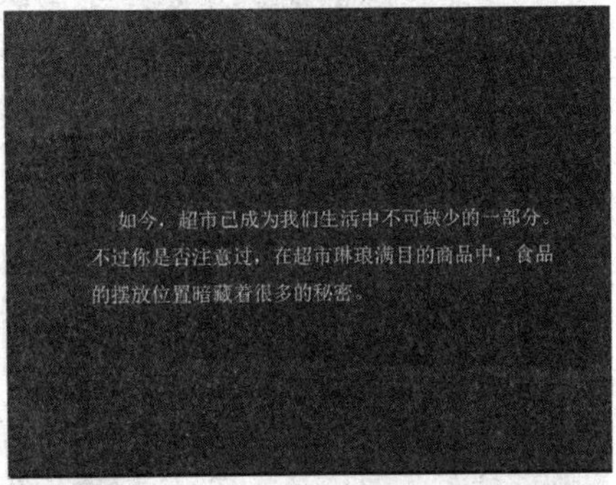

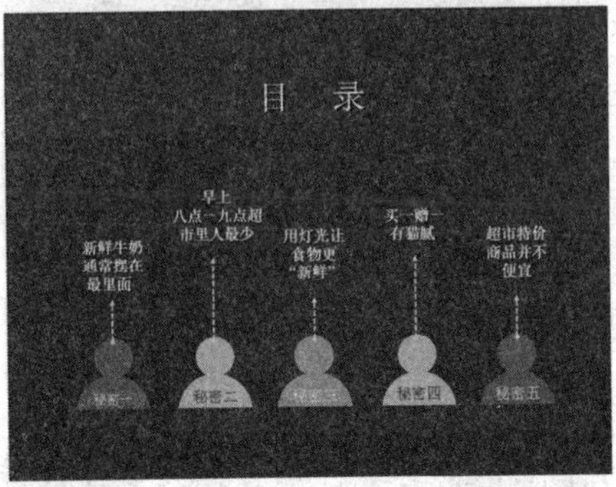

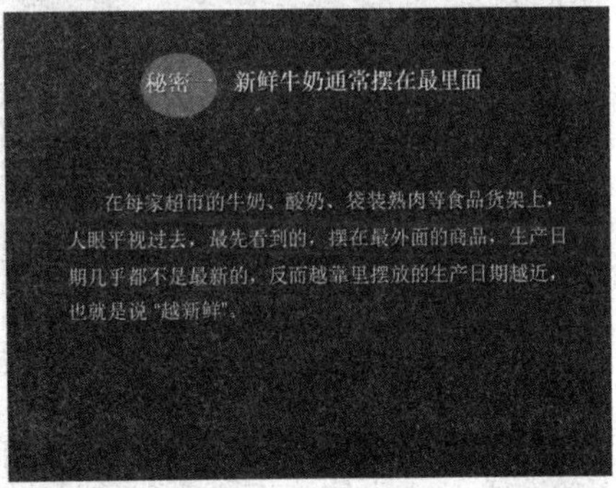

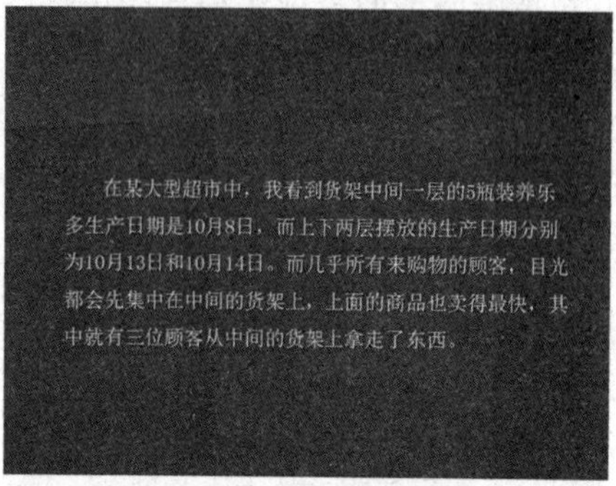
在某大型超市中，我看到货架中间一层的5瓶装养乐多生产日期是10月8日，而上下两层摆放的生产日期分别为10月13日和10月14日。而几乎所有来购物的顾客，目光都会先集中在中间的货架上，上面的商品也卖得最快，其中就有三位顾客从中间的货架上拿走了东西。

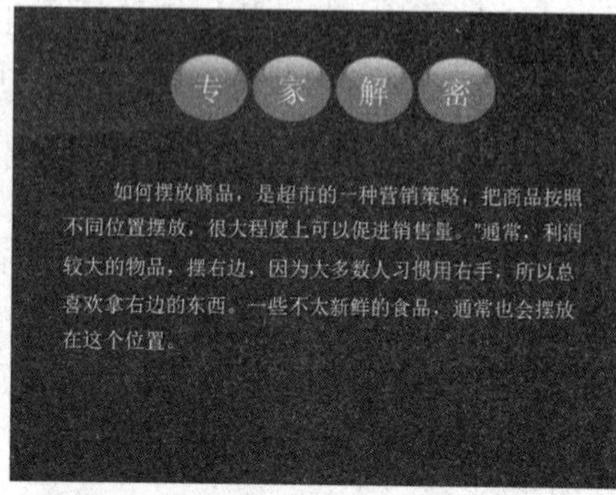
专 家 解 密
如何摆放商品，是超市的一种营销策略，把商品按照不同位置摆放，很大程度上可以促进销售量。"通常，利润较大的物品，摆右边，因为大多数人习惯用右手，所以总喜欢拿右边的东西。一些不太新鲜的食品，通常也会摆放在这个位置。

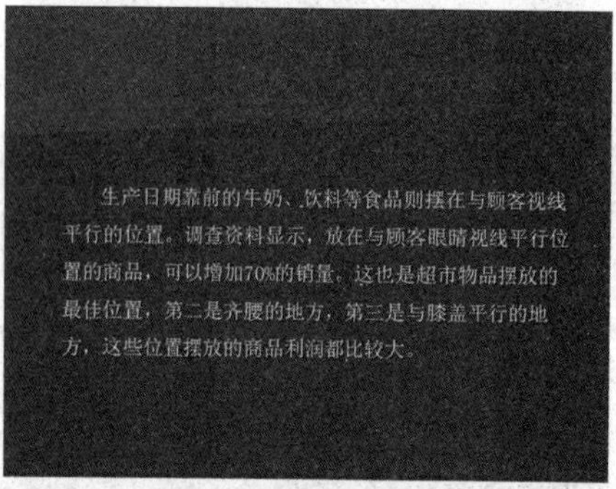
生产日期靠前的牛奶、饮料等食品则摆在与顾客视线平行的位置。调查资料显示，放在与顾客眼睛视线平行位置的商品，可以增加70%的销量。这也是超市物品摆放的最佳位置，第二是齐腰的地方，第三是与膝盖平行的地方，这些位置摆放的商品利润都比较大。

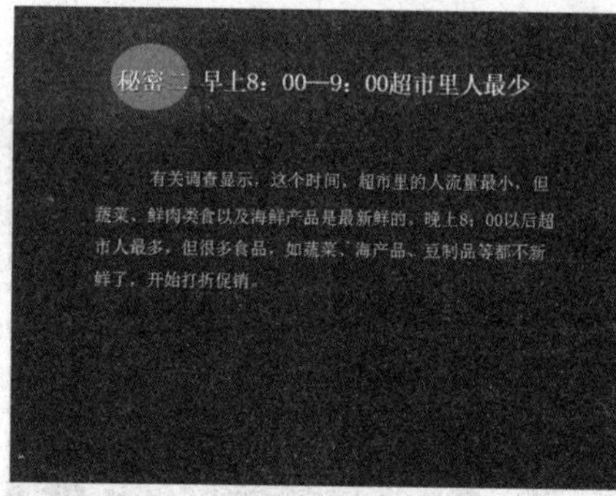
秘密二 早上8：00—9：00超市里人最少
有关调查显示，这个时间，超市里的人流量最小，但蔬菜、鲜肉类食以及海鲜产品是最新鲜的。晚上8：00以后超市人最多，但很多食品，如蔬菜、海产品、豆制品等都不新鲜了，开始打折促销。

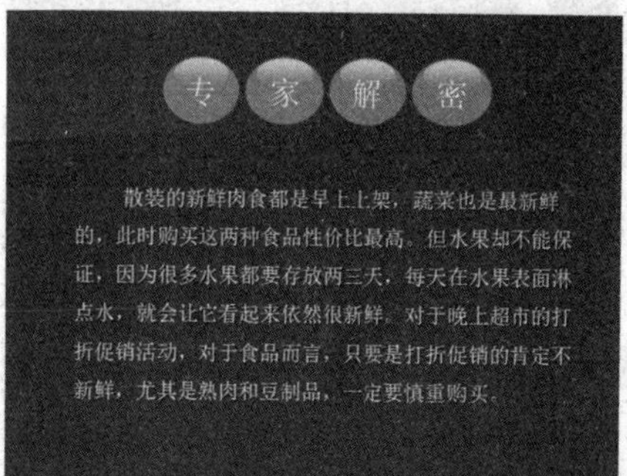
专 家 解 密
散装的新鲜肉食都是早上上架，蔬菜也是最新鲜的，此时购买这两种食品性价比最高。但水果却不能保证，因为很多水果都要存放两三天，每天在水果表面淋点水，就会让它看起来依然很新鲜。对于晚上超市的打折促销活动，对于食品而言，只要是打折促销的肯定不新鲜，尤其是熟肉和豆制品，一定要慎重购买。

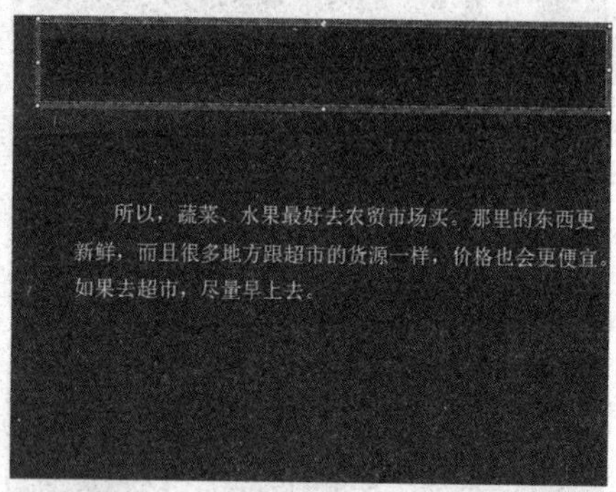
所以，蔬菜、水果最好去农贸市场买。那里的东西更新鲜，而且很多地方跟超市的货源一样，价格也会更便宜。如果去超市，尽量早上去。

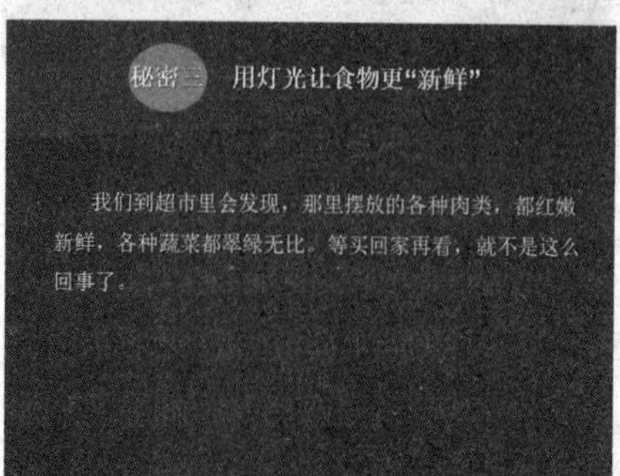
秘密三 用灯光让食物更"新鲜"
我们到超市里会发现，那里摆放的各种肉类，都红嫩新鲜，各种蔬菜都翠绿无比。等买回家再看，就不是这么回事了。

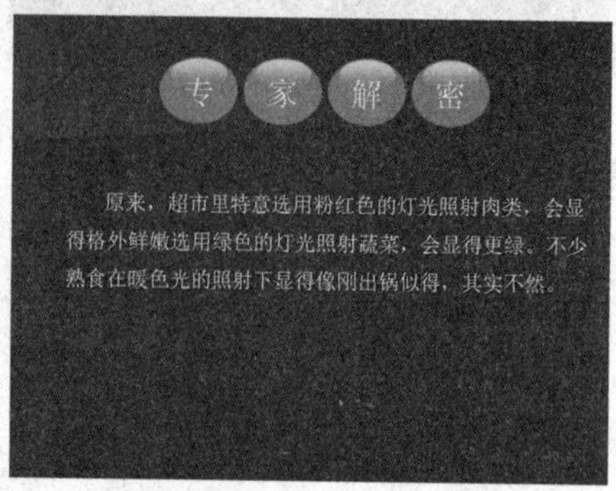
专 家 解 密
原来，超市里特意选用粉红色的灯光照射肉类，会显得格外鲜嫩选用绿色的灯光照射蔬菜，会显得更绿。不少熟食在暖色光的照射下显得像刚出锅似得，其实不然。

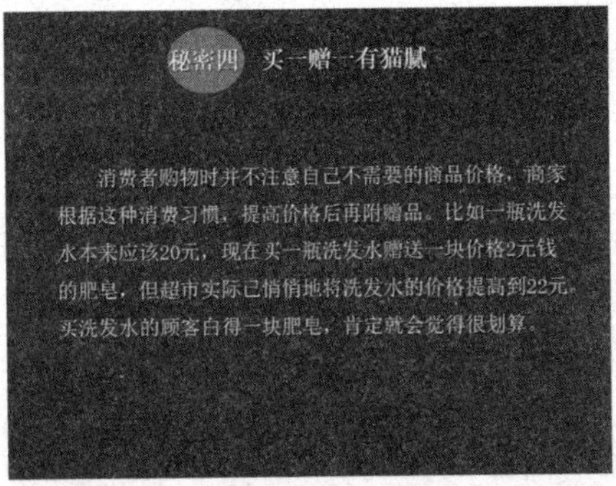

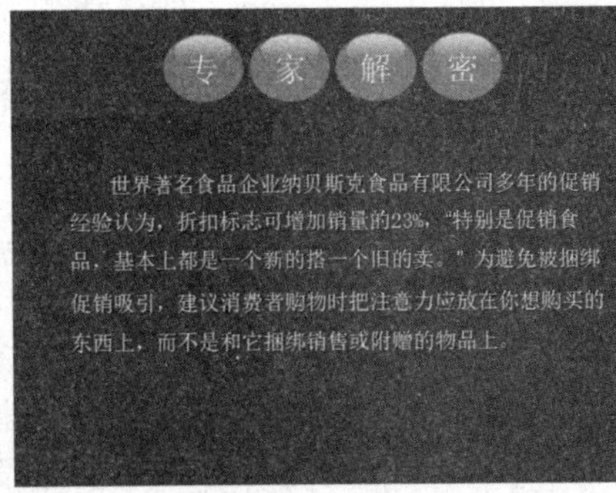

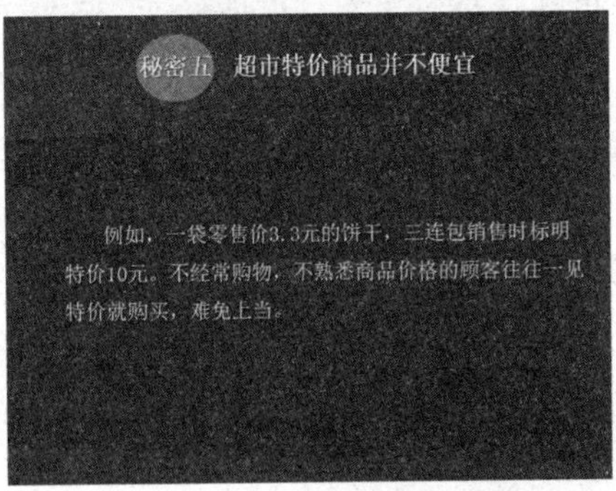

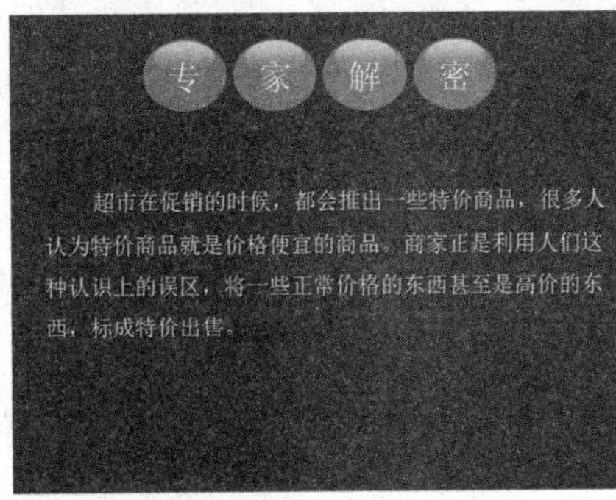

六、反思评价课

整个主题活动结束后，针对学生在整个活动中的表现：从活动的主题生成，到方案设计，再经过方法的指导，经历实践探究、再到成果交流展示等一项或几项活动过程的参与、体验的获得、方法应用和能力提升等方面，通过自评、互评、集体评价、师评的方式，对学生进行多样评价，并让学生反思体验“我的收获”，把活动中的得失、感悟、收获等通过不同形式展现出来，为下一步的活动开展提供依据。

反思评价课实施的一般流程：

环节一：谈话导入，引出课题

环节二：小组交流，畅谈收获

环节三：反思过程，认识不足

环节四：合作交流，生成问题。

环节五：多元评价，激励探究。

反思评价课实施注意事项：

1. 反思评价课是针对一个主题设计的，它着眼于学生整个主题活动中的参与、体验、展示，是对整个活动的反思和评价。

2. 要重视学生对整个活动的整理、反思，重视学生的体验，可以鼓励学生把这种反思体验整理记录下来，形成一种能力，从而更好地去体验生活。

3. 要重视评价的过程，着眼于整个活动开展以来学生的表现，采取自评、生生互评、小组评、集体评、师评、家长评等多种形式进行。

4. 在学生反思评价的基础上，可以根据这个主题引导学生进行拓展发挥，引发学生更多的思考，生成更多新的问题去探究，提升学生发现问题、提出问题的能力。

反思评价课活动设计：

走近珍稀动植物

设计者　冯国珍

【活动说明】

本节课是六年级上册主题四《有趣的生物群落》里的第二个活动“走近珍稀动植物”，第七课时“总结感悟，反思评价”。学生通过对珍稀动植物的研究，了解了更多珍稀动植物的外形特征、生活习性、面临危机、保护措施等方面的内容；进一步锻炼了小组合作、整理资料、大胆自如汇报的能力，能够根据资料选择不同的汇报形式；意识到人类与动物要和谐相处，保护他们就是保护人类自己。这节课就是要让学生把这些收获写下来，思想意识再次得到提升。

【活动目标】

1. 从知识的获得、能力的提高、思想意识的碰撞等方面总结、记录自己和小组在探究过程中的收获和不足。对自己与他人在活动中的表现进行反思与评价。

2.学会小组交流,学会总结反思,学会提升自己的思想意识。

3.呼吁人类要行动起来,共同保护珍稀动植物,让人类与自然和谐相处。

【评价设计】

1.学生能够从珍稀动植物的外形特征、生活习性、面临危机、保护措施等方面简单概括自己的收获。从小组合作情况、制定方案、汇报展示、思想的碰撞、意识的提升等方面交流、反思、评价。

2.能够恰当的表述自己的想法,会倾听、会整理、会记录,在交流、反思中提升自己的思想境界和认识水平。

3.能够感受到保护珍稀动植物的迫切与使命,表现出发自内心的保护意识。

【活动准备】

教师准备:探究实践活动评价表

【活动对象】六年级

【活动流程】

环节一:谈话导入,引出课题

师:我们每个小组都对自己喜欢的珍稀动植物做了深刻、全面的研究,并进行了精彩的汇报展示,活动中大家都能积极参与,献计献策,发挥了自己的聪明才智;汇报形式多种多样,有图文并茂的幻灯片,有自导自演的话剧、情景剧表演,有的风趣幽默,有的感人至深,发人深思;更重要的是我们深深感受到保护自然、保护珍稀动植物的重要性,明白了保护珍稀动植物就是保护我们人类自己的道理。

在这一活动中,我们学到了知识,明白了道理,培养了能力。从知识的搜集、整理、制作、彩排、到最后的展示,都经历了一个辛苦漫长的过程,这其中有不停的修改,一次次的排练、还有争执、辩论和成功的喜悦。最终我们收获了,今天我们就来总结一下,把你感受最深的方面表达出来。

【设计意图:在学生总结前我首先进行了引导,从知识点到学生探究的过程都注重了启发与引导,给予学生足够探索思考的时间和空间,为学生提供了选择和发展的空间】

环节二:小组交流,畅谈收获

1.介绍自己在本次活动中做了哪些事情,交流收获,通过对“走近珍稀动植物”的研究，你又获得了哪些新知识？有什么新的体验？积累了哪些经验？学生充分交流。

2. 汇报的同学与听的同学互动交流，互相补充。

3. 学生可以提出问题，加深交流。

【设计意图：首先让学生在小组内交流，谈一谈自己和小组其他同学的表现，以及自己的收获。通过交流，让学生有思考与反思的过程】

环节三：反思过程，认识不足

1. 你在本次研究中有哪些地方做得很出色？谈谈你的感受。在本次活动中你积累了哪些好的经验，与大家分享一下。对本小组其他同学以及整个小组、其他小组在汇报时的表现进行交流，有什么值得发扬的方面？

2. 在研究中你还有哪些不足，小组合作中有哪些需要改进的地方？

【设计意图：梳理亮点和不足，让学生体会成功的同时，查找自己的不足，既能激发孩子继续探究的热情，也能总结经验教训，为以后的研究提供更好的方法】

环节四：合作交流，生成问题

1. 学生在交流中会产生一些新的问题：

怎样让更多的人参与到保护珍稀动植物的行列中来呢？我们可以做些什么？

（画宣传画，发宣传单，做板报，做手抄报张贴到小区的宣传栏里，把我们自编自导的话剧、情景剧、小品搬到广场、小区里演，把我们的话剧、情景剧、小品搬到电视台演……）

2. 有想法就要去实施，大家先设想一下我们要选用什么方式，每一步该怎么做，需要注意什么，会遇到什么问题，怎么解决。在宣传活动的过程中及时记录活动实施的过程、效果、收获等内容。

【设计意图：本环节充分体现了主题课程的生成性，学生在交流中，会提出呼吁更多的人参与到保护珍稀动植物的行列中来。既培养了能力，又付诸了行动】

环节五：多元评价，激励探究

1. 填写自己的探究实践活动评价表。（附后）

学生活动：打分评价，写反思感悟。

2. 总结活动，提升认识

师：通过对珍稀动植物的认识与了解，相信大家一定学到了很多，感受了很多,也思考了很多。希望大家以此为契机,用一颗关爱大自然的心,行动起来,保护珍稀动植物,爱护身边的动植物,让人与自然和谐相处,让我们的生活会更美好。

【设计意图:激发学生热爱珍稀动植物,保护自然的意识与热情】

【教师评价】

教师的引导能够给予学生足够探索思考的时间和空间,为学生的评价活动提供了指导作用。学生的交流首先在小组内,谈一谈自己和小组其他同学的表现,以及自己的收获。使他们感悟到大家的辛勤付出和展示汇报后的收获。

——田燕

【学生收获】

(节选):我知道了很多我不知名的珍稀动植物。我还知道了它们的习性、数量、生活环境和它们的生存现状。比如娃娃鱼,它原来分布在我国的三大水系,可是因为遭到人为破坏,它们的数量越来越少,有些地方已经绝迹。

通过这次活动,我们小组团结了起来,一起破解难题,最终,我们的汇报取得了成功。

(节选):随着不文明的人类滥砍乱伐树木,许多动物已经无家可归,水杉、银杏、珙桐等珍稀植物也逐渐减少,濒临灭绝,所以,现在让我们共同守护“地球”这个大家园吧!

(附)探究实践活动评价表

班级:　　　　姓名:　　　　组名:

活动主题名称:走近珍稀动植物																
我对自己的评价(10分)	我对本小组同学的评价(10分)			对小组整体表现的评价(10分)	对其他小组的评价(10分)											
	张又文	曾祥义	段旭		1组	2组	3组	4组	5组	6组	7组	8组	9组	10组	11组	12组
8	9	8	7	9	8	9	7	7	8	9	7	8	8	8	9	

本次活动的感受、收获、反思：

通过这次“走近珍稀动植物”的研究活动，我懂得了要保护动物和植物，许多动物和植物都因为人类的捕杀和砍伐而濒临灭绝，人类破坏环境，危害的动植物，最后受伤害的是人类自己。

知识：(1)桫椤是蕨类植物，是目前已经发现的木本生植物，极其珍贵，堪称国宝，现仅存 20000 余棵，是国家二级保护植物，又列入了世界自然濒危保护名录中。(2)东北虎十分稀少，现在只有 53 只，一只虎皮价值 30 多张貂皮。(3)朱鹮的分布曾经非常广泛，但很多地方均已绝迹，现仅存于我国的陕西。我国制定了一系列的措施针对朱鹮的保护与拯救。

能力：认真做幻灯片，一开始做幻灯片十分马虎，囫囵吞枣，就把幻灯片做完了，一点也不知道知识，经过一次次的修改、加工，慢慢地，我们会把重要知识留下了，把没有用的删掉。在搜集整理的时候，都获得了很多重要而珍贵的资料。我知道了做幻灯片时要精致、细心、认真。总之，我们做幻灯片的进步很大。

感想：在看最后一只藏羚羊的时候，我哭了，为什么人类那么残忍，藏羚羊被剥了皮，人类没有一点点的犹豫吗？人类应该知道：在灭绝动物的同时，人类也在走向死亡。

我承诺：保护身边的动植物，保护我们的家园!!!

我是卖报的小行家

设计者　王　霞

【活动说明】

本节课是三年级上册主题 B 第三个主题《将来我也要服务社会》第四部分“我是卖报的小行家”里面的第 6 课时：“我是卖报的小行家”成果交流会。让学生对整个主题的开展情况进行回顾、整理、反思和评价，小组合作，把主题活动开展以来组员的所有材料，集中整理，制作一份小组集体的剪贴报，全班评价。

【活动目标】

小组合作制定剪贴报，集体交流评价，体验合作的团队精神。

【评价设计】

每人提供本主题材料，分工准备材料，合作制作剪贴报，能为剪贴报做好规划和设计,贴好小组标签。

【活动准备】

1. 教师准备:A3 纸、小组成员标签、评价表格、课件、音乐。

2. 学生准备:剪刀、直尺、胶水、双面胶、水彩笔(1 盒)、方便袋 2 个。

【活动对象】三年级

【活动流程】

环节一:谈话导入,引出课题

师:同学们,在"我是卖报的小行家"这个主题的学习过程中,我们研究了与报纸相关的问题,学习了采访方法、根据卖报方案进行了卖报的体验,还进行了卖报活动的成果交流,这节课,我们就针对大家参与的这些活动,展开反思和评价活动,板书课题:"我是卖报的小行家"反思与评价

环节二:小组交流,畅谈收获

大屏幕展示小组要求:

1. 在小组长的带领下,小组成员把每人把准备的资料集中,制作一份小组的剪贴报。

2. 小组成员合作,设计剪贴报剪贴的内容,形式等。

3. 小组成员合理分工:策划的、筛选内容的、剪的、粘贴的、设计花边的、设计标题的等方面的周全分工。

4. 小组成员群策群力,共同完善完成。并在剪贴报的右下角粘贴小组成员表。

【设计意图:小组合作明确分工,在实践中考验小组的团结协作的精神。让小组合作更加顺利和谐,为活动的顺利进行打好基础】

环节三:反思过程,认识不足

1. 小组成员共同上台,分工汇报,确定好发言顺序,展现每个人最精彩的汇报内容。语言表述清晰完整,意思简洁明了。汇报程式可选:"大家好,我们是第一组(小组名称),这是我们小组制作的剪贴报,内容上——,形式上——等等,希望大家给我们提出宝贵意见。"也可以根据小组的意见自己发挥,整个小组汇报完以后,其他同学要表示欢迎。(选择 2 个小组代表)

2. 其他小组认真倾听,点评,提出自己的意见和建议。

3. 小组反思过程,认识不足,能对别人的意见和建议给以真诚的感谢,并能鞠躬致意,倾听的同学给予掌声的鼓励。

【设计意图:集体交流时的方法指导很重要,让学生体验发言和汇报的

方法，为拓展学生表达自己、展现自己提供依据，重视让学生提醒大家倾听的习惯，提高学生自主学习的积极性】

环节四：多元评价，激励探究

师：下面我们对全班的小组的剪贴报进行评价，分这样几个环节进行：（大屏幕展示）

1.小组同学静悄悄，坐在座位上，手抄报传起来。

2.明确全班分组情况，了解哪个组在哪个位置及流程。明确自己小组手抄报应该传递给哪个小组。教师在幻灯片中展示，孩子们根据幻灯片中的顺序找到自己小组的位置，知道自己的幻灯片应该传到什么位置，实际演练，明确基本的程序。（如下图“传递表”）

3.传递手抄报。当老师发出“数字”指令1（说明传第1张剪贴报），数字指令2（说明传第2张剪贴报）依次类推，开始传递手抄报。

4.小组评价全班手抄报。如果你们小组认为你们看得手抄报效果不错，就在手抄报的反面贴的同学心形评价表（如下图“心形评价表”）的心型内画√，进行评价如果你认为他们组的手抄报不过关，就不用画√。（学生传递手抄报，老师报数1、2、3……，学生就把自己的评价后手抄报传给相应的下一组，直到全班所有的小组同学全部传完为止）

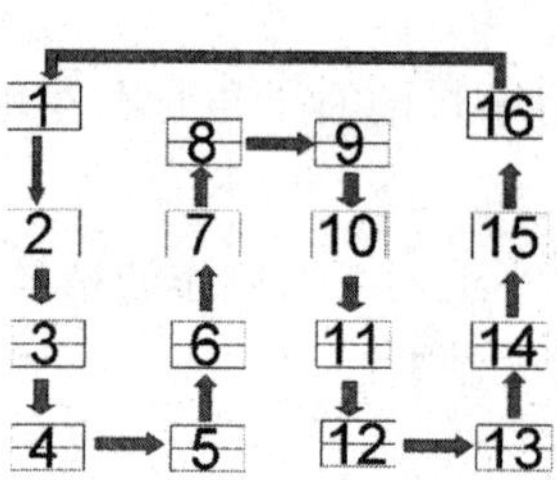

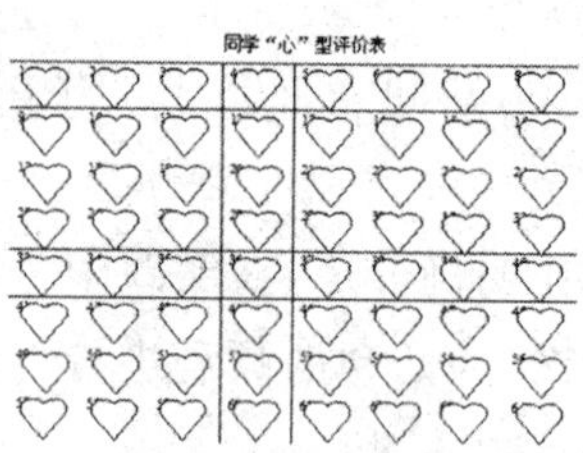

小组名称	成员

5.记录分数。

现在你们组的手抄报回到你们组了吗？好，数一数你们小组的手抄报一共得到多少个√。在自己的评价表上记录多少分。

【设计意图：多元评价，全班明确要求和方法的基础上，全部流动了起来，调动了全班学习的积极性，我为别人打分，别人为我打分，在相互的学习中取长补短，发挥了集体评价的作用。同时获胜小组发表获奖感言，调动了小组合作的积极性】

环节五：合作交流，生成问题

1.师小组合作，数数自己组得票多少，就在相应的自己的评价表上写上记下自己的得分。

2.全班总评展示:各个小组汇报自己得到多少分,评出全班的一、二、三等奖,给优胜小组颁发奖状,对于其他小组也提出表扬和鼓励,都为集体活动付出了自己的力量,加油。

3.发表获奖感言,或者谈谈自己根据本主题的开展活动,自己又生成了哪些问题。

【设计意图:小组合作统计成绩,就是对集体团队力量的量化说明,提高了团队的积极性,同时又为团队找不足。获胜小组发表获奖感言,调动了小组合作的积极性】

【教师评价】

这节课在内容和形式上都很新,不仅有合作学习的确切内容,更有合作学习的体验生活,小组的合作可能相对容易,但是集体的合作就在传递中得到锻炼和提升。

——刘永芹

【学生收获】

我们小组得到了一等奖,我们每个人都认真做事,团结起来,在做剪贴报的时候,我们让有特长的同学做适合的事情,比如让画画好的设计标题和花边,让小组长设计版面,其他同学做剪和贴,这样,我们就很快做完了剪贴报。

——2011 级七班　孙逸銘

光里的秘密

设计者　万雪芳

【活动说明】

本节课是我们主题 A 四年级下册的主题《光里的秘密》的最后一课时。前期学生已经经历提出问题、确定研究主题、制定活动方案和汇报成果,这节课主要是在前期学习的基础上进行知识梳理和总结,反思评价整个活动过程的自我表现和小组他人的表现,找出有待提高的方面,以利于后面的实践研究。

【活动目标】

1.梳理收获的知识经验,提炼升华,查找不足。

2. 反思探究过程中的心得体会和经验，借助科学量表自我反思、评价他人。

3. 总结经验，感受科学探究的乐趣。

【评价设计】

1. 能通过反思交流，用比较简洁、准确的语言归纳、梳理收获的知识经验，提炼知识要点，查找不足之处。

2. 能通过感悟交流，谈谈在探究过程中的心得体会，交流克服困难的经验，体验科学探究的乐趣，品尝成功的喜悦。

3. 完成评价量表，总结经验，准确科学评价每位小组成员，找出有待提高的方面，以利于后面的实践研究。

【活动准备】

1. 教师准备：评价量表。

2. 学生准备：本主题成果资料。

【活动年级】四年级

【活动流程】

环节一：谈话导入，引出课题

1. 教师回顾谈话，我们以“光”为话题，开展了“光里的秘密”的实践活动，同学们通过搜集资料，整理分析，调查研究，实验操作，出色完成了本次的研究活动。大家展示了本组的研究成果，有了很多的收获和进步，这节课我们就一起总结一下。

【设计意图：反思梳理，查找不足，既能体会成功的喜悦，也为以后的探究积累经验】

环节二：小组交流，畅谈收获

1. 交流收获，通过对“光里的秘密”的研究，你又获得了哪些新知识？有什么新的体验？积累了哪些经验？学生充分交流。

2. 汇报的同学可以与听的同学互动交流，互相补充。

3. 学生可以提出问题，考察对知识的掌握。

【设计意图：学生自主梳理知识，通过互动、辩论，能进一步强化知识要点和成果，有利于积累知识和积累经验，从而体会收获的喜悦和成功的甜蜜】

环节三：反思过程，认识不足

1. 你在本次实践研究中有哪些地方做得很出色？谈谈你的感受。在本次实践中你积累了哪些好的经验，与大家分享一下？

2.在研究中你还有哪些不足，需要改进的地方？

【设计意图：梳理亮点和不足，让学生体会成功的同时，查找自己的不足，既能激发孩子继续探究的热情，也能总结经验教训，为以后的研究提供更好的方法】

环节四：合作交流，生成问题

1.小组合作交流，在本次研究过程中，我们解决了很多问题，那你又发现了哪些新问题？

2.小组派代表汇报发现的新问题，选择有研究价值的问题，全班讨论解决，不能解决的，课下继续探究。

【设计意图：总结过程中发现的新问题，继续探究，学生会感觉到学海无涯，反思评价不是结束而是过程中的新起点，是发现新问题生成新问题的过程，使学生逐渐养成在生活中善于发现、善于思考的习惯】

环节五：多元评价，激励探究

结合评价表，完成本专题的自评、小组评和老师评。

<table>
<tr><td rowspan="8">小组互评</td><td rowspan="2">甲</td><td>课前准备</td><td></td></tr>
<tr><td>合作交流</td><td></td></tr>
<tr><td rowspan="2">乙</td><td>课前准备</td><td></td></tr>
<tr><td>合作交流</td><td></td></tr>
<tr><td rowspan="2">丙</td><td>课前准备</td><td></td></tr>
<tr><td>合作交流</td><td></td></tr>
<tr><td rowspan="2">丁</td><td>课前准备</td><td></td></tr>
<tr><td>合作交流</td><td></td></tr>
<tr><td>闪光点</td><td colspan="3"></td></tr>
<tr><td>新目标</td><td colspan="3"></td></tr>
<tr><td>教师评价</td><td colspan="3"></td></tr>
</table>

【设计意图:多元评价,有利于客观科学地评价孩子,让孩子正确认识自己的优点和不足,既能激发孩子的积极性,也为以后的探究提供经验】

【教师评价】

学生经过大量的实验探究和资料的研究,这样的交流体会环节设计,学生对光的知识会有新的认识和收获,整节课,有汇报、辩论、评价,形成了知识共享,进一步提高了合作互助的能力,实验探究的能力,创新思维的能力。综合评价表的设计合理科学,能激发孩子们研究的热情。

——沈翠平

【学生评价】

通过本节课交流梳理评价,我对光的认识有了进一步的提高,我们小组合作的很愉快,无论是搜集资料,还是实验探究,我们集思广益,优势互补,大家都有很多收获。我们既体会到了探究的快乐,又体会到了成功的喜悦,我们还积累许多实验的经验和技巧,我会继续努力。

——四年级一班　高文翰

学生评价表一份:

小组互评	田思琪	课前准备	10 分　很充分
		合作交流	10 分　流畅　积极　精彩
	吴浩宇	课前准备	9 分　充分
		合作交流	10 分　很积极　主动　精彩
	芦晓腾	课前准备	10 分　很充分
		合作交流	9 分　再主动积极点
	张华良	课前准备	9 分　充分
		合作交流	10 分　团结　积极　主动　简练
闪光点	资料整理简洁,合作高效,实验探究积极,实验结论总结到位,汇报声音洪亮。与其他小组同学互动很好。		
新目标	制定计划更周密,分配时间更合理,分工更细致些,合作高效,演讲更生动。		
教师评价	9.5 分　本组同学积极探索实验,汇报效果很好,合作高效。		

第六章　主题课程的评价

课程评价是主题课程实施的重要组成部分。《基础教育课程改革纲要》指出:要建立促进学生发展的评价体系,要发现和发展学生多方面的潜能,帮助学生认识自我,建立自信。发挥评价的教育功能,促使学生在原有水平上的发展。因此,我们以主题课程目标及内容为依据,精心设计了评价的内容及方法,形成了比较完整的评价体系。

第一节　主题课程评价的原则

1.注重评价的激励性,促进学生全面发展。

激励每一个学生的发展,促进学生素质全面提高,使每一个学生都有适合自己发展的空间和具体项目,每一个学生都有显示自己才能的机会和舞台,也使每一个学生都体验到获得成功的喜悦,争取人人都得到学生、家长、老师和社会的认可。

2.注重评价的动态性,关注学生的纵向发展。

在建立激励学生发展的评价体系中,重视质性评价方法,不仅关注评价的结果,更注重学生成长发展的过程,有机地将终结性评价与过程性评价结合起来。加强对学生平时学习过程的观察与考查,重在发展。

3.注重评价的开放性,实施多元化评价。

加强自评、互评、师评、家长评等多种方式有机结合、有效实施,使评价成为教师、管理者、学生、家长、社会共同积极参与的交互活动,促使评价过程进一步开放。让学生和评价者在相互平等、相互尊重的基础上,通过讨论、辩论、协商等不同的沟通方式,获得评价的效益,彼此间有交流学习的机会。

4. 科学使用各种评价工具。

科学使用各种评价工具,如档案袋、评价表、彩卡、喜报、星级卡、记录册等多种的评价工具实施评价,认真记录学生成长过程,使其成为学生发展的真实历史写照,为学生的终生发展奠定基础。

第二节　主题课程评价的内容及方法

一、评价内容

主题课程评价内容主要根据《主题课程实施指导纲要》的总目标来确定。

学校的主题课程以“人的成长”为关注核心,重点突出了对学生“全人”的培养。引领学生通过主题课程的学习,掌握主题活动学习的基本过程、技能和方法,提高学生对自然、社会和自我的认识,形成初步的创新精神、实践能力、科学和人文素养以及环境意识,培养学生的社会责任感和健全人格。

二、评价方法

1. 制定评价表,落实课程目标的有效达成。

评价要根据课程的目标进行系统评价,全面体现主题课程的教育目标。评价指标科学、完整、有效、可靠,具有可操作性。评价采取学生自评、生生互评、教师评价、家长评价等多种方式来实施。

三年级主题课程学生学业评价量表

评价内容	评价方法			
	学生自评	同伴互评	教师评价	家长评价
1.初步学习自然、社会环境中浅显的、与日生活密切相关的知识，学习科学的对待生活中的现象和问题。				
2.学习和掌握观察法、搜集资料的科学探究的方法，并能尝试科学的根据观察和资料的搜集整理，发现实践过程中的问题和现象，尝试思考改善问题的方法。				
3.了解科学实验的一般过程，初步学习用数据记录实验现象和过程，体验科学探究要尊重证据，了解和体验科学探究中交流与汇报的一般过程和方法。				
4.学习和运用探究的方法，亲身经历探究学习的全过程，从中获得科学和人文知识，体验探究的乐趣，发展创新精神和实践能力，并尝试用于解决身边的实际问题。				
5.在与日常生活密切相关的家庭、学校和社会生活的学习和体验中，懂得基本的礼仪，懂得尊重和感恩身边的人；能够自己的事情自己做，初步学习体验与同伴、周边人的合作交往的能力；树立为家庭、学校、家乡和社会做一些力所能及事情的社会服务的意识。				
6.初步学习运用采访、制定简单活动方案的方法了解周边的人、家乡及周边的社会和环境，知道简单的垃圾处理的方式，学习节水、节约社会资源、保护社会环境的环保意识，在家人的协助下进行社会实践体验活动，并能针对社会实践活动初步进行简单分析的和总结。				
7.从娱乐、体育发展的历史中感受到中华文化的博大精深，知道古人寓教于乐的道理，激发对祖国传统文化的热爱。				

2. 建立学生成长档案袋，记录成长的足迹。

档案袋评价法是在20世纪80年代西方中小学评价改革运动中形成和发展起来的一种新的质性评价方式。建立成长档案袋可以引导学生以赏识的目光看待自己的进步，以虚心的态度对待自己的不足，以务实的精神设计自己的未来。

我们主张采用“自我参照”标准，引导学生对自己在综合实践活动中的各种表现进行“自我反思性评价”，强调师生之间、学生同伴之间对彼此的个性化的表现进行评定、进行鉴赏。

我们的档案袋评价具有以下特点：

一是注重过程性评价与终结性的统一。既强调了每个活动主题的过程性，又体现了整个学期活动的过程性；既强调了每个活动主题的终结性，又体现了整个学期活动的终结性。

二是注重了描述性评价和等级性评价的统一。既让学生明确自己的活动总体状况，又让学生明白自己的优点和不足，引导学生学会反思。

三是注重了评价主体的多元性和评价内容的多样性。评价主体既有教师、小组成员、学生本人，还有家长等；评价内容包括学生活动准备阶段、实施阶段和成果展示阶段的所有成果。

主题课程的档案袋主要包含以下内容：除自画像、表现秀、成果展、活动评价、学期评价等必要内容外，还包括主题研究的资料及成果、谈话记录、荣誉记录等，体现学生个性发展特征，展现成功和发展的轨迹。

自画像

瞧，我多棒！	附照片
我的个人资料、我的格言	
同学的鼓励	
老师的希望	

表现秀

主题名称		活动时间	
主题名称		活动时间	
小组成员			
评价内容	我的表现		
我承担的任务及完成情况			
我在活动中的表现			
我有这些收获			
我还有这些不足			
我的努力目标			
小组伙伴对我说			
家长对我说			
指导老师对我说			

成果展

我最得意的作品！

活动评价

项　目	评价要点	自评	互评	师评
活动参与	1. 认真参加每一次活动。对每一次活动始终保持浓厚的兴趣。			
	2. 努力完成自己承担的任务。			
	3. 做好资料积累和处理工作。			
	4. 主动提出自己的设想。			
	5. 乐于合作，能和同学交流，尊重他人。			
体验获得	6. 善于提问，乐于研究，勤于动手。			
	7. 关心时事，有一定的责任心。			
	8. 能及时进行自我反思，养成积极的生活态度。			
	9. 实事求是，尊重他人想法与成果。			
	10. 养成合作、分享、积极进取等良好个性品质。			
方法应用	11. 能用多种途径获取信息。			
	12. 采用了两种以上的方法进行研究。			
	13. 能运用已有知识解决实际问题。			
能力发展	14. 有求知的好奇心、探索的欲望。			
	15. 独立思考、自主学习，主动发现问题，提出问题，寻求解决问题的方法。			
	16. 积极实践，发挥个性特长，施展才能。			
合计				
等级				
总评				

注：1. 评价等级分为：ABC 三个等级；

2. 评价方法：自评、互评、师评的不同等级分别用红色五星、黄色五星、蓝色五星来表示。自评、互评、师评合计得 10～12 个红色五星均获“A”等次；得 8～9 个红色五星均获“B”等次；8 个以下红色五星均获“C”等次。

学期评价

总体评价

主题(项目)		评价等级	学期评价	评语
1				
2				
3				
4				
5				

注：学期评价分为A、B、C、D四个等级。所有主题活动获80%以上A，则学期评价为A等次；所有主题活动获70%以上A，则学期评价为B等次；所有主题活动获50%以上A，则学期评价为C等次；其他情况学期评价为D等次。

我的收获

我的不足

我的目标

家长对我说

老师对我说

3. 反馈评价信息，强化评价的激励功能。

要以口头或书面、正式或非正式的反馈方式，使学生及时了解自己的学习情况；要以正确而系统的信息为基础，采用诊断性、分析性、激励性语言，肯定成绩和潜能，客观指出不足，提出改进建议；评价要反映学生的个性特点，着眼学生的未来发展，有利于学生正确了解和调适自我，增强学习信心。

4. 利用现代信息技术，建立主题课程评价系统。

利用现代信息技术，规范评价管理，逐步建立学科学习评价资源库、学生学习评价电子档案等，充分利用开放性、灵活性评价信息及反馈平台，鼓励教师、学生、家长参与，指导学生利用评价平台进行自我评价和互评，在互动和运用中完善现代信息评价系统。

第三节　主题课程评价应注意的问题

1. 注重过程，增加自信

在评价过程中，不仅关注结果，更关注学生成长发展的过程。“获取知识的过程比知识本身的获得更重要。”具体体现在收集学生学习状况的数据和资料，根据一定的标准对其发展状况进行描述和判断，在一定的目标指导下，根据学生的基础和实际情况，给学生以反馈并提出具体的改进建议。评价过程中应给予学生多次评价机会，其目的在于促进学生的转变与发展。如有学生对自己的学习成绩不满意，允许学生重来，争得更好的成绩。这种评价方式，既尊重了学生的个体差异、保护了学生的自尊心、自信心和学习兴趣，又培养了他们精益求精、永不服输、坚忍不拔的精神和品质。

2. 注重素质，促进发展

对学生综合素质的考查，不仅关注学业成绩，而且关注学生创新精神和实践能力的发展；发挥学生多方面的潜能，帮助学生悦纳自己、拥有自信；以质评为基础，应用科学的评价方法，不仅考查知识、技能等认知层面，同时应关注对学生学习过程中所反映出的情感态度、学习策略等方面的发展做出评价。其目的是单从知识与技能质量来衡量学生的狭义质量观中解放出来，把学生的政治思想素质、道德素质、心理素质、能力素质、审美素质等的全面发展水平作为衡量学生的综合标准，促进学生素质的全面提高。

3. 注重方式，保持兴趣

为了使评价有机地融人教学过程，应建立开放、宽松、民主、和谐的评价氛围，以个人和小组结合的方式进行评价，鼓励教师、学生、同伴、家长共同参与评价，实施评价主体多元化。同时，教师、学生、家长的共同评价，发挥了合力效应，有助于学生良好品格及行为习惯的养成，为终身学习打下基础。形成性评价的形式可有多种，如课堂学习活动评价、课外实践活动评价、学习档案、问卷调查，还可以采用游戏、竞赛、表演、展示等多种灵活的方法。尽量做到形式多样，生动活泼，寓评于乐，让孩子们喜欢并接受，保持学生的兴趣。

4. 注重主体，培养个性

学生是学习的主人，也是形成性评价活动的主人，评价中应面向全体学生，注重学生的个性差异，努力使每一位学生都能得到全面和谐健康的发展。如教师在一开始不管是从评价项目、评价目标、评价标准还是评价工具都是让学生自己讨论制定，评价中充分发挥学生的自评，老师起监控和指导作用。在评价中要注意特长生的培养，通过评价使学生认识到，学习就是为了自身的发展，一个人的发展不仅是提高知识水平，也要提高整体素质水平，更要重视自身特长的发展。

总之，在评价实践中，教师既要重视知识与技能的评价，又要关注过程与方法，态度与情感的评价。

第七章 主题课程的收获

教师篇

主题课程搭起学生成长的舞台

刘永芹

我校从 2013 年开始进行了课程整合，把国家课程《品德与社会》《科学》《综合实践》和地方课程（环境、安全和传统文化）内容重复的部分进行了整合，形成了 A、B 主题课程。主题课程从自然、社会和自我三个维度确定，强调学生的参与，重视学生的实践、探究。我们在教学中时刻遵循以学生为本，以课堂为载体，以评价为起点，积极实践“尊重、快乐、互动、有效”的理念，用学生乐于探究的方式组织学生体验活动，引领学生积极主动的学习，让学生在乐中学、学中思、思后做。通过丰富多彩的主题活动培养学生的创新精神和实践能力，激发学生参与活动的积极性，培养学生的创新意识、合作意识。

一、以学生为本，架构学生成长基台

以生为本就是要尊重学生，承认学生的差异，了解并引导学生的需求。

1. 确立主题时疏导，体现尊重。

现在的主题活动基本从学科而来，我们还会让学生选择自己最感兴趣的一项事物，再从中选择适合学校实际、学生实际的主题，最终确定每个年级的活动主题，如：《我们的学校》《一茶一世界》等等。学生在参与中发现自己的想法被同学和老师采纳，心情非常兴奋，感觉很自豪。

2. 建立小组时引导，注重合作。

开展主题活动最好的组织方式就是小组合作，每个小组就是一个小家庭，一荣俱荣、一损俱损。兴趣相同的同学一起研究自己喜欢的主题，学生热情高涨、积极性高，老师便于管理、便于评价。所以，主题开展前要建立合作小组，每当这时很多同学都能迅速找到自己的合作伙伴，但也有个别学生孤零零独自一人，看到此情景，我们会启发学生："大家看，我们班的某某同学没有找到自己的小家庭，我们该怎么办呢？"有的小组站起来说："我们要某某同学"，于是进一步引导："为什么这么做？"学生说："因为我们是一个大家庭，我们不能让某某同学在门外，我们应该帮助他，向他伸出友爱之手。"此刻，全班响起了热烈的掌声，整个课堂气氛达到了高潮，老师借机引导某某学生："那你以后该怎么做？""我会好好表现""争取期末得 A 等级"等等，班级的凝聚力显示得一览无余，对学生的教育水到渠成。另外，我们每个小组成员各有分工，群策群力，从而培养学生团结合作的意识及集体荣誉感。

二、以课堂为载体，营造学生成长舞台

教师最大的魅力就在课堂，在课堂教学的各个环节中指导，强调学生亲历过程，创设让学生自己体验、探究、感悟的氛围，让学生豁然开朗。学生在体验中感悟，在实践中成长。

1. 注重导入，感染学生。

上课伊始，饱含深情、扣人心弦的导语、一段惟妙惟肖的表演、一个精彩的游戏……能够调动学生的感情，激发他们内心感受，从而自然而然地受到感染。如在《给垃圾安个家》这一课的导入中，我在讲桌上放一个纸箱，里面放着各种水果，用布盖着。然后老师说给同学们带来一件礼物，猜猜是什么？学生们纷纷开始猜测，并进行品尝，引出主题。用猜礼物品尝的游戏导入，来调动学生兴趣，给学生充分的想象空间，学生对礼物盒中的物品充满了好奇，于是开始猜测和想象，培养学生发散思维的习惯，并让学生的注意力集中起来。学生的学习热情被点燃，跃跃欲试，激发了学生主动探究的积极性。

2. 善于启发，提出问题。

在对课题提出自己想研究什么问题时，帮助学生建立“提出一个问题比解决一个问题更重要”的思想。这时学生的思路被打开，问题无所不有，天马行空无所羁绊，想要研究的问题有时会写满黑板，然后引导学生归纳形成有研究价值的子课题。教学中，有的学生会奇思怪想而提一些古怪的问题，学生的这些想法表面看可能是幼稚的、偏激的甚至是稀奇古怪的，但也可能蕴涵着与众不同的创新思想。我们要适时地加以引导，给学生讲明这个为什么可以，那个为什么不行；对有新意有创造性的想法，老师应给予鼓励和赞许。只有这样才能使我们的课堂能弘扬学生个性，捕捉学生思维的火花，培养学生创新精神。

3. 加强指导，掌握方法。

小组制定活动方案时，帮助学生树立“凡事预则立不预则废”的思想。指导学生活动之前先建立适合本组活动的计划，如指导小组如何商讨选择本组感兴趣的子课题、小组如何分工、用哪种方法搜集资料、预设展示资料的形式等等，进行讨论并填写小组活动方案表，使活动有的放矢，避免了盲目性和无序现象。

指导学生搜集资料时，引导学生通过各种途径获取信息的方式：问、看、查、听、调查访问、观察、体验等渠道，并对其中的调查访问的方法进行指导，进行实际的训练。如《消费与生活》主题，通过让学生设计消费调查表，让学生走出教室、走出校园，对人们消费的情况进行调查，一方面锻炼了学生与人交往的能力，另一方面引起学生对消费现象的重视，提高对环境的关注，增强社会责任感。

指导学生整理资料时，我们会引导学生如何对本组的材料按照中心的需要进行取舍，怎样小组分工熟知本组的材料，如何用相适应的形式整理本组的资料等等，学生会兴趣高涨的发挥本组的优势，整理成独具匠心的形式来展示。

指导学生展示本组的劳动成果时，启发学生学会正确倾听的方法；学会如何评价一个小组的展示；引导学生学会如何尊重别人、如何学会获取更多的知识等等。我们还通过不同的形式展示研究成果，如在《交通让世界更接近》主题中，我们模拟交警执法，让学生穿戴该职业服装，通过模拟社会生活中的真实情境，让学生体验交警角色，主动参与，提升实践能力。还利用幻灯片、手抄报、视频、日记等形式进行活动主题展示。

主题结束，指导学生形成研究报告时，要将活动过程中的经历、体验、收获、不足、感受记录下来，形成关于本主题的研究报告，目的是总结经验、吸取教训，以便为以后的学习提供借鉴。通过这种方法指导，使学生养成做事情要善于梳理、反思的习惯。

学生在活动中习得各种方法，经历探究的过程，不断发展、完善自己的实践能力。

三、以评价为起点，搭建学生成长平台。

自主题活动实施以来，我们一直探索对学生的评价，我们既注重过程性的评价，又注重结果的评价，既有同伴的评价、学生自我的评价，还有老师、家长的客观、全面评价，这样的评价极大调动了学生活动的积极性，尊重了学生的自主权，充分发挥了学生的主观能动性，使学生主动参与、乐于合作、积极探究，成为实践活动的主人。

主题活动课程有自己的评价理念和评价方式，它不会以量化手段对学生进行分等划类的评价方式，强调的是师生之间、学生同伴之间对彼此的个性化的表现进行评定、进行鉴赏。教师首先要改变对学生的评价方式，关注学生在主题活动过程中的情感投入、参与合作、努力程度等方面；在活动过程中对学生的表现时刻以语言激励："你的想法很独特，值得大家学习"，"你真是个善于动脑的孩子，想出的办法真有新意"等等；还设立了很多奖章、奖状，鼓励学生成长。家长对学生的评价（语言式、星级式）也使他们体会到父母的关爱，更有动力去完成各项活动任务。

我们为学生设立了成长档案袋，让学生评价自我、评价他人，使学生能正确看待自我、看待他人，学会欣赏别人，达到自评、互评中反思，反思中感悟、收获，收获中成长。并让学生轮流当小组长，培养他们的组织协调能力，虽然人人不能做得很完美，但他们在经历中得到了锻炼、提高。

主题活动的舞台还很大，需要我们在教学中力求时时处处尊重学生，建构和乐课堂，用良好的心态与积淀的专业素养去感染学生，为学生搭建成长平台，人人体验成功和快乐。

改变着·成长着·快乐着

沈翠平

我校的主题课程改革已经走过两年的历程，在这两年的时间里，开始我就像一个迷路的孩子，陷入课程整合的痛苦、迷茫、纠结、忙碌中。后来放平心态，慢慢走近它，重新认识它，自己的心境、思维、认识也慢慢随着课程整合的深入变化着，同时我的教学方式、孩子们的学习方式也随之而改变。孩子们真正成为课堂的主人，他们才是学习的主体，老师只是组织者、引领者和亲密的合作伙伴。就这样，我慢慢走近课程整合，我的教学理念的转变也确实达到了意想不到的教学效果。下面用两个案例说明之。

例如在执教“走近奇妙的声音世界”主题时，我用一个小小思考题创设情境，引出要研究的主题：什么东西你能制造出来却看不见？它可以穿过固体却不留下洞孔？（声音）再让孩子们根据已有经验交流对声音的认识，然后小组合作提出想研究的问题，并记录在问题纸上，此处我和孩子们讨论提问题的注意事项，并幻灯片展示：

1. 问题要有研究价值。

2. 问题不要太笼统，宜小不宜大。

3. 问题要与“声音”相关，不要跑题。

孩子们提出问题后，展示梳理，然后选择自己想研究的小主题，老师再指导孩子们针对自己选择的小主题制定活动方案，孩子们在展示完善活动方案后，就会课下探究，最后汇报展示各自的研究成果，老师和同学们会对他们的成果及综合表现等做出评价，另外在展示环节老师会提供必需的实验器材、视频等材料。

大家可以从这个课例看出，整个主题探究活动，是孩子们一直在“忙活”，他们是学习的主人，有了问题意识，就像科学家一样在搞研究，合作探究、搜集整理信息、分享展示的能力都得到了锻炼，并且学会了一种自主研究的方法：小组提出问题——确定研究小主题——制定研究方案——搜集整理信息——汇报展示研究成果——梳理评价。

再如在执教“神秘的四季星空”主题时，我知道孩子们对星空主题很感兴趣，但是一直很难上，想让孩子们完成中长期观察星空的探究活动根本不可能，因为城市夜晚光污染、空气污染严重，无法看到星光灿烂的夜空。那么该如何更好地落实这一主题呢？我让孩子们借助星盘来观察星空的变化，比如观察大熊座北斗七星在一天中位置的变化（同一日期不同时刻的变化），观察其在一年中的变化（不同日期同一时刻的变化），并把其位置的变化画下来，然后找出北斗七星位置的变化规律，通过这种形式还可以找出仙后座、猎户座等星座的变化规律，这样孩子们可以更直观地认识星座，了解星座的变化规律，虽然没能实地观察，但是通过这种形式弥补了一些不足。

另外，因为孩子们都对自己所属的星座很感兴趣，从兴趣出发，结合本主题的探究内容，我把教学内容进行了拓展，让他们通过星盘寻找自己的星座，并简单描绘其变化规律。

从上面的案例可以看出，课程整合突破了传统教学方式和教学内容的限制，在老师的引领下，孩子们通过以上大量地寻找星座——画出星座——找星座运动规律等探究活动，真正体会到所有的星座"一天中都东升西落现象，一年中都在绕北极星逆时针方向运动"的规律，这样就实现了老师多少遍讲授都无法替代的效果。

总之，在课程整合的改革中，我的最大感受就是老师和孩子们都在"忙"着改变，真可谓：忙的不亦乐乎！老师们都摸着石头过河，忙着向专家学习改变思维方式和教学方式、忙着设计教学方案并一边实践一边改进方案；忙着讨论解决实践中的困惑、迷茫；忙着相互听课、研讨，集思广益。孩子们也在忙，忙着改变学习方式，写活动方案、实验方案、动手操作、搜集整理资料、做幻灯片、做手抄报、汇报展示等，特别是汇报展示环节，孩子们更是各显神通，以良好的精神面貌来展示分享自己小组的研究成果，尽量获得老师和其他同学的认可。虽然老师和孩子们都很忙，实践中还有一些细节不尽如人意，但我和孩子们都在忙中改变着、成长着、快乐着！

关注细节，享受与孩子们一起成长的幸福

——由B主题过程评价表引发的思考

刘宗艳

虽然执教二十多年了，却是教学B主题课程刚刚一年的新手，为了更好的完成主题课程的教学任务，在学期初时，我就和学生一起制定了主题课程过程性评价表。这份评价表包括：课前准备、带书、发言、课堂纪律、收集

资料、合作探究、集体交流、作业等项目，可以说非常全面，而且每节课的日期、得分、合计都设计到了。为了做到真实、公正，表格设计了同学签字；为了让家长及时掌握学生的课堂表现，每节课的统计中还设计了家长签字栏。每节课下课前，我都会留出大约5分钟请学生根据自己课堂的表现，真实的为自己打分，同位检查签字。

一个学期很快结束了，当我收上学生的评价表格要根据平时的表现给学生打分时，却发现存在着一些问题：

1. 表格中填写的课时数远远多于我们上课的数量，因此这部分同学的成绩远远高于其他同学，甚至比每节课都进行交流汇报的同学都多。

2. 明明课堂纪律不是很好的学生，竟然每一项都得了满分，而且还有表现好的加分。

3. 有些学生核对后没有在签字栏里签上自己的姓名，而是签上了纪律好；家长签字栏成了摆设，满满的寂寞，无人问津。

为什么会出现这些情况呢？孩子们是怎么想的呢？带着这些问题，我悄悄的问了几个学生。他们有的说是为了期末得个好成绩，好参加金星的评比；有的说是为了不让家长回家责怪自己；有的觉得无所谓……

问题的出现使我不由得再次审视自己的教学，审视我们的B主题，审视我的学生。B主题课程本身就是在《品德与社会》学科的基础上进行的整合，因此，教学中我始终在如何引导学生明理，规范自己的言行上下功夫，寻找突破口。面对如今的情况，我有些挫败感，静下心来反思，不禁思绪万千：

问题的出现不仅是我的信任给学生的“表现”留下了“余白”，检查落实的措施不够完善，还有我忽略了四年级学生的心理特点、年龄特点会带来的结果。我们知道三、四年级的学生是小学阶段的一个分水岭，不仅是指学习上，更指思想上。看看我们的学生，你就会发现这个时期的学生个性差别特别大，身体发育表现出明显的高矮、胖瘦差别，发育快的孩子比老师都高了，发育慢的还像刚入学的小学生。心理方面也存在着很大差异，由于家庭环境和其他条件的不同，学生对事物的体验差距很大。条件不好，每天仅限于家庭、学校活动的孩子显得孤陋寡闻，在上学期我教给学生上网搜集资料，整理成课件时，因为家里没有电脑，无法完成收集资料任务的几个学生在课堂学习时，掌握的资料不如别的学生全面，在交流发言时明显出现了做“壁上观”，沦为了“看客”，在“收集资料”“集体交流”时的表现赋分就会较低。而条件较好的孩子，视野开阔、知识增长速度明显加快，相应的在这些项目的赋分会较高。而这些学生见多识广甚至表现出老成的样子，很有自己的“老主意”。

虽然学生已经了解了评价表格的明确要求，只要每节课如实评价即可，可是学生会基于自己的目的，心里的想法会不同，从而出现不同的行为，这样就造成了认识与行动不一致，这就是一个令人头疼的问题。这个年龄段的学生已经学会了寻找对自己有利的理由替自己辩护，有时还会隐瞒真实的情况。这与小时侯发现孩子偶尔说假话时没有及时纠正有关。这个阶段是培养和塑造性格的重要时期，如果强硬地让学生改错，也能达到我们的目的，但效果肯定不好，对脾气倔强、逆反心理重的学生来说可能会适得其反，所以自觉地控制和改变学生的一些不良习惯，选择一些正当有意义的行为方式应该是家长、老师和同学共同努力的方向。

陶行知先生也曾经说过：“教育是心心相印的活动。惟独从心里发出来的，才能打到心的深处。”所以，作为一名称职的教师，尤其是承担 B 主题教学的教师就更要善于观察学生的学习情况、心理情况，正确、恰当的处理课堂上生成的问题，更要用心去发现学生时刻存在的问题、状况，不仅要善于发现问题，还要运用自己的智慧解决问题。

想清楚了其中的问题，于是，在又一节主题课上，我与学生一起来讨论“小事中的做人道理”“细节中反映品德”“信任是……”，在激烈的辩论中，了解诚信做人，做真实的自己的重要性，使学生都能充分感受到老师的爱与关心，学会不断反思自己的行为，我希望即使在很久以后，我的学生们仍然会记得这次“由一份评价表引发的思考、辩论”……

这虽然看似是一件小事，但是教育无小事，我想：只要我们每一位老师都能关注细节，我们收获的将不仅仅是成绩、理解和感动，而是自我的蜕变和灵魂的升华！更是享受与孩子们一起成长的幸福！

课程改革中一个大写的“A”

张婧林

我校主题课程改革的研究、实践如火如荼，成果斐然。值此大好时光，我也已教授我校 A 主题课程近一年时间。其间的酸甜苦辣，辛劳辛酸，收获满足……岂可一言以蔽之？……教授 A 主题课程的最大感受就是：老师要教授孩子一杯水，自己不止要有一桶水，而是要有一潭水，有一眼泉，有无尽的活水和不断探究的精神；方能使自己的教学游刃有余，使孩子在我们的引领下，获得科学的探究精神与综合素质的提升。

一、A 主题课程学习让学生学会了“玩”

“玩”是孩子的天性。A 主题课程的设计与改革大大突出了科学内容的可玩性，趣味性，综合性。将原有知识、实验、方案整合，重点更加突出，学生有了更多的时间“玩”科学，用科学，学科学，玩的更带劲，学的更扎实。

二、A 主题课程学习让学生学会了“究”

勇于探究，敢于质疑，乐于实践是我们科学课所看重的学习品质，科学家如果没有这样的探究精神，那么就不会有电灯的发明、不会有“日心学说”的发表、不会有“进化论”、不会有“地球村”“互联网”“人工智能时代”……乃至“超越时空”“外星游览”……在 A 主题课程的教学中，我每设计一节课，每指导一次学习活动都时时处处考虑到培养学生的探究精神与探究品质，这是培养未来科学工作者的首要条件，我作为一名小学科学启蒙教师有责任与义务把它做好。

三、A 主题课程学习让学生学会了“想”

“学而不思则罔”，如果我们在学习、做事时只知道埋头苦干，却不善于总结、反思、提高，审视我们走过的路，那么我将陷入一种徒劳无功甚至完全错误、倒退的境地中；尤其在科学研究的路途上，这一点尤为重要。所以教给学生边走边想，边做边看的思维习惯，对学生的方方面面都有好处。

在我的课堂上，敢于提出不同想法的学生最受欢迎，我会非常兴奋的鼓励、支持他们，也因此更多的孩子愿意说出自己的想法，大胆设想，奇思妙想，大大提高了他们的想象能力。

四、A 主题课程学习让学生学会了“做”

将想法落实到实践，并且专注、持之以恒地去做，才能慢慢实现自己的既定目标。对目标的专注精神、持久努力，都会将我们的点点滴滴收获汇聚成一条涓涓细流，渐渐地通向成功的彼岸。如果我们国民都拥有了国学大师王国维所言的“衣带渐宽终不悔，为伊消得人憔悴”的做事境界，那么国家何愁不富强不美好呢?

五、A主题课程学习让学生学会了“新”

创新是文明发展的动力,也是科学家所具备的最重要的三种科学精神之一。民族没有了创新,必将落后;国家没有了创新,必将挨打;个人没有了创新,必将沉沦。在主题课程教学中,我抓住每一个教学契机,着力发展学生的创新能力与新奇思维,求新求变意识。

在执教“玩镜子”一课时,我结合本课重点“知道镜子的作用和能联系生活体会镜子在生活中的用途,探究生活中出现的这些现象及其原理”来创新性设计本课。为了让学生体会学习的乐趣,我设计了各种玩镜子小游戏穿插在教学之中,如:多面镜子照射纸张使其燃烧,看着镜中景象来给图画涂色,两面镜子照出几个我……好玩又有趣,且蕴含了镜子中的科学原理,效果很好。最后,我以“万花筒”“潜望镜”的学习、体验为契机,激发学生深入研究的兴趣和探索精神。

六、A主题课程学习让学生学会了成长

我校A主题课程教学,将更多的学习、探究权利交还给了学生,将更多的实践、体验机会创造给了学生,将更多表达、展示时间退让给了学生,将更多合作、交流经验提供给了学生,学生通过A主题课程的学习比以往更扎实的把握了科学知识,更透彻的探究出科学原理,更深入的思考了生活里的问题,更出色的解释了解决了身边的科学问题。

A主题课程使学生成长,使老师成长,使校本教研成长,使教育模式成长。A主题课程为孩子的未来发展铺垫了一个大大的“A”,由此,我们的学生也将写就人生中更多的“A”……而我们,将为此而不懈努力!

从孩子的角度看收获

袁永梅

下课铃响了,我也松了口气。

今天,是三年级的孩子们第一次走出课堂,在校园中观察树木。

从安排他们走入校园,到在他们中间随机指导、观察。我一直时刻注意

南楼、北楼，从二楼到5楼的栏杆，看有没有不注意安全，向栏杆外伸手够树叶的学生。毕竟，安全可是重中之重啊。所以，当一个男生拿着观察记录表，边向我飞奔而来，边兴奋地说："老师，我们今天收获可大了！"并呼啸而过的时候，我并没有为他的这句话而同样兴奋，而是心存不屑地想："把你们撒到校园里，还不知道你们干了些什么呢？撒欢玩的，肯定不少！"

等空闲的时候，我突然为我的下意识的想法而感到自责。并不是为我自己不相信学生而羞愧，而是，在潜意识中，我觉得还是没有摆脱每节课我一定要灌输给学生多少知识的想法，这样的想法已经根深蒂固，如果一节课没有教授具体内容，达到具体目标的时候，会让老师觉得失败，觉得学生浪费了时光，没有任何收获。可是，这样的收获，是老师眼中的收获，家长眼中的收获，是我们能够测量的收获。那么，站在学生的角度，他们今天真的"收获很大"吗？我想，我应该学习站在孩子们的角度来看这节课的收获：首先，一节让他们一开始不敢相信的课外观察课会告诉他们，学习不但是在课堂上，也可以在课堂之外。其实，主题课程的探究，有太多是在课本之外，在课堂之外的。然后，这节课也可以告诉他们，主题课程的探究，如果只是在课堂之内，那只是猜测和推理，如果要得到正确的结论，必须要进行真实的探究活动。还有，当他们前院、后院、操场一整圈跑下来，他们会突然发现原来在我们的校园里，有好几种不同的树木，每一种树都有它不同的特点，有的粗大，有的纤细，有的粗糙，有的平滑，有的开花，有的挂着豆荚一样的核果……这样会引发他们对身边环境的关注。如果这种关注成为一种习惯，那么，他们就具备了成为科学家的重要素质。再有，如果小组中有乱跑疯玩的同学，其他同学会提出意见，老师再给与针对性的指导，他们就会明白以后该如何小组分工合作，会为以后他们的有秩序的小组活动提供经验。最后，我觉得，即使有部分学生还没有平息这种能在课上就在校园中自由的激动心情，那么还有更多的学生真的参与了观察，不管他们观察的内容有多大的科学性，但他们会对这样的方式有深刻的记忆，也许，就是这样一节课，让他开始喜欢主题活动课，这就是我们的成功，这就是这节课的收获。

站在学生的角度来看这节课，原来他们的收获真的很大。

在实践中成长，在孕育中开放

杨　霞

刚刚结到主题课程这个任务时，我战战兢兢的像个蹒跚学步的孩子，感觉担子沉甸甸的，里面有彷徨，有迷惑，有胆怯，更有一份责任。

记得三年级上册的第一个主题是观察植物，要给学生们渗透观察的方法，“观察法”是主题课程提倡的十六种方法中最基础、最常见、最普遍的方法之一，如何让孩子们形成良好的观察习惯和掌握正确的观察方法呢，这让我冥思苦想。

集体备课中，我们研讨先让孩子们观察校园的植物，观察它们的颜色、大小、形状、花期等各种不同。第一步，先采集一片树叶，用眼睛观察形状、叶脉、颜色，用尺子测量叶子的长宽及叶柄的长短等等，并且还设计表格，让孩子们把观察和测量的各种信息及时记录下来，没想到一节课下来，孩子们表现出极大的兴趣，参与度极高，当然，收获也是满满的。我第一次感受到了老师领着，学生亲自动手，感受收获的幸福。

然后，我们研究花。孩子们带来各种喜欢的花，以小组为单位，大家先观察各种花的结构，再来摸一摸，闻一闻，到量一量，，每一个孩子都能参与进来，每一个孩子都有不同的见解收获，并且，大家还提出很多如：颜色合成、花粉、授粉等等非常有研究价值的问题，我想，提出问题比解决一个问题更有价值。我在和孩子们共同学习和进步着。

接下来我们试着探索植物的根和茎。

时间到了十月一小长假，我让孩子们利用假期走进大自然，观察植物的果实，采摘回来一起分享，课堂上热闹沸腾，我在课堂上准备了四个大大的“资料袋”，有干果类、水果类、五谷类和药材类，让孩子们给自己的果实分类，经过观察、思考之后，孩子们尝试着给自己的果实分类，虽然这个环节有些地方还需要进一步推敲，但是我想通过这节课，让孩子观察自然，感受自然的恩赐，更好的去感谢大自然、保护大自然、热爱大自然。我想，从育人上来讲，我是双丰收的。

一个观察植物的主题，经过了叶——花——草——根——茎——果实几个子课题，到此为止也比较圆满，可以结题了。可是“果实”这一课却给了我新的灵感。——万物周而复始，成熟的果实又为新生命提供了种子。我要让孩子们亲自去感受到种子那顽强的生命力，于是，我创造性的选择了适合三年级孩子操作性比较强的一课——生豆芽。

简单的讲了豆芽成长的条件，孩子们回家亲自动手实验了。一周之后的课堂上，孩子们个个带着自己喜悦和收获来展示，有长的，有短的，有黄豆芽，有绿豆芽，有发芽的，有泡在水里胖鼓鼓却没发芽的；有种在小瓶子里的，有种在小碗里的，有种在花盆里的，甚至有的孩子端着满满的一盆儿豆芽，乐的合不拢嘴……我抓住这个观察和亲自实践的时机，和班里的语文老师沟通，让孩子们写了一篇《豆芽的观察日记》，孩子们写起来也一定会得心应手，信手拈来。

我想，让孩子亲自动手，不管是成功与否，大胆去尝试，在亲身的实践中成长，在爱心的孕育中开放，这不就是我们主题课程所需要的精神吗？

关于B主题的思考

张秀华

师者，传道授业解惑也。但我以为，这还不是最终结果，通过传道授业，让学生有自己独到的思考和认识，从而支配自己的行为，最终在完善自我，实现自己人生价值的同时，能为这个社会这个世界的美好做出自己的努力。

我一直以为最好的教育就是触及学生灵魂，改变学生行为的教育。

我们每一课都有一些相对应的知识点，就好比关键词，比如六年级下第一单元书中提到的七大奇迹，古埃及的金字塔，木乃伊、象形文字、尼罗河，古巴比伦的……我引领学生结合自己的兴趣关注点，把这些关键词链接到图书馆，链接到博物馆，链接到互联网；链接到一段段文字，一幅幅图片，一段段视频；链接到一个个鲜活的人，一件件具体的事，一段段不老的传说……链接到一个无边无际的知识的海洋，不再受教科书的束缚，教科书的内容太有限了，知识的海洋在小小的课堂之外！

通过接触更多的史料，孩子们打开了眼界和思路，而且发现，对同一件事情，人们会有完全不同的看法，每个人的观点可能都有他的道理，因此，孩子们就不会轻易相信什么“绝对权威”，同时也不会随便忽视“一家之言”的价值。通过思考形成属于自己的观点。到这里就链接到了孩子们形成的一种态度，一种观点，一种思想，一种价值观世界观；在这个过程中，不再仅注重学生对知识的掌握和继承、对知识和权威的尊重，则更注重培养学生运用知识的实际能力。

在这种表面上轻松、开放、自由的教育过程中，孩子们锻炼了阅读能力、概括能力、思考能力、写作能力，熟悉学术研究中的资料收集、归纳整理和综合调用的能力。重要的是养成了一种思考的品质，自己的人生观，价值观，道德观也初步形成。

再到最后就是由人生观链接到的一种行为，一种让自己，让身边的人，让这个世界越来越美好的行为。这可能对孩子们的一生都有用。

生活点亮智慧

王 霞

在教学三年级主题B课程的第一单元“我的家庭”时，教材中提到了家庭会议的内容，于是我想起来我的一段切身经历……

一、开题背景、启迪思想

我是数学老师，我儿子今年上五年级，我在给我的儿子辅导趣味数学，每天让孩子做3—5道趣味数学题。而趣味数学难度是较大的，儿子有一些题是不会做的，我就要求儿子把趣味数学题中不会的题做到错题本上，而儿子说岂不是每天都把趣味数学题抄一遍重做一次吗？儿子反抗，于是我征求他爸爸的意见，他爸跟我的意见一样，儿子一看，2:1，他自己成了孤家寡人，于是趴在床上呜呜大哭。看到这里，我看劝说已经无用，我说，这样吧，打电话给你奶奶，看奶奶什么意见？

孩子奶奶是退休教师，说话办事都是把理摆在首位，平时孩子挺听奶奶的。于是我拨通了奶奶电话，放到免提功能，让孩子也能听见奶奶的意见。我把情况说给他奶奶听。他奶奶的意见是，趣数题太难了，只要会了就行，建议别做到错题本上。错题本上抄写基础知识的错误，不要给孩子增加过重的负担，孩子一听他奶奶站在他这一边了，委屈地哭得更伤心了，我感觉也有道理，于是我就对儿子说，那就听取奶奶的意见吧。孩子很顺从地不哭了，做自己该做的事情了。从这件事上我感觉这种形式太神奇了，这种民主的决议形式，它对事，不对人，永远站在理的一方，孩子接受起来很容易，思想工作不就不难做了吗？我想，一定要让更多的家庭体验这种家庭会议的震撼作用。

正好在我们学习的单元中提到了家庭会议的形式，我决定把它作为一个重点内容进行介绍。

二、实施过程、有序有效

于是我设计了“如何开家庭会议”这一课。我从网上搜集了有关家庭会议的内容，让学生们观看了动画片《樱桃小丸子——家庭会议》，樱桃小丸子一家围绕买电视机和瓦斯炉之间展开争论，以妈妈为代表的一组（妈妈和奶奶）力争买瓦斯炉，以爷爷为代表的一组力争买电视机，他们一家的家庭会议可谓各说各的理，为各自不同的目的使尽各自不同的“花招”，其间经过樱桃小丸子想办法收买家人、无言到最后一家人因为瓦斯炉坏掉吃不上饭告终……分析利弊，电视机可以不看，但饭不能不吃，这一家人最终以理智战胜私心，全家一致决议通过了买瓦斯炉的经过。

看完动画片后我让孩子们总结家庭会议一般有哪些步骤，需要注意什么问题，同学们在你一言我一语中的讨论、补充、整理中，附加上我查阅的资料，概括出了家庭会议的一般流程如下：

1.“家庭会议”召开流程，首先要有主持人，这次会议你是提议发起人，你就直接做主持人，或征询谁愿意担任都可；

2.其次，有记录员，记录每次的会议内容；

3.参与的成员均要发言，设立议程（内容）；

4.明确说出要解决的问题；

5.计划家庭活动，逐步建立家庭文化；

6.讨论家务事，谈论家务处理方案十分重要。

7.制定家庭会议册：封面可以放全家福照片，写上家庭格言；目录写家庭会议召开时间、主题；内容是家庭会议记录等，可以留作以后的回顾及查阅。

接下来，我让孩子们回家之后带动他们的家长组织开家庭会议，让孩子们成为家庭会议的传播者和实践者。

三、汇报展示，精彩无限

再次上课，是让孩子们逐一对自己的家庭会议内容、家庭会议的形式及家庭会议的决议做介绍。从孩子们精彩的汇报中，我感受到了每个家庭不同的风格，不同问题的处理方式都是可以值得借鉴和学习的。有的家庭研究双休日到哪儿玩的问题，最终以家庭成员的投票产生；有的家庭为买什么课外书展开讨论，各自陈述观点，最终形成全家人的一致意见；有的家庭以给孩子多少零花钱为题，开展家庭会议……当孩子们在总结家庭会议的收获时讲到，在家庭中不要仅仅想到自己，还要照顾到家庭成员的感受；在家庭中不能太任性，要讲理，讨论的事情要合情合理，要让理智战胜私心；家庭会议每个家庭成员都要遵守家庭制定的规章制度……虽然从孩子们口中汇报出的他们各自家庭会议的内容、做法有时显得还比较简单，还不够深刻，但是我感觉复杂的设计，都来自于简单，孩子们只有从简单做起，才能学会深入，深刻，这不是给孩子、给家庭的终身收益的财富吗？

四、评价反馈、思维的深入

一个生活中的细节，升华到一个课题的研究、操作与实施，虽然我不能够带给所有孩子们、所有家庭我所期望的最大收效，但毕竟我曾经尝试过，曾经让孩子们经历过，这就足够了，孩子们的汇报也告诉我，在我的带动下，在孩子们的传播中一部分家庭做了。一个思路对孩子、家庭可能产生的不仅仅一节课的影响，可能是一生的深远影响。虽然我不知道今后这些家庭还做不做，但毕竟我曾经做过，所以我不后悔，甚至有些欣慰，虽然还有很多的遗憾……

反思我整个课题的设计和过程，我发现自己还是有一些不足的地方，在发动家长落实上还需要再进一步，虽然在设计的时候想到了这一点，但由于自己没有很好地给家长落实，仅让孩子带动家长，威力还是弱了一点，今后落实工作还要更深入，更细致一些。例如把我搜集的资料利用 QQ 群给家长们做参考，鼓动家长认真建立家庭会议记录本、认真开每一次家庭会议，让家庭会议的形式一直代代相传下去……虽然当时没有去做，但今后我会弥补，慢慢做起，深入生活……

生活无小事，处处是精彩；教学无平淡，处处放光彩；我一直坚信世间万物都是相通的，只要留意生活，深入思考，我相信生活就是启迪我们智慧的源泉，请大家慢慢地享受生活、细细地品味生活，你就会获得生活给予您的全部智慧。

课程整合　精彩纷呈

万雪芳

2013 年暑假，是一个热火朝天的假期，我们在郭校长的带领下，对课程进行了整合，每位老师献计献策，精益求精，我们的教学方案也不断地得到完善。

在实践教学中，我们每个主题的流程是：确立研究主题、制定活动方案、实验探究及成果展示、反思感悟评价几个阶段。第一个阶段确立研究主题，教师激发兴趣，创设情境，引出大主题，学生就引出的主题谈谈自己已经了解的知识，然后，教师提问：就这个主题大家还想知道什么，想了解什么？每个小组提出自己的问题，组内交流，组长再把本组的问题梳理集中，全班交流，形成研究小主题，每个组再从中选择本组最感兴趣的研究主题。让孩子们自己提出问题，这些问题是孩子们最感兴趣最想了解的未知，此举把主动权交给了孩子，大大激发了他们的探索欲望，爱因斯坦曾经说过："提出一个问题往往比解决一个问题更重要。"因为解决问题也许仅是一个数学上或实验上的技能而已，而提出新的问题，却需要有创造性的想象力，而且标志着科学的真正进步。让孩子选择自己喜欢研究的主题，他们就有了探究的动力，孩子们脸上露出的是满满的喜悦。

孩子们选择了自己感兴趣的主题，然后兴致勃勃的制定活动方案。活动方法可以是：上网查找、图书馆查找、调查问卷、采访、访问、实地考察……预期成果可以是多种形式结合：手抄报、剪贴报、幻灯片、照片、录像、调查报告、结题报告、后期制作、演示……人员分工如：观察、记录、收集、整理资料、设计问题、访问、联系人员、摄影等。多种形式的结合提高了孩子们的实践能力和整理资料、捕捉有用信息的能力。这些方式突破了课内局限，把探索延伸到课外，大大调动了孩子们的积极性。

孩子们展示本组研究成果的形式多种多样，有精美丰富的幻灯片，有撰写的采访实录、调查报告，有搜集整理的简洁资料和图片，有美轮美奂的手抄报，有实地考察的录像和拍摄的照片，可以说是精彩纷呈，丰富至极。这些成果凝聚了孩子们辛勤而愉快的付出，展示了孩子们的奇思妙想和聪明智慧。

在主题"岩石的科学"成果展示中，有的组利用幻灯片展示了各种各样的岩石:铁砂岩、石灰岩、玄武岩、蓝宝石、红宝石、祖母绿、橄榄石、大理岩、页岩、钻石……真是五彩斑斓,美不胜收!有的小组展示了世界各地的名山大川:长白山、丹霞山、华山、庐山、五指山、泰山、天柱山、黄山……真是千姿百态,秀丽多姿,引人入胜。有的组汇报岩石的用途,岩石作为建筑材料:展示了金字塔、敦煌莫高窟、圆明园、乐山大佛、狮身人面像、巨人像、万里长城……岩石可以雕刻成各种精美绝伦的工艺品,比如用翡翠玛瑙雕刻的造型摆设,各种玉石做的首饰、手镯、手链,流光溢彩,晶莹剔透,精美至极。还有小组把实物带来展示,有的把考察的照片和录像进行展示。有的组汇报研究成果"岩石的风化",利用幻灯片形象展示了岩石风化的过程,比如物理风化,幻灯片形象展示了岩石昼夜热胀冷缩过程,冰劈作用:因岩石裂隙中的水结冰,体积膨胀而使岩石崩解的形象过程。还有生物风化的奇特景象……有的组还展示了岩石风化形成的美妙无比的自然景观,如石钟乳、石笋、石柱、风蚀蘑菇,黄山的奇峰、奇石,溶洞与地下河,广西峰林……真是精彩纷呈,大家交流得很投入,学到了许多的知识。

孩子们在实验探究汇报中,兴趣也是极其浓厚,比如《物体受热遇冷的秘密》,每个组亲自动手制做了温度计模型,体验了酒精、酱油、醋、水受热膨胀上升,遇冷液体下降的过程,体验着科学中的新发现,孩子们快乐极了!有的组利用气体热胀冷缩的性质设计了"小喷泉",当喷泉喷出的那一刻,全班都欢呼起来。成果汇报《光里的秘密》时,有的组设计了小孔实验,有的组制作了潜望镜,有的组制作了万花筒,大家到操场亲自制造了美丽的彩虹,科学带给大家许许多多的快乐……

在汇报展示成果的过程中,小组分工合作,提前演练,锻炼了合作能力,演讲能力,小组互动,有提问,有辩论,课堂气氛活跃……孩子们体验着探究的乐趣,享受着成功的喜悦,品尝着收获的甜蜜。

一路艰辛,一路收获,主题课程,以它无穷的魅力吸引着我们,我们将勇往直前,谱写更动听的旋律,描绘更精彩的画卷。

站在泰山的顶峰

曹　丽

我国著名教育家陶行知先生指出：好的先生不是教书，不是教学生，乃是教学生学。

——题记

我参与学校的主题课程改革已有一年多的时间，感受较明显的就是学生的自主学习能力得到了真正提高。

新学期第一个活动主题是《站在泰山的顶峰》，首先由泰山的视频导入，经过小组提出问题、讨论，初步制定了要进一步学习探究的主题——泰山的自然景观和泰山文化。

确立好活动主题，又制定了活动方案，决定自由结合，小组回去搜集整理相应的资料，采用适合的形式进行展示。

展示同学们成果的时刻开始了。上课铃声一响，吴昊同学迈着矫健的步伐大步走上讲台大气地宣布："世界上没有哪一座山的文化历史能和一个民族的文化历史息息相关，而中国的泰山就代表了中华民族的文化，所以1987年被联合国教科文组织世界遗产委员会正式列入世界自然、文化遗产名录。"教室里鸦雀无声，端坐在自己的座位上静静地期待着各小组的展示。王欣妍同学稳步走上讲台，用幻灯片的形式依次展示泰山日出、泰山云海、泰山佛光、云海玉盘、泰山极顶佛光、雾凇、慢十八盘、不紧不慢十八盘、和紧十八盘、南天门等泰山特有的自然景观。一边流利地娓娓道来，那神态，那语言，宛若一名泰山导游员带领着游客们亲临其境游览一样。接着是董晓飞带领着他的恢弘典雅的泰山古建筑文化小组，金元植带着小组成员对琳琅满目的泰山石刻文化、泰山的古遗址文化、历代帝王气势磅礴的泰山封禅文化等都一一进行展示，刘斯雨小组还搜集了关于泰山的传说以及"五岳独尊"的由来……

"会当凌绝顶，一览众山小"，最后，郭子涵、江欣烨一组还表演了小品，以穿越的形式展示了古代文人墨客们登上泰山，有感而发吟诵的名诗佳句，使同学们真正感受到泰山的伟大和壮美，感受到泰山文化的厚重。

不知不觉的展示中，登临泰山欣赏美景感受源远流长的泰山文化，这一主题活动的目的已经达到了。

美国心理学家罗斯说过："每一个教师应当忘记他是一个老师，而应具有一个学习促进者的态度和技巧。"正是有了泰山这一主题的学习，同学们还主动地搜集整理展示了黄山、峨眉山、庐山、五台山等祖国其他一些大山的资料，从而对祖国的美好河山的热爱和民族自豪感油然而生。

主题课让学生们能够主动获取知识，能够善于提出问题、分析问题、解决问题，搜集资料，展示成果，靠他们自己摸索、领悟，在游泳中学会游泳。不知不觉中，学生们合作的能力提高了，展示成果的才能增强了，越来越会学习了。

浅浅的，浅浅的，主题课的脸。扁扁的，扁扁的，岁月的书签。不知不觉中，课程的脸偷偷地在改变。依着自己的心思，整合了两句歌词，学生们的成长路就这样悄悄的自然的改变。

为学生骄傲

倪　曼

2013 年 5 月是我们梦开始的时间，课改专家张斌博士给我们拉开课程整合序幕之后，在郭校长的带领下，前期我们做了大量的教材资料整合准备工作，犹记得暑假里一个个燥热的午后，一摞又一摞教材堆在会议室，我们瞪大眼翻过一页又一页教材，在纸上缓慢爬行，终于我们一一发现了那些教材间重合部分的踪迹，合并内容重新形成整合后目标。越过了一个山头，却没想到后面是座高峰要攀爬，这座高峰就是老师改变教学方式，改变上课方式，学生改变学习方式。现在看来是美梦的一部分，当时的感受却是觉得落入了一个深深梦魇，如果现在我们小有成果像一支刚刚绽开翅膀的小蝴蝶，那时候我们就是在奋力冲破蚕茧，冲出去是蝴蝶，冲不出去就是死胎。曾经我们心潮澎湃、满怀期待的课，却遭到专家劈头盖脸的风霜雨雪冲刷，并且还不告诉我们怎么办，怎么办，自己想办法。所谓置之死地也让所有的恐惧死去，只剩奋力一搏，差不多一周一次主题课程教研，实验反思整改再反思再改，回首，原来我们没有辜负时光。

这学期我教四年级，第一主题是关于消费的主题，由于去年我并不教这个班，我和孩子之间都有份生疏，对于主题课程实施心里还是有些忐忑的，那就让我和孩子们从新学期第一个主题活动开始相互磨合吧。主题课程规范实施的第一步就是提出自己想要探究的问题，尊重孩子的独立思想，给与孩子充分的自主选择权。根据去年的经验，刚开始提问题对孩子来说是比较困难的，因为孩子已经习惯了乖乖回答老师提出的问题，完成老师布置的任务，孩子的脑子就像一个硬盘，老师输出指令，孩子存储。每个指令、步骤、环节都在老师严格控制下，很多时候孩子就像一个个光鲜亮丽的提线木偶。而实施主体课程就是把控制权交给孩子，孩子不再在老师的剧本里扮演角色，他们自己是自己的导演。让孩子养成质疑精神，才可进而奢望独立之人格、自由之思想。

这一主题，为了更好了解家庭的消费状况和消费理念，须要孩子采访，自己设计要访问的问题。教材中举了几个例子，我对孩子说，课本中已经提到了几个问题，老师希望你们打开思维，围绕主题进一步大胆去提出另外的有价值的问题。

孩子们，我们见面的第一个主题，你会提出什么问题呢？我们拭目以待！

小组交流完后几个同学汇报了自己感兴趣的想和家人交流的问题，大多还是课本上提到的问题，这也在我的预期里，没关系凡事要慢慢来。我继续让孩子汇报。“右边那位同学，你继续说。”“我想问，假如你买彩票中了五千万，你要怎么花这笔钱，还有，你还会继续工作么？”我的心中一震，这个四年级的小男孩徐徐说出，我竟有几秒钟赞叹地不知所措。这个问题关于人的消费观念，还有关于人对物质对财富的态度，还有关人生存的意义和价值，甚至于活着的信仰问题。他静静问完了，我也在想我的答案是什么。这是一个引人深思的问题，这是一次心灵深处的沟通，回家和家人交流的话，所有的家长势必要思考一番，说一些心里话。这何止是消费观，涉及人生观世界观了吧！那一刻，我很激动，一个四年级的孩子提出如此让人动容的问题，我想我是提不出来的，我不把权利交还孩子，孩子也是没有机会说出来的，那一刻我感到这就是主题课程的魅力把，给孩子一个机会让孩子发出了自己的声音，给孩子一个舞台，他发出的光芒可以灿动你的心灵。

最初对我而言，很纠结的是离开讲台，以前一节课都是我在讲台上把控着整节课的起承转合，而主题课这种学习方式的改变也彻底改变了上课面貌，学生选题探究展示，这样大部分时间都是学生在讲台上，讲台只有三尺高，过不去的是心里的那道坎，刚开始的时候我内心是挣扎的，课堂还给学生，那我做什么啊？后来才意识到这是多么狭隘的陈腐思想。课程整合专家西南大学副校长陈时见教授曾有这样的见解："现代教育的发展，已逐渐要求教师从教学生知识到教学生创生知识。教是为了不教，这就要求教师不能只停留在自己所教授的学科，而要有一种大教育观。不管什么学科，最后的出口一定不是专业知识，而应是教育，教师一定要从学科人走向教育人。"

是学生一次次精彩的展示让我一次次更新对这些小家伙的认识，我看到他们能力一步步提高，他们的精神一次次愈加丰富。让我相信课堂的主人本来就属于孩子，我走下讲台学生走上讲台这个动作，更是我自己心灵的解放、学生心灵的飞翔，学生其实不需要我们的掌控，你以为学生只会跑，其实你不放手，不给他机会，你永远都不知道他们能飞多高。一个小组里，学生会用多种方式展示，比如《做守规则的小学生》这一主题，学生用有趣的情景剧形式宣传生活中的规则。最后全班举手投票选出来的代表班级参加宣传片录制的两个情景剧竟然都是小组成员自己编写的剧本，那些从网上下载剧本排演的小组竟然输给了原创力量。我觉得这种胜利不简单，学生会愈来愈相信自己的力量、自己的创造，给学生一个平台，他会让蓬勃的想象力和创造力照耀你的眼睛！

沿途也有美丽风景

张　凤

这是一节以科学为主线的主题课程，与原来的科学课程不同的是，这是一节"大课"，把原来分开进行的三个现象十多节的课时整合为三节课的内容，这样的安排能否激发起学生的探究兴趣？能否有序的进行活动？能否在小组同学的配合下找到共同探究的问题？能否设计出合理的活动方案？如果您有这样的疑问，跟着我一起走进这节课，相信你一定会有自己的答案。

课，是由一张活泼可爱的幻灯片伴随着一个问题开始的：

"看到这个题目，你想到了什么？静默 3 秒之后，一张张小手就举了起来：

"水会变成水蒸气。"

“水可以沸腾。”

“什么是沸腾?”

“就是水烧开了之后冒泡,水被加热到100摄氏度之后,就会冒出很大的水泡。”

“把一件湿衣服放在太阳下面晒,很快变干了,水就被蒸发了;洗脸的时候,不用毛巾擦,一会也会干。”

随着孩子们七嘴八舌的说了起来,教室里的气氛也跟着“沸腾”了起来。

就这样,生活中的各种司空见惯的现象,加以梳理之后,就变成了科学现象,这样的开始的课程,无疑是贴近学生生活实际的,正是这样的开始,让整个课堂气氛轻松活泼起来,打开的不仅仅是学生们的嘴巴,还有他们的大脑。看到学生们已经开动起了大脑,我马上切入主题:真是善变的水精灵啊,今天这节课,咱们就来针对这三种现象来好好的研究一下,对于水的“蒸发”“沸腾”“凝结”这三个现象你还有什么问题?请小组的同学交流并记录下来。学生们提问题的能力从主题课程一开始的时候就是我们重点培养的能力,你看:有理有据地说,屏息静气地听,全神贯注地记,所有的学生都投入到讨论中来,在充足的时间里他们围绕着本节课的主题提出各种问题,这些问题或简单或复杂,但是,都是在小组同学的交流和讨论中完成的,这样的提问过程不流于形式,不走过场,正真的让学生在碰撞中提出问题、解决问题、筛选问题。

在小组提问的过程中,很多问题都直接被其他小组的同学解答了,留下了没有解决或是没有确定答案的问题,而大家觉得特别好的问题,我就用红色标出,特别要提的是关于加湿器的问题,被一个小组提出之后,得到了几个猜想答案,但是,大家都不敢确信,同时,好奇心又都被激发了起来,所以特别要求,一个要把这个问题加红,在这里过程中,孩子们完全是在抢答辩论中度过的,时间一点点过去了,我不着急,因为我自己也是他们中的一群,跟着一起辩论,有的时候被问住,有的时候把学生的答案汇总一下,更多的时候,我在倾听,我由衷地佩服孩子们知识面的宽泛,佩服孩子们的口才!

孩子们提出了很多有价值的问题,每个小组的同学一起挑选出自己小组想要研究的问题,然后,根据问题,来设计出活动方案,在一阵紧密的窃窃私语之后,每个小组的同学都开始行动起来,方案的设计或简单或详细,或写或画,这个过程不沉闷,因为他们是那么的开心。能找到自己想研究的问题,可以用自己喜欢擅长的方式表达出来,对于孩子们来说,这是一节属于他们自己的课，是属于他们小组同学的课。其中，一个小组很快地设计完自己的活动方案之后，想再来研究一个问题，当我向他们推荐一个问题时，得到的回答却是："这个问题对于我们组来说，太简单了，没有什么价值。"我是多么高兴听到这样的反驳，我只能告诉他们："我为你们的敢想、敢说、敢做点赞。"

课间休息的时候，仍有小组的同学不愿意结束他们的学习活动，而整堂课结束的时候，孩子们恋恋不舍，叮嘱我给他们准备好的材料，询问下次上课的地点，还有的问我能不能把家里的加湿器搬来……被如此热情孩子们包围，不是第一次，路过的老师开玩笑问"你给孩子们发什么奖品了?"而我想说的是，我给孩子们的只是自由，而孩子们的热情则是给我的"奖品"，这些"奖品"就是我课程整合之路上最好的动力，是我课程整合之路上随处盛开娇艳动人的鲜花、绕我身畔翩翩起舞的蝴蝶，是我无数次感到无力想要放弃时的加油站，是我"五一""十一"寒假暑假加班的"加班费"。

看，我的课程整合之路，沿途就有美丽风景！

意外的精彩

田　燕

我们知道世界是物质的，物质是不断运动、变化的。在自然界中物质的变化有两大类：一类仅仅是外形和状态的变化，没有变成新物质，即物理变化；另一类是变成了新的物质，即化学变化。铁生锈是学生常见的一种现象，属于产生新物质的变化。

在课的开始，我出示了各种生锈的铁器让学生观察，并问同学们这些铁器有什么共同的特点？由此你想到了什么？从而引出要研究的问题——"铁钉的锈衣"。同学们首先根据自己的生活经验交流了铁在什么条件下容易生锈，那么怎样来证明我们的猜想呢？经过小组讨论，大家形成了自己小组的实验方案。这时，我抛出一个问题"在实验中我们要注意什么?"通过全班交流孩子们认识到对比实验的特点是不同条件只有一个，其他条件要相同。实验中相同的条件有：同样的铁钉、同样的瓶子、液体同样多、放在同样的地方，不同的条件是瓶子里的物质不同。任务布置好了，要求同学们回家做实验，下周进行汇报交流。

一周过去了，这一天我刚来到学校，一位女同学就来办公室找我："老师，怎么回事呀？我的铁钉怎么都没生锈呢？”她这一问，我也纳闷了，“你是按要求做的实验吗？”“是呀！可是不管是露在空气中的，还是浸在水中的，还是一半在空气中、一半在水中的铁钉都没生锈！这是为什么呢？”孩子着急得涨红了脸。我安慰她说：“别着急，一会儿上课我们看看其他同学的实验情况，让同学们帮你分析分析你的实验问题出在哪里。”

课堂上，同学们的汇报精彩纷呈，不仅验证了铁钉在什么条件下容易生锈，而且对于铁钉在不同液体中每一天的变化包括锈的颜色都有详细记录。最后，我请那位女同学把她的困惑提出来，请同学们分析一下，可能是什么原因导致的。“你的钉子会不会是不锈钢的呀？”“可能铁钉表面有层氧化层，起到了一定的防腐蚀作用，你可以先用砂纸打磨一下那个铁钉再做实验，现象会更明显！”“对！可能你的铁钉表面镀锌了，所以不会生锈！”同学们七嘴八舌地讨论起来，说得那位女同学频频点头，表示要回家按同学说的方法再实验一下。我心想我还没说话，问题就解决了，集体的力量真大呀！

我想在实验中有时会出现实验现象与理论的“不配合”，出现我们意想不到的情况，这时老师不必急于解释，让同学们一起分析问题出在哪里、理性思考这些现象，会有助于提高学生的科学素养。相信孩子，他们会给你意外的精彩！

三步感知世界的精彩

张洪静

人的一生总是在不断的学习和实践过程中渡过，而学习和实践恰恰是人接触世界、了解世界进而在这个世界上自在生活的重要手段。在小学阶段开展主题课程教学，对引导孩子们初步感知自己生活的客观世界，了解自身及周边事物的丰富多彩，初步形成自己的世界观有着极其重要的作用。在主题A的教学中，我主要根据学科特点和孩子们的认知规律，从以下三个方面进行：

一是观察，引导学生学会观察、习惯观察，了解认真观察身边事物的重要性，学习掌握观察事物的基本要领。由于小学生的年龄比较小，情绪易波动，容易对他们感兴趣的事物，或新异的有强烈刺激的现象产生注意，而忘记观察的任务。因此老师的正确引导尤为重要，例如在教学《蚂蚁》一课时，在观察前先引导孩子根据自己的兴趣选择观察内容，确定主题，制定观察方案，明确了目的任务去观察感知某一事物，感知的对象就比较完整清晰。

二是探究，培养学生的自主探究意识和探究能力是主题课程教学的重要任务。在日常教学中我注重引导学生就观察的事物提出自己的疑问，并且主动寻找解决疑问的途径。在学习《蚂蚁》一课时，有位同学提出“蚂蚁喜欢吃什么?”这一问题，课堂上孩子们说出了很多答案：有的同学说蚂蚁喜欢吃糖，有的同学说蚂蚁喜欢吃昆虫的尸体，有的同学说蚂蚁喜欢吃草……经过激烈的争论，最后决定把这个问题作为下一步的研究主题，并制定了详细的研究方案和研究记录表，最后得出结论“蚂蚁是杂食动物”。学生的知识建构在探究中获得生成和发展。

蚂蚁喜欢吃什么研究记录表

研究人员	孙天健、韩春羽、陈韵嘉、陈旸、李彦儒
时间	2015 年 5 月 16 日
地点	百花公园
实验物品	面包渣、白砂糖、新鲜的肉粒、植物的种子、苍蝇的尸体、鱼肉、树叶
实验步骤	1. 选择位置平坦的蚂蚁窝，把以上物品均匀摆放在蚂蚁窝周围； 2. 仔细观察蚂蚁选取食物的过程。
结论	蚂蚁是杂食动物。

三是实践，实践是检验真理的唯一标准。对于已经学过的知识、观察过的事物，对照提出的各种问题，引导学生自行设计实验，从实验学习的目标设定到实验物品的准备以及实验步骤的确定都由学生自己完成，经过老师的指导同学的补充后不断完善，最后学生在小组内进行实验，得出结论。实践环节作为主题课程教学三步曲的最后一个环节，所起的作用并不仅仅是检验课堂学习的成果，更重要的是提高学生认识世界的兴趣，形成主动探究的习惯。

主题课程教学三步曲，从兴趣触发、疑问解答到动手实践，就像探寻未知的美景，一步步的引导学生接触我们身处的这个精彩的世界，了解大自然的奥秘，揭开种种事物神秘的面纱。从宏观到微观，让学生初步形成自己的世界观，找到存在感，从而激发他们融入社会、改造世界的决心和斗志，促使他们在未来的人生旅程中不断收获一个又一个成功，欣赏到众多的美景，真心的感受到我们所处的这个客观世界是多么的精彩。

走出课堂更精彩

李雪梅

课堂教学是学生探究学习知识的主要途径，但不是唯一的途径，特别是对于整合后的主题课程，学生更不能被束缚在教室这个狭小的空间里，教室外也是孩子们学习科学知识，探索科学规律的广阔的天地。

在学习《太阳与影子》这一内容时，我大胆让学生走出课堂，通过设计的几个游戏让学生掌握了知识，收到了事半功倍的效果。

游戏一：踩影子。学生四人一组，站在阳光下，尽可能踩到别人的影子，同时，尽可能不让别人踩到自己的影子。

游戏二：做手影。让学生用手做成各种各样的动物。

通过这两个游戏可提示学生思考并小组讨论：影子是怎么形成的。学生在游戏中体会了有光才能有影子，不透明的物体才能有影子。总结出这两个产生影子的条件后几个同学不服气了，拿着塑料尺子来找我说："老师你看塑料尺子也有影子，它也是透明的。我拿过尺子说："咱来看看它的影子清楚吗？"学生说："确实影子比较浅，可也有一点呀。"我拿出事先准备好的干净的玻璃片给他们让他们看看这个还有影子吗？学生观察后说玻璃片没有影子。我让他们思考为什么塑料尺子会有浅浅的影子呢？学生对比了塑料尺子和玻璃片，找到了原因。噢，原来塑料尺子不是绝对透明的，含有一点杂质，尺子也有点脏了。

游戏三：比一比

每个小组的4名同学站在同一地点，比一比谁的影子长，它有什么规律吗？

游戏四：画一画

每组选出一名同学，画出他的影子，20分钟后还在同一地方画出他的影子，比较影子有什么变化？

通过比一比、画一画这两个游戏，是让学生在活动中形成感性认识，然后通过老师的引导在头脑中归纳整理，发现影子形成的规律，以及影子和太阳的关系十分密切，太阳的位置直接影响影子的长短和方位。

这一系列轻松有趣的游戏，学生在阳光下追逐、嬉戏，会让孩子们感受到学习给他们带来的乐趣。

再如:学习《蚂蚁》这一内容时,我把学生带出教室,把学生带到校园的大树下、草丛中,让学生去尽情去观察蚂蚁的活动,并捉几只蚂蚁带回教室,放到放大镜下观察蚂蚁的身体结构特点。学习《认识太阳》时,我会把学生带到图书室、微机教室让学生去查阅资料。学生学得兴趣盎然。

A主题涉及的很多学习内容都来源于生活,作为一名主题课程的教师,不仅要在教室内上好每一节课,还要结合课本的内容和生活的实际,组织学生走出教室,充分利用学校的资源,把学生带到图书室、阅览室、实验室、网络教室,进行学习,也可以把学生带到公园、博物馆、商场超市,将学生置身于广阔的学习背景中,帮学生逐步领会科学知识的本质,乐于探究、研究科学。丰富学生的学习经历,让学生更加热爱科学。

把握课程整合 培养探究意识

冯国珍

"探索太阳、地球和月球的秘密"这一主题主要是帮助学生了解地球的自转与公转、月球的公转特点及带来的影响、月球表面的物理特点及人们对其所进行的探索,在引导学生查阅资料、主动观察、实验探究的基础上,进一步理解昼夜、四季的形成原因;认识地球、月球公转与自转特点以及月相、日食、月食形成的条件;了解月球概貌的知识以及人们对月球探索的历程。

针对这一主题目标,我根据学生的年龄特征和课程特点,进行了活动内容和教学方法的整合。我课程整合的思路是:科学阅读——提出问题——制定方案——实践探究——成果汇报——总结提升。让学生以研究性学习为主,以接受性学习为辅,在文献研究、调查研究、实验研究等活动中经历探究过程。

科学阅读。六年级学生已经具备了一定的阅读能力,能够从较多的信息中寻找重要信息。活动过程中,首先引导学生阅读这一主题的教材内容,通过交流讨论,认识和了解本主题的知识体系,对要研究的内容有一个初步的建构。同时明确课本中给我们提出了哪些任务,比如:观察日出日落时间;一个月中的月相变化等等,通过与学生共同的探讨,明确了观测任务,制定出了表格,掌握了观察的方法,在之后的每节课都会让学生小组交流观测情况。

提出问题。“通过对本主题的了解，你对那个内容感兴趣，你想研究什么问题?”学生会提出大大小小的问题，对于学生提出的有价值的、有指向性的、适合探究的问题，我都及时的板书出来，并按照活动内容适当进行归类。通过板书，给学生思考的时间，调动学生的探究欲望。

制定方案。首先明确研究方向，对于知识性的问题，如夜行性动物有哪些，它们的哪些方面适应夜行活动，月球上环形山是怎样形成的，等等，我就要求小组每人选择一个问题研究。对于实验性的问题，如：日食、月食的形成，四季的成因等，我会让一个小组的同学共同研究。每一组的研究问题作为一个小课题。小课题确定后，就要指导学生制定切实可行的研究方案，使学生在设计方案的过程中对整个小课题研究活动有一个比较完整、清晰的认识。学生制订了研究方案后，老师要组织学生对研究方案的操作性、可行性等方面进行点评，提出建议和修改意见，使方案不断完善。

实践探究。学生依据制定的活动方案进行不同的探究活动，活动中学生带着问题有目的地查找图书、杂志等文献，充分利用网络平台，学习在众多的信息中分辨需要的信息，尝试用多种方法记录所需要的资料。并能在文献资料的基础上生成新的研究问题，形成自己的观点。对于选择实验的小组，我鼓励小组同学尝试准备实验器材，进行模拟实验，在得到老师的指导和肯定后，为各小组准备实验器材，带领大家做实验。同时准备视频、图片等相关材料充实和完善研究内容。

汇报展示。这一环节由学生自己选择喜欢的汇报形式，有的小组把研究成果做成图文并茂的幻灯片进行汇报；有的把搜集的资料重点整理在笔记本上，一起汇报；有的用幻灯片呈现研究的问题和搜集的图片，组员用自己的语言讲述对所研究问题的理解，还有的小组搜集了相关的视频播放给大家，也起到了意想不到的效果。

总结提升。探究活动的最后一步是要进行必要的总结反思，总结经验，反思问题。首先以书面的形式进行总结。总结内容可以包括：在本课题的研究过程中自己解决了什么问题，是怎样解决的；通过探究，你知道了什么，理解了什么，有什么收获；在研究的过程中又引发了哪些可以继续研究的问题……引导学生结合自己在活动中的情况，多方位地思考、总结。然后小组内进行交流，小组派代表全班交流。教师及时总结，及时表扬。

我们的课程整合，能够有目的、有指导地让学生真正经历一个探究的过程。研究内容由课本拓展到课本之外，学习空间从课内拓展到课外，这种开放式教学带来的最大变化就是作为学习主体的学生，在课堂学习活动中有了更大、更真实的“自主”，成为了科学探究活动的真正“主角”。

学生篇

用大脑思考，做有思想的人

2009级　戴雨殊

我们的主题课，刚开始最让大家惊诧的是，同学们走上讲台——当老师。后来，我们知道这是我们学校课改的内容之一。从准备教学内容阶段，老师就让同学们参与进来，由同学们讨论决定要讲的课题。这样的情况下决定的课题，大家都怀着一颗好奇的心，充满期待。决定课题后，老师鼓励每一位同学都回家准备讲课用的幻灯片。老师要求我们做幻灯片前要阅读大量资料，开阔眼界，站在一个更高的高度审视问题。做幻灯片时可以将提纲式的资料做上，但更多的资料要刻入脑海，铭记在心。老师喜欢我们讲课时，结合幻灯片和脑海中的资料阐述自己的观点，老师一再强调：面对历史、面对生活中发生的事情一定要有自己的看法，自己的思考，自己的观点，做一个有思想的人。我们应该自己思考，做一个有灵魂的思考者。

在六年级，我参与了十几次课程的讲解，受益匪浅。刚开始时，我准备资料很是困难，经常抓不住重点，面对资料就像面对茫茫大海不知道哪滴水最清澈一样，组织不起来幻灯片的框架。老师加了我的QQ，耐心地听我“吐槽”，引导我如何正确选材，如何从大量资料中挑出支持自己观点的资料。后来，我准备课件就非常顺手了。刚开始给同学讲课时，我有些紧张，经常讲着讲着就卡壳，还不自然地做些小动作，比如扶扶眼镜。我第一次讲课，曾经有同学“奇葩”地统计过，我因为紧张而说了四十三个“额”或“嗯”，扶了三十一次眼镜，还时不时向上看，仿佛天花板上有给我提词的。我本以为老师会对我失望，但老师依然耐心地听我讲完，不断地用眼光鼓励我，为我加油。我讲完之后，老师对我讲课的内容进行了简单的评价，指出我的一些错误，并补充了一些内容，使我一下豁然开朗：呵，我咋没有想到呢？到了后来，我越讲越好，已经能做到自然地和同学们侃侃而谈了，课堂气氛也非常活跃，经常讲着讲着，有同学站起来指出我观点的不足，我也会寻找大脑中的资料，以此为依据，积极辩护。有时争论非常激烈，上课辩论不完，待到下课铃一响，又是“战火纷纷”，当然我们只是对事不对人。争论完之后，大家依然是好朋友。通过这十几次上课，我口才好了很多，感觉大脑的“存储量”也高了很多，后来在小升初考试的面试中，凭借上课练出的“思想”与“表达能力”，脱颖而出，顺利考取了山大附中和外国语学校。我相信，这一年的主题课对我意义非常大，是我人生的转折点，使我懂得了独立思考与表达自我。

为此，我十分感谢主题课老师，同时，我还十分感谢学校的这次教改，让我们学会用大脑思考，做有思想的人。

收获中提高自我

——走进珍稀动植物

2009 级　孙雅欣

通过这次活动，我觉得在以下几方面有了些许收获：

第一方面——知识。

通过这次研究，我收获了许多知识，对于各种珍稀动植物有了深刻的了解。我知道了长江江豚与白鳍豚的区别，知道了各种珍稀动植物的濒危珍稀等级，这些几十万年前的动植物历尽艰辛来到了今天。我了解了许多珍稀动植物的材料，明白了它们的生活习性、分布地区、现存数量以及各种方面的知识。有的仅存千余头，有的已不足一百只。我还知道全国已动员起来，保护这些珍稀动植物，倡议保卫它们的生存环境。珍稀动植物在全国有着十分重要的位置，等等。在这次研究中，我收获的知识数不胜数。

第二方面——能力。我制作了汇报的幻灯片，路艺霖和张博约负责搜集资料。在制作过程中，我遇到了一些困难，在同学和老师的帮助下，我完成幻灯片的制作，成功展示，秀出了自己的能力。

第三方面——感想。通过这次研究，我在获得知识的同时，又感到心痛。这些动植物为什么会濒临灭绝呢？那是因为人类没有自然保护意识。没有了动植物人类会怎样？如果所有的动植物都死去了，人类也会灭亡，降临到动植物身上的命运，终究也会降临到人类身上。所以，动植物和人类紧紧相连，保护动植物就是保护我们人类自己！

地球的伤心事

——主题课学习感悟

2009 级　李乐妍

随着科技的进步、经济的发展，人类对地球资源的开采与利用也在加速，这给地球的生态环境造成了很大的破坏：森林锐减，土地沙漠化，石油、煤炭、天然气及其他矿产资源过度开采，物种大量灭绝……

地球，已是伤痕累累，地球在哭泣。

在B主题学习中看到这一段文字后，我和同学们陷入了思考：世界上80%的原始森林已荡然无存，每年消失的森林接近一个山东省的面积；全世界有1/3的土地面临着沙漠化的危险；中国现有水土流失面积356万平方千米，占国土面积的37%，每年流失的土壤总量达50亿吨；当今世界上有12250种动物濒临灭绝……这一切究竟是为什么？

后来在我们不断探究的过程中，我们了解到：之所以地球变得伤痕累累，最主要的还是人为因素。在课外学习搜查资料时，我发现不仅仅森林、土地受到了威胁，面临着危险，水和石油也变得岌岌可危：现今全世界每年排放的污水达4000多亿吨，致使目前约有12亿这个惊人的数量的人无法获得洁净的饮用水，并且每年有220万人死于与污染或恶劣卫生条件相关的疾病；目前，全球每天消耗的石油量已达到7100桶，几乎每年增加2%，以每年增加这个数字计算，到2010年，全世界将消耗便于开采的全部石油的一半。

这一个个大得惊人的数字，仿佛一块块巨石敲击、震撼着我们的心灵，它们无不是在给人们敲响一遍又一遍的警钟，如果人们还没意识到这些的严重性，那么在数年后的未来，地球将彻底枯竭，再也不会、也没有力气去给人类敲响警钟，那时，人类将在一个彻底荒芜了的花园里自生自灭，因为，除了地球，没有第二个适合人类居住的星球！人类把地球称作母亲，没错，母亲是应该哺育孩子，可我们竟这样肆意地从母亲身上索取，考虑过母亲的感受吗？这已经不是贪婪，而是道德的丧失！如果我们还想让自己及子孙后代生生世世繁衍生息安居乐业，就停止破坏、砍伐、杀戮吧，留给他们碧蓝的天空、清澈的溪流和丰富清洁的资源。

人类，不过是历史长河中某一阶段产生的物种群体，以文明的存在和发展而区别于其他低等生物，但是随着其他物种的逐渐消亡，我们真的可以独善其身地生存在这个星球上吗？关心地球的伤心事儿——其实，就是关爱我们自己。

成为有自己独到观点的人

——主题课程实施之后

2009 级　毛洁然

自从课程表上的“品社”改成了“B 主题”，我对这门课的兴趣也随之增加了许多。

当然，我喜欢上 B 主题不是因为改了名字，而是因为教学方法的改变。原来的品社课，总是老师带着我们读课本，背重点，毫无意思，对我这个“爱好活泼”的孩子来说，更是极其枯燥乏味。所以我老是在上课时开小差，不认真，使得听课效率低，知识学不扎实。但自从课程做了教学方法的调整之后，我的学习兴趣一下子被调动了起来。现在的主题课，简直令学生们听得津津有味。与其说“听”，更不如说是“讲”，学生们变成了“小老师”，每个小主题都有同学在课下进行了解研究，在自己明白理解后，将知识进行汇总和进一步延伸，把自己想表达的内容和观点浓缩到一个 PPT 里面去，或者以其他方式展示给同学们，然后自己讲课，把想要表达的输送给其他同学。我们总是以一个小组为单位来汇报展示。这样不但锻炼了我们的学习能力，更培养了我们的团结意识。我认为，这种教学方法非常不错，让我们有机会去探索自己感兴趣的课题，更在团结合作的过程中成长进步，增加学习主动性。

最重要的是，这样的课程让同学们有了自己的观点和见解。在大量汲取其他人的观点之后，用自己的头脑，加以理解，总结出自己的东西，并思考延伸，最终总结出更加有道理和根据的观点。所以我感觉，这样的主题课，把我们同学变成了有观点的人，而且是有自己独到观点的人。

我非常喜欢这种教学方法，希望学校继续发展，加以改善，让更多的同学受益。

品主题　味方法

——对主题课程的感想

2009 级　丁俊傑

“打破常规，创立新法”是一种很好的教学方法，可以让学生有新奇、有趣的学习，激发学生的兴趣。对于历城区实验小学的主题课程改革，作为2015 年从本校毕业的学生的我，也有很多的见解、认识。

学校将科学、品德与生活、综合实践、安全教育、环境教育、传统文化等课程改革为 A 主题与 B 主题。

改革课程后，它们的名字就变得很新颖，给人耳目一新的感觉，当时就激发了我们班同学的兴趣，盼望着主题课程的到来。

当真正开始学习时，我才真正体会到改革后与改革前课程的不同。

比如说 B 主题课程，如果是以前，一定会是老师在讲台上将课本上的知识一点一点地讲解透彻，让我们吸收。但现在，老师只会大体地将知识点概括一下，随后发给我们表格，主题、步骤、展示方法都需要自己来想，来计划，来写，等一切准备停当后当“小老师”给大家讲课，这样在无形之中锻炼了我们的勇气、信心。既然要当“老师”就必须将知识理解透彻才能有条不紊的进行，不发生卡壳或含糊的现象，并且老师需要丰富的知识才能解答同学们的疑问，这就必须在课下多多搜集课外知识，又在无形之中丰富了自己的大脑，增强了自己的知识。

改革课程有许多的好处，同时我们也在过程中遇到了很多困难。或许是因为改革课程实行的时间太短，许多同学虽然对 A、B 主题课程充满兴趣，但是显然还有些不适应，直接导致了展示的同学少，听课的同学多这一现象的发生，调动不起大家的积极性，虽然在毕业前夕展示的同学增多，但是真正汇报生动、知识丰富的同学却在少数，有的同学汇报结结巴巴，一句话要反反复复说好几遍；有的同学像是在说流水账，重点没有突出，基本上或者根本得不到什么有用的知识；有的同学甚至将自己在课下辛辛苦苦记的知识忘得一干二净，引起尴尬和恐慌，越恐慌就忘记的越厉害，就更想不起来，更想不起来就更尴尬、恐慌……这样就引起了恶性循环，情况只会越来越糟。导致这些事情的原因就是大部分同学紧张、不适应成为焦点或者不自信。我想人最大的敌人就是自己，没有什么比挑战自己更困难的，但我们不应因为前路艰险就轻言放弃，我们更应勇敢向前，抓住每次机会，磨砺自己！

最后，希望主题课程可以继续实施，让更多同学从中受益！

特色主题课程伴我行

2009级　杨雯钧

今年六月，我小学毕业，离开了学习了六年的历城区实验小学。虽然已经离开母校，但是母校课程改革几年来，主题课程精彩的课堂仍历历在目。

B主题课程是综合了中国历史、世界历史、国际社会、思想品德、行为规范的一门课程。

在课堂上，讲台真正留给了我们学生，老师成为了课堂的引导者、参与者。首先我们自由组合小组，以一个学习单元为单位，选择一个主题或一个方面。然后，我们以课本上的内容为基础，进行讨论和研究，并在课下搜集有关资料。最后，我们把自己的成果做成幻灯片或手抄报在全班进行展示和讲解，由老师和同学进行评价。学校的主题课程刚一开始就受到了同学们的欢迎。

我也很喜欢这门主题课程，可是我却始终不敢站上讲台。怕自己的讲解得不到老师和同学的肯定。

一次，主题课的内容是关于五岳之首——泰山。热爱书法的我和组员们选择了泰山石刻这一主题。泰山石刻源远流长，书法多出自帝王和名人之手，大都文辞优美、书体高雅，体现了中华民族文化发展的历史。

我们在课下利用网络收集资料，反复浏览和阅读资料，把重点内容牢记于心，又花了不少时间做精美的幻灯片，我还临摹了一幅比较简单的石刻作品。

一切都准备好了，终于到了展示的时间。眼看着已经有两组同学顺利讲解展示完成，我犹豫了一下，鼓起勇气举起手，想了想，又放下，又举起……老师看见我，微笑着示意我们组上台。老师和蔼的笑容给了我信心，我们走上讲台，把准备了那么久的内容讲了出来。讲完了，教室里响起了雷鸣般的掌声。

主题课程让我们在自主的实践和探索中学到了比普通课堂更多的知识，也让我们收获了成长、快乐和自信。主题课程伴我成长，令我受益匪浅。

主题课程助我成长

2009级　田淼

主题课程的学习方法是在我五年级(2013年)时改革的。原始的学习方法可以说是很枯燥,老师长篇大论地讲,我们感觉很无聊,便不好好听讲,经常开小差,所以一般课堂都变成了"菜市场"。

一开始课程改革的时候,我们都不敢上台,因为习惯了原始的学习方法。渐渐的,有一些大胆的同学上台展示,然后就把全班的同学的积极性带了起来。我们课前要准备地越充分,课堂就越活跃。课堂准备可不是想象的那么简单,先是查找资料,输入自己的脑袋里,再进行压缩,不光要进行压缩还要进行思考,再归纳出自己的观点。然后是把压缩的东西和自己的观点输入到幻灯片里面,进行展示。上课大家交换观点,大家的兴趣非常高涨,如果你这节课想要展示,那你要快点儿跟老师说好,要不然就被别人抢走了。

自从课程整合以后,我们感觉上课不是那么枯燥了,反而很快乐。原来死气沉沉的课堂变得活跃起来,原来学到的知识少,现在学到的知识比以前学到的知识多得多。这样大胆的改革创新也只有我们学校想得出来吧,这样的学习方式让我们不仅学习到很多知识还学会了许多做人的道理,还让我们养成了独立思考、是真是假试一试、从不同角度看问题等习惯。课程改革以后让我们班的一些内向的同学变得开朗起来,因为我们有时候看问题的角度不同,所以观点不同还会在课下争论个不休,因此我们经过交流会把问题了解得更透彻,然后争论的两方便结合起来一起讲这个话题。同学之间的交流多了,这个班级才会更团结。这都是课程改革的功劳啊!

但是,我觉得课程的改革最大的益处是让我们真正的成长了、让我们真正的长大了,让我们不再像小娃娃一样任性,而是多一些对父母、老师的理解与尊重;让我们不再像小娃娃一样的童言无忌,而是多一点的诚信是金;让我们不再像小娃娃一样相信任何人都是对的,而是多一点的质疑和验证……

我经过这两年的学习认识到了:课程整合的效应可以说是一呼百应,所以我应该感谢学校的这次课程改革,这次课程改革让我受益匪浅。我也希望这种学习模式可以继续进行下去。

新课程　新视野　新未来

2009 级　李云锦

2013 年 9 月暑假刚刚结束，回归学校的同学们都惊奇的发现，课程表上没有了《科学》《品德与社会》《环境教育》《安全教育》《传统文化》和《综合实践》，取而代之的是主题 A 和主题 B。

没错，我们老师牺牲了整个暑假，进行了一次课程的大改革。将科学、品德与社会等课程融合、重组，最终形成了以科学为主线的主题 A 和以品德与社会为主线的主题 B。

在课程改革之前，这几门课程中内容常有重复，再加上授课方式单一，使我们对这些课程提不起兴趣，而这次课程改革，把这六门课融会贯通在一起，更加丰富全面，更加多样化。同时真正使我们变成了课堂小主人，讲台给了我们，老师则成了参与者、引导者。

主题课程上，有制定方案的时间，有实践探究的时间，有汇报交流的时间，有评价反思的时间。我们都以小组为单位进行的，分工明确，配合紧密，使课堂变得轻松有趣。课上，我们所展示的幻灯片、视频、发言等，都是努力搜集、整理、制作的，这虽增加了我们课下完成的时间和难度，但更激发了我们的兴趣，提高了我们的动手、合作能力。

我们在讲台上展示交流，与台下的同学们积极互动，老师在一旁适时进行补充、完善，这样的上课方式更调动起教室内气氛，使课堂更加和谐活跃。

如今，我们已经经历了两年的主题课程改革，它使课堂面貌焕然一新，我们对于课程学习充满了兴趣和热情，更加积极主动。同时这种学习方式，也在潜移默化中锻炼了我们的实践能力，提高了我们的素养，更具有组织能力，懂得配合，拥有自信，更加成熟。

可以说，老师们牺牲了一个暑假，为我们打开了一扇崭新的窗户。相信逐步完善的主题课程，将在我们学校开花结果。

我们的卖报大 PK

2011 级 单子翀

在这个晴朗的上午，我来到了洪楼广场，准备进行卖报的社会实践。这一次老师布置的主题是："体验一下赚两块钱。"

首先，我环顾了一下广场四周，没有找到王金慧，于是我自己先卖报纸。由于之前有过一次经验，所以见到陌生人我不是非常紧张。看到一群老爷爷坐在那，我走上前："爷爷，请问你要买报纸吗？"有一个爷爷回答："小朋友，我们不买。"我刚想离开，忽然有一个老爷爷叫住我，说："小朋友，我买一份。"于是我把报纸给了老爷爷，老爷爷给我了 5 角钱。

我想："挺容易的嘛！"果然不出我所料，不一会儿我就已经卖了 4 份报纸了。可好景不长，虽然之前卖掉了 4 份，但之后怎么也卖不出去，只能在台下干瞪眼。

这时，我听见一个耳熟的声音在叫我，我回头一看，是王金慧来了。于是我和王金慧一起卖起了报纸。现在的情况是：我这边好长时间才能卖出一份，而王金慧的效率是我的2倍。

首先提一下：我一开始有10份报纸，而王金慧只有5份报纸，并且我比王金慧提前去了25分钟。

最后，王金慧只剩下了1份报纸，而我还有3份，于是我给了王金慧1份。现在，我们俩开始了终极大PK。

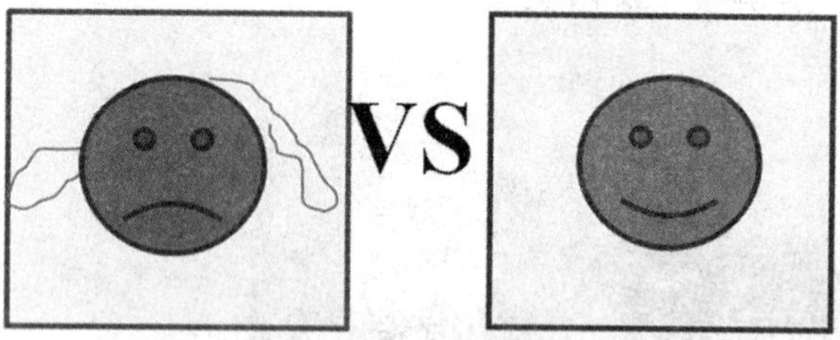

姓名：王金慧
所剩报纸：2

姓名：单子翀
所剩报纸：2

我尽量不错过每一个路人，但每一个路人都说的是同样的结论："我不要。"于是，我和王金慧跑到了洪楼教堂西边的人行道上去卖报纸，但那儿更不好卖。邪门的是，王金慧居然在一家印刷店里卖出了一份报纸，这种情况是罕见的。

最后，我们俩同时把报纸卖光了。点了点钞票，结果是：我5元钱，王金慧3元5角，就以这样的结果告终。

我们就用这些钱买了几个冰激凌，同时也明白了一个道理：只有通过自己劳动换来的成果，才是世界上最有意义的快乐。

家长篇

B主题给孩子的收获

2011级五班　丁兆言家长

刚来到这个世界的孩子是一张白纸。如何叫孩子健康成长，如何写出他们最美好的人生？要靠家长的呵护，社会的关注，老师的传授。要靠孩子一口一口的吸吮营养，一点一滴的学习知识，一步一步的成长才能做到。在这关键的时候，家长、老师给了他们无私关怀、引导、培养、教育……

孩子好奇，求知欲望强，源于他们快速成长的表现。A、B主题的设置，给孩子们提供了一个学习锻炼、实践、展示才华的社会平台。

我的孩子丁兆言和同学们按照课程内容和老师的要求，走出校园，走向社会：我记得他们还利用周天时间到超市调查，孩子们以社会调查身份，楼上楼下找工作人员交谈，找顾客采访，累得满头大汗，晚上还到商场了解如何上货的过程；他们走进社区，到校园周边探密；环保日，他们到小清河调查污染情况；禁烟日，他们到洪楼广场调查禁烟情况；为配合法律宣传，他们设立实验小学模拟法厅，模仿公开审判案件；为交通安全，他们到道路两旁，宣传安全交通法规，要行人遵守交通秩序，减少交通事故；他们还制作了多部PPT；用很多系统、程序合成了新的视频……展现了一体化教学的学习乐趣，因为主题课程，孩子和我从内心感到自豪。

自已动手，学会了如何制定计划，如何组织实施：每一个活动他都根据指导意见，安排计划(包括：题目、目的、要求、内容、分组，时间、地点、方法、汇总、报告、要求、注意事项等)，并按照计划，有条不紊地实施活动，这些活动提高了他的组织和协调能力。

增强自信心：自信是成功的基石，善于展示自己是勇敢的表现。只有善于交流才能搞好采访，才能逐步养成良好的采访习惯。孩子开始在公众面前有胆怯心理这很正常，老师及时给予了指导，教给我们怎样讲话，提出要求：首先对主题要了解，找出焦点，再去采访；采访时一定要让别人听明白你的意思。这样就有了底了，也能大胆地说话，采访活动才能有效。

学文明，讲礼貌：在社会活动中，一个人的举止决定着能否与公众接触。品德课上讲了很多，老师指导我们与人交流时，衣着得体，举止稳重大方，语言艺术、声音适当等，这些是做好工作的基本条件。

丰富的积累：出门后才知自已的知识少。丰富语言表达能力，是靠平时多学、多看、多积累来解决。成语是语言中经过长期使用，锤炼而成的固定短语，丰富成语贮备，了解成语在汉语语言历史长河中的表达和独特作用。虽然孩子们当前学到的知识是“一鳞半爪”，只有贮备多了，就能思维活跃，反映敏捷，才能感受语言文化的精妙之美，才能获得更多的收获。

孩子通过A、B主题的学习，学会了知识，懂得了道理，提高了成绩，有了这一点一滴的积累，就足以让孩子有成就感，也足以让我们家长欣喜。相信这些教育一定能为孩子健康成长打下坚实的基础。

感受实验小学A、B主题课程改革的新飞跃

2010级一班　张斯琦家长

德国哲学家雅斯贝尔斯认为，教育能陶冶和生成一代新人，“教育即生成，教育就是人的灵魂的教育，其目标就是培养全人”。“全人”，顾名思义，就是完整的人，全面发展的人。历城区实验小学，通过融合重组课程实现“六合一”的A、B课程改革，做到了寓教于乐，将教学过程设计成一个探索过程，而不是一个知识传递的过程，当学生们在攀登了一个个台阶后，才发现自己的收获不仅仅局限于知识的结果，更丰富的还在于追求结果的过程之中，从而挖掘了孩子的潜能，培养了孩子的实践能力，为打造实用立体的“全人”奠定了坚实的基础。

作为一名学生家长，在与孩子的交流中、在观察孩子的日常行为里，切切实实体现到主题课程改革带来的新变化。所以，我要给实验小学的A、B主题课程改革点一万个赞。

一是主题课程改革推动形成了孩子被动学习到主动学习的新飞跃。对于孩子来说，这次课程改革无疑是一次学习的革命。传统的学习方式过分地强调和突出接受和掌握，使学习成了学生生活中的一种负担。兴趣是最好的老师。主题课程改革要求从传统的以被动的、接受的、封闭的学习方式转变为合作的、探究的、网络化的学习方式。它提倡自主与探索，发挥学生的主体意识、创造性和实践能力，使学生真正成为学习的主人，学生对学习成为一种内在需要，是一次愉快的学习之旅，真正实现了老师在与不在一个样，课上课下一个样。现在，孩子放学回家后一个显著变化，不再像以前那样抱怨课后作业太多，而是自己主动进行探究，自己制作课件、准备PPT、上网查阅资料，即使有时候学习到很晚，也不觉得辛苦，学习的积极性、创造性、有效性明显增强。

二是主题课程改革推动形成了学校教育由独立封闭到回归生活的新飞跃。传统学校教育给我们的印象是“高大上”的，是独立王国，是象牙塔。而实验小学的A、B主题课，使学校教育走出围墙，走向生活，教学内容更加适应经济社会发展、更加符合学生成长需求，实现了教育时空的无限延展。

比如，在当前“互联网”新时代，主题课程改革使学生们的学习已不局限于课堂，获取知识的途径越来越广泛，更多地通过网络进行探究学习，切实

掌握了更多的信息知识。近两年来，通过网络的媒介，使孩子不但具备了广博的知识基础，也养成了关心国家大事的习惯，对于各种社会现象有自己的见解，培养了良好的独立思维能力。

再如，在主题课程改革的课堂上，许多课件都是学生自己设计的，自己登台演讲，既掌握了知识，又锻炼了能力，增强了自信，孩子的创新意识、创新能力显著增强。在第十一届“星星火炬”济南赛区中国青少年艺术英才选拔赛中，在自己制作的PPT课件的背景板下，自信大方的孩子表演了配乐诗朗诵，获得语言表演类一等奖。

主题课程改革的学习方式更加注重的是小组学习、探究学习、合作学习、交流学习。孩子们的社会交往能力显著提高，良好生活习惯、学习习惯得到培养。2014年六一儿童节期间，孩子向老师推荐发起了广场义卖活动，并将义卖所得和同学们捐出的学习用品，送到了南部山区的小伙伴手中。整个过程，都由孩子和她的几个小伙伴们策划组织，为确保安全，只聘请了我们几个家长在现场维持了一下秩序。这让我们家长在群里交流时，都赞叹不已。对学生而言，学习知识固然重要，学会做人、学会交往、学会生存，更将受用终身，这无疑对于培养全面发展的现代公民具有重要意义。

三是主题课程改革推动形成了由传统师生关系向新型师生关系的新飞跃。在以知识教学为核心的传统课堂教学中，教师是主体，专断，学生是客体、缺少自由，师生缺乏心灵感应和情感沟通，教学活动枯燥乏味、缺少乐趣。所以以前，与孩子交流学校生活时，谈师色变，听到老师请家长更是惊恐万状。

师生关系应该是一种生命与生命的交流。在主题课程改革中，教师更多是导师，主要是为学生心智健康成长创造条件。学生是主体，只有在遇到困难时寻求老师的帮助，学习氛围更加愉悦，师生关系更加和谐，形成了平等、友爱、朋友式的新型师生关系，学习的效率也进一步提高。在这种关系中，师生之间人格平等、互相尊重，互相学习、教学相长。现在，孩子回家能很自然、很高兴地谈到老师们的高明之举，甚至许多课堂笑话也能敞开心扉，经常通过微信、QQ和老师聊悄悄话。

“教育意味着一棵树摇动另一棵树，一朵云推动另一朵云，一个灵魂唤醒另一个灵魂。”实验小学的新课程改革将一幅“大鱼前导、小鱼紧随”的美丽画卷呈现在我们面前。

课程整合让孩子成长更健康

2010 级四班　江欣烨家长

近期孩子的一系列变化引起了我们当家长的关注，寻其原因，学校课程整合带给孩子新的学习方式，让我们的孩子受益匪浅。

一、从要他学到他要学。孩子的学习都是在家长的督促和千叮万嘱下进行的。家长不停地唠叨"什么时候做作业？""作业做完了吗？"家长疲惫，孩子厌学已成一种常态。有一次，我问孩子寒假作业完成的怎么样了？孩子告诉我，他已经安排好了，"今天做什么，明天做什么"说的很有计划。原来，历城区实验小学在实施课程整合中，让学生自己走上讲台当老师、自己搜集资料、制作讲课计划等，不仅培养了孩子的学习兴趣和探索能力，而且提高了孩子学习主动性。学生学习更有计划性，什么时间学习，家长再也不用问了。

二、从学知识到学能力。作为家长，我们不仅希望孩子拥有丰富的知识，更需要有适应社会的能力。历城区实验小学课程整合后，学习内容更丰富了，涉及安全、法律、文化、科技等多个领域；学习方式更加突出孩子主体地位，孩子学习更加主动，更加自信，更加自觉，学会了探究，学会了合作。比如，前段时间，孩子一直想和班里同学去山大体育馆踢球，作为父母我们一直反对，担心安全问题。但是，有一天发生了一件事改变了我的想法。我无意间在孩子学习桌上发现了一份很详细的踢球活动计划表。上面注明了学生的联系电话、集合时间、集合地点，让我感觉到孩子组织活动很有计划性，于是我开始支持孩子的想法。就在踢球当天中午，我发现孩子回来特别晚，问其原因，孩子告诉我他一直等其他同学被家长接走后才回来的。这件事，越发让我感到孩子长大了，能力在不断提高。

课程整合，不仅教给孩子读书学习，更重要的是让孩子学会做人、学会做事。作为家长，我们将积极支持参与课程整合，让课程整合带给孩子更多想法！

课改对孩子成长的改变

2011 级五班　冯宏翼家长

2013 年，孩子上三年级时，历城区实验小学课程研制组的老师们在不降低课程目标和不减少课程量的前提下实现了“六合一”的大改革，即以国家课程《科学》《品德与社会》为主体，将地方课程《环境教育》《安全教育》《传统文化》以及校本课程等相关内容，通过融合、重组，形成了以科学为主线的主题课程 A 和以品社为主线的主题课程 B。从此，孩子的课程表上除了语数外，美术等常规课程外，出现了 A 主题、B 主题。

作为家长，我们也是第一次听说了这两门课程，一开始以为是学校自己增设的特色课，但慢慢发现，孩子也悄悄发生着变化，写完作业后，自己上网搜集各种资料，包括“地球上有什么”“航海家的发现”“小孔成像”“光的折射”……孩子的知识面越来越广，懂的知识也越来越多，原来喜欢看的动画片换成了“探索与发现”“我爱发明”；孩子自己学着动手制作 PPT……听孩子说现在他们是主讲人，老师只是在一旁偶尔为学生们纠正一下小错误，而带领诵读、提问、讲述、表演都是由他们独立完成，自主进行的。每一个环节都分工明确、配合默契、相得益彰，整个课堂的气氛十分活跃。展示完后由同学给他们打分，为了得到同学更多认可，孩子在画面设计、知识面、动感上下足了功夫，看着孩子认真准备的样子，我们也被感染着，全家一起查找更详尽的资料，对画面设计各抒己见，优中选优。

孩子还根据老师布置要求，参与了卖报纸、视力调查等实践活动，原来害羞、腼腆的性格逐渐改掉了，这种方式让他们学到更多，他们也更喜欢了，不光 A 主题、B 主题，在其他课上，通过与班主任及其他任课老师沟通，孩子在语文等课上发言也更积极主动了。

俗话说，“兴趣是最好的老师”，看来此言不虚。学校想方设法去培养学生的学习兴趣是非常重要的，不论那门功课，在教学过程中如何去提高和培养学生的学习兴趣是摆在我们面前不可回避的课题，实验小学的课改极大地提高了学生的学习兴趣，使他们学习起来更加主动和投入，我们惊喜于孩子的变化，更惊喜于孩子积极探求知识的欲望。

每周三节 A 主题课与三节 B 主题课，成了孩子最期盼的课，正如教育部长陈至立所说的那样：“只有创新精神和创新意识的教师才能对学生进行启发式教育,培养学生的创新能力。"创新教育呼唤创新型教师,这一点历城实小做到了!

媒体视野篇

济南历城区实验小学新课改:把六门课程创新整合成一门主题课

2015年4月10日　新浪山东评论

作者:周　欣　姬月皎

自2001年《基础教育课程改革纲要(试行)》颁布以来,新课程改革与实验(新课改)已经走过了十多个年头。新课改中一个很大的突破是实行国家、地方、学校三级课程管理,增强课程对地方、学校及学生的适应性,改变课程管理过于集中的状况。如何处理这三级课程管理之间的关系,如何校本化实施三级课程,如何在不增加学生负担的情况下提升基础教育教学质量,是每一所学校发展要面临的实际问题。

2015年年初,山东省出台了《关于推进基础教育综合改革的意见》,《意见》明确提出支持学校开发校本课程和特色课程,与国家课程和地方课程有序连接。不过,新浪山东了解到,济南市历城区实验小学自2013年起便开始尝试进行课程改革,并形成了一种全新的课程——主题课程,课改进度领先全省近两年。4月7日,新浪山东来到了济南历城区实验小学,亲身体验了课程整合给老师和同学们带来的变化。

课程重复率高达50%,融合重组实现"六合一"

按照要求,中小学校要开设国家、地方和学校三级课程。历城区实验小学的老师们在制定课改方案前,曾经统计出这样一个惊人的数据:三至六年级的国家课程《科学》《品德与社会》与地方课程《环境教育》《安全教育》《传统文化》交叉重复率达50%。并且在对全校3~6年级1500多名学生进行学校课程开发问卷调查中发现,学生对品社、科学、综合实践及地方课程的认可度很低。究其原因共有以下三点,内容重复、授课方式单一以及缺少专职教师等，让学生对课程失去了兴趣。

为此，学校向国家和地方课程挑战，包括《综合实践活动》课在内，整合上述6门课程变成一门主题课程，并获得山东省首届特色课程一等奖。

据介绍，在2013年暑假，历城区实验小学课程研制组的老师们牺牲了整个假期的时间制订了课程整合的方案，在不降低课程目标和不减少课程量的前提之下实现了“六合一”的大改革。以国家课程《科学》《品德与社会》为主体，将地方课程《环境教育》《安全教育》《传统文化》以及校本课程等相关内容，通过融合、重组，形成了以科学为主线的主题课程A和以品社为主线的主题课程B。

“课程删减只是删减重复的内容，原来课本上没有的但我们认为有必要增加的，我们会加上去。”历城区实验小学教导处主任刘永芹介绍说，五年级上册中，在原来科学里的单元名称是水循环，在四年级环境里也有两个有关水的内容，共8课时。“我们把以上内容合成了一个新的大主题，又引申出三个小主题，教学目标也有原来的八条变为现在的三条，课时也变成了10课时，更注重孩子的设计活动实验方案及动手操作的能力。”

讲台由学生做主，让孩子成为课堂的主人

经过近两年的探索与实践，历城区实验小学主题课程的实施效果显著。现已初步形成了3～6年级的A、B主题课程体系。主题课程目标框架、主题纲要及教学方案都已完成；形成了主题生成课、方案制定课、方法指导课、实践探究课、汇报交流课、反思评价课这6种基本课型，老师可以根据目标来任意组合课型；归纳总结的16种学习方法都已经融合到课堂之上，充分实现了学习方式的变革。

让孩子成为课堂的主人

老师们在教学中的角色由主讲人成功转变为参与者、引导者，真正把讲台留给了学生，教学方式也实现了重大变革。一年来，担任主题课程一线教学的老师都在一边实践一边改进教学方案，讨论解决实践中的困惑、迷茫，相互听课、研讨，集思广益。

新浪山东有幸旁听了四年级五班的一堂品社主题课。“遇到下列的问题我们该怎么办?”讲台上七八名学生利用 PPT 展示的方式给大家上了一堂生动的文明主题课。新浪山东的编辑注意到，整堂课上，老师只是在一旁偶尔为学生们纠正一下小错误，而带领诵读、提问、讲述、表演都是由孩子们独立完成自主进行的，每一个环节分工明确、配合默契、相得益彰。坐在下面听课的同学也显得格外积极，整个课堂的气氛十分活跃。孩子们表示，尽管准备的难度更大了，但这种方式让他们学到更多，他们也更喜欢。

“我们每周安排 3 节 A 主题课与 3 节 B 主题课，课堂基本都是像这样将课堂完全交给学生的情况。”历城区实验小学校长郭淑慧告诉新浪山东，课堂上学生们展示的 PPT、视频都是自己制作和搜集的。学校会在信息课上给学生们留出一些时间去完成一部分准备工作，并且尽最大可能提供网络、图书室这些资源供孩子们完成探索。孩子们都是以小组进行作业的，分工很明确，任务分解起来相对会小很多，因此在这方面的课业压力并不大。

“主题课程这么受孩子青睐，会不会降低学生们对‘语数外’的关注?”，有人这样问道。郭校长笑着回答，在主题课程实施后，的确有“语数外”的老师专门来找她进行“抗议”。孩子们更喜欢这种自由探索的主题课形式，因此在别的科目上的精力会分布的少一些。“主题课程倒逼主科老师，要发挥自己的教学特长重新将孩子们的注意力‘抓’回来，这就是老师们’拼本事’的时间了。”

主题课堂不仅仅是传授知识，更注重培养孩子的能力

据了解，经过近两年的探索与实践，主题课程的显著的成果也吸引了省内外学校同仁（河南郑州市、广东中山市、黑龙江哈尔滨、七台市等访问团）纷纷到历城区实验小学参观学习，郭校长说到这里不无自豪，“他们带着质疑走进学校，却带着满足和信心离开学校，相信我们的实践也给了他们进行课程改革的勇气和信心！”

家长们对于主题课程也十分认可，“我的儿子今年上五年级，前两天他忽然跟我说他要组织一场足球赛。我开始并不相信他，直到看到他自己设计出了比赛方案，我突然就改变自己的想法了。”学校家委会成员、五年级四班的一名学生家长告诉新浪山东。他介绍说，孩子最后在山大体育场举办了足球赛，一共有 19 个孩子参加，还邀请了一些孩子的爷爷奶奶参加。“课程改革让我的孩子变化十分明显，主题课堂不仅仅是传授知识，更重要的是培养了孩子的能力。这样我们家长对于家庭的教育会更自觉，对学校也更放心。”

六门课程创新整合
小学生走上讲台当老师

2015-04-07　来源：大众网　作者　王亚男

该校校长郭淑慧讲解课程整合

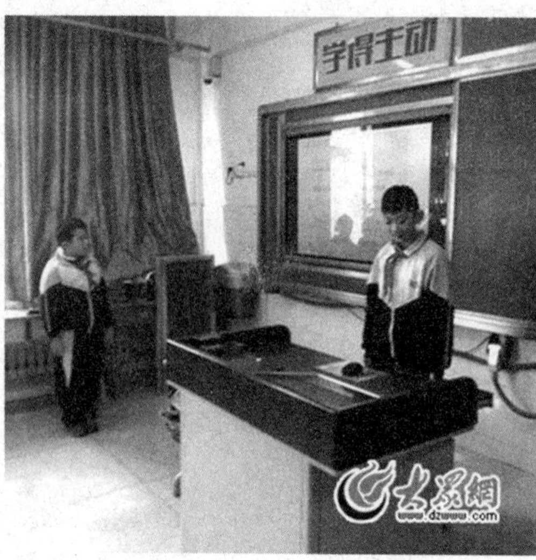

学生们排着队等待上台讲课

大众网济南 4 月 7 日讯 “这些名言都告诉我们，遵守规则才能成就人生……”4 月 7 日上午，记者走进历城区实验小学四年级五班的教室，看到 8 名同学正在讲台用 PPT 演示课件，提问、解答环节也都由这些小老师们进行。原来，这正是该小学课程整合后的一节主题课。该校将 3 门国家课程及 3 门地方课程融合重组，形成以自主性、开放性为主要特征的“主题活动”实施教学，激发学生兴趣和能力。

据了解，历城区实验小学早在 2013 年暑假开始，就尝试对课程进行整合。该校通过聘请专家来校进行讲座，对课程改革和整合做了专业性讲解。同时，还设立三个不同层次研究组，并要求教师自我反思，以实现最终的课程整合。

该校校长郭淑慧说，之所以要进行课程整合，原因之一是当前使用的地方课程、国家课程之间，目标、内容重复交叉现象严重。“为此我们学校还对三至六年级的 1500 多名学生进行了课程开发问卷调查，发现学生对品社、科学等课程认可度低，这也让我们意识到对这些课程的整合改革形势严峻。”郭淑慧说。

在谈到具体的课程整合上，该校教导主任刘永芹告诉记者，目前国家课程为《科学》《品德与社会》《综合实践活动》为主体，地方课程则以《环境教育》《安全教育》《传统文化》等相关内容为主体。

“学校本着不降低课程目标，不减少课时量的原则，组织教师找出六门课程中重叠部分，并将国家课程其以教学目标的形式整理陈述，同时概括地方课程的目标。”刘永芹说，随后，该校通过删减、融合、增补，在此基础上形成以科学为主线的主题课程 A 和以品社为主线的主题课程 B。同时，根据设置的目标框架及实施建议，进行每个主题的课程纲要和方案设计，学校还进一步调整科室管理制度，并与教师工作量考核相联系。

一名来自五年级四班的学生家长在谈起课程整合时颇为赞同，他说：“课程整合后，孩子的自主性明显提高。前不久，孩子自己组织 19 名同学，在山大体育场开展了一场足球比赛，其组织能力和责任感表现，让我十分惊讶。”

延伸阅读

历城区实验小学课程整合举例

如五年级上册中，在原来科学里的单元名称是“水循环”，包含蒸发、沸腾、凝结、水的三态变化、小水滴的旅行。在四年级环境里也有两个有关水的内容：随着水滴去旅行，天上的雨水干净吗？原来课时共8课时。

课程整合后，把以上内容合成了新的主题："变脸大师——水"，在大主题下又引申出三个小主题：善变的水精灵、水的三态变化、小水滴旅行记，更符合孩子的认知。

教学目标原为八条：

1. 了解蒸发现象及蒸发要从周围吸热；知道影响蒸发的因素。

2. 了解水的沸腾现象及水的沸点，凝结现象。知道霜是水蒸气遇到0℃以下的物体结成的冰晶；水有三种状态，在一定条件下是可以相互变化的。（能有条理地复述，会画图说明）

3. 能利用已有经验对所观察作假设性解释；能用简单器材做给水加热的实验并作实验记录；能分析和解读数据，并将探究结果与假设相比较。掌握科学探究的一般方法；掌握如何做对比实验；学会用实验的方法解决问题。

4. 了解对比实验的特点。在探究过程中愿意合作与交流，在动手实验中理解雨的形成原因，会动手操作和查找资料。

5. 感知探索水的三态变化，了解水与人类的关系，知道水的作用与危害，学会珍惜水资源。意识到"自然界的物质是变化的，变化是有规律的"。

6. 尝试用自己的方式记录小水滴旅行的原因以及过程。

7. 学生在动手实验中理解雨的形成原因。

8. 认识雨水是不干净的及下雨天应如何自我保护。

课程整合后，变成了现在主题课的三条：

1. 通过实验探究知道影响水蒸发的因素；认识水的沸腾现象，知道水的沸点；认识凝结现象；知道水的三态变化的原因；通过查阅资料了解水在自然界中的循环变化，了解雨水也受到了污染。

2. 能用简单器材做给水加热的实验并作实验记录，能分析和解读数据；会设计对比实验探究凝结现象，了解对比实验的特点。

3. 通过对水循环的研究，了解水与人类的关系，知道水的作用与危害，学会珍惜水资源。

同时，课时也变成了10课时，主题课程更注重了学生的设计活动实验方案及动手操作的能力。

六门课变一门
济南历城区实验小学首推主题课程

www.sdchina.com　来源：中国山东网

作者：孙杰　2015/4/7

中国山东网4月7日讯　今年年初，山东省出台了《基础教育综合改革的意见》。在积极推进课程改革方面，《意见》明确提出支持学校开发校本课程和特色课程，与国家课程和地方课程有序衔接。不过，记者今天从济南市历城区实验小学了解到，在2013年该校的一场带有整合创新性质的课程改革就已悄然开展，该校将原有的六门国家课程、地方课程、校本课程通过整合的形式，合成一门主题课程，这也比全省范围的基础教育课程改革早了近两年。

学生主讲老师旁听，主题课程让学生做课堂的主人

"谁能说一下这幅画面里都有哪些不文明现象?"今天上午，在济南历城区实验小学4年级5班的品社主题课上，该班的七、八名学生站上了讲台代替老师为台下同学上了一堂精彩的文明主题课。记者注意到，不管是提问还是讲述，整个课堂几乎都是交由这些学生自己来做主，一旁的老师只是负责在学生出现错误时进行简要更正。

"像今天这样将课堂完全交给学生的情况，学校里每个班每周至少会出现三次。"历城区实验小学校长郭淑慧介绍说，今天这堂课就是该校从2013年开始研发的主题课程。"主题课程主要是将原有的两门国家课程、三门地方课程及一门校本课程整合到一起，合成一门主题课程。"

郭淑慧告诉记者，主题课程主要是老师把握大方向，给出课程目标，然后将课堂交予学生。"我们今天课堂上看到的所有视频、PPT,包括练习题都是学生们自己动手完成的。"

"自己制作幻灯片、视频是否会增加学生负担?"面对记者的询问,郭淑慧解释说,这些并不是交给某一个学生来完成,而是交给一个组来完成。"每个组的负责人会提前将下一堂主题课需要完成的工作平均分配给每个学生,我们还会在信息技术课上拿出专门的时间来给学生上网查资料用,所以课后并不会耽误学生太长时间。"

主题课程倾向于实践课程体系,比全省课改早了近两年

采访中,记者了解到,目前山东省使用的地方课程、国家课程之间,课程目标重合、课程内容交叉重叠现象严重。据有关数据统计显示,我省三至六年级的国家课程《科学》《品德与社会》与地方课程《环境教育》《安全教育》《传统文化》交叉重复率达 50%。

在这一基础上,历城区实验小学组织教师提前进行了课程改革,对原有的地方课程、国家课程以及校本课程进行了删减和整合。"不过删减只是删去重复的,对于课本上没有的而我们认为有必要增加的,我们还会加上去。"历城区实验小学教导处刘永芹还向记者举例介绍,在国家课程《科学》的 5 年级上册中,原来包含 5 部分内容,而在四年级环境里也有两个有关水的内容。"后来我们学校教研组老师一起把这两部分内容整合后,还引伸成三个小主题课程,课时也由原来的 8 个延长至 10 个。"

刘永芹告诉记者,这与我省在《基础教育综合改革的意见》中提出的"支持学校开发校本课程和特色课程,与国家课程和地方课程有序衔接。落实实验教学和社会实践课时,建立校内外结合的实践课程体系,形成学校教育与校外教育有效衔接、学科学习与实践学习有机结合的学生培养机制"要求相吻合。"我们的课改比省里的要早了近两年呢!"刘永芹笑着说。

11 岁小孩独立组织一场球赛,主题课程让学生的组织、策划能力进了一大步

如今,历城区实验小学的主题课程已经实施了近两年了。而在学校家委会眼中,孩子的进步也是特别明显。"我的孩子最显著的变化就是组织能力和策划能力比原来进了一大步,适应社会的能力也比以前提高了不少。"历城实验小学一位家长还拿自己的孩子举例,"我儿子今年上五年级,前两天他忽然跟我说要组织学校孩子踢一场球赛,参加比赛的一共是 19 名孩子。"

这位家长告诉记者，自己一开始并不相信自己的孩子能够独立组织一场这么多人参加的球赛，不过当他看到儿子制定的一份详细计划表就改变了自己的想法。“表上将每一个参赛孩子的联系方式以及时间、地点、流程写的非常清楚，看了这个表之后我就知道虽然他只有 11 岁，但是这件事他一定能成功。”

省城一小学将六门课程创新整合成一门
提高学生认可度

2015-04-08　来源：齐鲁晚报　作者：李飞

校长郭淑慧讲述课程整合的过程(李飞摄)

齐鲁晚报济南 4 月 7 日讯　按照要求，中小学校要开设国家、地方和学校三级课程。省城一小学统计显示，三至六年级的国家课程《科学》《品德与社会》与地方课程《环境教育》《安全教育》《传统文化》交叉重复率达 50%。为此，学校向国家和地方课程挑战，包括《综合实践活动》课在内，整合上述 6 门课程变成一门主题课程，并获得山东省首届特色课程一等奖。

《科学》《品德与社会》国家课程与地方课程《环境教育》等内容重复

7 日上午，济南市历城区实验小学四年级 5 班的教室里，一堂名为《B 主题》的课正在进行。这节课的内容主题为《做守规则的小学生》，几名小学生正以组为单位在讲台上展示他们制作的幻灯片。

所谓《B 主题》课程，这是一门在其他学校里见不到的课程，是该校整合后的全新课程，以国家课程《品德与社会》为主线，涵盖了国家课程《综合实践活动》以及地方课程《安全教育》和《环境教育》等内容。

按照要求，中小学校要开设国家、地方和学校三级课程。一所小学，为何要整合国家课程和地方课程？对此，课改负责人——历城区实验小学校长郭淑慧给出了答案。“目前使用的地方课程、国家课程之间，课程目标重合、课程内容交叉重叠现象严重。”郭淑慧说。统计显示，三至六年级的国家课程《科学》《品德与社会》与地方课程《环境教育》《安全教育》《传统文化》交叉重复率达 50%。

该校教导主任刘永芹给记者举了个例子，五年级上册中，在原来《科学》课里有一个单元名为水循环，包含“蒸发”“沸腾”“凝结”“水的三态变化”和“小水滴的旅行”五方面的内容。而在四年级《环境教育》课里也有两个有关水的内容，分别为“随着水滴去旅行”和“天上的雨水干净吗”。交叉重复的内容不胜枚举。

针对“现有的课程中，你喜欢上什么课?”这一问题，该校对三至六年级 1500 多名学生进行了问卷调查，结果显示喜欢语文、数学、英语的分别为 60%、54%和 26%。而喜欢科学、品社、综合实践以及地方课程的占比仅为 19%、9%、3%和 4%。

“学生对品社、科学、综合实践及地方课程的认可度很低。究其原因，内容重复、教师兼课导致质量下降、授课方式单一等让学生对课程失去了兴趣。”郭淑慧说。

六门课整合成一门主题课

“在小学进行课程整合很有必要。”历城区实验小学校长郭淑慧表示，早在 2013 年她就带领老师在学校尝试进行课改。把国家课程《科学》《品德与社会》《综合实践活动》和地方课程《环境教育》《安全教育》《传统文化》的所有内容全部“打碎”，重新“糅合”。

"先整合教学目标，再整合内容，不降低课程目标，不减少课时量。"郭淑慧带领老师们一一找出上述六门课程中交叉、重复的部分，做好记录。之后，通过删减、融合、增补、重组，对目标进行整合，并根据目标整合内容。

最终，经过一个暑假的努力，上述六门课整合成了一门主题综合课程，分别是以《科学》课为主线的主题课程 A 和以《品德与社会》为主线的主题课程 B。"A 主题课程以培养学生的科学精神为主线，B 主题课程以培养孩子的人文情怀为主线。"

对于整合前和整合后的变化，郭淑慧介绍，整合前的目标多而杂，很凌乱，而整合后的目标简洁、明确；整合前的内容散、乱，整合后的内容是对原内容的删减、融合、增补、重组形成主题模块内容；整合后的课程实施更具开放性。不变的：课程的目标没有丝毫的降低，课时量没有变化。日前该课程获得山东省首届特色课程一等奖。

探究历城实验小学课改　老师说话少学生最积极

http://www.e23.cn　舜网

舜网讯　向国家课程、地方课程挑战，不盲从权威，以实际教学为导向，组织全校老师大刀阔斧进行课程改革，这就是济南市历城区课改"女汉子"郭淑慧校长带领老师们这两年做的一件重要的事情。如今两年多的时间过去了，6 门课合并为 2 门课，形成以自主性、开放性为主要特征的 A、B 主题课程，这比全省范围的基础教育课程改革早了近两年。如今，"老师说话最少，学生学得最起劲"成为了该校主题课程的真实写照，"省级特色课程一等奖的殊荣、学生家长的感谢、学生自我能力的提高"是历城实验小学课程改革工作的实效。

挑战权威，6 门课程变 2 门

"例如，在四年级环境里有两个有关水的内容："随着水滴去旅行"和"填上的雨水干净吗"，而在五年级上册中，也有一个单元是关于水循环的，以前孩子们经常发牢骚说怎么学过的东西还要再学一遍。"历城实验小学校长郭淑慧告诉记者，三至六年级的国家课程科学、品德与社会与地方课程环境教育、安全教育、传统文化交叉重复率达 50%，既浪费了学生们宝贵的学习时间，也让学生的学习兴趣和老师的教学热情降低。是不担责任不出错，按照国家权威的三级课程体系按部就班的教下去，还是挑战权威，从教学实际出发“自我折磨”进行行之有效的课程改革，这成为了摆在郭淑慧和全体教师面前的艰难选择。

“用省教科所张斌博士的话说，我们这次课改对全体教师而言真是一次死去活来的过程”，郭淑慧告诉记者，课程改革不是一件小事，为此，学校对三至六年级的学生进行了“你最喜欢的科目”问卷调查，结果学生对品社、科学、综合实践及地方课程的认可度很低，这更坚定了郭淑慧课改的决心。

为了不打无准备之仗，2013 年 5 月，历城实验小学聘请了山东省教科所张斌博士为顾问，开始了课改的破冰之旅。

6 门课程合为两门，不能遗漏知识点，不能减少课时，要提高学生的兴趣，要点燃老师的激情，这无异于在“太岁头上动土”。为了能尽快让学生体会到课改的益处，2013 年暑假，郭淑慧组织参与课改的老师，利用整个暑假的休息时间，把三到六年级《科学》《品德与社会》《综合实践活动》《环境教育》《安全教育》课程中的知识点都分列出来，通过删减、融合、增补和重组，解决了原有课程交叉、重复和遗漏的问题，对目标进行了整合，在此基础上形成两类主题课程，分别是以科学为主线的主题课程 A，以品社为主线的主题课程 B。

“AB 两套主题课程将所学知识分为了多个教学主题，老师们还利用课余时间写好了每个主题的课程纲要和方案设计，让新的主题课程体系有了科学的指导性和便捷的可实施性。”郭淑慧介绍，为了让改革后的课程更有吸引力，学校还将隶属于校本课程的一些活动也加入到了主题课程中，让学生的参与感更强，动手实践机会更多。虽然课改是创新，但是新的课程体系的教学目标没有丝毫降低，课时量也没有变化。

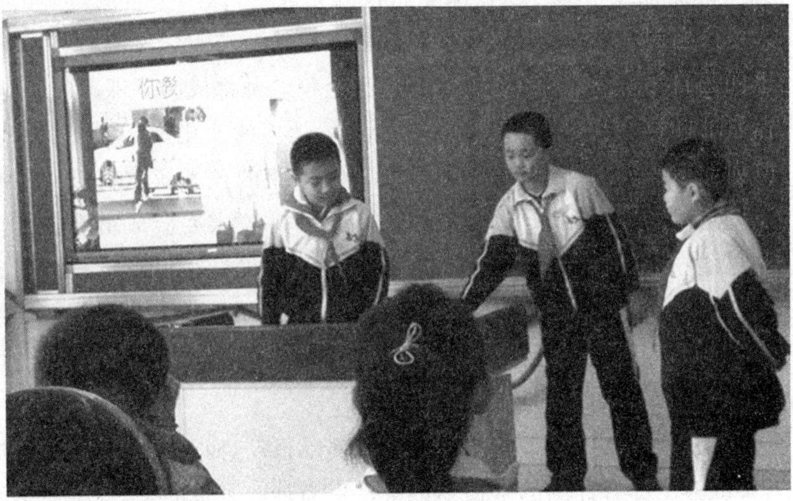

师生受益　学生成课堂主角

“一位即将退休的老教师说，她教了大半辈子学，课改后的课堂是老师说话最少，学生学得最起劲的课堂。”老教师的这句话，在历城实验小学四年级五班的课堂上得到了印证。教室里，8 名同学代替老师，正在讲台上用 PPT 演示课件，提问、解答环节也都由这些学生们进行，老师们则退到了讲台下，在学生们出错或紧张的时候适时给予纠正和鼓励。

“在课程整合的改革中，我的最大感受就是老师和孩子们都在忙着改变！老师们都摸着石头过河，忙着向专家学习改变思维方式和教学方式、忙着设计教学方案并一边实践一边改进方案。孩子们也在忙，忙着改变学习方式，忙着写活动方案，忙着搜集资料、做幻灯片和动手操作等。特别是汇报展示环节，孩子们要各显神通，以良好的精神面貌来展示分享自己小组的研究成果，尽量获得老师和其他同学的认可。”历城实验小学沈翠平老师的笔记真实地记录了课改后老师和学生的上课情况。

经过一年的探索与实践，历城实验小学已初步形成了 3～6 年级的 A、B 主题课程体系。形成了主题生成课、方案制定课、方法指导课、实践探究课、汇报交流课、反思评价课等基本课型，老师可以根据目标来任意组合课型，然后让学生们自由分组分工，去完成搜集资料、制作方案、幻灯片制作演示以及动手操作等工作，老师们只需要引导整个课堂流程和秩序即可，学生们真正成为了课堂上的主人。

郭淑慧告诉记者，因为充分利用了信息技术课和学校图书阅览室，学生们大部门的课程准备都可以在课上和校内完成，所以不会占用过多的课外时间，而且学生们对主题课程表现出的巨大热情及自主学习能力，也倒推了其他科目老师的上课方式的研究和转变，全校老师都成为了课改的受益者。

课改实施两年来，不仅老师们感受到了学生的变化，在家长们的眼中，孩子的综合能力也发生了翻天覆地的变化。“我的孩子竟然自己组织了两场足球比赛，这真是令我吃惊”，历城实验小学一位家委会成员和记者们分享了自己的孩子发生的变化。“上五年级的儿子告诉我他打算自己组织一场足球比赛，我当时以为他会让我帮忙，结果后面的几天经常告诉我一些活动策划、活动分工、活动联络的工作进展，并最终在山大中校校区体育场组织成功了一场 20 多人的足球比赛。”

这位家长说，孩子不仅将想法变成了实际行动，而且对整个活动的流程安排、人员分工都有详细的掌握和记录，“更为难能可贵的是，孩子还学会了反思与经验总结”，这位五年级的小学生吸取了第一次比赛结束时教训，在第二次足球比赛散场时最后一个离开球场，避免了人员混乱和物品丢失的问题。家长说，课改让孩子既学到了书本上的知识，而且还将这些知识通过实践内化成了学生的各种能力，让学生真正得到了综合提升。

行业观察 大众教育

大众日报 2015年5月7日 星期四 15

课改路上“女汉子”

——记历城区实验小学校长郭淑慧

关注 基教综合改革

我省力拓师范生就业市场容量

责任编辑

齐鲁晚报　今日济南　2015年4月8日　星期三　都会　C15

国家课程和地方课程重了一半

学生认可度低，省城一小学将六门课程创新整合成一门

按照要求，中小学校要开设国家、地方和学校三级课程。省城一小学统计显示，三至六年级的国家课程《科学》《品德与社会》与地方课程《环境教育》《安全教育》《传统文化》交叉重复率达50%。为此，学校向国家和地方课程挑战，包括《综合实践活动》课在内，整合上述6门课程变成一门主题课程，并获得山东省首届特色课程一等奖。

文/片　本报记者　李飞　实习生　孙娜

《科学》《品德与社会》国家课程与地方课程《环境教育》等内容重复

7日上午，济南市历城区实验小学四年级5班的教室里，一堂名为《B主题》的课正在进行。这节课的内容主题为《做守规则的小学生》，几名小学生正以组为单位在讲台上展示他们制作的幻灯片。

所谓《B主题》课程，这是一门在其他学校里见不到的课程，是该校整合后的全新课程，以国家课程《品德与社会》为主线，涵盖了国家课程《综合实践活动》以及地方课程《安全教育》和《环境教育》等内容。

按照要求，中小学校要开设国家、地方和学校三级课程。一所小学，为何要整合国家课程和地方课程？对此，课改负责人——历城区实验小学校长郭淑慧给出了答案。

"目前使用的地方课程、国家课程之间，课程目标重合，课程内容交叉重叠现象严重。"郭淑慧说，统计显示，三至六年级的国家课程《科学》《品德与社会》与地方课程《环境教育》《安全教育》《传统文化》交叉重复率达50%。

该校教导主任刘永芹给记者举了个例子，五年级上册中，在原来《科学》课里有一个单元名为水循环，包含"蒸发"、"沸腾"、"凝结"、"水的三态变化"和"小水滴的旅行"五方面的内容，而在四年级《环境教育》课里也有两个有关水的内容，分别为"随着水滴去旅行"和"天上的雨水干净吗"，交叉重复的内容不胜枚举。

针对"现有的课程中，你喜欢上什么课？"这一问题，该校对三至六年级1500多名学生进行了问卷调查，结果显示喜欢语文、数学、英语的分别为60%、54%和26%，而喜欢科学、品社、综合实践以及地方课程的占比仅为19%、9%、3%和4%。

"学生对品社、科学、综合实践及地方课程的认可度很低，究其原因，内容重复、教师兼课导致质量下降、授课方式单一等让学生对课程失去了兴趣。"郭淑慧说。

校长郭淑慧讲述课程整合的过程。　本报记者　李飞　摄

六门课整合成一门主题课

"在小学进行课程整合很有必要，"历城区实验小学校长郭淑慧表示，早在2013年她就带领老师在学校尝试进行课改，把国家课程《科学》《品德与社会》《综合实践活动》和地方课程《环境教育》《安全教育》《传统文化》的所有内容全部"打碎"，重新"糅合"。

"先整合教学目标，再整合内容，不降低课程目标，不减少课时量。"郭淑慧带领老师们一一找出上述六门课程中交叉、重复的部分，做好记录，之后，通过删减、融合、增补、重组，对目标进行整合，并根据目标整合内容；

最终，经过一个暑假的努力，上述六门课整合成了一门主题综合课程，分别是以《科学》课为主线的主题课程A和以《品德与社会》为主线的主题课程B。"A主题课程以培养学生的科学精神为主线，B主题课程以培养孩子的人文情怀为主线。"

对于整合前和整合后的变化，郭淑慧介绍，整合前的目标多而杂，很凌乱，而整合后的目标简洁，明确；整合前的内容散、乱，整合后的内容是对原内容的删减、融合、增补、重组形成主题模块内容；整合后的课程实施更具开放性。不变的：课程的目标没有丝毫的降低，课时量没有变化。目前该课程获得山东省首届特色课程一等奖。

食药部门突查配餐公司 过期配料仍在使用

本报4月7日讯（记者　王皇　实习生　李粟）近日，有媒体报道济南泉粒餐饮有限公司在学生午餐制作过程中存在不戴口罩、卫生质量差以及容器清洁不及时等问题。7日上午，济南市食药监局联合天桥区食药监局现场发现，该公司配料柜中有已经过期的调料，执法人员已经要求该公司立即整改。

7日上午10点多，济南市食药监局、天桥区食药监局来到天桥区北坦小学附近，对该公司进行突击检查。据介绍，该公司是一家配餐企业，每天向周边的7个小学的3000多名学生送餐。记者跟随检查人员到达该公司时，正有配送车准备配送午餐，午餐盒饭装在塑料箱中外送，但检查人员发现，这些塑料箱上没有任何标识。

进入厨房，记者发现地面水渍较多，而在厨房的调料柜中，检查人员发现了多瓶已过期的味椒盐调味料，6瓶已开封的调味料里，有2瓶瓶身已经发霉，标识模糊不清难辨生产日期，另外的生产日期为2012年11月13日和19日的百味佳牌味椒盐，保质期为24个月，2瓶生产日期为2013年7月19日的德生星火牌味椒盐，保质期为18个月，都已超过了保质期。

厨师说，味椒盐并不是经常用，但的确用过，管理仓库的记录员也告诉执法人员，今年年后再没进过味椒盐。该单位负责人当场未能提供这些调料的供货记录及相关资质，食药监局执法人员当场收缴了可疑味椒盐，并对该公司出具了立即整改通知，待8日再次检查。

济南日报　责任编辑：尹萍　韩劲松　见习编辑：史春勇　美术编辑：胡丁
本版电话：82886036　电子邮箱：jnrbyp@163.com
现代教育　齐鲁党报网：www

历城区实验小学6门课程整合为1门主题课，把讲台留给学生——

老师说话少了　学生学得更起劲

"这些名言都告诉我们，遵守规则才能成就人生……"近日，记者走进历城区实验小学四年级五班的教室，看到8名同学正在讲台上"讲课"，用PPT演示课件，提问、解答环节"小老师们"讲得头头是道。向国家课程、地方课程挑战，以实际教学为导向，组织全校老师大刀阔斧进行课程改革，这是从2013年开始学校校长郭淑慧带领老师们专心做的一件事情。

如今两年多的时间过去了，6门课合并为1门主题课，形成以自主性、开放性为主要特征的AB主题课程，这比全省范围的基础教育课程改革早了近两年。如今，"老师说话最少，学生学得最起劲"成为学校课堂最真实的写照。

敢于破冰 6门课程整合为1门

目前山东省使用的地方课程、国家课程之间，课程目标重合、课程内容交叉重叠现象严重。据有关数据统计显示，我省三至六年级的国家课程《科学》《品德与社会》与地方课程《环境教育》《安全教育》《传统文化》交叉重复率达50%。是不担责任不出错按部就班地教下去，还是挑战权威，进行行之有效的课程改革，这成为摆在郭淑慧和全体教师面前的艰难选择。

"用省教科所张斌博士的话说，我们这次课改对全体教师而言，真是一次死去活来的过程。"郭淑慧告诉记者，课程改革不是一件小事，为此，学校对三至六年级的学生进行了"你最喜欢的科目"问卷调查，结果学生对品社、科学、综合实践及地方课程的认可度很低，这更坚定了郭淑慧课改的决心。

在这一基础上，历城区实验小学组织教师提前进行了课程改革，对原有的地方课程、国家课程以及校本课程进行了删减和整合，将6门课程变成了1门主题课程，并获得山东省首届特色课程一等奖。

"课程删减只是删减重复的内容，原来课本上没有的但我们认为有必要增加的，我们会加上去。"学校教导处主任刘永芹介绍说，五年级上册中，在原来科学里的单元名称是水循环，在四年级环境里也有两个有关水的内容，共8课时。"我们把以上内容合成了一个新的大主题，又引申出3个小主题，教学目标也有原来的8条变为现在的3条，课时也变成了10课时，更注重孩子的设计活动实验方案及动手操作的能力。"

讲台学生做主 教师变身"引导者"

"我教了大半辈子，课改后的课堂是老师说话最少，学生学得最起劲的课堂。"一位即将退休的老教师说，在教学中教师角色由主讲人成功转变为参与者、引导者，真正把讲台留给了学生。

"在课程整合的改革中，我的最大感受就是老师和孩子们都在忙着改变，老师们都摸着石头过河，忙着向专家学习改变思维方式和教学方式、忙着设计教学方案，并一边实践一边改进方案。孩子们也在忙，忙着改变学习方式，忙着写活动方案，忙着搜集资料、做幻灯片和动手操作等。特别是汇报展示环节，孩子们要各显神通，以良好的精神面貌来展示分享自己小组的研究成果，尽量获得老师和其他同学的认可。"学校教师沈翠平的笔记真实反映了课改后老师和学生的上课情况。

经过一年的探索与实践，学校形成了主题生成课、方法指导课、实践探究课、汇报交流课、反思评价课等基本课型，老师可以根据目标来任意组合课型，然后让学生们自由分组分工，去完成搜集资料、制作方案、幻灯片制作演示以及动手操作等工作，老师们只需要引导整个课堂流程和秩序即可，学生们真正成为课堂上的主人。

不仅传授学生知识 更注重培养孩子能力

课程整合以来，学生的综合能力也发生了翻天覆地的变化，并赢得了家长认可。"我的儿子今年上五年级，前两天他忽然跟我说他要组织一场足球赛。我开始并不相信他，直到看到他自己设计出了比赛方案，我突然就改变自己的想法了。"一位学生家长告诉记者，在没有家长的帮助下，孩子不仅将想法变成了实际行动，成功在山大举办了一场足球赛，而且对整个活动的流程安排、人员分工都有详细的掌握和记录。

"更为难能可贵的是，孩子还学会了反思与经验总结。"这位家长说，课程改革让孩子变化十分明显，让孩子既学到了书本上的知识，而且还将这些知识通过实践内化成了学生的各种能力，让学生真正得到了综合提升。

（本报见习记者　史春勇）

教育周刊 热点　读者热线:(0531)66951234　16—17　2015年4月9日 星期四　都市女报

小学调查:科学综合实践成"最不喜欢科目"

六科变一科　重获学生爱

女报记者　刘雅然

科学、品德与社会、综合实践……这些小学中的"超级副科"，内容贴近生活，原本应该深得学生喜爱。但在济南历城区实验小学针对三至六年级学生做的"你最喜欢的科目"调查中，结果却恰恰相反，综合实践、地方、品社和科学科目分列倒数前四。得票最低的综合实践课喜爱率仅为3%，三年级整个年级投票率竟为0。

五门课内容重复率达五成

历城区实验小学针对三至六年级1500多名学生进行了学校课程开发问卷调查。在"你最喜欢的科目(多选)"的调查中，语文、数学两门主科分别以60%和54%比值大幅度领先，排在前两位。学生对品社、科学、综合实践及地方课程的认可度很低，综合实践、地方课程和品社的比值甚至都没有超过10%。

学生们给出的原因很简单:"课上的内容很多都已经学过了，没意思。"简单的原因却给了学校大大的警醒，该校校长郭淑慧说，究其原因，内容重复、教师兼课导致质量下降、授课方式单一等让学生对课程失去了兴趣。以五年级《科学》书中水循环单元，包含1.蒸发，2.沸腾，3.凝结，4.水的三态变化，5.小水滴的旅行，而在四年级环境教育课中，也有两个有关水的内容:6.跟着水滴去旅行，7.天上的雨水干净吗。

根据统计，该校发现目前使用的地方课程、国家课程之间，课程目标重合、课程内容交叉重叠现象严重，三至六年级的国家课程《科学》、《品德与社会》与地方课程《环境教育》、《安全教育》、《传统文化》交叉重复率达50%。

"课改女汉子"挑战国家课程

4月7日上午，女报记者走进历城区实验小学四年级5班的教室，这里正在进行名为《B主题》的课程，8个学生组成的小团队在讲台上展示幻灯片，为大家介绍有关交通规则的知识。

《B主题》?这是一门什么课?该校教导处主任刘永芹告诉女报记者，这正是该校将重复率高的几门课程经过整合后形成的全新课程。

"从2013年的暑假开始，我们尝试着对课程进行整合。"先找出五门课程中交叉、重复的部分，作好记录，再将以上五门课程外加学生喜爱率最低的综合实践课程内容全部"打碎"，进行删减、融合、增补、重组，形成两类主题课程，分别是以科学为主线的主题课程A，以品社为主线的主题课程B。

要知道，科学、品社、综合实践均为国家课程，在进行课程整合前，郭淑慧听到了不少质疑声，"这不是与国家课程叫板吗?"但在她看来，不能激发兴趣，得到学生的喜爱就一定是存在问题的。经过一整个暑假的整合，"六合一"的新课程方案简洁、明确，并获得山东省首届特色课程一等奖。郭淑慧也因此得名"课改女汉子"。

六科变一科老师反而多了

"教学目标和内容都进行了整合，但总体每周6个课时量是没有变化的。"刘永芹说，以前，六门课程的任课老师非常紧缺，品社学科仅有一两名专职教师，课程整合后，六门课变成了一门，任课老师不减反增。郭淑慧介绍，现在专职和兼职的老师都有所增加。

虽然课时量不变，但老师和学生们都反映课堂内容充实了很多。学生们明显表现出对主题课的兴趣，一名学生说，因为主题课，他跟父母一起等月全食，拍了近百照片，第二天就向全班同学展示了。学校一名品社学科的老教师告诉女报记者，她教了一辈子语文课，以前都是她讲学生听，自从课程整合后，她来教品社，"以前一节课都是我把控着整节课的起承转合，而主题课学习方式的改变也彻底改变了上课面貌，学生选题探究展示，这样大部分时间都是学生在讲台上。"

图①:四年级5班的学生正在为大家介绍有关交通规则的知识。

图②:校长郭淑慧与学生们在一起。

6门课程章节重叠怎么办

"课改女汉子"把它们合成一门上

郭淑慧在解答同学们的问题。　受访者供图

□记者　朱紫瑛

郭淑慧，历城区实验小学的风云人物，一名将《科学》、《品德与社会》、《环境教育》等六门课程整合成一门课上的"牛人"，7日上午，记者对其进行了采访，见识了这位"课改女汉子"的真容。

2012年8月，郭淑慧来到历城区实验小学任校长，任职不久她就发现，《科学》、《品德与社会》、《环境教育》、《安全教育》、《传统文化》和综合实践6门课程在某些章节上有重叠，而且这6门课程不属于主课，不论是老师还是学生重视程度都不高。为此郭淑慧开始琢磨:"怎样才能去掉重复的授课内容呢?"

2013年暑假，在历城区实验小学的办公室内，郭淑慧召集几名老师开始了课程整合的秘密工作。"化繁为简，将6门课中的相关内容进行了重新编排，删除了一些重复内容。"郭淑慧说，整整两个月，学校里的老师基本上没休过一天假，6门课上百条学习目标与学习内容，硬生生浓缩成1门课，两个方向以及六种授课方式。

"一个暑假，不知道有多少人因为课改争论得不可开交，到底哪条该去掉，到底应该采用怎样的授课形式?"学校教务处刘主任回忆道。

而一个假期过后，6门课的授课内容骤变，也让那年刚刚回到校园的孩子们感到不可思议，"课改女汉子"的别名就此在整个学校流传开来。

7日上午，在2011级5班的课堂上，50多名学生分成四个小组，每个小组七八个学生，他们将课前自行搜集的资料、制作的课件展示给全班同学。整堂课授课老师仅说了几句话，剩下的时间几乎全部由学生进行掌控。

郭淑慧表示，课改开始面临内外各方面的压力，有孩子家长因担心"六改一"无法顾及所有的知识点，甚至当面告诉她"别耽误俺孩子，该怎么上课就怎么上"。

但一年过后，郭淑慧"六改一"方案得到了几乎所有人的认可，6门课程的抽查结果显示，所有学生都已熟练掌握各项知识点。

C4 | 济南新闻·最热点 2015.4.8 星期三
责编：张同霞 美编：胡金华 组版：李化南　　山东商报

最近课改话题热，历城一小学两年前就开始了
辅课“6合1”，学生来讲课

我省出台的《关于推进基础教育综合改革的意见》中提出，要加大课程改革研发力度，把课堂还给学生。其实，在历城实验小学，课改的大幕早在2013年就拉开了。学校把6门辅科的国家、地方和校本课程整合为1门主题课程，且让老师讲变为学生讲。如此一来，学生的上课积极性高了，也倒逼老师提高了教学热情，把每堂课都当成公开课上。

文/图 记者 张雯雯

四年级五班的学生在上B主题课程，学生们组成兴趣小组自行设计主题，讲给其他学生听

不考试的课学生却不喜欢 校长动了改革念头

新课程改革后，中小学开设的课程中既有国家课程、也有地方课程，还有校本课程，且课程目标重合、内容交叉重叠现象严重。其中，三至六年级的国家课程《科学》、《品德与社会》与地方课程《环境教育》、《安全教育》、《传统文化》交叉重复率达50%，因为必须要完成课时量，所以大多数老师教起来应付了事，学生也不愿学。

2013年，历城实验小学校长郭淑慧对全校3-6年级1500多名学生进行了学校课程开发问卷调查，在“你最喜欢的科目”中，学生对品社、科学、综合实践及地方课程的认可度较低。“大家对语文学科的喜欢程度达60%，数学占54%，而地方课程仅占4%，综合实践仅占3%。这样看似轻松，也不用考试的课，学生却最不喜欢。究其原因，内容重复、教师兼课导致质量下降、授课方式单一等让学生对课程失去了兴趣。这样看来，课程不改不行了。”郭淑慧说。

> “学生最想了解哪些内容，最想解决哪些问题，都可以写下来提交给老师，然后自己找与之兴趣相同的同学组成学习小组，搜集材料，制作教案、幻灯片等，最终在课堂上讲给其他学生听，老师只做简单的点评。”

6门课程整合成1门 课堂交给学生掌控

2011年暑假，在相关专家的帮助下，全校老师坐在一起，对照三至六年级的国家课程《科学》、《品德与社会》、《综合实践活动》以及地方课程《环境教育》、《安全教育》和《传统文化》，逐一挑选教学目标和知识点进行整合，把重复内容删减，并增补了部分新内容，最终确定了以《科学》为主线的主题课程A和以《品社》为主线的主题课程B，每周各上3课时，和原来的总课时量保持不变。

历城实验小学教导主任刘永芹向记者介绍，教学目标确定后，老师们要集体备课，不集体备课的课不允许上。同时，把课堂交还给学生，学生对每个知识点提出研讨问题。“最想了解哪些内容，最想解决哪些问题，都可以写下来提交给老师，然后自己找与之兴趣相同的同学组成学习小组，搜集材料，制作教案、幻灯片等，最终在课堂上讲给其他学生听，老师只做简单的点评。”刘永芹说。

起初，有些老师或家长担心，除了每天完成语数外等作业，课余时间还要找主题课程资料，学生非但没有“减负”，反而“增负”了。郭淑慧称，学校要求每堂信息技术课上，老师都要留出10-15分钟让学生自行上网，查阅跟主题课程相关的材料，同时，学校图书馆等功能室也全天开放，所以，学生大多在校内完成主题教案的搜集制作，就算有时需要回家完成，也不会耗费太多时间。

六门课变两门 学生主讲老师旁听

历城区实验小学首推主题课程

时报4月7日讯 （记者潘奕轩）“这些名言都告诉我们，遵守规则才能成就人生……”7日，记者走进历城区实验小学四年级五班的教室，看到8名同学正在讲台上用PPT演示课件，提问、解答环节也都由这些小老师们进行。原来，这正是该小学课程整合后的一节主题课程。据了解，该校将6门课合并为2门课，形成以自主性、开放性为主要特征的“主题活动”实施教学，激发学生兴趣和能力。

历城实验小学校长郭淑慧表示，曾不少学生问她遵守交通规则在品社课上都学过，为啥我们安全教育课上还要再学一遍。面对学生的质疑，学校老师开始反思课堂的授课内容。据统计显示，三至六年级的国家课程科学、品德与社会与地方课程环境教育、安全教育、传统文化交叉重复率达50%。同时，学校对三至六年级的学生进行了“你最喜欢的科目”问卷调查，结果学生对品社、科学、综合实践及地方课程的认可度很低。

为此，学校决定进行课程整合。“学生自己查资料，下载视频、做幻灯片探究自己组内的问题，并在课上向其他学生展示。”教导处主任刘永芹表示，学生同时掌握了合作、沟通、表达等能力。

专家点评

课程整合
——课程改革的风向标

山东省教育科学研究院　李文军

济南市历城实验小学基于国家课程标准与山东省地方课程要求，将学习目标一致、内容交叉重复的课程进行整合。为了实现科学合理的整合，学校认真研读课程标准，根据本校课程资源及学生学习特点，制定本校相应的课程纲要、实施方案，对三至六年级的科学、品德与社会、综合实践和地方课程（传统文化、环境教育、安全教育）进行了融合式整合，真正实现了学校基于课标的校本课程设计和实施的权利，由传统教学向课程改革迈出了标志性的一大步。

这一改革，在提高教师的教学效率、提升学生的学习兴趣和改变教与学方式等方面，必然会产生根本性的变化，对促进教师的专业发展，真正实现由重教到重学的转变，都富有重要的意义。

济南市历城区实验小学对部分课程的校本化整合，是专业化的课程整合，代表着课程改革的方向，这充分反映出学校领导对课程富有高水平的领导力，也体现了学校教师对课程理念的正确理解和极强的执行力，有着极大的课程改革实践推广和示范价值。

课程整合
——校本课程建设的最高境界

山东师范大学教育学院院长　唐汉卫

历城实验小学这几年一直在做课程整合的工作，收获和影响都很大，可圈可点之处甚多。和师生们的每一次沟通交流，向张斌博士的每一次请教，都会给我以新的启发和感动，同时也有更多的思考和困惑：课程整合竟然还可以这样做？“整合”，究竟要走向哪里？当老师们的研究热情被激发出来时，他们的创造力和活力远远超过了我的预期和想象。老师们的敬业、学生们的专注当然源于此项工作的带动，难道又仅仅是这个原因么？郭校长扮演的既是领航员也是“破风手”的角色似乎给新时期的校长注入了另外一种诠释……可以说，课程整合给历城实验小学带来的不仅是成绩、荣誉和崭新的精神气象，同时，就像当年的小岗村在历史上留下的痕迹一样，实验小学的探索在课改的道路上有可能是一次奇迹般的“破冰”，昭示着课改困局的破题和未来可能的方向。

在课改走到今天，对于课程整合之于学校的意义和整个课改前途的价值，此处不予赘述，张斌博士在这方面走得很远，在他亲自指导下的历城实验小学也做出了卓有成效的探索。这里仅从校本课程建设的角度来谈谈课程整合的意蕴。

校本课程，对历城实验小学来说，不是像一些学校那样简单地做加法，即在原有的国家课程、地方课程之外根据学校的情况额外增加几门课程，而是基于对课标的研究和学情分析，将国家课程、地方课程和校本课程整合在一起，实现三类课程的彻底打破和重构，从而建设了独具特色“一体三翼”的“校本课程”：一体，一个个性化的课程方案；三翼，兼顾了国家课程、地方课程、校本课程的目标和要求。这样做的好处是：一方面，这种“校本课程”打通了三级课程，减少和避免了其中的交叉、重复、混乱，给师生大大减轻了负担；另一方面，在不降低标准和要求的前提下，课程方案和实施一切从学生、学校的实际出发，极大激发了学生的学习兴趣和提高了学习效率。师生都不再是既定课程方案、教学计划的执行者，而是实实在在成为课程的建设者、拥有者和享用者，真正实现了新课程改革的初衷——从学生出发来审视课程和教学，学生才是学习的主人。严格来说，一切课程只有做到校本化才有实际意义，而实验小学是通过课程整合，通过建设高质量、高要求的校本课程的方式实现了国家、地方课程的校本化。同时，“三合一”的课程整合也达到了校本课程的最高境界，不是做“量”的加法，而是做“质”的整合和改善。整合出来的课程，成为学校的不可复制、不可替代的“CPU”，不仅实现了学生学习方式的彻底转变，促进了老师们的专业成长，更是实现了学校发展的升级换代。

说她不可复制和不可替代，因为整合后的课程是基于自己的学情分析、学生的需要和特点而进行的个性化的开发和订制，拿到别的学校去也用不上。别的学校可以参观学习，但只能是“思路可以参考、课程不能通用”。

说她是学校的“CPU”，是因为课程作为学校发展和改革的核心部件，是学校各项工作最主要的依托，没有什么可以替代课程在学校中的地位和作用。学校其他方面的软硬件建设、师资配备、学校环境等和课程比起来，尽管非常重要，但相对来说只能算是学生发展的外围因素，只有通过课程才能更好发挥作用。所以，基于学校层面的独具特色的课程规划、课程建设、课程改革是新时期学校发展和改革的重中之重，是学校发展的核心竞争力。也标志着、也决定着一所学校是否真正实现了内涵发展、特色发展和质量提升。

在某种程度上可以断言，未来的学校，如若再盲目地追随来自上面的、外面的各种要求和指令，或简单搞点自己的小花样，不进行基于自身的顶层设计、上位思考，不进行核心部件的重新审视——具体而言就是要有自己的“学校规划＋课程规划”，是没有出路的。而课程规划无论如何也避免不了要对课程进行整合，课程整合，达到了校本课程建设的最高境界，校本课程，从最根本和最广泛意义上讲，也是课程改革和课程建设的最高追求。

课程整合，精彩雕琢

山东省特级教师　济南市历城区教研室副主任　谢兆水

学校改革通常是暂时陷入困境的学校最想做的事，比如我们熟知的杜郎口中学等。作为济南市历城区的龙头小学，历城区实验小学探索的主题课程整合之路对于优质学校的进一步提升具有非同一般的借鉴价值。很多校长在抱怨学校课程越加越多，很多教师在苦恼别的学科教师讲了本学科的一些内容，但没有讲好甚至讲错了。这样的抱怨和烦恼都各有道理，但可惜没有人跟进加以解决，这样就只能继续成为抱怨和烦恼。历城区实验小学的领导和教师团队也发现了类似的问题，可贵的是他们没有轻易放过，而是咬定青山、锲而不舍地持续研究，终于走出了一条属于自己的精彩足迹。

课程是每一位校长和教师都无法忽视的重要内容，课程建设和课程特色正成为学校提升、教师成长的关键载体。北京十一学校开设了265门学校课程(其中必修17门、选修248门)，另外还有30门综合实践课程、75门职业考察课程，以及272个学生社团，以“面向个体的教育”为理念的“私人订制”课程更值得赞叹！我们的学校、校长和教师其实也不弱，只是缺少了一个唤醒自己的机会，一个让自己重新焕发光彩的机会。

历城区实验小学的主题课程整合研究带来了几条重要的启示：

1. 突出专业引领：学校从一开始就坚持以科研的方式稳步推进，组织了大量的学生、教师、家长等不同群体的问卷,并对结果进行了科学分析。

为确保少走弯路,学校通过区教科室邀请山东省教科院张斌博士担任学术顾问,并开展了多轮的培训、研讨等活动。

2. 彰显校长的课程领导:日本学者佐藤学在《静悄悄的革命》中说:所谓课程,一字以蔽之,就是学习的经验。那么,课程应是学习活动的经历、体验、感悟等,课程领导则是课程实践的一种方式,是指引、统领课程改革、课程开发、课程实验和课程评价等活动的行动总称。上海中学唐盛昌校长曾将课程领导力定义为校长在实践中综合运用各类课程资源与灵活实施各类领导而产生的课程改革精神落实的校本推进力。校长的课程领导力应该体现在校长,并通过校长实现教师团队对国家课程的个性化、创造性的理解和坚定实施上以及对校本课程的有效开发方面。

郭淑慧校长作为总策划,一直亲力亲为,通过布置任务、启发思考、及时鼓励、总结提升、专家指导等方式,保证了对研究方向和进程的准确把握,走在了研究的最前沿。

3. 重视教师团队建设:教师不完全是课程的附庸,教师是课程进入学生生活领域的设计主体。早在20世纪70年代,西方就有学者认识到,“课程改革不能离开教师,没有教师发展就没有课程发展”。课程永远存在“师本化”的倾向!教师在课程实施过程中,总会用自己独特的理解和体验去解构课程,并总会将自己独特的认识、态度与情感等渗透在课程实施过程之中,教师完全有可能也有必要对预设的课程进行“再生产”,对课程内容进行选择、优化、拓展、补充、增删,对学习方式和学习活动进行创造性设计。教师的智慧直接影响课程的开发程度与效果,教师是课程的动态构建者、生成者。

学校从教师的专业成长出发,鼓励教师投身教学研究,并为老师们提供丰饶的研究沃土、水分、养分和阳光,涌现出袁永梅、张凤、王霞、倪曼等一大批优秀教师,为学校的课程改革推进凝聚了集体智慧。

4. 关注学生成长:从理想的角度来看,课程是因为学生而存在的!我们应不断追问课程的所谓规划,孩子们到底喜欢不喜欢、适合不适合。

从学生的角度来看,课程应是学生有效成长的过程与结果。学生们的成长需要经历什么样的过程,最终达成什么样的结果,这需要学校教育者事先有科学的设计,而所有的设计必须首先把眼睛放在孩子们的发展上。

学校课程整合的设计与实践都牢牢紧扣了学生成长这一主线。

5. 加强课程资源开发:课程资源是指形成课程的要素、来源以及实施课程的必要而直接的条件。教师不能仅仅把教材内容、教学设施设备等看作课程资源，还应视学生的已有认知、生活经验等作为重要课程资源。教师不仅要善于利用已有的现成资源、外显性资源，还要善于充分挖掘利用学习进程中内隐性资源、生成性资源。

从学生发展意义上讲，一切有助于学生成长的物质的、精神的材料和素材都应成为学生的课程领域，如图书资料、音像资料、风俗习惯、文史掌故、名胜古迹、自然风光等都可以作为课程的内容。北京东城区通过搭建信息平台、成立服务机构、创立评价体系，编制指导手册等运作程序，开放了丰富多彩的社会大课堂，开发了独具特色的博览课程体系。上海闸北区整合市、区各类社会教育资源，形成“快乐 300 分”共享课程，包括 6 大类 77 项共享科目。这些尝试都为我们的课程实施提供了很好的经验。

学校进一步加强了与山东大学、省图书馆、省博物馆等的合作，为孩子们的学习提供场所、资源等方面的帮助，努力发挥各种社会机构、场所等物质资源以及家长等人力资源的教育价值，为孩子们的成长注入了科技含量和文化品位。

历城区实验小学的主题课程整合研究已经取得了较为显著的阶段成果，引起广泛的学术关注。让我们共同祝愿学校的研究之路越走越宽广，结出更加丰硕的研究成果！

重塑课程文化

济南市历城区教科室主任　冯光国

课程是实现教育目的的重要途径，是组织教育教学活动的最主要的依据，课程居于教育的核心地位。如何实现国家课程和地方课程的校本化，是摆在每个学校面前的重要任务。历城区实验小学的领导和老师们具有非凡的胆识和魄力，他们基于国家课程中品德与社会、科学、综合实践活动和地方课程中的传统文化、安全教育、环境教育存在的目标、内容重复交叉等问题，遵循课程开发的一般模式，创造性地开发了适合学生需要、旨在提高学生科学素养和人文精神的主题课程，实现了国家课程和地方课程的校本化。实践证明，主题课程的开发，促进了学生的发展，提高了教师的课程开发意识和能力，实现了学校课程文化的再造。

附 录

附录1 课程整合研究纪略

2013年5月29日

历城区实验小学课程改革顾问聘任仪式暨张斌博士专题讲座在四楼多功能教室隆重举行。参加会议的有区教育局吕芳红副局长、区教研室冯光国主任，还有重点推进学校郭店十里堡小学、西营龙湾小学的老师们。张斌博士专题讲座的题目是《突破课堂——课程标准下的教师备课工作改革》，首先讲了课程标准的教学意蕴，用优秀的企业文化改造教育，站在课程的角度设计教学，让课程和教学适应学生，三维目标下的教学质量观，关注结果注重绩效，以评价促进教和学，把教学目标作为教学的起点和归宿，还讲了如何根据课程标准叙写教学目标，如何基于课程标准编制教案。此次活动给教师们的专业发展指明了道路，提出了切实可行的方法。我们将在专家的指引下，真正地去实践、去开拓，实现我们的教育人生的目标。

2013年6月18日

课程开发动员大会在多功能教室进行。郭校长为参与课程整合的老师做了动员，提出了几点要求：一是人员的选择及缘起，涉及到各学科的骨干教师。二是课程开发的想法，打造和乐课程是和乐教育的分支，课程可以分为学科拓展类课程、整合类课程（综合实践、品德与社会、科学、地方课程和学校德育活动等)、活动课程。三是提出要求:学习搜集相关材料,整合北京玉泉小学、潍坊等的经验,6 月 19 日下午 2 点在多功能教室开会,老师们要做好吃苦的准备。

2013 年 6 月 19 日

张斌博士以北京玉泉小学及潍坊的课程改革为案例,竭尽全力唤醒老师课程整合的意识,与老师们一起开始了破冰之旅,并申报省课题。

2013 年 7 月 4 日

暑假开始,我校的课程整合工作全面铺开。课程整合组的老师到校进行整合前的准备工作,分别整理一至六年级品德与社会、科学、地方课程的单元目标,按照表格,进行学科整册的教学内容整理工作。

2013 年 7 月 9 日

教师们整理学科内容,初步进行学科间内容整合。教师们分成三个小组,分别将一二年级品德与生活、传统文化,三至六年级的品德与社会、科学、安全、环境、传统文化等相近或相同的内容归到一起。因工作量大,又添加了七位老师加入到整合队伍中。

2013 年 7 月 10、11、12 日

课程整合组确定先整合三至六年级科学、品德与社会、综合实践、安全、环境教育、传统文化形成主题课程,暂时确定以科学为主线的 A 主题和以品德与社会为主线的 B 主题。教师们先分组整合学科教材内容,然后各小组集合,通报小组完成情况,年级之间还有无需要整合的内容,确定每组具体完成课程整合的人员,开始设计第一主题的目标框架、实施纲要,包括一级、二级主题的名称尽量在整合的基础上重新确定,形成自己的内容,目标在原有基础上整合,注意语言的表述。

2013 年 7 月 16 日

各年级负责人通报完成第一主题的设计情况,统一认识,并提出建议:一是主题融合度不够,各级主题名称不够新颖;二是目标叙述应以学生为主,从三维目标来确定;三是实施建议不要太笼统,应把操作步骤写出来;四是注意课时安排要合理。

2013 年 7 月 17 日

区教研室冯光国主任到校指导，对老师们前期制定的目标框架、实施建议等提出具体修改意见：主题表述要生活化，有层次，有探究空间。目标要对着大主题，以课标上的要求为准，结合教参上的表述，生活化的主题为内容，以综合实践活动方式开展活动。实施建议也是对着大主题进行，组织形式是小组活动还是全班等，活动方式有查阅资料、设计制作、校外探究、展示等，评价方式从学生掌握的程度方面进行评价。郭校长又从对教材熟悉程度、设计要统一风格、尽量把所有内容糅合、打碎形成二级主题等方面提出了要求。

2013 年 8 月 5 日

上午张斌博士、谢兆水主任和冯光国主任对前期工作进行指导，并对下一步的工作提出了方向。张教授指出：目标要从怎么学、学什么、学的程度等方面确立，课程设置要合理，从学校的角度取舍内容，统一灵活使用研究方法，课程实施经历讨论——探究——展示——总结的过程，以学生为主。谢主任和冯主任也就活动的开展讲述了自己的看法。

下午郭校长就下一步工作提出了要求：设计教学方案，包括活动主题名称、目标、重难点、准备、过程，突出学生自主、探究，课程内容只是资源，应补充完善，对教材做大手术。小组成员根据分工进行教学方案设计。

2013 年 9 月 11 日

历城区实验小学在多功能教室召开了主题活动课程研讨会。首先由冯国珍老师上一节研讨课，然后教科室冯光国主任针对这节课进行了主题活动的设计与实施专题性指导。冯老师利用大量的事例，深入浅出地讲解了主题活动课程是什么？怎样做？研究到什么程度？对实际操作有很大的指导作用。有领导的支持、专家的引领，我们有信心设计出丰富多彩的符合我校特色的主题活动内容，实现主题活动课程的校本化、师本化，真正促进实小每个学生的全面发展和个性张扬。

2013 年 9 月 16 日

历城区实验小学迎来了黑龙江七台河市的 21 位名校长。郭淑慧校长从多方面、多角度介绍了我校和乐教育的丰硕成果和我校正在实施的主题课程改革的实施情况。校长们纷纷表示通过参观学习受益匪浅，既拓展了工作思路，又在创新教育教学改革中得到启迪。

2013 年 9 月 22 日

主题课程组长会议在多功能教室进行，老师们对前期的主题课程实施情况进行了总结反馈。要求各组要进行集体备课，时间由组长确定；若觉得教学方案不合适，要提出修改意见；对 9 月份的方案进行整理；要尽量从不同角度进行展示，并有时间限制。郭校长听取大家意见后，对大家的工作予以了肯定，并提出一定要坚定地走下去，千万不要走老路。

2013 年 10 月 16 日

主题课程备课情况通报会在二年级六班进行。郭校长通报了 9 月份对教学方案修改、10 月份主题方案上交的情况，表扬了做得较好的部分老师，提出了存在的问题：目标设计不一致、格式不对等等。希望老师们之间互相听课，每人在家长开放日上进行主题课程展示，上报上课班级给教导处。

2013 年 11 月 1 日

我校申报的“和乐课程整体改革的实践与研究”课题，被批准为山东省教育科学“十二五”规划 2013 年度规划课题。

2013 年 11 月 6 日

主题课程教师课堂教学调度会在多功能教室举行。每位老师介绍了自己上课的情况，郭校长指出了存在的问题：没有按教学方案设计上课，学生没有交流的声音，没有看到教师的方法指导。针对出现的问题，郭校长希望老师们都行动起来，组长负起责任，进行集体备课，按学校的教学要求去做。随后各小组开展了活动，就前面所讲的内容进行了落实。

2013 年 11 月 14 日

历城区实验小学“和乐课程整体改革的实践与研究”研讨活动在四楼多媒体教室举行。参加本次活动的有我校聘任的课程改革顾问张斌博士、区教研室谢兆水主任、郭淑慧校长及课程改革小组的成员。首先由我校沈翠平、倪曼两位教师分别执教一节课，然后进行了激烈的研讨，整个活动从下午 1:30 开始一直持续到 5:50 结束。两位专家分别解答了前期课改组成员在实践与研究过程中的困惑，指明了下一步的研究方向，对扎实推进“和乐课程整体改革的实践与研究”具有重要的启示和指导意义。

2013 年 12 月 1～31 日

随着历城区实验小学主题课程实施日渐成熟，12 月份开始，学校主题课程组的老师陆续在家长开放日活动中进行展示。上课过程中我们一次次被学生的精彩表现感染，为学生展现出的高超的综合素质和能力而惊叹：他们提出问题，制定方案，运用多种形式进行展示。面对众多老师、家长，学生在台上讲解自信大方，情感真挚动人，展示者与倾听者的互动闪烁着智慧的火花，更令我们赞叹的是教师只是引领者，学生作为课堂小主人推进整堂课的汇报、交流互动与评价，真正充分发挥学生的主动性，展示学生风采。

2014 年 2 月 26 日

总结中提高，主题课程教师在会议室进行学期总结。郭校长根据老师们的发言，肯定了大家一学期的工作，课堂发生了变化，学习方式、教学方式有了转变，初步形成了课程体系和六种课型，让我们更明确了今后的工作方向：学会如何指导学生去研究，坚持集体备课，课后完善整理，做好资料的整理，建议互相听课。

2014 年 3 月 14 日

广东省中山市名校联盟校长考察团一行 14 人走进历城区实验小学交流、访问。郭淑慧校长汇报了我校“和乐教育”整体改革和课程整合的情况，校长们对我校敢于对课程进行整合的做法很赞赏，也很佩服学校的勇气，并仔细询问了课程整合中的一些具体做法，郭校长一一作了解答。来访校长们也简单介绍了自己学校的情况，经过交流加深了彼此之间的认识及感情，纷纷留下联系方式，期待今后的合作。

2014 年 4 月 2 日

学校调度前期工作。首先以年级组为单位汇报，然后对老师们提出要求：方法指导有很多形式，大家要去研究落实，我们重点要指导学生掌握活动的方法，会后要进行尝试，完善方法指导课。

2014 年 4 月 3 日

历城区实验小学迎接了郑州金水区金沙小学的来访。郭淑慧校长向来访者介绍了学校的情况，特别介绍了学校“和乐教育”整体改革的情况，同时毫无保留地向大家介绍了学校在踏实推进主题课程改革过程中的一些做法，重点说到学校管理、教师管理及促进教师专业化成长的一系列举措，引起来访领导的极大关注。

2014 年 4 月 9 日

我校举行省规划课题“和乐课程整体改革的实践与研究——课程整合”研讨活动，省教科院张斌博士、曾庆伟博士，区教育局吕芳红副局长，区教研室董经会主任，区教科室冯光国主任等领导、专家莅临指导。首先，由我校的彭滨老师执教了一节精彩的主题课程方法指导课。在随后的评课交流环节，老师们本着专业、科学的研究态度，开诚布公地评论课例，并讲述课改以来自我与学生共经改变、共历风雨、共享进步的心路历程，形成了良好的研讨气氛。而几位专家、领导的指导可谓有高度、有深度又有温度。张斌博士为下一步的课改指明了方向。曾庆伟博士从当前全国课程整合的全局出发，高屋建瓴地指出时刻牢记课程整合的目的与追求，并对此次课例从宏观与微观不同角度提出许多建设性意见。董经会主任就上一环节老师们交流的疑问与困惑一一解答，分析鞭辟入里，老师们有豁然开朗之感。冯光国主任以其丰富的一线工作经验多层面展开分析，并给予与会教师们许多务实、可行的建议，实乃雪中送炭。吕芳红副局长对诸位专家的指导表示真挚的感谢，感动于在郭淑慧校长的带领下，实验小学老师改革的勇气与付出，教育局定会做大家的坚实后盾，有这份吃苦精神，我们历城人的教育事业必将锐意进取、再攀高峰。郭淑慧校长以凤凰浴火重生为喻，我们现阶段的改革前路艰难，我们必当携手共进！

2014 年 4 月 18 日

历城区省级规划课题开题暨科研培训会在我校举行，山东省教科院李文军院长、黄海涛主任、张斌博士，济南市教科院曲文弘主任，历城区教育局吕芳红副局长，历城区教研室董经会主任，区教科室冯光国主任莅临指导。

首先，由吕芳红副局长致欢迎词，代表历城区教育局表达对各位专家支持历城教育事业的感激之情。记录实小师生课程改革以来成长点滴的专题片《四月聆听花的绽放》拉开了此次会议的序幕，在场的教育同仁们深受感染，李文军院长更是盛赞实小与其刚去澳大利亚感受到的小学教育相比毫不逊色。接着，实验小学的刘永芹主任做开题报告《和乐课程整体改革的实践与研究》，对我校的课程改革进行了全面而又深入的介绍。在专家点评环节，省教科院李文军院长、黄海涛主任，济南市教科院曲文弘主任，历城区教研室董经会主任，区教科室冯光国主任等各位教育专家的指导角度多元、精彩纷呈，却都直切报告内核，极具务实性与前瞻性。课题开题阶段结束后，张斌博士做报告《促进学习的课程整合》，对课程整合进行全方位、立体式的解析，与会教师们大开眼界，更对此次省级规划课题开题后的前景充满期待。

2014 年 6 月 20 日

主题课程教师总结本学期工作。老师们对一学期的工作进行了梳理，通过交流，老师们更加坚定了自己的做法，这也是课程整合一年来的总结，老师们把自己的感悟、收获、学生作品一并上交，形成主题课程的资料。

2014 年 7 月 4 日

主题课程组长整理一年的活动主题，要求总目标的确定要结合课标，注重学习方式的变革，目标框架里的一二级主题要贴切、有创造性，实施建议有操作性，实施纲要格式不变，教学方案里六种课型要有体现，每册至少有一节方法指导课，每个主题要有反思评价课，倪曼和冯国珍老师挑一个主题放在网上，为老师们提供范例，所有材料在下周四完成并上传。

2014 年 9 月 10 日

新学期开始，主题课程组全体老师在多功能教室一起学习《和乐课程整体改革的实践与研究——课程整合》的实施方案，明确今后的研究方向，落实下一步做什么、怎么做，内容、目标、方法要整合，运用好六种课型，注重过程性资料的积累，加强集体备课，体现二次备课，争取材料汇集成册。

2014 年 10 月 9 日

各年级组长校正年级主题活动方案，对各方面提出了具体修改要求，争取让我们的主题活动方案早日结集成册。

2014 年 10 月 29～31 日

由山东省教育科学研究院和山东省教育学会共同主办的山东省第二届课程整合研讨暨现场观摩会议在黄岛举行，来自全省各中小学两千多名校长和教师参加了会议。会议上对山东省首届特色课程评选中获奖的学校进行了颁奖，历城实验小学的《和乐课程整体改革的实践与研究——课程整合》在这项评选中获得一等奖。郭淑慧校长作为济南市唯一一个发言代表，在大会上作了《主题课程让生命更精彩》的交流。郭校长详细介绍了我校主题课程的实施情况，包括学校为什么要进行课程整合、课程整合的行走路线图、课程整合的策略以及实施中的困惑等毫无保留地向参会者进行了交流。郭校长的发言引起了与会者的关注，得到了大家的肯定，他们纷纷表示要到学校学习交流。

2014 年 11 月 18 日

主题课程全体教师在会议室举行期中调度会。老师们就集体备课和上课进度等情况与大家进行交流，在交流碰撞中习得他人长处，明确下一步的方向：严格按课堂教学方式、内容去实施，展示形式要多样，完善教学内容，适当添加活动主题，不要降低目标，培养学生良好的学习习惯。

2014 年 12 月 2 日

“天下事常出乎人意料之外，志同道合，便能引其类。”华山教育办主任杨德勇带领教育办下属八位校长来到历城区实验小学，对学校课程整合改革进行专题学习。首先，由袁永梅老师和张秀华老师分别执教了主题课程的主题生成课和成果展示课。接下来，两位老师又结合平时主题课程教学经验分别对执教课题进行阐释。在随后的交流环节，华山教育办主任、校长们和实验小学的老师们真诚以待，面对面交流了主题课程实施的各种疑惑。郭淑慧校长和刘永芹主任对整个课程改革的过程做了详细介绍。杨德勇主任对大家在过程中付出的勇气和毅力深感钦佩，此行让他们看到了学生学习方式和老师教学方式的质变，希望此行的学习能让华山的孩子们受益。

2014 年 12 月 26 日

主题课程教师相约在会议室交流教学案例。老师们就主题的开展情况与大家进行了交流，分享了自己的教学得失。郭校长肯定了大家前期的做法，希望 A 主题老师在制定方案、实验指导，B 主题老师在情感渗透上要加强，老师们要善于总结提升，把自己的做法形成教学案例，学校会给大家提供展示的机会。

2015 年 2 月 2 日

区教科室冯光国主任参加了我们的主题课程研讨活动。老师们交流了在主题活动实施中的做法、收获和困惑，冯主任对老师们的困惑进行解疑，并从目标设计、学生活动、主题确定等方面对老师们进行了指导。

2015 年 3 月 30 日

历城区实验小学在多功能教室举行主题课程研讨会，省教科院张斌博士、历城区教研室谢兆水主任和教科室冯光国主任出席了本次活动。首先，袁永梅老师执教了一节方法指导课，指导孩子们用观察的方法去研究动物，进而推广到所有学习中。接下来，以课为媒介，专家和主题课程老师们进行了深切而务实的交流，主题课程的老师们各抒己见、畅所欲言，谢兆水主任和冯光国主任从不同角度深入分析了课例，张斌博士对这节课在主题课程实施推进过程中的阶段性意义给予了极大的肯定，并对未来努力方向提出中肯建议。

2015 年 4 月 7 日

多家媒体在区教育局宣传科贾延芳科长的带领下，走进历城区实验小学，深入采访并了解我校从 2013 年暑假开始，尝试着对课程进行整合，并形成的一种全新的课程——主题课程。首先，由我校郭淑慧校长从为什么要进行课程整合、如何整合、有哪些策略、效果如何等方面，运用 PPT 的形式进行了详细的介绍。学生家长代表，从自己孩子身上发生的变化，阐述和肯定了学校进行课程整合的做法，并表示一如既往地支持学校的主题课程改革。然后记者们走进课堂，观摩了一节汇报交流课。最后，郭淑慧校长和刘永芹主任对记者们提出的疑问，一一进行了解答，记者们对我校的主题课程整合产生了浓厚的兴趣。相信学生们综合能力的提高,将会对今后的学习和生活产生深远的影响,使学生们终身受益。

2015 年 5 月 18 日

专家引领,助推历城区实验小学主题课程改革的提升。省教科院院长李文军,山东师范大学教育学院院长唐汉卫,省教科院张斌博士,区教育局王钢城、吕芳红副局长,区教研室董经会、谢兆水、寇延臣主任莅临指导。省教育电视台讲述历城实小课程改革的新闻拉开了本次研讨会的序幕,首先由郭淑慧校长向专家、领导作专题报告,从为什么整合、如何整合、整合的策略以及整合效果四方面综述了历城实小的课程改革进程。随后主题课程改革参与教师结合自身实际教学作典型发言。接下来,省教科院李文军院长用“震撼”一词,高度评价了我校的课程改革,并勉励我们要再接再厉,在自我进一步深化课程意识的基础上深化课程改革,大家深受鼓舞。山东师范大学教育学院唐汉卫院长激动地说:“历城区实验小学两年的改革从学校层面上说,走出了一小步,对全国的课程改革建设来说是一大步。”唐院长从自信、自主、自觉三个层面对我校主题课改参与教师提出了务实建议;省教科院张斌博士作为我校课改的引路人指出目前现状以及下一步努力方向。区教育局吕芳红、王钢城副局长分别对我校课程改革寄予深情厚望。

2015 年 5 月 24 日

张斌博士、吕芳红副局长、谢兆水主任、冯光国主任到校对目标提升进行指导,主题课程组长参加了活动。老师们向专家提出了自己在活动实施中的困惑,专家为大家进行了指导,特别是对目标的定位,让我们看到了自己存在的问题,更明确了自己的努力方向。

2015 年 5 月 26 日

在济宁市教科所刘绪菊所长的带领下,近 30 位济宁市小学校长组成的考察团走进历城区实验小学,对我校的主题课程整合进行参观学习和交流。刘永芹副校长以《课程整合的实践与研究》为题做了发言,重点介绍了我校课程整合的由来、目标、实施路径、成效及获得的荣誉等。袁永梅老师以《在实践中成长》为主题,以一节主题课的形成和一个探究主题的产生过程为例,向前来的校长们展示了“课程整合”在我校的实施情况。张秀华老师做了以《理想的教育》为主题的发言，并请校长们观看了在她的 B 主题课堂上，学生们精彩的交流展示片段，直观地向校长们展示了真实的主题课堂。最后，在轻松而严谨的气氛中，课题组的老师们与参观学习的校长们进行了进一步的交流。老师们回答了校长们提出的“实施课程整合后，学生们课后时间怎么合理分配”“对学生的能力的培养是不是分阶段进行”等相关问题，同时也交流了具体实施课程整合应该注意的问题。

2015 年 6 月 10 日

学校决定将主题课程前期的成果整理出版，并向主题课程老师明确了关于出书的具体要求：每人一节方法指导课案例，A、B 主题的所有课型、课例，每人一篇随笔或感悟，学生的活动材料，家长对主题课程的看法等。要求大家一定要珍惜这个机会，认真准备，月底上交所有材料。

2015 年 7 月 3 日

上午，区教育局吕芳红副局长、教研室谢兆水主任、教科室冯光国主任与我校主题课程组组长一起商讨关于课程整合的书籍出版事宜。

第一环节，首先介绍我校的大体出书思路，随后吕局长、谢主任、冯主任开诚布公地谈了对此书的看法，确定了书的名字为《课程整合，我们这样做》，并提出在现有基础上要丰富书籍的内容。

第二环节，学校课程整合小组成员进行了研讨，确定了各自需要完善的内容，重点是方法指导课，并提出要召开全体主题课程老师会议。

下午 2:00 全体主题课程教师会议，郭校长提出要求，说明重要性，随后就各项任务进行了分工，确定了上交时间。

2015 年 7 月 10 日上午

省教科院张斌教授、区教育局吕芳红副局长、区教科室冯光国主任来到实小，与郭淑慧校长和老师们一起确定了书的章节：主题课程的缘起、目标、内容、实施、收获等方面，讲述课程整合的做法。

随后在专家们的一次次思考，老师们的一遍遍修改中，书名、各章节终于尘埃落定。

附录2 《和乐课程整体改革的实践与研究——课程整合》开题报告

历城区实验小学课题组

《和乐课程整体改革的实践与研究》是基于学校课程的整体改革，但是，现在我们正在实施的是课程改革的一个部分，是对部分课程的整合研究。因此，我们打算把课题改成《和乐课程整体改革的实践与研究——课程整合》。

一、课题提出的背景

1. 社会现实意义的需要

21世纪是一个知识经济的时代。这个时代是以创新为特征，以知识创新为动力的时代，创新是其灵魂。迎接未来的挑战，最重要的是坚持创新，谁在知识创新中领先，谁就能在将来竞争中占据优势。我国目前最紧缺的就是创新型的人才，因此教育承载着这个任务。

2. 新课程改革的需要

目前使用的地方课程、国家课程之间，课程目标重合、课程内容交叉重叠现象严重。统计显示，3～6年级的国家课程《科学》《品德与社会》与地方课程《环境教育》《安全教育》《传统文化》交叉重复率达50%，因此，在小学进行课程整合很有必要。

3. 学校发展的需要

学校教育的理想是培养和谐发展的人，要为学生的可持续发展奠基，使学生在成长过程中感受幸福、快乐，获得主动、充分、富有个性的发展。为此我们对3～6年级1500多名学生进行了学校课程开发问卷调查，发现了一个现象，对“你最喜欢的科目”(多选)调查显示，学生对《品德与社会》《科学》《综合实践》及地方课程的认可度很低。

附表 1-1　关于学校课程开发调查问卷统计表(2013 年 6 月)

问题	选择	比值
1 在现有的课程中,你喜欢上什么课?(可选三项)	A 语文	60%
	B 数学	54%
	C 英语	26%
	D 品社	9%
	E 科学	19%
	F 音乐	33%
	G 美术	28%
	H 体育	38%
	I 地方	4%
	J 综合实践	3%
	K 信息	23%
2 你喜欢上这些课的主要原因是	A 喜欢教这门课的老师	5%
	B 对这门课感兴趣	65%
	C 老师的课上得好	27%
	D 其他	2%

究其原因,内容重复、教师兼课导致质量下降、授课方式单一等让学生对课程失去了兴趣。

4. 学生成长的需要

全面推进素质教育必须以培养学生的创新精神和实践能力为重点。基于主题活动,落实生活化和综合化的课程内容,形成学生主动探究的研究性学习方式。既使学生能够掌握终身学习所需要的基本知识和基本技能,又具有实践和创造能力,促进学生全面发展和个性发展。

我校 2007 年启动的《和乐教育整体改革的实验与研究》,经过 5 年的研究,在 2011 年山东省第三届省级教学成果奖(政府奖)评比中获得一等奖。"和乐教育"整体改革的七大体系之一——"和乐教育"教学体系构建的经验也在《中国教育学刊》上发表推广,本课题的研究就是和乐教学体系的深化研究。

鉴于以上分析,学校决定进行课程整合的研究,制定了详实的研究方案,《和乐课程整体改革实践与研究》2013年在山东省规划办成功立项。

二、课题的界定及主要解决的问题

(一)课题界定

整合的主要含义是综合、融合、集成、成为整体、一体化等。“课程整合”也称“课程综合化”“课程一体化”等。

关于课程整合,美国学者雅克布斯对其有六种不同的理解:学科的框架之内实现课程内容的整合;将两门相关学科的某些主题安排在同一时间教学,而把建立两门平行学科之间关联的责任交给学生;围绕一个共同的主题将多个相关学科整合在一个正式的单元或学程里;将学校课程中的所有学科有意识地统合在一起而形成常规的大单元或学程;完全从学生生活世界或好奇心出发而开展活动,要使活动有效,教师必须知识广博;现场教育是跨学科设计的一种极端形式,以学生所在的学校的环境及日常的生活为内容展开学习,是一种完全的整合设计。

本研究中的“课程整合”,就是将国家课程《科学》《品德与社会》《综合实践活动》和地方课程《环境教育》《安全教育》《传统文化》等相关内容,坚持不降低课程目标,不减少课时量的原则,进行融合、删减、重组、增补,形成新的主题活动,运用研究性学习方式实施教学,具有综合性、自主性、实践性、开放性的特点。整合后的课程为主题课程,属于综合课程领域,初步确定了以科学为主线的A主题,以品德与社会为主线的B主题。

(二)主要解决的问题

该课题落实了《基础教育课程改革纲要》(试行)中指出的要“改变课程结构过于强调学科本位、科目过多和缺乏整合的现状,体现课程结构的均衡性、综合性和选择性”“小学阶段以综合课程为主”;也落实了《国家中长期教育改革和发展规划纲要》中指出的“强调优化知识结构,丰富社会实践,强化能力培养”“学校要把减负落实到教育教学各个环节,给学生留下了解社会、深入思考、动手实践、健身娱乐的时间;促进学生生动活泼学习、健康快乐成长;率先实现小学生减负”。

课题研究让学生改变了长期以来被动接受知识的学习方式,将学生置于一种主动探究并注重解决实际问题的学习状态,学生在自主探究状态下的学习将获得最高的学习效率和学习质量,学生通过自己的亲身体验探究了解知识的形成和发展过程,真正把教育的重心放在培养学生的创新精神、实践能力和终身学习的能力上。

课程整合减少了课程门类，学生课表上没有了《品德与社会》《科学》《综合实践》《安全教育》《环境教育》《传统文化》，取而代之的是 A 主题和 B 主题，每周三课时，提高了课程综合性，减轻了学生和教师的负担。

我们采用专家引领、骨干教师先行、全体教师紧跟的方式进行课题研究，老师们在研究过程中，在专家的指导下，形成有理论支撑的经验总结。教师不但改进了教学方式，提升了专业水平，还提高了理论水平。

三、课题研究的理论基础

1. 赫尔巴特的“相关综合课程论”。历史上首次系统论证课程综合化的是德国教育家赫尔巴特认为，只有综合教学“能够承担教育所要求的建立整个思想体系的任务”。赫尔巴特倡导教育要以儿童的“思想圈”为出发点，选择相关的教材学习，从而使得新的观念不断被已有观念所同化，最终目的是要培养人的完整人格。

2. 后现代主义课程论的主要目标之一就是重建整体的、有机的世界，极力主张“去中心”和“边界松散”，极力主张消除学科之间的界限，极力主张科际整合。它批判现代主义知识观以工具理性割裂生活世界、生命世界、知识世界与自然世界的有机联系的机械教学，使教学走向知识、生命与生活的多元整合。

四、课题研究的目标、内容及方法

（一）研究目标

在课题研究中，以国家课程（《科学》《品德与社会》《综合实践》）为主线，以知识的转化与实践应用能力的培养为重点，融合地方课程（《安全教育》《环境教育》《传统文化》），加上教师温暖的加工，建立了将学校环境、家庭环境和社会环境，将学习与自主活动各方面融合在一起的综合性课程体系，课内与课外学习的有机结合，自我、自然和社会内容的整合，实践性、研究性等多种学习方式的综合，最终使学生成为一个具有科学素养与人文情怀的生命成长个体。

1. 通过课题研究，形成学校主题课程体系：课程实施纲要、课程目标框架、主题活动实施建议、课程内容和课程评价等方面，完善主题课程的教学模式。

2. 通过课题研究，促进学生的快乐成长，养成自主、合作、探究的学习方式，促进学生全面发展和个性发展。

3. 通过课题研究，教师学会自我学习，转变教学方式，提高课堂教学实效性，为持续发展下的教育提供有效的师资保障。

4. 通过课题研究，有力地提高教师综合素质和学校整体教育科研水平，全面提高学校教育质量，有力推进学校的发展。

（二）研究内容

1. 研究 3～6 年级以科学为主线的 A 主题的课程目标、主题活动实施建议和方案设计。

2. 研究 3～6 年级以品德与社会为主线的 B 主题的课程目标、主题活动实施建议和方案设计。

3. 主题课程下的教师和学生的评价研究。

4. 融合即时性、热点的问题形成主题研究。

（三）研究方法

本课题实验所采用的方法是以行动研究法为主，辅之以文献研究法、经验总结法等其他研究方法。学校将统一研究规划、分工协作开发，在应用中修改并完善主题课程资源。

在本课题研究中采用的方法有：

1. 文献研究法：搜集、整理与课题相关的理论、信息，了解国内外课程整合的最新发展状况。

2. 调查研究法：通过调查问卷、座谈等形式了解学生对已有课程设置的认识，广泛听取专家、教师和家长的意见。

3. 行动研究法：把研究工作与实际的课堂教学、学校管理紧密结合起来，通过专家引领、课堂观摩和课题研讨交流，在实践中发现问题，在研究中解决问题。

4. 经验总结法：及时总结提炼实验学校的课程整合经验，形成有一定推广价值的成果。

五、课题研究的过程

根据本次实验的特点和学校实际，准备在 3 年内完成(2013 年 5 月～2015 年 12 月)

(一)第一阶段:调研学习阶段(2013 年 5 月～2013 年 6 月)

1. 组建课题研究小组,确定研究人员。

2. 对 3～6 年级的 1500 名学生进行了问卷调查,获取第一手资料。

3. 教师培训。

我校利用"名家名师进实小"活动,聘请各级教科所专家和驻济高校教授对教师进行理论培训。2013 年 5 月 29 日下午,我校课程改革顾问聘任仪式暨张斌博士专题讲座《突破课堂——课程标准下的教师备课工作改革》在多媒体教室隆重举行;6 月 19 日下午,张博士以北京玉泉小学及潍坊的课程改革为案例,竭尽全力唤醒老师的意识,开始了破冰之旅……

(二)第二阶段:初步研究阶段(2013 年 7 月～2014 年 6 月)

1. 研究步骤

(1)找出《科学》《品德与社会》《综合实践活动》《环境教育》《安全教育》中交叉、重复的部分,做好记录。

(2)研究国家课程《品德与社会》《科学》的课程标准及综合实践活动课程的《指导纲要》,将其以教学目标的形式整理、陈述下来;研究地方课程,对其目标进行概括。

(3)通过删减、融合、增补、重组,对目标进行整合,并根据目标整合内容。在此基础上形成两类主题课程,分别是以《科学》为主线的主题课程 A,以《品德与社会》为主线的主题课程 B,并形成主题课程的目标框架及实施建议。

(4)根据设置的目标框架及实施建议,进行每个主题的课程纲要和方案设计。

(5)学校进一步调整课时管理制度,并与教师的工作量考核联系起来;设计与家长沟通、联系的方案,进一步开发校外专家资源和家长资源等。

(6)2013 年 9 月份开始使用全新的课程方案,并在实施中不断地修正完善。

2. 研究策略

(1)专家引领。

省教科院李文军院长、张斌博士、王如才主任、黄海涛主任、区教科室冯光国主任、区教研室谢兆水主任等专家及时对课题进行指导。

(2)同伴互助

为了更好地实施对课程的整合,我们分别成立了三个不同层次的研究组,开展研讨活动。

第一个层次:主题课程组。组织所有的主题课程的老师进行研讨、交流。

第二个层次有两个小组,即A主题课程组、B主题课程组。负责课题组的研讨、交流,每两周一次。比如A、B主题课程的基本课型设计及实施方法都是在这个层次中完成的。

第三个层次是8个小组,即A主题课程三、四、五、六年级组和B主题课程三、四、五、六年级组。负责每个组的集体备课,包括每个主题的纲要设计、方案设计及对上一个主题的修正和完善,解决研究中的具体的、实际的问题。

(3)自我反思。

课题研究是否成功,教师的自我反思非常重要。只有经过反思,使原始的经验不断地处于被审视、被修正、被强化、被否定等思维加工中,去粗存精,去伪存真,这样经验才会得到提炼、升华。我们强调教师的自我反思。目前每个老师都形成了课前、课中、课后反思的习惯,每次课后都对原有的目标框架、课程实施建议及方案的设计进行修改、完善,为后面的实践提供了经验。

(三)第三阶段:深入实践阶段(2014年7月～2015年6月)

1.课题组全面、深入地开展课题研究。在原有课题研究的基础上,重新审视、完善课程目标,对各年级的活动主题再次添加、删减、整合,力争使主题目标、活动主题体现层次性、连续性。

2.继续完善主题课程的课型模式,改变教学方式,体现探究过程,追求课堂的开放性、生成性和实践性。

3.学校组织经验交流会、专家讲座、专题培训等,不断提高教师的研究水平,改进实践过程中存在的问题。

4.课题组成员加强相互听课和研究,每学期每人一节组内模式研究课,并及时评课、总结、改进、调整。

(四)第四阶段:总结提升阶段(2015年7月～2015年12月)

召开省或区现场会等形式推广我们的研究成果,引领全省或全区的课程整合研究。对研究成果进行总结提升:研究总结报告、3～6年级主题课程资源包、主题课程典型课例(书和光盘)、研究论文和案例、学生成果集展示等。

六、课题研究的预期成果

1.完成3～6年级的《科学》《品德与社会》《综合实践活动》地方课程的

整合，建立主题课程资源包。

2. 主题课程典型课例（书、光盘）。

3. 形成学校课程整合的研究论文及案例集。

4. 学生成果展示集。

5. 总结形成课题研究总报告，并进行推广。

6. 形成教师和学生主题课程下的评价体系。

七、课题研究的保证措施

1. 学校已有的教育科研基础，多项全国省、市、区课题顺利结题；新课程实施中教师教育观念更新，参与教育科研的积极性不断提高；课题的相关管理制度健全。

2. 作为全区的龙头学校，我校有着良好的师资队伍，可以为课题研究提供人力支持。

经过反复论证，本课题的确立得到了学校上级主管部门及学生家长的理解和大力支持。为保证实验工作的顺利进行，学校成立了课题研究的组织管理机构，确定了课题研究的骨干力量，设立了课题资金。学校完善的硬件条件为本课题的研究提供了物质保障；各级教育专家对课题的强有力的引领与支持，实验教师们在过去的课题研究过程中积累了丰富的理论知识和课题研究的经验，这些都为课题的研究提供了有力支撑。相信经过我们的努力，会在本次课题的研究中取得成功。

八、我们的困惑

1. 关于课程整合中是否淡化学科特点的问题。整合中要不要淡化学科，目前一种声音是淡化学科，另一种声音则是保留学科的特点，我们该如何去把握？

2. 对主题课程中教师和学生的评价问题。目前我们也做了一些评价探索，如对学生每节课的课堂表现、小组中的合作情况等进行评价，但感觉还不是太完善，如何形成一个对教师、对学生的评价体系？

后 记

早在2007年，我就萌生了对课程进行整合的想法，也可以说是一个小小的梦想。虽然苦于没有合适的机会付诸实施，但我却一直在追逐着这个梦想。终于，一次美丽的邂逅，成就了我的梦想——在2013年一个春暖花开的季节，"历城区首届优秀教师社团展示活动"在历城区实验小学举行，省教科院的张斌教授作为点评嘉宾走进我们学校。偶遇让我们结识，交流让我们结缘，进而我们有了一个春天的约定：张斌教授成为我们的课程顾问，将带领我们开始破冰之旅。

不知不觉间，时光已悄悄走过三年。在张教授的悉心指导下，我们开始沿着他制定的路线图一步步跋涉。一次次指导，一次次研讨，一次次交流，一次次碰撞，难忘每个设计的反复推敲，难忘每次峰回路转的喜悦，我们一路艰辛，一路收获……

三年中，我们得到了各级领导和专家的指导。省教科院的李文军院长、山东师范大学教育学院唐汉卫院长、省教科院的曾庆伟教授、市教科院的李勇主任一直关注着我们课改的进展，给予我们最贴心的指导。区教育局的庞振福局长一直默默地支持着我们，让我们感受到温暖与力量。教育局的吕芳红副局长、区教科室冯光国主任、区教研室的谢兆水副主任一直陪伴着我们，一起磨课，一起研讨，一起争论，一起体验课改中的酸甜苦辣，让我们倍感鼓舞和幸福。

三年中，我有一帮志同道合的姐妹。当姐妹们开始走进课程整合之后，就没有了寒暑假，没有了节假日，没有了白天与黑夜的区别。慢慢地，主题课程在我们的手中诞生,继而发芽,随之开花,进而结果。曾经有老师这样评价我们所经历的过程:"作为主题课程教学的践行者,体验着她带给我们的辛劳、痛苦、煎熬、磨练,更收获着她带给我们的新奇、快乐、进步、成长。没有炼狱,怎会升华?没有痛楚,怎会新生?没有浮沉,怎会积淀?没有付出,怎会获得?没有拼搏,怎会成功?主题课程使我们在体味教育的同时,其实更加体味人生,享受人生——这苦与乐的行程。"是的,我们在苦与乐的行程中,实现了浴火重生。

三年中,我们感受到自己心灵的解放、学生心灵的飞翔。学生一次次精彩的展示让我们看到他们能力一步步提高,他们的精神一次次愈加丰富。让我们相信课堂本来就属于孩子,你不放手,不给他机会,你永远都不知道他们能飞多高。主题课程改变的是学习方式,也许不仅如此,还会影响一个人的综合素质、自我力量、人生格局。因为学生知道他们拥有过这样一种体验:用自我的力量在讲台上自由翱翔。我们会努力让自己的教学,让自己的实践得到孩子们认同,让孩子们喜欢。

有人说:"酸甜苦辣都是营养,成功失败都是经验。"一个困惑的解决就是一个坚实的脚印,一节精彩的课堂就是一个喜悦的收获。一步步走到今天,我觉得用两个字来形容我们的感受,那就是"值得"!

郭淑慧

写于 2015 年 9 月